ACADÉMIE IMPÉRIALE DE SAVOIE

DOCUMENTS

Vol. IIe

INTRODUCTION

Personne n'ignore combien les recherches historiques sont utiles, quand elles sont faites avec soin et discernement. Si pour éclaircir un fait ancien, on se borne à lire les auteurs modernes qui en ont parlé, on court grand risque de s'égarer; parce que souvent un écrivain dénature un événement par ignorance ou par passion, ceux qui viennent après lui, copient sa narration inexacte et transmettent ses erreurs à la postérité sans examen et sans critique.

Aussi si l'on veut sérieusement vérifier un fait ancien, il faut, autant qu'il est possible, remonter aux sources, et voir si l'on pourrait découvrir un monument contemporain, une inscription, un titre original. C'est le moyen de donner à ses recherches une base solide.

Il est donc bien important de conserver soigneusement les vieux titres. Ceux qui paraissent sans usage aujourd'hui, auront tôt ou tard leur utilité. On y trouvera un fait, un nom, une date, qui pourront rendre de grands services à l'histoire.

Les vieux titres périssent peu à peu; le caractère s'oblitère, l'encre s'efface; le parchemin se détériore par l'humidité. Ceux qui en sont les dépositaires, ne les conservent pas toujours avec assez de soin; souvent même des personnes qui n'en connaissent pas la valeur, les emploient à des usages inutiles. Des événements plus graves encore peuvent survenir; un incendie, une révolution, un pillage, détruisent quelquefois dans un jour des archives que l'on conservait avec soin depuis plusieurs siècles.

Désirant s'opposer aux moyens de destruction que le temps a à sa disposition, la royale Académie de Savoie a formé le projet de faire imprimer, dans une série particulière de ses Mémoires, les anciens titres qu'elle pourrait se procurer, et qui lui paraîtraient dignes de conservation. Elle donnera sans doute la préférence à ceux qui se rapportent à l'histoire du pays. Elle se montrera peu difficile dans le choix; parce qu'il n'y a presque pas de vieux titres qui ne puissent tôt ou tard fournir un renseignement.

Elle s'est déterminée à faire imprimer dans ce volume ceux que l'on conserve aux archives de l'évêché de Maurienne. C'est l'une des plus précieuses collections que l'on ait encore en Savoie. Plusieurs de ces titres y sont conservés en original. Pour d'autres on n'a pas les origi-

CHARTES

DU

DIOCÈSE DE MAURIENNE

DOCUMENTS RECUEILLIS

PAR

Mgr ALEXIS BILLIET, Archevêque de Chambéry

ET

M L'ABBÉ ALBRIEUX,
Chanoine a Saint-Jean de Maurienne

CHAMBÉRY
IMPRIMERIE DE PUTHOD FILS, AU VERNEY

1864

naux, mais on possède des copies que le chapitre de la cathédrale avait fait faire très anciennement pour son usage, et qui ont ainsi presque la même valeur que le titre primitif. Si l'on y ajoute quelques copies plus modernes, ce n'est que pour un petit nombre d'actes devenus rares, qu'il serait difficile de se procurer ailleurs. La plus grande partie de ces titres ont été copiés par M. le chanoine Albrieux, supérieur du petit-séminaire de St-Jean de Maurienne. Quelques-uns l'ont été par M. l'abbé Truchet, vicaire de Jarrier; on a cru devoir ajouter à la plupart de ces titres un certain nombre de notes pour en faciliter l'intelligence. On laisse au lecteur le soin de les apprécier et de juger de leur utilité.

DOCUMENTS

1

*Donation de la tour du Chatel à l'évêque de Maurienne par Boson,
roi de Provence et de Bourgogne.*

(Année 887.)

L'original de cette charte n'existe pas aux archives de l'évêché de Maurienne ; on la trouve imprimée *apud Martenium*, tom. I *ampl. collect. col.* 221, item *apud rerum gallicarum et francicarum scriptores*, tom. IX, pag. 669.

Regnante Deo factore omnium, qui cuncta suo disponit ordine, cujus nutu ac potestate reges regnant, qui nobis beneficio sue misericordie regni gubernacula, non nostris intervenientibus meritis, concessit. Ego quippe Boso [1] procurante divina gratia, Burgundorum Ausonorumque rex, una cum Ermengarde uxore, pariter (in) aula Viennæ urbis siti [2], anno regni octavo [3] cepimus cogitare piorum ac improborum retributionem qualiterque remedio Eleemosynæ cassantur imminentia bella injuste insurgentia, vel qualiter adquiritur, Eleemosyna interveniente, misericordia salvatoris. Interfuit quoque noster dilectus Asmundus Secusinæ civitatis vel Maurianorum episcopus [4], una cum proprio fratre Leotmanno cremonensis ecclesiæ presule qui... suadentes ditari regalibus opibus ecclesiam proprii episcopii sancti Johannis Baptistæ in confinio Burgundiæ positam, quæ admodum destituta esse cognoscitur sævitia hostium euntium vel redeuntium. Nos vero in amministratione tanti negotii assensum prœbuimus veneratione sancti prædicti Johannis Baptistæ; utque nos victores (sua) intercessione semper ubique reddat. Donamus eidem sancto Johanni Baptiste refugium de nostris propriis genealogiis, castrum scilicet in ejusdem territorio sancti Johannis positum ultra flumen quod vulgo Armariolum [5] nuncupatur, quod etiam adjacet supra dicti parvi fluminis ripam Arki cum nostra capella sanctæ Dei genitricis [6], cum decimis et villis villaribusque subjectis eidem castro pertinentibus, et ex hac parte fluminis et ultra, ubi sit prœsulis requies, ubi secunda sedes, ubi tempore belli tuta defensio, ubi librorum thesaurorumque munimen inexpugnabile. Armarium enim antiquitùs antiqui vocaverunt aptum et congruum... Judicatus a regalibus institutis ut sit arma inexpugnabilis contra hostium incursiones nostræ Maurianæ ecclesiæ sancti videlicet Johannis Baptistæ. Si quis vero suadente humani generis inimico contra institutionem nostræ potestatis violare tentaverit, lege Bonifacii universalis pontificis, sit anathema, et componat nostro judicio centum libras auri. Has quippe duas ecclesias Maurianorum, scilicet sancti Johannis Baptistæ sanctæque Dei genitricis civitatis secusinæ, cum propriis ecclesiis subjectis, secundum jam dicti Bonifacii instituta esse concedimus maurianensis ecclesiæ pontificis dominatus, eo tenore, ut ad proprii pontificis synodum constituto tempore veniat sæpe denominatus Maurianorum episcopus.

¹ *Ego quippe Boso*, etc. Boson a été élu roi de Provence au concile de Mantala, en 879. Il prend le titre de roi de Bourgogne, parce que le royaume de Provence comprenait une partie de la Bourgogne.

² *Una cum Ermengarde uxore in aula Vienne siti*. Vienne était sa capitale. Ermengarde y a été assiégée pendant deux ans; elle se défendit d'une manière héroïque et fut enfin obligée de se rendre.

³ *Anno regni octavo*, en 887.

⁴ *Asmundus secusine civitatis*, etc. Le diocèse de Maurienne comprenait alors toute la province de Suse.

⁵ *Armariolum*, la petite armoire, la tour du Chatel qui était ancienne en 887 et qui subsiste encore aujourd'hui. De là est venu le nom d'Hermillon.

⁶ *Cum nostra capella sanctæ Dei genitricis*. C'est l'église de Notre-Dame du Chatel, située à peu de distance de la tour.

2

Les deux fragments qui suivent se trouvent sur une même feuille de parchemin conservée aux archives de l'évêché de Maurienne, ils sont sans date; l'écriture paraît être du xe siècle.

Carta de Mavrienna et de Sevsia.

(Sans date.)

Sancti Isicii uiennnensis episcopi et hic sub Iustiniano ¹ floruit qui resedit in aurelianense sinodo cum Aureliano et sacerdote Arelatense et... ois. In qua synodo de dogmatibus ecclesiasticis xxiii capitula sunt edita, et hic cuius sanctitatis fuerit. Et cuius ante episcopatum potestatis... aphii eius pandit positus iuxta sepulchrum beati Auiti ². Hic ecclesiam mauriennensem consecrauit ³. Et sanctum Felmasium primum episcopum ordinauit. Agente Gonteramno rege. Propter reliquias sancti Johannis Baptistæ quæ ibi ab Iherosolimis translate fuerunt Seusiam que est in Italia mauriennensi ecclesie subditam fecit [4]. Ad ius viennensis ecclesie sicut in eiusdem auctoritatis scr... legitur.

[1] *Sancti Isicii... sub Justiniano*, etc. L'empereur Justinien a régné de 527 à 565 ; le cinquième concile d'Orléans, dont il est ici question, a été tenu en 549 ; on y trouve, en effet, 25 canons. Hésychius, archevêque de Vienne, y a souscrit le premier.

[2] *Sepulchrum beati Aviti*, etc. Saint Avit avait été nommé archevêque de Vienne en 490.

[3] *Hic ecclesiam maurianensem*, etc. Le roi Gontran a régné 52 ans, de 561 à 593. C'est lui qui a fait bâtir la cathédrale de St-Jean de Maurienne et qui l'a fait consacrer par Hésychius, archevêque de Vienne.

[4] *Seusiam quæ est in Italia*, etc. On voit par ces paroles que c'est le roi Gontran qui a réuni Suse au diocèse de Maurienne. Cette réunion a duré fort longtemps, car Asmundus était évêque de Maurienne et de Suse en 887, et Anthelme de Clermont est encore allé exercer un acte de juridiction à Suse en 1262.

Item alia carta.

Cette pièce n'est, comme la précédente, qu'une copie et non une charte originale. L'écriture paraît être du xe siècle. Combet, qui a laissé des mémoires manuscrits sur l'histoire du diocèse de Maurienne, assure qu'elle a été extraite *ex manuscripto colbertino in bibliotheca regia parisiensi asservato*, n° 3887.

Auctoritas quod ex antiquo mauriennensis ecclesia uiennensi ecclesie metropoli subdita fuit; in diebus precellentissimi regis Gontramni mulier quedam Tigris nomine [1] ex territorio moriginense orta oppido quod nominatur Volascis [2]. nobiliter nata et sacris litteris educata que curam sacerdotum et peregrinorum aduentantium non paruipendebat, adeo ut facultas ministrabat, semper hospitalitatem et indigentibus uictui necessaria impendere curabat. Habebat autem sibi sociam sororem Pimeniam nomine que coniugi sociata fuerat, sed in uiduitate deuota permanebat. Iam dicte sorori in omnibus obsequiis diuinis obtemperans quarum erant opera in ieiuniis, uigiliis et orationibus, et loca sanctorum uisitare nocte ac die indesinenter. Et sollicite studioseque curabant; accidit bonorum uirorum monachorum religiosa facultas. Ex iherosolimitanis partibus scociam pergere. Hii nutu Dei ad has famulas Dei hospitalitatis gratia persistentes. Ibique tribus diebus remorantes. Et de seruicio Dei inter se gratulantes, in uigiliis seu ieiuniis perseuerabant. A quibus illa audiuit uenerabilis Tigris de beato Iohanne Baptista, cujus reliquias anxia querebat, quod membra illius fuissent humata in ciuitate Samarie que nunc Sebaste uocatur [5]. Ac tempore procedente Alexandriam missa caputque eius phœnice perlatum. His instructa Dei famula dedit operam usque ad inuentionem uenerabilium pignorum. Et secundum quod desiderium habebat in ueneratione beati Iohannis Baptiste in Maurienna ecclesiam edificare disposuit. Audiens autem Gontramnus rex [4] de reliquiis beati Iohannis Baptiste; et de miraculis quibus dominus ibi ostendebat. Legatos suos Mauriennam direxit, qui ecclesiam in ibi fabricarent; cum circumiacentibus episcopis et comitibus ubi reliquias beati Iohannis Baptiste reponerent. Eamque perfectam episcopo uiennensi ad cuius dyocesim pertinebat locus; sancto Isicio consecrare precepit; synodum uero post modum in ciuitate Cabillonis congregare sanctorum episcoporum fecit. Et ibidem sanctum Felmasium episcopum Maurienne ab episcopo uiennensi ordinatum primum constituit. Et ciuitati uiennensi ipsam mauriennens. ecclesiam cum consensu episcoporum subiectam fecit. Ad quam ecclesiam mauriennensem ubi Iohannis Baptiste reliquias posuerat. Seusiam ciuitatem iam dudum ab Italis acceptam, cum omnibus pagensis ipsius loci subiectam fecit. Et consensu etiam romani pontificis uiennensi ecclesie iure perhenni episcopum ciuitatis et uici maurienne subditum esse decreuit.

¹ *Mulier quædam nomine Tigris*, etc. Cette pieuse fille a été appelée tantôt *Thecla*, tantôt *Tigris*; il paraît que Tigris était son vrai nom.

² *Orta oppido quod nominatur Volascis.* Il est certain que sainte Tigre est née à Valloire, appelée en latin *Vollovium* ou *Vallovium*, mot dérivé de *Vallis ovium*. On peut présumer qu'elle était venue se fixer à St-Jean de Maurienne avec sa sœur Piménie, puisqu'elles exerçaient ensemble l'hospitalité envers les pèlerins; ce sont des pèlerins revenant de la Terre-Sainte qui lui ont dit que saint Jean-Baptiste avait été enterré à Sébaste, et qu'en y allant on pourrait peut-être obtenir de ses reliques.

³ *In civitate Samarie que nunc Sebaste vocatur.* Il est vrai que l'ancienne Samarie a été détruite par Salmanasar, et que la petite ville rebâtie sur ses ruines a été appelée Sébaste.

⁴ *Audiens autem Guntrannus rex*, etc. Les reliques de saint Jean-Baptiste que sainte Tigre a apportées ont excité un grand mouvement religieux. C'est en leur honneur que Gontran a fait bâtir la cathédrale de Maurienne, et qu'il a appelé Hesychius, archevêque de Vienne, pour la consacrer. Gontran a régné de 561 à 595. C'est depuis lors que le chef-lieu de la province de Maurienne a été appelé St-Jean de Maurienne; on l'appelait auparavant *Maurienna*.

3

Vente d'une chaumière et d'une vigne, faite par Michel au chapitre de St-Jean de Maurienne.

(xe siècle.)

Notum sit omnibus hominibus quia ego Michael casamentum et medietatem cuiusdam parue vinee posite sub casamento ¹ et quoddam curtile ² positum prope casamentum uendo canonicis beati Johannis Baptiste precio XL solidorum. Et transfundo et me et meos heredes. Et omnes qui meo nomine predictam possessionem possunt querere. Jure quod ibi habui et habeo. per hunc lapidem quem in manu teneo penitus expolio ³. Ut prefati canonici predictam possessionem perpetuo habeant et possideant. Hujus venditionis et expoliationis testes sunt. Bruno clauiger. Armandus nepos Bosonis gebennensis. Guilelmus Saginandi. Arbertus secusiensis prepositus. Matheus Tiferius.

¹ *Casamentum, i,* maison rustique, maison à la campagne.
² *Curtile, is,* un jardin. Les paysans disent encore aujourd'hui *un courty.*
³ La mise en possession d'un bien vendu se faisait autrefois par la tradition d'une plume, ou par la tradition d'une tige de chaume, *stipula,* d'où est venu le mot *stipuler ;* dans cet acte, elle s'est faite par la tradition d'une pierre. Cette pierre représentait le champ ou le jardin où l'on supposait qu'elle avait été prise.

4.

Geoffroi de Chamoux fait don aux chanoines de St-Jean de Maurienne des églises d'Aiton, de Bonvillaret et de Randens.

(31 Janvier 1019.)

Quia filiorum est parentum suorum curam gerere et parentum filiis providere. Idcirco ego Guidfredus de castro quod dicitur Camos. Dono et reddo ecclesie beati Johannis mauriennensis et communitati canonicorum ibi servientium ecclesiam de Ethone. Et ecclesiam de Bonvillaret. Et ecclesiam de Randens. Cum dotibus suis. Et cum decimis et cum omnibus suis ecclesiasticis appendiciis ¹. Laudante uxore mea Amaltrude et omnibus filiis meis. Nantelmo. Andrico. Guidfredo. Ainardo. Jothalmo. Aimerico. Umberto. Hanc autem donationem tali pacto facio. Ut filium meum Amedeum in consorcio suo recipiant. Et ut bona maurianensis ecclesie habeat sicut alii videntur habere. Et ut unum tantum ex filiis meis aliis qui clericus sit predicto tenore recipiant. Postquam predictus filius meus Amedeus ex hac vita migraverit. Facio etiam predictam ecclesiam de Ethone. Et ceteras duas liberas ab omni inquisitione. Ut deinceps nec ego. Nec uxor mea. Nec aliquis ex progenie mea aliquod servicium nec censuale nec spontaneum ab eis audeat exigere. Sed soli canonici habeant licentiam exigendi ab eis. Vel faciendi. Quicquid inde exigere vel facere voluerint. Actum est hoc II kalendas februarii, luna XXI [2]. Hujus donationis testes sunt Silvo decanus, Wido presbyter, Widfredus frater Petri canonici.

[1] Geoffroi de Chamoux, laïque, ne pouvait posséder les églises d'Aiton, de Bonvillaret et de Randens, qu'abusivement. La cession qu'il en fait ici aux chanoines de St-Jean, à condition que son fils Amédée et un autre encore de ses enfants seraient reçus successivement dans le chapitre, n'est pas non plus exempte de simonie.

[2] Cet acte a été fait le 31 janvier et le 21 de la lune; l'écriture paraît du XIe ou du XIIe siècle. Cette date convient à toutes les années où la nouvelle lune est tombée au 11 janvier, telles que 1019, 1038, 1057, 1076, 1095, 1114, 1133, 1152, 1171, 1190, etc. M. Combet pense qu'il a eu lieu sous l'évêque Eurard, ce qui le fixerait au 31 janvier 1019.

5

Le prieur de St-Michel de la Clusa cède aux chanoines de St-Jean de Maurienne l'église du Thyl en échange contre celle de St-Sulpice.

(Sans date.)

Notum sit omnibus tam futuris quam presentibus quod ego frater M. Clusine ecclesie prior dictus [1]. Communicato fratrum nostrorum consilio totiusque conventus assensu. Ecclesiam de Tilio [2] cum suis omnibus que juris esse nostri videbatur. Dilectis nostris confratribus Sancti Johannis moriannensis sedis canonicis. Pro ecclesia Sancti Sulpicii [5] cum suis pertinentibus que juris eorum erat. Solemni facta mutuatione. Secundum quod melius utrique parti provenire cognovit frater noster Grimoardus prior tunc ecclesie de Camera. Donamus concedimus et confirmamus eis in quantum nobis est possidendam perpetuo. Ipsique nobis eam similiter quam diximus Sancti Sulpicii [4].

[1] Prieur du couvent de St-Michel de la Clusa, diocèse de Suse.
[2] *Tilium, ii*. Ce mot paraît dérivé de *Tilia, œ*, tilleul; c'est abusivement qu'on écrit aujourd'hui Thyl.
[3] St-Sulpice, ancienne paroisse aujourd'hui réunie à St-Rémi.
[4] Cet acte est sans date; l'écriture paraît du xiie siècle.

6

Donation de Thibaud, évêque de Maurienne, aux chanoines de Ste-Marie et de St-Jean-Baptiste.

(1040.)

In nomine sancte et individue trinitatis. Notum sit omnibus hominibus. Qualiter ego Tetubaldus mauriennensis episcopus quasdam terras dono de meo episcopatu ad canonicos Sancte Marie et Sancti Johannis Baptiste eo quod locus unde videor esse episcopus destructum mihi videtur. Hoc est unus mansus justa castrum quem [1] de Rufone accepi. Donoque pratos ex terra qui vocatur Buffa per duos mansos. Et in arva unum mansum [2] quem silvester nomine Daciosus tenuit. Dono vero in Albieys vetulum mansum unum quem Grimaldus tenuit. Et in alio loco alium mansum quod Andefredus presbiter tenuit. Et in Albieys juvenculum unum mansum [3] quem Luterus tenuit. Et in Villaregundranno unam vineam quem Ansierius tenuit. Et in ibi aliam vineam quem Mallenus presbiter tenuit. Et in villa Sancti Johannis aliam vineam quem Rotbertus tenuit. Dono etiam silvam qui est justa mansum durannum. De longo in latus usque ad ripam merdarel. Omnes has terras quas supradixi dono et transfundo. Donatumque in perpetuum esse volo usque in exquisitum ad canonicos supradictos. Ea racione ut justicias et injusticias. Et omnia que videor abere in supradictas terris et in possessoribus earum. abeant et possideant jure perpetuo. Si vero aliquis contra hanc donacionem aliquam calumniam inferre voluerit. Sit anathema ex patre et filio et spiritui sancto. Et sit maledictus sicut fuit Judas qui tradidit Dominum. Fiat fiat fiat. Retributor omnium bonorum Deus tribuere dignetur omnibus bona facientibus ad clericos Sancte Marie et Sancti Johannis Baptiste propter nomen sanctum tuum vitam eternam. Amen. Amen. Amen. Signum Teutbaldi episcopi qui istam donationem facit. Et firmare rogat. Signum Euroardi. Signum Enrici nepoti ejus. Signum Abmonis. Signum Uldrici domini.

Ano secundo regnante Enrico regem [4].

[1] *Castrum quem*, etc. On a copié mot à mot et conservé les fautes telles qu'elles sont dans l'original.

[2] *Et in arva mansum unum*. Dans la vallée d'Arves où se trouvent aujourd'hui les communes de St-Jean et de St-Sorlin d'Arves. *Mansus, i*, ou *mansum, i*, une ferme, quelques journaux de terre avec une habitation pour le fermier.

[3] *In Albieys vetulum... in Albieys juvunculum... in Villaregundranno*. A Albiez-le-Vieux, à Albiez-le-Jeune et à Villargondran.

[4] Tous les auteurs qui ont examiné cette donation ont supposé qu'il s'agit ici de Henri II, élu roi de Germanie en 1002; ce qui en fixerait la date à l'an 1004. C'est une erreur : 1° parce qu'à cette époque Thibaud n'était pas évêque de Maurienne. Ce siége était occupé en 994 par Eberard qui souscrivit la donation faite, au premier concile d'Anse, par Thibaud, archevêque, de Vienne, aux chanoines de Romans. Il eut pour successeur Urard, qui fit une donation à l'église d'Arbin en 1011 et qui souscrivit le second concile d'Anse en 1025. Thibaud succéda à Eurard;

il siégeait en 1037, puisqu'il souscrivit la donation faite cette année-là par Léger, archevêque de Vienne, à l'église de Romans. 2° Parce qu'en 1004 l'empereur d'Allemagne n'avait aucun droit sur la Maurienne. Elle dépendait alors de Rodolphe III, roi de Bourgogne, qui ne relevait d'aucun autre souverain. Ce ne fut qu'en 1052 que ses Etats passèrent à Conrad le Salique. Son fils, Henri III, lui succéda en 1058. Tout concourt donc à prouver que la donation de Thibaud est de la seconde année d'Henri III, c'est-à-dire de l'an 1040.

7

Donation d'Artaud, évêque de Maurienne, aux chanoines de sa cathédrale.

(1075.)

In nomine sancte et individue trinitatis. Ego Artaldus vocatus episcopus mauriennensis ecclesie. Notum esse volo omnibus hominibus presentibus et futuris. Quod in adventu et ingressu meo. Canonicos ejusdem ecclesie ad ordinem ecclesiasticum tenere et divinum officium honeste et communiter ut decet peragere. Pauperes et minus sufficientes reperi. Et pene omnibus rebus ad hec necessariis denudatos inveni ; qua de causa. Compatiens illorum utpote filiorum inopie et paupertatis! Ex his que mei predecessores in eadem ecclesia sua dicione et proprio usu tenuerunt. Et que modo meo jure et dominio habentur! Per consilium et consensum nobilium et illustrium virorum! Dei videlicet nostreque jam dicte ecclesie et mei fidelium! Dono et concedo et penitus transfundo. Ob amorem et honorem silicet Dei ac Domini nostri Jeshu Christi sueque genitricis Marie. Beatique Johannis Baptiste. Ad quorum memoriam et honorem hec ipsa ecclesia fundata et consecrata firmiter habetur ; ipse enim res hec sunt. Oblationes omnes penitus que in eisdem ecclesiis deinceps offerentur. Sive que a presbyteris manibus accipientur. Sive que altaribus vel quocumque loco imponentur! In omni penitus re sive insensibili sive sensibili que in templo Dei afferri vel adduci ad offerendum Deo debet et potest, eodem modo et molendinum quod habetur in rivulo qui vocatur Arva. Cum toto littore. Juxta ripam fluminis. Quod dicitur arcus; hec itaque omnia tali convenientia et tenore dono concedo transfundo canonicis sepedicte matris ecclesiæ mauriennensis! Et presentibus et futuris ut in perpetuum habeant et possideant. Non ut inter se dividant per singulos neque disperciant! sed simul et communiter in una domo. et in refectorio [1]. et in ecclesia ea usitent. Et officium divinum liberius et libentius et studiosius. simul celebrent et Deum alacri corde benedicant et laudent! Et pro omnibus fidelibus vivis seu defunctis. et maxime pro notis et domesticis. et omnibus benefactoribus nostris. misericordem Deum semper exorent. Deprecor autem successores meos. ecclesie scilicet mauriennensis futuros episcopos. Per misericordiam et karitatem Dei! Ut sicut ipsi sua inconvulsa voluerint permanere statuta et donaria! Sic ista nostra! Pro se et pro nobis ad honorem Dei et saucte ac perpetue Virginis. sanctique Baptiste Johannis. studeant tenere firma atque stabilita. Quod si quod absit. aliquis episcoporum vel clericorum aut laicorum aut aliqua femina seu qualiscumque persona. hanc donationem vel concessionem a me factam. infringere aut dissipare voluerit! Non valeat vendicare quod injuste tenptaverit! Sed excommunicatus a Deo sanctaque Dei genitrice Maria. Beatoque Johanne Baptista! Cum Juda Domini venditore et traditore. et cum eis qui dixerunt. Hereditate possideamus sanctuarium Dei, nisi resipuerit. pereat. et in inferno eternam penam luat.

Canonici autem qui tunc temporis in eadem ecclesia erant. Et quibus hec donatio et concessio facta est! Isti sunt Fulco prepositus. Johannes filius coronis canonicus. Aemarius. Canonicus Valterius riferius canonici. Guillelmus de Dia Nicolaus. Milo. Albricus.

Testes. Ricardus. Beroardus. Petrus. Ugo. Cono. Giraudus. Johannes et Johannes Willelmus. Wilfredus. Nantelmus. Bernardus Aymo [2].

In nomine patris et filii et spiritus sancti [3]. Ego Petrus do Deo et beate Marie sanctoque Johanni Baptiste et clericis qui in ejus ecclesia existunt et futuris duas partes decime vinee quam in proprietate mea habeo que Margarita vocatur. Do etiam duas partes decime campi in quo campo domus mea sita est in villa que vocatur Albiacum ut sit in memoriam mei et uxoris mee et filiorum meorum; si quis hoc scriptum infringere voluerit. Sit excommunicatus in perpetuum. Hujus doni testes sunt et datores Nantelmus, Ismio, Johannes, Petrus; testis hujus etiam Johannes Bursa.

[1] On voit que cette donation a été faite aux chanoines de la cathédrale de Maurienne à condition qu'ils vivraient en communauté.

[2] Cet acte est sans date; l'évêque Artaud siégeait vers l'an 1075.

[3] Quoique cette seconde donation se trouve sur le même titre à la suite de celle d'Artaud, elle est d'une écriture différente. Ce Nantelmus, qui figure comme témoin dans les deux actes, est probablement le même individu.

8

Donation de Conon, évêque de Maurienne, au chapitre de la cathédrale [1].

(1088 à 1108.)

Quia divina scriptura precipit quod nos episcopantes melius debemus providere nobis et aliis et maxime ecclesie in qua episcopamur. Ideo ego Cono mauriennensis episcopus dono ecclesie beati Johannis mauriennensis mansum unum situm in villa Abbusinniaci ² quem tenet quidam nomine Aldevosus. Pro remedio anime mee atque parentum meorum. Te autem Aimo nepos carissime obnixis precibus deprecor quatenus helemosinam istam quam feci beato Johanni et canonicis suis firmiter et fideliter teneas. Si autem tu vel quilibet alius injusticiam ipsis inde fecerit, deglutiat vos terra et filios vestros et quecumque videmini possidere. Quemadmodum fecit Datan et Abiron. Hujus donationis testes sunt Berardus monacus, Petrus dapifer, Villelmus Bursa, Constantinus de Miliariis, Boso gebennensis, Paganus de Molario, Ugo Beroardi Falcoz Viniterii et Umbertus frater ejus.

¹ Conon Ier a été évêque de Maurienne pendant vingt ans, de 1088 à 1108 ou 1109. (Voy. l'*Histoire du diocèse de Maurienne*, par M. Angley, p. 64.)
² *Abbusinniaci.* Il n'y a pas de localité de ce nom dans le diocèse de Maurienne ; il s'agit peut-être d'Arbusigny en Genevois, car M. Angley assure que Conon était fils du comte de Genève, frère d'Aimon II qui fut tuteur d'Amédée III, comte de Maurienne.

9

Transaction entre Guillaume, abbé du monastère de St-Chaffre en Velay, et les chanoines de la cathédrale de Maurienne ¹.

(1103.)

Post longuas et graves querimonias quas monachi Sancti Theofredi fecerunt ante presentiam domini Cononis mauriannensis episcopi et canonicorum ejus, pro ecclesia de monasterio Sancti Johannis ² et pro quinque aliis sibi subpositis quas possidebant. Placuit domno Villelmo abbati Sancti Theofredi et conventui ejusdem loci, ut episcopali ecclesie beati Johannis et canonicis ejus quinque solidos censualiter persolverent, quatenus eorum consilio atque subsidio predicta ecclesia Sancti Theofredi predictam ecclesiam de monasterio Sancti Johannis et quinque alias sibi subpositas deinde pacifice possideret. Precepto igitur domni Villelmi abbatis Sancti Theofredi et conventus ejusdem loci, ego Ugo prior monasterii Sancti Laurentii et Petrus prior Sancti Michaelis deconissa constituimus et confirmamus ut prescripta ecclesia de monasterio Sancti Johannis censualiter quinque solidos aquabellensis monete vel alterius que capitaliter cucurrerit per totam terram illam episcopali ecclesie beati Johannis et canonicis ejus per singulos annos in festo beati Andree persolvat. Sunt autem ecclesie sex [5]. Ecclesia de monasterio una, ecclesia de Cruce, ecclesia de Tabla, ecclesia de Bitumine, ecclesia de Burgeto, ecclesia de Ponteto, cum omnibus rebus que ad eas pertinent, duodecim etiam anguillas quas canonici maurianensis ecclesie habent censuales in festo beati Johannis pro ecclesia de Bitumine laudamus et confirmamus sicut et predictum censum quinque solidorum. Hujus rei testes sunt Fulco prepositus maurianensis, Petrus decanus, Artaldus prior Granariensis [4], Berardus monachus ejusdem loci, Sigismundus prior Sancti Innocentii, Poncius prior Sancti Laurentii, Petrus prior Sancti Michaelis de Conissa. Actum est hoc decimo sexto kalendas januarii, luna decima sexta, regnante Henrico rege.

[1] Cette transaction a été faite sous le règne du roi Henri, le 16 des calendes de janvier et le 16e jour de la lune. Il y a eu trois Henri, rois de Bourgogne; ils ont régné successivement de 1038 à 1125. Durant ce temps, le 16 des calendes de janvier et le 16e jour de la lune n'ont concouru qu'aux années 1046, 1065, 1084, 1103 et 1122. Mais cet acte fait mention de Conon qui n'a été élu évêque de Maurienne qu'en 1088; il ne peut donc avoir eu lieu que le 17 décembre 1103. Il ne faut

pas confondre le monastère de St-Chaffre, *Sancti Theofredi*, en Velay, avec celui de St-Chef, *Sancti Theuderii*, en Dauphiné.

[2] *Pro ecclesia de monasterio Sancti Johannis.* On ne sait pas bien quelle était l'église dite du monastère de St-Jean. C'est probablement celle qu'on appelle encore aujourd'hui l'église de Ste-Marie. Par cette transaction, les moines de St-Chaffre s'engagent à donner annuellement à l'évêque et aux chanoines de St-Jean cinq sols, monnaie d'Aiguebelle, pour l'église du monastère de St-Jean; ils reconnaissent en même temps l'obligation de donner chaque année douze anguilles pour l'église du Beton.

[3] *Sunt autem ecclesiæ sex.* Ces églises étaient celles du monastère de St-Jean, de la Croix d'Aiguebelle, de la Table, du Beton, du Bourget de l'Aiguille et du Pontet.

[4] *Artaldus, prior Granariensis,* etc. Cet Artaud était prieur du monastère du Mont-Granier, qui a été détruit avec la ville de St-André en 1248.

10

Donation du comte Amédée III à l'église de Maurienne.

(20 Octobre 1104.)

Notum sit omnibus hominibus, quia ego Amedeus comes pro anima patris mei Uberti comitis et aliorum parentum meorum dono ecclesie Sancti Johannis Baptiste et canonicis ejus duos mansos [1] unum de la Traversa [2] et alium de Villario Bernonis [3] cum omnibus appenditiis suis. Sicut pater meus erat inde investitus ea die qua privatus est vita. Laudantibus matre mea Gisla et fratribus meis Guillelmo atque Umberto. Insuper remitto omnes injurias et omnes tuttas [4] et bannos et cavalcatas omnibus hominibus supradictorum canonicorum, ne mihi quidquam predictorum faciant, sed tantum canonicis. Istam donationem sive remissionem quicumque infringere voluerit sit excommunicatus et abominatus cum Juda traditore. Hujus rei testes sunt Cono episcopus, Odo de Camera et frater ejus Amedeus, Esurio de Camera, frater ejus Bernardus, Aymo de Bozozello, Guillelmus de Rossillione. Facta sunt hec xiii kal. novemb. luna xxvii, regnante Henrico imperatore [5].

[1] *Mansus, i*, un domaine à la campagne, une ferme.
[2] *La Traversa*, village du Thyl.
[3] *De Villario Bernonis*, Villard-Bernôn, village de St-Michel.
[4] *Tutta, œ*, ou *tolta, œ*, tribut, taille, contribution. (Voy. Ducange, au mot *tolta*.)
[5] Le comte Amédée III a commencé à régner en 1103, l'évêque Conon est mort en 1108, c'est donc entre 1103 et 1108 que cette donation a été faite. Le 15 des calendes de novembre répond au 20 octobre; si le 20 octobre était le 27 de la lune, la nouvelle lune a dû avoir lieu cette année-là le 24 septembre. Ce jour-là le nombre d'or était iii, ce qui répond, d'après l'*Art de vérifier les dates*, à l'année 1104.

11

Le prévôt Artaud s'engage, au nom de son monastère, à donner chaque année au chapitre de la cathédrale de Maurienne du poisson pour la valeur de cinq sols.

(xiie siècle.)

Cum quidem justissimum atque dignissimum esse videtur et est omnes ecclesias per totam diocesim fundatas, majori ecclesie in episcopum capite sicut bonas filias matri sue devotissime servire. Ego Artaldus prepositus granariensis [1] consensu confratrum nostrorum constituo pro ecclesiis quas habemus in episcopatu maurianense ut granariense cenobium per singulos annos in festo olivarum canonicis beati Johannis Baptiste majoris ecclesie supra dicti episcopatus quinque solidatas piscium ² honorifice persolvat. Hujus constitutionis testes sumus ego Artaldus et Berardus et Ardencius noster monacus, Umbertus Ruffus, Silvio decanus Ethonii, Guido sacerdos, Valterius de Saulciaco ³.

¹ *Ego Artaldus prepositus granariensis.* Dans la transaction passée entre les chanoines de Maurienne et les moines de St-Chaffre, Artaud est appelé prieur du monastère de Mont-Granier; ici il prend le titre de prévôt. On a vu que ladite transaction n'a pu être passée qu'en 1105 ou en 1122. C'est donc dans cet espace de temps que vivait le prieur Artaud. On voit par cet acte que le monastère de Granier était situé hors du diocèse de Maurienne. Il paraît certain que ce monastère se trouvait au pied de la montagne du Mont-Granier, près de la ville de St-André, et qu'il a été enseveli sous les ruines de la montagne en 1248.

² *Quinque solidatas piscium.* — *Solidata, æ,* valeur d'un sou; *solidata, æ,* ce qu'on donne à un soldat pour un jour. De là sont venus les mots solde et soldat. *Denariata, æ,* valeur d'un denier. De là sont dérivés le mot italien *derrata* et le mot français *denrée.*

³ *Valterius de Saulciaco,* Gauthier de St-Pierre de Soucy.

12

Berlion de Faverges cède aux chanoines de St-Jean de Maurienne le quart de l'église de St-Michel et des autres églises qu'il possédait dans le diocèse.

(5 Décembre 1112.)

Quia rectores ecclesie testantur nullum laicorum debere ecclesias possidere, sed potius dum possederit excommunicationi subjacere, ideo ego Berlo de castro quod dicitur fabricas¹ et Guitfredus frater meus, laudante matre nostra Gundrada, reddimus et donamus ecclesie beati Johannis mauriennensis et canonicis ibi servientibus quartam partem ecclesie beati

Michaelis et ceterarum omnium quas in illo episcopio possidemus. Pro redemptione anime nostre et parentum nostrorum. Hoc autem facimus suggerente et laudante domno Amedeo mauriennensi episcopo, qui quantum potuit laboravit ut predictas ecclesias a servitute nostra excluderemus, et matri ecclesie et canonicis ejus libere et absque omni retentatione redderemus. Quod et fecimus et ut sic perhenniter maneat optamus. Actum est hoc III nonas decembris, luna x [2]. Hujus donationis testes sunt Amedeus episcopus, Emeraldus, Regaldus, Guigo de Belna [3], Willelmus Bursa.

[1] Berlion de Faverges.
[2] Cette date revient au 5 décembre 1112.
[3] *Belna, œ*, c'est le nom latin de la paroisse de Beaune, en Maurienne.

13

Donation d'Amédée, évêque de Maurienne, aux chanoines de sa cathédrale [1].

(27 Novembre 1125.)

Cum Dominus in evangelio precipiat fratres, honera et labores fratrum vicissim subire, ego Amedeus maurianensis episcopus his et similibus ammonitus dictis, canonicorum meorum miserans paupertatem eorum inopie opitulandum decrevi. Sit itaque omnibus notum quod ego Amedeus maurianensis ecclesie presul communi consilio meorum parentum, dono atque concedo predictis canonicis et servitoribus omnibus beati Johannis, ecclesias de villariis et quidquid juris vel dominii olim in eis habui, preterea ut prenominati canonici expeditius et liberius et sine sollicitudine victus diurni divino possint vaçare servitio, ecclesias tres quas hactenus Petrus presbyter de Tabula male et perdite tenuit, predictis canonicis dono redditus earumdem et eorum ditioni et dominio concedo, hoc autem donum factum est Fulconi preposito et Petro Aguilensi et Falconi et quibusdam aliis tunc temporis canonicis. Si quis autem hanc donationem infestare sive cuilibet hujus doni adversis consulere voluerit, anathema sit, et cum Juda traditore damnetur. Actum est hoc quinto kalendas decembris, luna sexta, regnante Anrico rege.

¹ Les rois de Bourgogne Henri III, Henri IV et Henri V ont régné de 1058 à 1125. Durant ce temps le 5 des calendes de décembre et le 6e jour de la lune n'ont concouru qu'aux années 1047, 1066, 1085, 1104 et 1125. Dans son histoire du diocèse de Maurienne, pag. 75, M. le chanoine Angley suppose que la donation d'Amédée a eu lieu en 1125. En effet, on ne peut pas la fixer plus tôt, car Amédée n'était pas évêque de Maurienne en 1104, ni plus tard, car Henri V est mort en 1125.

14

Le pape Calliste II déclare que la ville de Suse appartient à l'évêque de Maurienne et que le diocèse de Maurienne dépend de l'archevêque de Vienne.

(26 Avril 1123.)

Calistus episcopus seruus seruorum Dei. Uenerabili fratri Amedeo mauriannensi episcopo aliisque successoribus canonice substituendis in perpetuum. Omnium quidem ecclesiarum curam et sollicitudinem gerere Apostolice sedis auctoritas nos hortatur. Verumtamen illis nos conuenit attencius auxiliante Domino confouere que olim nostro fuerunt commisse regimini. Nostre specialiter supposita ditioni mauriannensis enim ecclesia dum viennensi quondam presideremus ecclesie nostre custodie commissa fuit. Et nos ejus tunc gubernationem metropolitani jure habuimus. Vnde nunc in Apostolice sedis administratione disponente Domino constituti tandem ecclesiam ipsius apostolice sedis protectioni duximus confouendam. Per presentis igitur priuilegii paginam constituimus ut uniuerse parochie ipsius ecclesie fines sicut a tuis antecessoribus possesse sunt, ita omninò integre tam tibi quam tuis successoribus quiete atque pacifice conseruentur. Vniuersa etiam ad mauriannensem diocesim pertinentia tibi tuisque successoribus integra semper et illibata decernimus permanere. Quecumque autem bona ecclesia eadem juste hodie possidet siue in futurum juste atque canonice poterit adipisci firma ei et illibata permaneant. Statuimus insuper ut possessiones et bona que ab ipsa ecclesia vel illius episcopi indiscreta largitione vel quorumlibet prauorum hominum nequitia injuste ac sine communi clericorum consilio distracta uel alienata sunt ad proprietatem et jus ejusdem ecclesie remotis excusationibus reducantur. Prepositurám preterea secusiensis ecclesie beate Marie proprietario jure atque ipsam civitatem secusiam cum omnibus appendiciis suis [1] parochiali jure tibi ac successoribus tuis et per nos mauriannensi ecclesie in perpetuum confirmamus salua dignitate abbatie Sancti Justi que sub romane ecclesie jurisdictione consistit et salua in omnibus obediencia et subiectione viennensis ecclesie. Si qua igitur in futurum ecclesiastica secularisue persona hanc nostre constitutionis paginam sciens contra eam temere uenire tentauerit secundo tertioue admonita si non satisfactione congrua emendauerit potestatis honorisque sui dignitate careat reamque se diuino iudicio existere de perpetrata iniquitate cognoscat et a sacratissimo corpore ac sanguine Domini et diuini redemptoris nostri Jesu Christi aliena fiat atque in extremo examine districte ultioni subiaceat. Cunctis autem eidem ecclesie iusta servantibus sit pax

Domini nostri Jesu Christi. Quatenus et hic fructum bone actionis percipiant et apud districtum iudicem premia eterne pacis inueniant. Amen. Amen. Amen. Ego Calixtus catholice ecclesie episcopus. Datum Laterani per manum Hugonis sacre romane ecclesie subdiaconi sexto calend. maii indictione I incarnationis dominice anno MCXXIII. Pontificatus autem dni Calixti secundi pape anno v.

[1] On voit par cette charte que l'évêque de Maurienne possédait alors la ville de Suse avec toutes ses dépendances, *cum omnibus appendiciis suis*. Ces mots paraissent désigner un certain nombre des paroisses des environs de Suse; mais rien ici n'indique quelle était alors la limite précise du diocèse de Maurienne.

15

Transaction entre les chanoines de Maurienne et les moines de St-Chaffre en Velay.

(1155.)

Omnibus recte viventibus per presentem paginam notificamus quod controversia que erat inter canonicos maurienenses et monacos Sancti Theofredi [1] per manum domni Petri darentasiensis archiepiscopi et domni Bernardi ejusdem ecclesie episcopi de ecclesia de Tabula et de Burgeto et de Ponte ita diffinita est quod supradicti monachi persolvant in anno XIII solidos canonicis. Pro hac re debent habere ipsas ecclesias in pace cum pertinentiis earum. Hujus rei testes sunt domnus Petrus abbas Tamisii. Petrus monacus Sancti Michaelis. Rupertus monacus. Amedeus canonicus. Petrus Sancti Mauricii. Aimo de Cuina. Ainardus. Johannes. Ademarius. Nicolaus. Magister Bernardus. Ugo. Gauterius. Martinus. Canonici ejusdem ecclesie Petrus prior Sancti Laurentii. Atenulfus. Petrus Morardus prior de Cruce. Hoc enim factum est anno ab incarnatione Domini MCLIII. Regnante Frederico imperatore [2].

[1] Saint Chaffre *(sanctus Theofredus)*, natif de la ville d'Orange, était abbé de Carméri en Velay. Son monastère fut envahi par les Sarrasins; il en fut cruellement maltraité et mourut peu de jours après, le 19 octobre 728. Le monastère de Carméri a été longtemps célèbre sous le nom de monastère St-Chaffre. Il ne faut pas le confondre avec saint Chef *(sanctus Theuderius)*, qui fonda une abbaye de Bénédictins dans un village situé près de Bourgoin en Dauphiné, et qui mourut vers l'an 575. Ce monastère fut sécularisé au XVIe siècle; il possédait beaucoup de bénéfices en Savoie. En 1745 la collégiale de St-Chef fut unie à une ancienne collégiale de Bénédictins qui existait dans la ville de Vienne, à St-André-le-Bas. (Voy. GODESCARD, 19 et 29 octobre.)

[2] L'empereur Frédéric Barberousse.

16

Le pape Alexandre III confirme la réunion de la prévôté du chapitre de la cathédrale à l'évêché de Maurienne.

(1159.)

Alexander episcopus servus servorum Dei venerabili fratri Willelmo maurianensi episcopo. Salutem et apostolicam benedictionem. officii nostri nos hortatur auctoritas. fratrum nostrorum episcoporum quieti diligenti studio providere. ipsorumque perturbatoribus petre apostolice soliditatem opponere. Ea propter venerabilis in Christo Willelme, paci et tranquillitati tue pro debito nostri officii providere volentes. auctoritate presentium inhibemus ut nullus omnino te de prepositura et omni ecclesiastico beneficio ad jus tue ecclesie pertinente, quod Fulco quondam prepositus ejusdem ecclesie tenuisse dinoscitur, infestare. aut aliquid tibi exinde contra voluntatem auferre presumat. sed nec tibi preposituram ipsam vel quicquam de predicto beneficio alicui liceat absque sedis apostolice consensu tribuere. Porro quia de redditibus ad ipsius prepositure beneficium pertinentibus plerique a quibusdam illicite detinentur, tua intererit eosdem redditus pontificali sollicitudine revocare. De quibus utique illud idem quod de supradictis statuimus observandum. Nulli ergo hominum fas sit, hanc paginam nostre constitutionis infringere, vel ei ausu temerario contraire. Si quis autem hoc attemptare presumpserit indignationem omnipotentis Dei, et beatorum Petri et Pauli apostolorum ejus, se noverit incursurum. Datum Beneventi IIII kalendas aprilis [1].

[1] Cette bulle ne porte pas d'autre date que celle du 29 mars ou 4 des calendes d'avril; le pape Alexandre III a siégé de 1159 à 1181. Cet acte est une confirmation de l'union déjà faite quelque temps auparavant de la prévôté du chapitre à la mense épiscopale de Maurienne. La maison qu'habitait alors le prévôt existe encore ; elle est restée au chapitre. Le petit jardin contigu à cette maison a été réuni à celui de l'évêché. La porte par laquelle le prévôt allait à son jardin a été fermée en maçonnerie, on la voit encore aujourd'hui. Cette union a laissé dans le chapitre un mécontentement qui a duré très longtemps.

13

Le pape Lucius III défend aux templiers de recevoir les dîmes de la paroisse de St-Michel, qui appartenaient aux chanoines de la Cathédrale de St-Jean de Maurienne.

(20 Mai 1181.)

Lucius episcopus servus servorum Dei, dilectis filiis fratribus domus militie templi in episcopatu maurianensi commorantibus. salutem et apostolicam benedictionem. Ad aures nostras canonicorum maurianensium querela pervenit, quod cum parochia Sancti Michaelis eorum sit specialis et propria vos infra parochiam ipsam decimas canonicis predictis dimissas, eis perhibentibus pignoris, vel alio titulo de manibus recipitis laicorum. Quùm igitur non est a nobis in patientia tolerandum, ut vobis quod alieni juris est, in vestre salutis periculum aut in derogationem vestri ordinis usurpetis, per apostolica vobis scripta mandamus et districte precipimus quatenus decimas ad prefatos canonicos pertinentes, a laicis a modo recipere non temptetis. et si quas decimarum ipsarum sine illorum assensu de laicorum manibus recepistis, eas restituere minime differatis. Scituri quod si precepto nostro presumpseritis contraire, id sustinere non poterimus incorrectum. Datum Velletri xiii kalendas junii.

18

Le pape Lucius III confirme l'union de la prévôté du chapitre de la cathédrale à l'évêché de Maurienne.

(15 Avril 1182.)

Lucius episcopus servus servorum Dei venerabili Lamberto maurianensi episcopo salutem et apostolicam benedictionem. Suscepti nos ammonet cura regiminis fratribus nostris episcopis, in his que a nobis previa ratione deposcunt, favore placide benignitatis annuere. ut dum ad honestos exitus utilitas postulata deducitur, in reverentia beati Petri et nostra postulantium devotio copiosius roboretur. ea propter, venerabilis in Domino frater, tuis justis postulationibus grato concurrentes assensu, preposituram ecclesie tue quam antecessores tui pro episcopalium reddituum tenuitate supplenda a multis retro temporibus soliti sunt habere, sicut eam nuper quoque in manus tuas ecclesie tue canonici spontanee resignarunt, et tu pacifice nosceris possidere, tibi tuisque successoribus auctoritate apostolica confirmamus; et presentis scripti patrocinio communimus. Statuentes ut sicut inter te et eosdem canonicos fraterna et rationabili compositione convenit, tu et successores tui vices prepositorum in spiritualibus et temporalibus agere debeatis, excepta necessitate refectorii quotidiani menseque communis, cui prepositi ecclesie necessario consueverant interesse [1]. Decernimus ergo ut nulli omnino hominum liceat hanc nostræ confirmationis seu institutionis paginam infringere vel ei ausu temerario contraire. Si quis autem hoc attemptare presumpserit, indignationem omnipotentis Dei et beatorum Petri et Pauli apostolorum ejus se noverit incursurum. Datum Velletri xvii kalendas maii [2].

[1] On voit par cette bulle que tous les chanoines de la cathédrale de St-Jean vivaient alors en communauté.

[2] On possède encore aux archives de l'évêché une autre bulle de Lucius III, qui est en tout la même que celle-ci, excepté : 1° qu'elle contient de plus les mots suivants : *Mediantibus fratribus nostris J. gratianopolitano et R. bellicensi episcopis*, ce qui prouve qu'elle a été donnée, après la transaction passée entre l'évêque et le chapitre, par la médiation des évêques de Grenoble et de Belley, le 30 novembre 1182; 2° qu'elle est datée de Vérone, le 1er octobre, ce qui ne peut se rapporter qu'aux années 1183, 1184 ou 1185.

19

Le pape Lucius III ratifie la transaction passée entre l'évêque Lambert et les chanoines de la cathédrale de Maurienne, relativement à la prévôté.

(17 Avril 1184.)

Lucius episcopus servus servorum Dei. dilectis filiis universis canonicis maurianensibus salutem et apostolicam benedictionem. Inter viros ecclesiasticos et eos maxime quos unanimes in domo convenit habitare materiam nos oportet precidere scandalorum. ne vel pax domestica jurgiis exagitata depereat, vel fraterna caritas odiorum acerbitate languescat. Cognito igitur ex litteris venerabilium fratrum nostrorum gratianopolitani et bellicensis episcoporum qualiter inter vos et venerabilem fratrem nostrum Lambertum episcopum vestrum super prepositura ecclesie vestre firma pax concordiaque provenerit, compositionem que exinde rationabiliter facta est et ab utraque parte concorditer pacifice suscepta ratam habere decrevimus et litteris apostolicis confirmare. Unde universitati vestre per apostolica scripta precipiendo mandamus quatenus quod exinde inter eumdem episcopum et vos ipsos mediantibus predictis episcopis ut statutum firmiter et inconcusse futuris semper temporibus observetis. nec presumat aliquis vestrum fidem compositionis hujus irritam facere aut communibus placitis temere contraire. Datum Velletri xv kalendas maii [1].

---

[1] La transaction ratifiée par cette bulle avait été passée le 30 novembre 1182, par la médiation de Jean, évêque de Grenoble, et Renaud, évêque de Belley. Cette bulle ne porte que la date du 17 avril, sans parler de l'année; elle ne peut être que de 1183 ou 1184, parce qu'il est fait mention de la même transaction dans une autre bulle du pape Lucius III, du 16 octobre 1184. Il y a eu encore une seconde transaction sur le même sujet, par la médiation des mêmes évêques, le 20 octobre 1188.

20

Le pape Lucius III approuve les donations faites à l'évêque de Maurienne par le roi Gontran, et prend tous les biens et droits de l'évêché sous sa protection spéciale.

(16 Octobre 1184.)

Lucius episcopus servus servorum Dei venerabili fratri Lamberto maurianensi episcopo ejusque successoribus canonice substituendis in perpetuum. in eminenti apostolice sedis specula disponente Domino constituti, ex injuncto nobis apostolatus officio fratres nostros coepiscopos sincera caritate diligere et ecclesiis a Deo sibi commissis suam debemus justitiam conservare. pro ipsarum quoque volumus statu satagere et earum quieti et utilitati salubriter auxiliante Domino providere. Ea propter venerabilis frater episcope, tuis justis postulationibus clementer annuimus. et prefatam ecclesiam maurianensem cui auctore Domino preesse dignosceris sub beati Petri et nostra protectione suscipimus. et presentis scripti privilegio communimus. In primis siquidem statuentes ut quicquid juris vel tenimenti [1] beate memorie rex Guntrannus qui prefatam ecclesiam tuam titulo reddidit pontificalis dignitatis illustrem, felicis recordationis Felmasio primo ipsius loci episcopo [2] et successoribus ejus pia largitione concessit; sicut intra subscriptos terminos continetur, in suo statu permaneant et perpetuam optineant auctoritatis nostre privilegio firmitatem. Statuit enim ut omne jus regale in toto territorio villarum Sancti Andree et Argentine episcopi maurianenses optineant. Idem quoque in locis ultra Arcum positis. scilicet in Valoria, Albanna, et in villa Sancti Johanis ceterisque omnibus villis. et in montanis adjacentibus ei maurianensibus episcopis est largitus. quod nos sicut ipse constituit.

firmum esse decernimus. et tibi tuisque successoribus confirmamus. Porro terminus terre episcopatus ipsius ultra Arcum ex parte Sancti Johannis protenditur a rivo qui fluit a monte et intrat Arcum ad stricta Sancti Andree usque ad rupem calvam que fere imminet ville Pontis. Quicquid igitur infra hos terminos ecclesie tue vel a predicto rege, vel ab aliis quibuslibet est concessum rationabiliter, sicut tu juste et canonice possides, illibatum tibi et integrum tuisque successoribus perseveret. preterea quascumque possessiones, quecumque bona, eadem ecclesia in presentiarum juste et canonice possidet. vel in futurum concessione pontificum largitione regum vel principum. oblatione fidelium seu aliis justis modis prestante domino poterit adipisci, firma tibi tuisque successoribus et illibata permaneant. In quibus hec propriis duximus exprimenda vocabulis. ecclesiam de Termeinum. ecclesiam de Soleriis. ecclesiam de Hauceis. ecclesiam de Borget. ecclesiam de Sancto Andrea. ecclesiam de Valoria. ecclesiam de Vilargundrana. ecclesias de duobus Albiacis. ecclesiam de Monterotundo. ecclesias de Arva. ecclesiam de Vilario Raimberti et de Fonte cooperto. ecclesiam Sancti Pancratii. ecclesiam de Jarriaco. ecclesiam de Argentina et medietatem ecclesie de Mileriis [5]. Specialiter autem prepositurum ecclesie Sancti Johannis quam canonici ecclesie tue in manus tuas pacifice resignarunt. et in jus et dominium mense episcopalis concorditer transtulerunt, tibi et successoribus tuis presentis scripti pagina roboramus. Statuimus etiam ut sicut antecessores tui in prioratibus de Hetone et de Sancto Juliano. et Sancte Marie de Castro in quibus religionis ordinem fundaverunt. priores et canonicos benedicere. et a singulis professiones recipere consueverunt[4]. et tu ipse post eos id hactenus habuisti. ita etiam in futurum tibi tuisque successoribus conservetur. Decernimus ergo ut nulli omnino hominum prefatam ecclesiam liceat temere perturbare vel ejus possessiones auferre vel ablatas retinere. minuere seu quibuslibet vexationibus fatigare. sed omnia illibata et integra conserventur. eorum pro quorum gubernatione ac sustentatione concessa sunt usibus omnimodis profutura. salva sedis apostolice auctoritate et Viennensis archiepiscopi debita reverentia. Si qua igitur in futurum ecclesiastica secularisve persona hanc nostre constitutionis paginam sciens contra eam temere venire temptaverit, secundo tertiove commonita nisi presumptionem suam congrua satisfactione correxerit, potestatis honorisque sui dignitate careat. reamque se divino judicio existere de perpetrata iniquitate cognoscat. et a sacratissimo corpore ac sanguine Dei et Domini redemptoris nostri Jhesu Christi aliena fiat. atque in extremo examine divine ultioni subjaceat. cunctis autem eidem loco sua jura servantibus, sit pax Domini nostri Jhesu Christi. quatenus et hic fructum bone actionis percipiant et apud districtum judicem premia eterne pacis inveniant. Amen amen.

Ego Lucius catholice ecclesie episcopus.

Ego Theodinus Portuensis et sancte Rufine sedis episcopus.

Ego Henricus Albanensis episcopus.

Ego Theobaldus Hostiensis et Vellitrensis episcopus.

Ego Johannes presbyter cardinalis titulo Sancti Marci.

Ego Laborans presbyter cardinalis S. Marie transtyberius titulo S. Calixti.

Ego Willelmus Remorum archiepiscopus titulo S. Sabine cardinalis.

Ego Humbertus presbyter cardinalis titulo Sancti Laurentii in Damaso.

Ego Landulfus presbyter cardinalis titulo Basilice duodecim Apostolorum.

Ego Arditio diaconus cardinalis Sancti Theodori.

Ego Gratianus Sanctorum Cosme et Damiani diaconus cardinalis.

Ego Sofredus Sancte Marie in via lata diaconus cardinalis.

Ego Albinus Sancte Marie Nove diaconus cardinalis.

Datum Verone per manum Hugonis sancte romane ecclesie notarii XVII kalendas novembris, indictione tertia, incarnationis dominice, anno M.C.LXXXIIII pontificatus vero Domini Lucii pape tertii anno quarto.

1 Le mot *tenimentum* ou *tenementum* signifie un territoire, un district, une vallée ; quelquefois il se prend dans un sens plus restreint et signifie un domaine à la campagne, une ferme.

2 Il est très digne de remarque que le pape Lucius appelle Felmase premier évêque de Maurienne ; il n'est pas probable qu'il l'ait affirmé d'une manière précise sans avoir des renseignements sûrs. Et, en effet, l'histoire des quatre évêques qu'on dit avoir siégé en Maurienne avant Felmase est inadmissible.

3 On voit par cette bulle que le roi Gontran avait cédé à l'évêque de Maurienne, en toute souveraineté, dix-sept paroisses et la moitié d'une autre ; ce sont celles de Jarrier, St-Pancrace, Fontcouverte, Villarambert, St-Jean et St-Sorlin d'Arves, Montrond, Albiez-le-Vieux, Albiez-le-Jeune, Villargondran, Valloires, St-André, le Bourget, Aussois, Sollières, Termignon, Argentine et la moitié des Millières. Il faut sans doute y ajouter celles de St-Jean de Maurienne, St-Martin d'Arc, Valmeinier, Albanne et Montricher, comprises dans les mêmes confins. Valmeinier et Albanne étaient probablement réunies alors à Valloires, St-Martin d'Arc à St-Michel et Montricher à Villargondran.

4 Il y avait donc en 1184 une communauté de chanoines réguliers gouvernée par un prieur à Aiton ainsi qu'à Notre-Dame du Chatel et à St-Julien. L'évêque seul avait le droit de recevoir les professions.

21.

Seconde transaction passée entre Lambert, évêque de Maurienne, et les chanoines de sa cathédrale, relativement à la prévôté du chapitre.

(20 Octobre 1188.)

Ego Johannes Dei gratia gratianopolitanus et ego Reinaldus eadem bellicensis episcopi. et ego Willelmus gratianopolitanus decanus. et ego Petrus Sancti Georgii dictus abbas. omnibus carte hujus auditoribus salutem in Domino. Noverint quos nosse oportuerit. quod anno ab incarnatione Domini M.C.LXXXVIII. ad vocationem domni Lamberti maurianensis episcopi apud Sanctum Johannem mense octobri in festo Sancti Luce evangeliste convenimus et xiii kalendas novembris murmur quod inter episcopum predictum et canonicos suos erat suscitatum. in presentia nostra et subscriptarum personarum sic est sopitum. preposituram enim quam jam episcopus Lambertus xi annis [1]. et antecessores sui Airaldus et Bernardus, et Willelmus longissimo tempore ex concessione summorum pontificum. Eugenii. Anastasii. Adriani. Alexandri. Lucii. Urbani. possederant. canonici subscripti in manu episcopi Lamberti. dato osculo pacis unanimiter resignaverunt. nulla hac de causa donatione seu promissione precedente ac omni pactione cessante. et concesserunt ut ipse episcopus, cum successoribus suis in perpetuum esset prepositus in ecclesia et prepositura in omnibus plenarie obtineret. et vices et actus prepositi jusque ageret in ecclesia et pro ecclesia. tam in spiritualibus quam in temporalibus. excepto quod in temporalibus cotidianum cibum non habebit in refectorio. sed in festis duplicibus habebit cum jure episcopatus et prepositure cum clericis suis. et excepto quod juxta consuetudinem ecclesie canonici si concordes fuerint. instituere poterunt procuratores refectorii et mistrales terre sue. et cellerarium et hujusmodi minuta officia temporalium sine episcopo quamvis sit prepositus. si vero discordes essent. episcopi esset omnino predicta ordinare. Bonas consuetudines quas domus refectorii solita erat habere ad domum episcopalem in testamentis et donationibus feudorum militarium seu nobilium, tam in terris quam in decimis. dedit et concessit episcopus, salvo in omnibus jure suo et consuetudinibus. et si consuetudines suas forte non posset habere episcopus super residuum feudi. tunc haberet epis-

copus et successores sui regressum ad portionem quam
tenent canonici, nisi iterum de mera liberalitate vellet
relaxare. Quia vero episcopi non solum episcopi sed et donationem prepositi habebunt in ecclesia mauriannensi. salvis
predictis exceptionibus. propensiori cura et diligentiori affectione. canonicos et res communie² diligenter fovere manu
tenere tenebuntur et insuper profectibus eorum diligentius
intendere. et ut predicta indubitanter et inconcusse serven-
tur in posterum. hanc cartam de mandato predicti episcopi
et canonicorum suorum subscriptorum sigillis nostris muni-
vimus. et ipse Lambertus episcopus propter idem. sigillum
suum apposuit. et canonici similiter sigillum conventus.
predictam renunciationem fecerunt isti canonici. Willelmus
de Cuina et Ugo de Vilario Rahimberti sacerdotes. Bernardus
de aprili sacrista et Petrus de Teis diacones. Martinus de
Camera. Aimo de Morestello. Humbertus de Arenis. Petrus
de Turre. Petrus frater Philippi. subdiacones. et Antelmus
de Miolano. alia autem vice consimili modo nisi quod modo
plura sunt excepta quam prius renuntiatum fuerat predicte
prepositure in presentia nostra tam a predictis canonicis
excepto Nantelmo de Miolano propter sui absentiam. quam a
subscriptis. videlicet anno ab incarnatione Domini M.C.LXXXII.
mense novembri in festo sancti Andree. et Villelmo. et Nantelmo decanis. a Bermundo. et Guidone de Isiaco. et Anselmo
sacerdotibus; a Giroudo de Vileta et magistro Fulcone et
Aimone Gunterio diaconibus; et a Bosone de Albiaco. et
Radulpho de Arenis. huic facto interfuerunt persone subs-
cripte Siboudus monachus Stamedii⁵. Aimo paganus conver-
sus Cartusie. frater Guigo de Silva benedicta. Nicolaus prior
Aquebelle. Bernardus prior Cosie. Amedeus canonicus Sancti
Georgii. Iterius capellanus episcopi gratianopolitani. magister
Albertus de Boges. milites Philippus Petrus Secalcus. Petrus
de Albiaco. Hugo Bernardi. et Ainardus frater suus. Hum-
bertus montis Garnerii. et Viboudus. et Johannes Mistralis.

et Hendricus. Actum est hoc in domo episcopi. apostolatus beatissimi pape Clementis. primo anno. Frederico Romanorum imperatore. et Henrico filio ejus regnantibus feliciter. et Humberto comite presidente [4].

Sigillum Johannis gratianopolitani episcopi.	Sigillum Rainaldi bellicensis episcopi.	Sigillum Willelmi gratianopolitani decani.
Sigillum Petri sancti Georgii abbatis.	Sigillum Lamberti maurianensis episcopi.	Sigillum conventus sancti Johannis.

[1] L'évêque Lambert avait donc commencé à siéger en 1177.

[2] *Communia, æ,* la communauté.

[3] *Stamedium, ii,* parce que *stat medium* entre la vallée de Faverges et celle d'Albertville.

[4] La plupart des auteurs qui ont écrit l'histoire de la royale Maison de Savoie ont dit que le bienheureux Humbert est mort à Chambéry le 4 mars 1188. Ita Guichenon, de Pingon, l'*Art de vérifier les dates,* Gallizia, Costa de Beauregard, Frézet, etc. Cette charte prouve évidemment qu'il vivait encore le 20 octobre de la même année. Le 1er avril 1189, le comte Thomas, son successeur, a déjà fait une donation à l'hôpital du petit St-Bernard. (*Historiæ patriæ monumenta,* tom. Ier, n° 424.) Henriquez *(Ménologe de Cîteaux),* Buccellino *(Ménologe des Bénédictins).* Manriquez *(Laurea evangelica),* et Chalemot *(Series Ss. Ord. cisterc.),* placent la mort de ce prince au 16 ou 17 décembre 1188 : mais tout doute doit maintenant disparaître à cet égard, car l'ancien obituaire de Maurienne dit clairement qu'il est mort le 4 mars 1189.

22

Donation du mont Bérenger aux chanoines de Maurienne par le comte Thomas.

(12 Juin 1189.)

Sicut olim gesta didicimus per scripturam. sic que nostro geruntur in tempore per scripturam debet posteritas edoceri.

Sciant ergo presentes ac posteri quod ego Thomas [1] Dei gratia comes mauriennensis et marchio Italie. per manum domni Lamberti venerabilis mauriennensis episcopi et consilio Beatricis matris mee. et quam plurium baronum meorum. presente tutore meo Bonifacio marchionis Montisferrati filio. et auctoritatem suam tutoris more prestante. in perpetuum dono canonicis Sancti Johannis pro anima patris mei. quidquid ipse pater meus in monte Berengier [2] possidebat. inter duos rivos a rupe superiori. Et ut prefatum munus jam dictis canonicis libere liceat obtinere. omni jure et injuria. et omni usu exactionis vel oppressionis. que ibidem pater meus hactenus habuit. vel deinceps ab officialibus meis excogitari posset. me et posteritatem meam penitus exuo. perhennem investituram predictarum rerum. et plenum dominium ecclesie mauriennensi. sine ulla retencione concedens. Confirmo preterea predictis canonicis. donum comitis Humberti bone memorie abavi mei. quod ipsi possident apud Sanctum Remigium et apud Cuinam [3] et apud Vilarios super Cuinam [4]. et in Villario Bernonis [5] et in Traversia [6]. et apud Sanctum Aprum [7]. Et ne posset deinceps occasio suboriri. per quam liberalitatis avite largicio mutiletur. omnes exactiones justas et injustas. et omnes oppressiones. et omne jus et injuriam. in predictis rebus prefatis canonicis relinquo penitus et remitto. Et si forte jam dictis donationibus. proditio vel duellum contingeret: ea si vellem in manu mea retinui ulciscenda [8]. et ut carta ista vires habeat perpetuas. sigilli mei impressione eam munio. et Beatrix mater mea. et Bonefacius marchionis Montisferrati filius. tutor meus. ex mandato meo. sigillorum suorum munimine hanc cartam similiter roborant. supradictis donationibus interfuerunt testes. barones subscripti. Guitfredus de Miolano. Aimericus de Brianconc. Aimo de Camera. Poncius et Guitfredus de Conflens. Willelmus Chacepreia. magister Bernardus. magister Albertus et multi alii. Et ego Mauricius dicti comitis notarius. hanc cartam scripsi. Actum est hoc anno ab incarnatione Domini M.C.LXXX nono. pridie idus junii. Ego Bonifatius tutor Thome subscribo et ex officio tutele predicta confirmo dona.

[1] Né le 20 mars 1177 du bienheureux Humbert III et de Béatrix de Vienne, le comte Thomas n'avait que douze ans et quelques mois lorsqu'il fit cette donation.

[2] Le Mont-Bérenger est un territoire montueux faisant partie de la commune du Chatel, où il y a un petit village et quelques maisons dispersées.

[3] St-Rémi et St-Etienne de Cuines, paroisses du diocèse de Maurienne, sur la gauche de l'Arc.

[4] St-Alban et St-Colomban des Villards au-dessus de Cuines.

[5] Villarbernon, village de la paroisse de St-Michel.

[6] La Traverse, village de la paroisse du Thyl.

[7] St-Avre, petite commune près de La Chambre.

[8] On voit par la teneur de cet acte que le Mont-Bérenger formait alors un fief, et qu'en le cédant aux chanoines de Maurienne le comte leur cédait tous les droits qu'un seigneur avait ordinairement sur ses fiefs, y compris celui de rendre la justice, si ce n'est qu'il se réservait la punition des crimes de trahison et de duel qui pourraient s'y commettre. Les chanoines de la cathédrale de Maurienne ont toujours pris depuis lors le titre de seigneurs de Mont-Bérenger.

23

Le pape Clément III approuve la donation faite à l'évêque Felmase par le roi Gondran [1].

(6 Juin 1190.)

Clemens episcopus, servus servorum Dei, venerabili fratri Lamberto maurianensi episcopo, ejusque successoribus canonicè substituendis in perpetuam memoriam. in eminenti apostolice sedis specula, disponente Domino constituti, ex injuncto nobis apostolatus officio, fratres et coepiscopos nostros sincera caritate diligere et ecclesiis sibi commissis suam debemus justitiam conservare, et earum quieti et utilitati salubriter auxiliante Domino providere. Ea propter, venerabilis in Christo frater Lamberte episcope tuis justis postulationibus clementer annuimus et ecclesiam maurianensem cui, auctore Domino, preesse dignosceris. ad exemplar predecessorum nostrorum felicis recordationis Lucii et Urbani romanorum pontificum, sub beati Petri et nostra protectione suscipimus et presentis scripti privilegio communimus. In primis siquidem statuentes ut quidquid juris vel tenimenti bone memorie rex Gontrannus qui prefatam ecclesiam tuam titulo reddi fecit pontificalis dignitatis illustrem. bone memorie Felmasio primo ipsius loci episcopo [2] et successoribus ejus juste ac pia largitione concessit. Sicut intra subscriptos terminos continetur, in suo statu permaneant et perpetuam obtineant auctoritatis nostre privilegio firmitatem. Statuit enim ut omne jus regale in toto territorio villarum Sancti Andree et Argentine episcopi maurianenses optineant. Idem quoque in locis ultra Arcum positis. scilicet in Valoria Albana et in villa Sancti Johannis, ceterisque omnibus villis et in montanis adjacentibus ei, maurianensibus episcopis est largitus quod nos sicut ipse constituit firmum esse decernimus et tibi tuisque successoribus confirmamus. Porro terminus terre Sancti Johannis ultra Arcum ex parte Sancti Johannis protenditur a rivo Fraxineti usque ad locum qui dicitur porta ultra pontem Amalfredi. Quiquid igitur infra hos terminos ecclesie tue vel a predicto rege vel ab aliis concessum rationabiliter est à quibuslibet. Sicut tu juste et canonice possides, illibatum tibi et integrum tuisque successoribus perseveret, preterea quascumque possessiones quecumque bona eadem ecclesia in presentiarum juste et canonice possidet, aut in futurum concessione pontificum largitione regum vel principum, oblatione fidelium, seu aliis justis modis, prestante Domino poterit adipisci, firma tibi tuisque successoribus et illibata permaneant. In quibus hec propriis duximus exprimenda vocabulis, ecclesiam de Termenum, ecclesiam de Soleriis, ecclesiam de Auceis, ecclesiam de Borget, ecclesiam de Sancto Andrea, ecclesiam de Valoria, ecclesiam de Villargondran, ecclesiam de duobus Albiacis, ecclesiam de Monte Rotundo, ecclesias de Arva, ecclesias de Vilario Ramberti et de Fonte cooperto, ecclesiam Sancti Pancratii, ecclesiam de Jarriaco, ecclesiam de Argentina, jus quod habetis in ecclesia de Mileriis. Specialiter autem preposituram ecclesie Sancti Johannis quam canonici ecclesie tue in manus tuas pacifice resignaverunt et in jus et in dominium mense episcopalis concorditer transtulerunt tibi et tuis successoribus presentis scripti pagina roboramus. Statuimus etiam ut sicut antecessores tui in prioratibus de Hetone et de Sancto Juliano et Sancte Marie de Castro in quibus religionis ordinem fondaverunt priores et canonicos benedicere et a singulis professiones recipere consueverunt et tu ipse post eos hactenus habuisti, ita tibi et tuis successoribus conservetur. Decernimus ergo ut nulli omnino hominum liceat prefatam ecclesiam temere perturbare aut ejus possessiones auferre vel ablatas retinere, minuere seu quibuslibet vexationibus fatigare, sed omnia integra conserventur, eorum pro quorum gubernatione ac sustentatione concessi sunt usibus omnimodis profutura, salva sedis apostolice auctoritate et viennensis archiepiscopi debita reverentia. Si qua igitur in futurum ecclesiastica secularisve persona hanc nostre confirmationis paginam sciens, contra eam temere venire temptaverit, secundo tertiove commonita, nisi reatum suum congrua satisfactione correxerit potestatis honorisque sui dignitate careat, reamque se divino judicio existere de perpetrata iniquitate cognoscat, et a sacratissimo corpore et sanguine Dei et Domini redemptoris nostri Jhesu Christi aliena fiat, atque in extremo examine divine ultioni subjaceat. Cunctis autem eidem loco sua jura servantibus sit pax Dni nostri Jhesu Christi. Quatenus et hic fructum bone actionis percipiant et apud districtum judicem premia eterne pacis inveniant. Amen. amen.

Sequuntur chirographi summi pontificis et 15 cardinalium quorum duo episcopi, septem presbyteri et sex diaconi erant.

Datum Laterani, per manum Moysi sancte romane ecclesie subdiaconi vicem agentis cancellarii, octavo idus junii indictione octava, incarnationis dominice millesimo centesimo nonagesimo, pontificatus vero domini Clementis pape tertii anno tertio.

---

[1] Par cette bulle le pape Clément III approuve de nouveau la donation faite à l'évêque Felmase par le roi Gontran. Elle cite dix-sept paroisses et la moitié d'une autre, les mêmes qui avaient été nommées par le pape Lucius III dans sa bulle du 16 octobre 1184. De ces dix-huit communes sept sont sur la droite de l'Arc; ce sont Termignon, Sollières, Aussois, le Bourget, St-André, Argentine et la moitié des Villières. Onze sont sur la gauche de l'Arc, ce sont Valloires, Villargondian, Albiez-le-Jeune, Albiez-le-Vieux, Montrond, St-Jean et St-Sorlin d'Arves, Villarembert, Fontcouverte, St-Pancrace et Jarrier.

D'après la bulle de Lucius III, le territoire cédé à l'évêque sur la gauche de l'Arc s'étendait : *à rivo qui fluit à monte et intrat Arcum adstricta Sancti Andree, usque ad rupem calvam, qui ferè imminet Ville Pontis.* D'après celle de Clément III, il s'étendait : *à rivo Fraxineti usque ad locum qui dicitur porta ultra pontem Amalfredi.* Quoique exprimées par des termes un peu différents, ces limites sont absolument les mêmes, c'est-à-dire que ce territoire s'étendait depuis le ruisseau du Fresney, qui entre dans l'Arc vis-à-vis de St-André, jusqu'au Rocherai, *rupes calva*, montagne située entre St-Jean de Maurienne et Pontamafrey.

[2] Le pape Clément III appelle aussi Felmase premier évêque de Maurienne, comme Lucius III.

24

Le comte Thomas confirme les donations faites aux chanoines de St-Jean par ses prédécesseurs

(Mars 1195.)

Audivi ego Thomas comes maurienensis quod inter canonicos Sancti Johannis et ministrales meos [1], de donationibus quas pro redemptione animarum suarum predecessores mei fecerant, orta est contencio. Asserebant enim vice comes et ministrales quod in quinque capitulis sibi retinuerat comes juridicionem et potestatem in elemosina sua. E contra vero canonici nichil esse retentum preter homicidia et prodiciones et duellos affirmantes. cartam nostram et tutoris nostri Bonifacii marchionis proferebant. super hoc igitur constitutis in presentia mea vicecomite maurienensi et ministrali, convocata curia mea. cartam quam proferebant, a meo proprio notario qui eam scripserat. feci agnosci et perlegi et exponi. Audito siquidem tenore carte illius. scriptor et sigillator et multi de baronibus meis qui ejusdem carte compositioni adfuerant, consenserunt. et quod in carta continebatur, ego precepi inviolabiliter in perpetuum custodiri. et quod preter tenorem carte a vicecomite captum fuerat, precepi restitui. hoc autem factum est ad consilium et testimonium Guifredi de Conflens, Aimonis de Camera, Guigonis de Teys, Amedei et Umberti de Vileta, Petri de Toveto, Mauricii notarii qui omnes donationi Montisberengerii adfuerant [2]. Adfuit Willelmus de Cuina canonicus, Martinus de Camera canonicus, Petrus de Turre et Johannes de Arva, qui a capitulo missi, confirmationem ad opus ecclesie susceperunt. Adfuit etiam Philippus miles et Pontius de Cuina, Umbertus Montisgar-

nerii et Willelmus Aimarius. Sigillata est carta ista anno
M.C.LXXXXV mense marcii.

¹ *Et ministrales meos.* Les officiers du comte, ceux qui étaient chargés
de tenir ses intérêts et d'exiger ses droits. De *minister* on a fait *ministralis*, et *mistralis*, mistral.

² Les témoins de cet acte ont été Guifrey de Confians, Aimon de la
Chambre, Guy de Theis, Amédée et Humbert de Villette, et Pierre du
Touvet, qui tous avaient assisté à la donation du Mont-Bérenger.

25

Célestin III confirme les donations faites aux chanoines de la cathédrale de Maurienne par le comte Thomas et ses prédécesseurs.

(6 Janvier 1195.)

Celestinus episcopus servus servorum Dei, dilectis filiis canonicis majoris ecclesie maurianensis salutem et apostolicam benedictionem. Justis petentium desideriis dignum est nos facilem prebere consensum et vota que a rationis tramite non discordant, effectu prosequente complere. Ea propter, dilecti in Domino filii, vestris justis postulationibus grato concurrentes assensu, possessiones illas quas nobilis vir Thomas comes maurianensis, et antecessores illius, vobis et ecclesie vestre contulisse noscuntur, sicut vos eas juste ac sine controversia possidetis, vobis et per vos ecclesie vestre auctoritate apostolica confirmamus, et presentis scripti patrocinio communimus. Nulli ergo omninò hominum liceat hanc paginam nostre confirmationis infringere, vel ei ausu temerario contraire. Si quis autem hoc attemptare presumpserit, indignationem omnipotentis Dei et beatorum Petri et Pauli apostolorum ejus se noverit incursurum. Datum Rome apud Sanctum Petrum, VIII idus januarii pontificatus nostri anno quarto.

26

Donation d'un champ par les frères Pirus aux chanoines de St-Jean de Maurienne.

(27 Avril 1196.)

Anno ab incarnatione Domini. millesimo centesimo nonagesimo sexto. domno Lamberto episcopatum maurianensem tenente. v kalendas maii Johannes Pirus miles et paganus fratres. et Ugo clericus eorum consanguineus. hoc instrumento donationis et concessionis donaverunt et concesserunt canonicis Sancti Johannis Baptiste in perpetuum omne jus et actiones. justum et injustum. et quicquid juris seu consuetudinis habebant[1]. campo illo qui ex una parte continuatur campo predictorum canonicorum et ex alia parte publice vie qua itur versus Arvanum[2]. Actum est hoc in cimiterio Sancti Johannis Baptiste[3] prope portam domni episcopi. Signa testium. Johannes papo capellanus Henricus canonicus. Jacobus capellanus. Umbertus de Arenis canonicus. Petrus frater Philippi. Michael scriptor. Guiffredus de Ponte clericus. Galianus de Vilariogundranno. Villelmus Fiaz. Ego Tyberius domni Lamberti maurianensis episcopi notarius interfui. et rogatus hanc cartam scripsi.

[1] Ces mots *omne jus et actiones, justum et injustum, quidquid juris habebant*, désignent tous les droits fondés sur un titre légitime, et les mots *injustum, quidquid consuetudinis*, etc., paraissent désigner les droits fondés seulement sur une ancienne possession continuée pendant le temps requis pour prescrire.

² Arvan, torrent qui descend des Arves et passe près de St-Jean de Maurienne.
³ La place située entre la cathédrale et l'évéché servait alors de cimetière.

27

Vente ou donation faite à Lambert, évêque de Maurienne, par Herluin, de Chignin.

(24 Février 1197.)

Anno ab incarnatione Domini millesimo centesimo nonagesimo septimo, Lamberto episcopo maurianensem episcopatum tenente, sexto kalendas marcii, hoc instrumento donationis et concessionis Herluinus de Chinin dedit et concessit, pro anima sua et antecessorum suorum, Deo et domino Lamberto episcopo maurianensi, in perpetuum quicquid juris possidebat in territorio Vilarii Gundrani, et quicquid juris habebat in loco qui dicitur Vilars super Sanctum Johannem, et quicquid possidebat citra Arcum a parte Sancti Johannis. Pro hac vero donatione domnus Lambertus maurianensis episcopus dedit ipse Herluino viginti tres libras forcium[1]. Hac eadem die et eodem loco confessus est jam dictus Herluinus, supra dicto pacto, se dedisse Lamberto episcopo quicquid possidebat in territorio Sancti Andree et habuisse a Lamberto episcopo viginti libras forcium. Actum est hoc in capella domus episcopalis. Testes interfuerunt subscripti, Durandus capellanus episcopi, Henricus procurator episcopi, magister Anselmus medicus, Nantelmus Dureuz clericus, Petrus de Chamoset miles, Rodulphus Anglicus, Guifredus Ruphus, et ego Tiberius notarius domus Lamberti maurianensis episcopi interfui et rogatus hanc cartam scripsi.

[1] Ces 23 liv. fortes vaudraient environ 1,800 liv. de notre monnaie.

28

Vente d'un champ au Verpil par Guillaume Morard à Hugues, curé de Villarembert.

(1198.)

Notum est tam presentibus quam futuris quod Villelmus Morardi vendidit Ugoni sacerdoti Vilarii Raimberti [1] et domui elemosine terram quam habebat ad Vulpil [2]. scilicet tres sextariatas terre pro VIII libris forcium [3]. Laudante uxore sua. et filiis suis. et filia ejus. Hoc juravit Willelmus Morardus et uxor sua et omnes pueri sui in manu episcopi Bernardi. scilicet regnante Philippo et Ethone (sic) inter se confligentibus [4]. Testes sunt Bernardus procurator bellicensis et canonicus. et Umbertus de Arenis. et Villelmus Ruffus. et uxor sua Margarita. et Petrus Albiaci. et Rodulphus de Curia. Hoc laudavit Ugo Pirus de cujus feudo est. qui est dominus terre illius. Hoc fuit factum sine ulla retentione. excepto tribus denariis quos retinuit Villelmus Morardus. et ipse Villelmus debet reddere Ugoni Piro. idem hoc servitium de ista venditione. Istos tres denarios debet reddere quando terra est cum fructu suo. aliter non. si non reddebat. domus elemosine et Ugo Vilarii Raimberti non obediant ei. hoc fuit pactum. hoc juravit ipse et familia ejus in manu episcopi.

[1] *Ugoni, sacerdoti Vilarii Raimberti,* Hugues, curé de Villarembert.
[2] A Vulpil, au Verpil, entre St-Jean de Maurienne et Villarjarrier.
[3] Huit livres fortes équivalent à environ 600 liv. de notre monnaie.
[4] La guerre entre Philippe de Souabe et Othon IV a duré de 1198 à 1206. Bernard II, évêque de Maurienne, siégeait dans le même temps.

29

Transaction entre Bernard, évêque de Maurienne, et le chapitre de sa cathédrale[1].

(Mai 1200.)

Nantelmus Dei gratia gebennensis dictus episcopus, carte hujus auditoribus salutem in Domino. noverint universi quod querela quam faciebant canonici maurianensis ecclesie contra domum episcopalem super ecclesiam Sancti Juliani, nobis videntibus et tractantibus, concorditer sic est terminata, predicti siquidem canonici, si quid juris in jam dicta ecclesia habere videbantur, domino Bernardo episcopo et successoribus suis, unanimi consensu totum in perpetuum concesserunt, exceptis quinque solidis quos annuatim percipere ibi debent. Preterea compositionem factam inter ipsos canonicos et Lambertum bone memorie episcopum suum super prepositura universi laudaverunt. ratam omnino et firmissimam habuerunt. Insuper ut omnis scrupulus discordie tolleretur, omnis querela quam usque ad diem illam ipsi canonici contra domum episcopalem moverant sive de prepositura sive de aliis rebus ibidem est sopita et de medio sublata. Pro hac autem pace memoratus episcopus eisdem canonicis contulit pensionem ecclesiarum Sancti Martini de ultra Arcum et vallis Mainerii, cum decimis quas ibidem habebat, et mediam decimam annone in cabannaria cluniaci apud Arvam[2]. Actum anno ab incarnatione Domini millesimo ducentesimo, mense maio, apud Sanctum Johannem in domo episcopali.

[1] Par cette transaction faite en l'assistance de Nantelme, évêque de Genève, les chanoines de St-Jean cèdent à l'évêque Bernard et à ses successeurs tous les droits qu'ils avaient sur la paroisse de St-Julien, sous la réserve d'une redevance annuelle de 5 sous. De son côté, l'évêque leur

cède les prestations et les dîmes qui lui appartenaient dans les paroisses de St-Martin d'Arc et de Valmeinier.

² *Decimam annone in cabannaria cluniaci apud Arvam.* — *Annona, æ*, blé, froment, dîme en blé; *cabannaria, æ*, ferme comprenant un domaine et le logement du fermier.

30

Donation faite à l'église de St-Jean de Maurienne par Humbert de Arenis.

(7 Février 1204.)

Anno Domini millesimo ducentesimo quarto, septimo idus februarii, domino Bernardo maurianensis ecclesie episcopo existente, Philippo et Othone de imperio confligentibus [1]. Umbertus de Arenis dedit ecclesie Sancti Johannis campum del Collet et feudum Johannis Coci, et sex denarios quos habebat in campo Martini de Camera, et concessit omne quod habebat in vinea et ipsam vineam quam dedit Johannes Iarsaz prefate ecclesie pro anima sua. qui Johannes rogavit ut super eum processio fieret annuatim. hoc idem rogavit de se Umbertus predictus ut in die obitus sui ab ecclesia pro eo processio fieret annuatim. Testes ad hoc specialiter vocati sunt, Petrus de Teis. Anselmus de Arenis canonici ; Villelmus de Arenis miles et Villelmus Rufus. Et ego Michael notarius domus episcopalis hanc cartam rogatus scripsi et subscripsi.

[1] Philippe, élu roi des Romains et couronné à Mayence par l'archevêque de Tarentaise dans l'octave de Pâques 1198, eut à lutter contre Othon, duc de Saxe, son compétiteur, jusqu'à sa mort arrivée le 22 juin 1208.

31

Transaction entre Bernard de Chignin, évêque de Maurienne, et le chapitre de la cathédrale.

(février 1206.)

Capitulum maurianensis ecclesie carte hujus auditoribus, salutem in Domino. Geste rei noticia reservatur in litteris, et quod menti subtraxit oblivio, sepe solet in pagina presentari. unde nascituris et natis per presentem scripturam insinuamus quod quicquid juris in ecclesia beati Juliani et appendiciis ejus habere videbamur. Domino Bernardo episcopo nostro et successoribus ejus concessimus. et omnem querelam super hoc a nobis vel a decessoribus nostris unquam attemptatam cuncti communiter guerpivimus [1] dicto episcopo nostro et successoribus ejus, pacem firmam atque perpetuam promittentes, exceptis quinque solidis quos in predicta ecclesia retinuimus singulis annis nobis persolvendis. specialiter vero compositionem inter dominum Lambertum bone memorie quondam episcopum nostrum et nos super prepositura ecclesie nostre factam cuncti communiter laudavimus, ipsam ratam et firmam habentes. secundum que scripta autentica ad hoc edita continere noscuntur. Ego Humbertus Dei gratia sancte viennensis ecclesie archiepiscopus pagine presentis originali rescripto diligenter inspecto verbo ad verbum idem omnino continente, et sigillo capituli maurianensis ecclesie munito, tam prescriptam pacem super ecclesia Sancti Juliani factam, quam concessionem et ratihabitionem super compositione prepositure predicte, dignum duxi confirmandam, et sigilli mei munimine roborandam, decernens ut inviolabiliter in perpetuum observetur. Si quis autem sciens contra hanc nostre confirmationis paginam venire temptaverit, primo secundo tertiove commonitus, nisi reatum suum congrua satisfactione correxerit, potestatis honorisque sui careat dignitate. Data anno ab incarnatione Domini millesimo ducentesimo sexto, mense februario.

¹ *Guerpire*, céder, abandonner.

32

Donation faite à l'église de St-Jean de Maurienne par Pierre Bernardi.

(30 Juin 1207.)

Anno Domini millesimo ducentesimo septimo secundo kalendas julii, domino Bernardo maurianensis ecclesie episcopo existente, Petrus Bernardi dedit Deo et ecclesie beati Johannis Baptiste quicquid omnino juris habebat in feudo quod Martinus de Camera habebat apud Vilargondrant quod dedit Deo et predicte ecclesie Sancti Johannis. Ipse autem Petrus in ecclesia Sancti Johannis super altare sacramentum prestitit ut in pace quod predictum est observaret¹. et inde habuit a canonicis viginti quinque solidos. Testes ad hoc specialiter vocati interfuerunt, Umbertus de Arva, Anselmus de Arenis et Petrus Silverius tunc temporis procuratores. Villelmus Bovet, Jacobus Mistralis, et ego Michael notarius domus episcopalis interfui. et hanc cartam rogatus scripsi. Actum in ecclesia Sancti Johannis Baptiste.

¹ On voit par cet acte que Pierre Bernardi a prêté serment en posant la main sur l'autel.

33

*Donation faite par Pierre du Pont à l'église de N.-D.
de Breveriis[1].*

(10 Juillet 1207.)

Anno Domini millesimo ducentesimo septimo, decima die julii, in capella episcopi, sub presentia testium, videlicet ipsius episcopi et Bernardi, canonici bellicensis, et magistri Armanni et Humberti canonici de Chasta, et Petri Bernardi militis, et Villelmi de Balma, et magistri Anselmi de Graisi, Petrus de Ponte dedit in helemosinam Deo et beate Marie de Breveriis, etiam totum tenementum quod fuit Giroudi tinctoris, nichil omnino sibi in eo vel heredibus suis retinendo, et juravit quod nunquam contra hanc donationem veniret. Promisit etiam sub eodem sacramento quod totis viribus defenderet contra omnem hominem ad opus predicte ecclesie, et in pace conservaret, et si quis querelam super predicto tenemento faceret in curia episcopi, ipse omnimodam faceret defensionem. Nichil faciet unde predicta ecclesia memoratum possit ammittere tenementum.

[1] On ne connait maintenant aucune église de ce nom en Maurienne. Il s'agit probablement de la paroisse des Brevières au diocèse de Tarentaise.

34

*Donation faite à l'église de St-Jean de Maurienne
par Pierre Meravilli.*

(4 Juin 1208.)

Anno Domini millesimo ducentesimo octavo secundo nonas junii domino Thoma comite presidente, Petrus Meravilli guerpivit in perpetuum ecclesie Sancti Johannis Baptiste omne jus quod ab eadem tenebat, scilicet cabannariam del Rossez. Confessus est autem quod Petrus Costa debet duodecim denarios servicii [1] ex ea et quatuor solidos placiti [2] de campo ogerii. Umbertus de Pontet tres solidos servicii et sex solidos placiti. Girardus de Labroci duos solidos servicii et tres solidos placiti. Cristinus gener ejus, duos solidos servicii et tres solidos placiti, et unum denarium de essarto [5]. Johannes Masouz, unum denarium servicii de campo ogerii, Reymonda uxor Martini viennensis tres denarios de costa nemoris. Anselmez de Pontet tres obolos de essarto citra domum Palmerii. Villelmus de Lacu duos denarios de campofriout. Canonici vero Sancti Johannis promiserunt predicto Petro ut in obitu ipsius agerent pro eo in spiritualibus sicut decet pro clerico suo. Testes ad hoc specialiter vocati interfuerunt, Villelmus decanus, Jacobus sacrista, Petrus silverius, Villelmus de monte Garnerii, Anselmus de Arenis, Johannes Gais, Aymo Rochi, Johannes Cocus. Et ego Michael, notarius domini Thome comitis, interfui. et hanc cartam rogatus scripsi. Actum in claustro Sancti Johannis.

Confessus est et predictus Petrus quod prenominati canonici Sancti Johannis habent quatuor libras nomine pignoris super feudataria cabannarie del Pontet. Testes ad hoc prenominati testes specialiter interfuerunt vocati. Et ego Michael notarius interfui et hanc cartam rogatus scripsi in predicto loco, et in anno Domini et mense et die pretaxato.

[1] *Duodecim denarios servitii.* Le mot *servitium* signifie ici un service réel, une redevance annuelle en argent. Ce mot s'entend aussi du service personnel que le vassal devait à son seigneur.

[2] *Quatuor solidos placiti.* Le mot *placitum* a plusieurs significations différentes. Dans les actes passés en Maurienne, il signifie ordinairement le droit que le vassal payait au fils du seigneur, à la mort de celui-ci, où le droit que le fils du vassal payait au seigneur lorsqu'il allait lui faire hommage à la mort de son père. *Recognoscunt se recepisse ab omnibus tenementariis massi albiaci ob decessum spectabilis viri vicecomitis Mau-*

rianæ duodecim solidos fortes placiti, 1442. — *Omnes alii parerii debent octo solidos fortes de placito ad mortem domini*, 1544.

² *Unum denarium de essarto.* — *Essartum, i*, ou *exartum, i*, défrichement, terrain défriché. Dans cette charte il parait signifier la redevance que le propriétaire s'est réservée sur un terrain, en permettant de le défricher.

35

Ratification d'une donation d'affouage faite au chapitre de la cathédrale de Maurienne par Audemar Roux.

(28 Février 1209.)

Anno Domini millesimo ducentesimo nono, secundo kalendas marcii, domino Bernardo maurianensis ecclesie episcopo existente, Petrus Roux et uxor Audemari fratris sui pellerina, et filius ejus Willelmus, confessi sunt et ratum habent quod Audemarus Roux dedit Deo et ecclesie Sancti Johannis la foiaju¹ cum quatuor asinis in nemore suo de fageto per octo dies, quos eligere voluerint canonici predicte ecclesie a festo omnium sanctorum usque in carniprivium², singulis annis in perpetuum et in presenti confirmant. Tenentur autem predicti canonici ut annuatim sabbato ante carniprivium vetus faciant processionem super ipsum Audemarum et super antecessores ejus. Sacramentum autem prestiterunt predictus Petrus et pellerina et filius ejus Willelmus ut in pace que predicta sunt observarent. Testes ad hoc specialiter vocati interfuerunt Petrus frater Philippi, Petrus Silvester, Ugo Pirus, Jacobus sacrista, Johannes Papo, magister Anselmus, Petrus Beatricis, Johannes Bellus, Johannes Cocus. Et ego Michael notarius domus episcopalis interfui et hanc cartam rogatus scripsi. Actum est hoc ad hostium Sancti Petri juxta ecclesiam Sancti Johannis.

¹ *La foiaju*, affouage, droit de couper du bois dans la forêt.
² *Carniprivium*, le commencement du carême ; *carniprivium vetus*, le premier dimanche du carême.

26

Aimon Sechal et Aimon, son neveu, engagent aux chanoines de St-Jean tout ce qu'ils possèdent à Montricher.

(51 Octobre 1209.)

Anno Domini M.CC.VIII II kalendas novembris, domino Bernardo maurianensis ecclesie episcopo existente, Aimo Sescalcus et Aimo nepos ejus obligaverunt canonicis Sancti Johannis pro decem libris quarum octo libras prius habuerant et modo quadraginta solidos acceperunt, quidquid habent apud montem Richerium, justum scilicet et injustum¹, terminus redimendi diem in festo Sancti Johannis, et juraverunt ambo se in pace que predicta sunt conservare, et quod fructus in nullo tempore computentur in sortem. Fidejussores sunt inde Filipus et Jacobus et Richardus filii Filipi, et Petrus Filipi avunculus eorum. Testes ad hoc specialiter vocati interfuerunt Villelmus decanus, Jacobus sacrista, Petrus Silverius, Aimo capellanus, Ainardus Albus, Aimo filius Emerici. Et ego Michael domus episcopalis notarius interfui et hanc cartam rogatus scripsi. Actum ante domum Petri Silverii.

¹ *Obligaverunt quidquid habent apud montem Richerium, justum scilicet et injustum.* Ils engagent tout ce qu'ils possèdent à Montricher justement ou injustement. C'est comme s'ils disaient : Il peut y avoir dans notre propriété quelque chose de douteux, de litigieux, de contestable, quelque chose même de mal acquis ; nous n'en savons rien ; quoi qu'il en soit, nous vous mettons en notre lieu et place ; si l'on vous attaque, vous vous défendrez comme vous verrez à faire ; nous vous cédons ce que nous

possédons sans garantie. On trouve souvent là même clause dans les actes de ce temps-là. *Eâ ratione ut justitias et injustitias, et omnia que videmur habere in supradictis terris, habeant et possideant jure perpetuo.* (Donation de l'évêque Thibaud, de 1040.) — *Omni jure et injuria, et omni usu exactionis vel oppressionis que ibidem pater meus hactenus habuit, me penitus exuo.* (Donation du comte Thomas, de 1189.) — *Omnes exactiones justas et injustas, et omnes oppressiones et omne jus et injuriam in predictis rebus relinquo penitus et remitto.* (Ibidem.) — *Donaverunt canonicis Sancti Johannis Baptiste in perpetuum omne jus et actiones, justum et injustum, et quidquid juris seu consuetudinis habebant.* (Donation des frères Pirus, de 1196.)

37

Donation de Martin Robont et de sa postérité aux chanoines de Maurienne par le comte Thomas.

(12 Novembre 1210.)

Nos officialis curie Mauriane notum facimus universis presentem paginam inspecturis et audituris. quod nos vidimus et inspeximus diligenter de verbo ad verbum quoddam privilegium sigillatum sigillo Thome comitis et in Italia marchionis. non cancellatum. non abolitum. non corruptum. nec in aliqua sui parte viciatum cujus tenor talis est. Anno ab incarnatione Dni millesimo cc.x. duodecimo die mensis novembris. ego Thomas comes et in Italia marchio donavi, concessi, solvi ecclesie Sancti Johannis in Mauriana. pro remedio anime mee et patris mei atque decessorum meorum. et canonicis ibidem Deo servientibus. Martinum Robont de la Traversa [1] suosque successores. salvo eo quod debet Nantelmo Gandillino pro cavanneria de la Traversa [2]. Actum est hoc Aquebelle in solio [3] Villelmi de Saissel. Hujus rei testes sunt Berlio de Camberiaco, Guigo de Teys, Petrus de Saissel, Guiffredus Marescalcus, Oddo castellanus dermellium [4]. Ego Mauricius comitis dicti notarius interfui et de mandato ipsius hanc cartam scripsi. In cujus rei testimonium nos prefatus officialis sigillum officialie maurianensis presenti pagine duximus inserendum. Datum die dominico in carniprivio veteri [5] anno Dni M.CC.LXXIV.

[1] La Traversaz est un village de la commune du Thyl, près du bourg de St-Michel.

[2] *Cavanneria* ou *cabanneria*, domaine rustique, ferme, métairie.

[3] *Solium, ii*, pour *solarium, ii*, chambre, appartement, étage supérieur d'une maison ; aujourd'hui encore les paysans appellent le galetas *solai*, ou *solair*, ou *solan*.

[4] *Castellanus dermellium*, le châtelain d'Hermillon ; c'était probablement le gardien de la tour du Chatel ou du château que les comtes de Maurienne possédaient alors à Hermillon.

[5] *In carniprivio veteri*, le premier dimanche du carême.

38

Donation faite à l'église de St-Jean de Maurienne par Pierre de Béatrix.

(12 Février 1211.)

Anno Domini millesimo ducentesimo undecimo, secundo idus februarii, domino Bernardo maurianensis ecclesie episcopo existente. Petrus Beatricis [1] dedit Deo et ecclesie Sancti Johannis Baptiste totam portionem quam habebat in campo qui fuit Hugonis Lumbardi, sub campo Sinfredi de Eschalone [2] distantem a domo canonicorum uno jactu lapidis pro beneficio et processione que sibi jusserat fieri mater ejus Beatrix. Sacramentum autem prestitit idem Petrus ut predictam donationem non haberet irritam, in ullo tempore, nec ipsam irritaret sed ratam et firmam haberet in perpetuum atque bene datam. Testes ad hoc specialiter interfuerunt vocati Humbertus de Arva, Petrus frater Philippi, Jacobus filius Philippi, Petrus Silverius, Villelmus montis Garnerii [5], Jacobus Mistralis, Johannes Cocus. Et ego Michael notarius domus episcopalis interfui et hanc cartam rogatus scripsi. Actum in claustro sub ecclesia Sancti Johannis.

[1] Dans cet acte Pierre n'est pas désigné par son nom, mais seulement par son prénom et par le prénom de sa mère, Pierre de Béatrix. Cet usage s'est conservé jusqu'à ce jour parmi les paysans. Souvent même on emploit simultanément le prénom du père et celui du grand-père : Jean-François d'André de Laurent, Jean-Maurice de Maurice de Claude.

[2] *Sinfredi de Eschallone*, Sifroi de l'Echaillon. L'Echaillon est un petit territoire situé sur la droite de l'Arc entre St-Julien et St-Jean de Maurienne. Ce mot est dérivé de *scala, æ,* échelle, escalier, parce qu'autrefois, pour faire passer la route en cet endroit, on avait taillé dans le roc des escaliers qu'on y voit encore aujourd'hui.

[3] *Villelmus montis Garnerii*, Guillaume de Montvernier.

39

Donation au chapitre de la cathédrale de Maurienne par Pierre Philipi, chanoine.

(29 Août 1215.)

Anno dominice nativitatis millesimo ducentesimo quinto decimo, quarto kalendas septembris, hoc instrumentum donationis fecit Petrus Philipi canonicus Deo et beate Marie Sanctoque Johanni et canonicis ejusdem ecclesie, donando eis in perpetuum nominatim omnes decimas suas quas intra vallem

Arve habebat, et duodecim denarios et unum caponem quos debet annuatim Rodulphus Jobert de Collet. Item dedit eisdem sex denarios quos debent Rollandi de Vilari supra Sanctum Johannem et taschiam in Collet Darya, et quinque solidos de servicio in manso Carbonel. Item tres solidos et sex denarios quos debet terra Petri Gonnella en Louchi del Chaubons. Hos decem solidos ita ordinavit ut cellarius refectorii vel alius suo loco offerat capellano Sancte Marie singulis diebus tunc unum denarium admissam, alios quatuor solidos offerat in diebus dominicis ad altare Sancti Johannis. de residuo ordinavit ut singulis annis fiat processio pro patre et matre suis. Interfuerunt autem pro testibus rogati Villelmus decanus et Humbertus Darva, Jacobus Sacrista, Anselmus de Eschallone et Villelmus Bovet, Hugo Pirus et Anselmus de Arenis, Petrus Vifredi. Actum est hoc in refectorio superiori. Ego Humbertus de Alavart, domus episcopalis notarius, interfui et rogatus scripsi.

40

Guillaume du Pont et Jacques, son frère, se reconnaissent hommes liges du chapitre de la cathédrale de Maurienne.

(6 Décembre 1215.)

Anno Domini millesimo ducentesimo decimo quinto, octavo idus decembris, Villelmus de Ponte et Jacobus frater ejus, sua sponte, confessi sunt quod pater eorum Albertus, quum venit apud Sanctum Johannem, mansit cum canonicis ecclesie et de beneficiis eorum ditatus, homo eorum ligius fuit et feudum eorum tenuit, unde predicti fratres vestigia patris sequentes fidelitatem juratam fecerunt ad altare Sancti Johannis in perpetuum se donantes. Interfuerunt autem confessioni in inferiori domo refectorii, Jacobus Sacrista et Villelmus decanus, Villelmus Bovez, Villelmus de Monte Varner, Anselmus de Arenis, Petrus de Turre et Jacobus Philippi. Ego Humbertus de Alayart, domus episcopalis notarius, interfui et rogatus scripsi.

41

Amédée de Miribel fait donation d'une rente annuelle de 40 sols à la maison de l'Aumône établie à St-Jean de Maurienne.

(1217.)

Amedeus divina providencia maurianensis ecclesie episcopus. hujus carte auditoribus in Domino salutem. pie rei dare consultum tam laici tenentur quam clerici et illi maxime qui in sancta Dei ecclesia obtinent prelaturam. Quapropter universitati vestre notum fieri volumus quod nos intuitu divine pietatis et in anime nostre animarumque predecessorum nostrorum remedium concedimus et donamus in perpetuum domui nostre helemosinarie de Sancto Johanne quadraginta solidos, quos nobis censuales debebat pro ecclesia de Vilario Raimberti, ita videlicet quod nec nobis nec successoribus nostris illos de cetero solvere teneatur, sed in usus pauperum, ceterorumque fratrum in illa domo deservientium perpetuo cedant. hoc censu tantummodo retento. ut pro illis quadraginta solidis lampadem unam ad illuminandam capellam nostram de Sancto Michaele in oleo semper procurent. Actum est hoc anno Domini millesimo ducentesimo decimo septimo, presentibus et consencientibus Johanne decano nostro et Petro de Saiziriaco, et Ugone de Anassiaco decanus et priore de Aquabella, Burnone de Cons et Johanne de Sancto Sulpicio clerico. Et ut res gesta firmius in perpetuum servaretur sigilli nostri munimine fecimus roborari. eisdem decanis et priori rogando et precipiendo ut sua sigilla ad majorem cautelam apponerent huic carte.

42

Donation faite par Guillaume Lazarons au sacristain de la cathédrale de Maurienne.

(3 Mars 1217.)

Anno dominice nativitatis millesimo ducentesimo decimo septimo mense marcio tertia die. Villelmus Lazarons, in presentia testium rogatorum Villelmi de Monte Varnerio et Petri de Arenis, donavit Jacobo sacriste avunculo suo in perpetuum quidquid habebat in albergimentis Johannis Cimossa Macellarii et Johannis Cimossa Escoferii et dicebat se habere in dictis albergimentis unum denarium de servitio et octodecim denarios de placito. De hiis investivit Villelmus Jacobum sacristam in presente tangendo manum ipsius sicut est investire[1]. ut exinde liceat ei libere de predicta donatione libere dispensare pro voluntate sua, cuicumque voluerit vendere aut dare, aut pro anima judicare. Actum est hoc ante portam refectorii. Ego Humbertus Dalavart, domus episcopalis notarius, interfui et rogatus scripsi.

[1] Guillaume toucha la main du donataire; c'était alors la manière de mettre en possession. *Tangendo manum ipsius sicut est investire.* Dans la vente de Jean Blanc, du 5 juillet 1217, elle se fait *per tactum pollicis*.

43

Jean Blanc vend une éminée de champ à Pierre Cimossa pour le prix de 44 sols.

(5 Juillet 1217.)

Anno dominice nativitatis millesimo ducentesimo decimo septimo, mense julio quinto die mensis, Johannes filius Ainardi Blanc in presentia Johannis Cimossa et Jacobi Vilaris et Johannis Marconis pro testibus rogatis vendidit Petro Cimossa pretio quadraginta quatuor solidorum illam eminatam terre [1] quam ipse habebat ad molarium Arvani sub via justa terram canonicorum. et fuit facta hujusmodi transactio tali modo quod Johannes Albus investivit Hugonem Bernardum de predicta terra ad hopus Petri Cimossa et recepit solutionem de Petro, Hugo vero Bernardus investivit Petrum Cimossa per tactum pollicis de jure et actione quod et quam habebat Johannes in predicta terra ut possit vendere dare obligare prout sibi placuerit et ei fuerit opportunum non obstante contradictione alicujus persone nichil retinens nisi tantum duos denarios de mutagio in mutatione episcopi [2]. de quibus unum denarium tenetur facere Johanni. Actum est hoc in domo decani. Ego Humbertus Dalavar, domus episcopalis notarius, interfui et rogatus scripsi.

[1] *Eminata, æ.* En Maurienne l'émine de vin est de 24 pots (mesure de St-Jean), l'émine de grains, d'une quarte et 7/8 de St-Jean; l'éminée de champ est de 180 toises de 6 pieds. En 1217 le sol répondait à peu près à 4 fr. de notre monnaie, ce qui porterait le prix de l'éminée vendue à Pierre Cimossa à 176 fr. au Molard d'Arvan, entre St-Jean de Maurienne et le torrent d'Arvan; elle se vendrait aujourd'hui au moins 500 fr.

[2] *Mutagium, ii,* muage, droit que le propriétaire du champ devait payer à chaque nouvel évêque de Maurienne à sa prise de possession. Ce droit n'était que de $\frac{1}{264}$ du prix, ce qui ferait aujourd'hui 1 fr. 15 cent. pour un champ de la valeur de 500 fr.

44

Les enfants de Guillaume Flandine cèdent au chapitre de la cathédrale Pierre Dupont et ses enfants nés et à naître.

(25 Avril 1219)

Anno Domini millesimo ducentesimo decimo nono, mense aprili, vicesima quinta die, venerunt filii Villelmi Flandine, Petrus, Jacobus, Chabertus et mater eorum Agata, et consilio amicorum prius requisito Philippi scilicet et Villelmi de Vilario Gundran, sponte suo donaverunt Deo et Sancto Johanni ejusque servitoribus in perpetuum Petrum de Ponte et filios ejus natis ex eo et nascendis, (sic) offerentes eos super altare beate Marie semper virginis. Et jurantes super altare se nullam calumniam facturos, de predictis hominibus se manutenere ecclesie proposse suo. Unde factum est quod canonici donaverunt eis viginti quatuor libras pro predictis hominibus [1], habita laudatione domini episcopi Amedei qui de Petro de Ponte et filiis suis donavit ecclesie bannum ut canonici habent in suis idest ecclesie hominibus, interfuerunt autem donationi filiorum Villelmi et matris eorum in ecclesia beate Marie, pro testibus rogati, Villelmus Bovet, magister Anselmus, Anselmus de Arenis et Petrus, Villelmus de Monte Garnerii et Guigo et Villelmus Bursa. Donationi episcopi interfuerunt idem canonici et magister Bernardus, Albertus de Bogiis et Aymo cum eis Et hec facta est idus junii. Ego Humbertus de Alavart, domus episcopalis notarius, interfui et rogatus scripsi.

[1] Pierre Dupont et ses enfants étaient serfs des enfants de Guillaume Flandine; ceux-ci ont vendu au chapitre le père et tous les enfants nés et à naître pour le prix de 24 livres. Ces 24 livres vaudraient à peu près 1,000 liv. de notre monnaie.

45

Transaction entre l'évêque de Maurienne et le chapitre de la cathédrale relativement aux redevances et aux amendes.

(29 Janvier 1223.)

In nomine Domini nostri Jesu Christi amen. Anno Domini millesimo ducentesimo vigesimo tertio quarto kalendas februarii super querimoniis que erant inter dominum Aimarum maurianensem episcopum ex parte una et capitulum Sancti Johannis Baptiste ex altera que sic se habebant. episcopus petebat et dicebat se habere de jure bannos et justicias super homines ipsius capituli[1], cum generaliter et de jure habeat et possideat super omnes homines cujuscumque sint citra Arcum per totam terram suam que sita est versus Sanctum Johannem et super decimas quas ipsum capitulum acquisiverat et adhuc acquirere nitebatur in ecclesiis episcopatus et maxime in propriis ecclesiis ipsius episcopi, tam episcopus quam capitulum hinc inde prestitis sacramentis compromiserunt in Reynaldum gratianopolitanum decanum et in Bernardum viennensem sacristam et Villelmum priorem Allonis et Henricum Montiscinesii prepositum et Jacobum Philippi maurianensem decanum et canonicum[2], qui inspectis utriusque partis instrumentis et allegationibus, auditis de consensu utriusque partis predictas querimonias in hunc modum terminaverunt. Episcopus enim bannos et justicias, quos vel quas se habere dicebat super homines ipsius capituli quos ipsum capitulum acquisiverat usque ad diem istius compositionis, cum hiis etiam que antecessores ipsius donaverant, dedit et concessit ipsi capitulo libere et absolute. Ita tamen quod si homines capituli injuriati fuerint alicui de jurisdictione episcopi, ad satisfaciendum injuriam passo de illata injuria debebunt firmare in manu episcopi vel suorum et arbitrio ipsius satisfacére et satisfactione facta a banno et omni exactione penes ipsum episcopum et suos prorsus erunt immunes. Canonici vero bannos et justicias ab hominibus suis levabunt, ne malefactores pertranseant impuniti. Verum si ab hac die compositionis in antea capitulum aliquos homines de dominio episcopi acquisierit, bannos et justicias et alias bonas consuetudines episcopi per eorum acquisitiones super eosdem non amittet, nisi hoc eis episcopus expresse et benigne voluerit condonare. bonas etiam consuetudines quas domus refectorii solita erat habere ad domum episcopalem in testamentis et donationibus feodorum militarium sive nobilium tam in terris quam in decimis, dedit et concessit episcopus Aimarus ipsi capitulo, salvo in omnibus jure suo et consuetudinibus. Et si consuetudines suas forte non posset habere dictus episcopus super residuum feodi, tunc episcopus et successores sui haberent regressum ad portionem quam tenerent canonici, nisi iterum de mera liberalitate vellet episcopus relaxare. ut autem capitulum gratiosius et in majori dilectione cum episcopo remaneret propter predictas donationes inviolabiliter observandas, de communi consensu et voluntate omnium idem capitulum dedit et concessit episcopo et successoribus suis, vineam que est in Clauso Marierie apud Vilarium Gundranum, cum omnibus pertinentiis. Hec omnia firmiter et inviolabiliter ab utraque parte observabuntur, antiquo instrumento facto a Johanne gratianopolitano et Reynaldo bellicensi episcopis, et qui cum hiis fuerunt, in suo robore permansuro. ad hoc autem ut ista compositio firma semper et irrevocabilis perserveret, ex parte domini episcopi juraverunt similiter et ex parte capituli tales, quorum ibi nomina sunt subscripta. Jacobus Philippi decanus et canonicus, Willelmus sacrista, magister Anselmus de Arenis, Aimo Naman, Petrus de Rupecula, Villelmus de Monte Varnerii,

Humbertus de Alavar, Hugo Pirus, Petrus de Arenis, magister Guigo, magister Willelmus de Salinis, hii omnes canonici. Item Johannes prior de Coise, has autem donationes ab epíscopo et capitulo maurianensibus, inter se mutuofactas venerabilis Johannes viennensis archiepiscopus ad dictarum preces et petitionem partium confirmavit, et sigilli sui appensione presens scriptum in perpetue firmitatis testimonium communivit. Nos etiam Raynaldus gratianopolitanus decanus et Bernardus viennensis sacrista, et Willelmus prior de Allonis, et Henricus prepositus Montis Cinesii, Jacobus Philippi decanus et canonicus maurianensis, ad intersignum perpetue memorie et majoris roboris firmitatem presentem cartam sigillorum nostrorum munimine duximus roborandam, necnon ipse Aymarus maurianensis episcopus sepedictus, presenti scripto, sigillum suum in majoris cumulum firmitatis apposuit ac in suorum super premissis sopiendas calumpnias successorum.

[1] *Bannos et justitias super homines ipsius capituli*, etc. *Bannum, i*, ou *bannus, i*, *accipitur* 1° *pro edicto publico;* 2° *pro mulcta pecuniaria*. — *Mulcta pro fracto banno*. — *Bannum componere, id est mulctam solvere*.

Justitia, præstatio, census, item mulcta judiciaria, justitia banni, id est mulcta ob fractum bannum, justitia de teloneo, mulcta pro fraudato vectigali, ce sont les définitions de Ducange. Dans cette charte, les mots *bannus* et *justitia* sont réunis et paraissent pris dans le même sens; ils signifient les amendes auxquelles étaient condamnés ceux qui avaient violé les lois ou les règlements de police.

L'évêque de Maurienne avait reçu du roi Gontran un pouvoir souverain, *omne jus regale*, sur dix-huit des paroisses de son diocèse. Le chapitre de St-Jean avait des fiefs sur les terres de l'évêque. Celui-ci, comme suzerain, prétendait avoir droit à toutes les amendes auxquelles les hommes du chapitre pourraient être condamnés. Par cette transaction il a consenti à abandonner ces amendes au chapitre pour les fiefs dont il se trouvait alors en possession, mais à condition que si à l'avenir le chapitre venait à acquérir dans ses terres de nouveaux fiefs ou de nouveaux vassaux, les amendes auxquelles ceux-ci seraient condamnés appartiendraient à l'évêque exclusivement.

² Reynaud, doyen de Grenoble, Bernard, sacristain de Vienne, Guillaume, prieur d'Aillon, Henri, prévôt du Montcenis, et Jacques Philippi, doyen de Maurienne, ont été les arbitres de cette transaction.

46

Richard et Hugues du Mollard font donation au chapitre de St-Jean de Maurienne de la dîme qu'ils avaient à la Losière.

(30 Mai 1225.)

Anno Domini millesimo ducentesimo vigesimo quinto, inditione decima tertia, tertio kalendas junii. domino Aymone episcopo tenente episcopatum maurianensem. Richardus de Molario et Ugo frater ejus donaverunt et serpvierunt capitulo Sancti Johannis maurianensis decimam quam habebant ad Loseriam. tamen in vita sua percipiet ipse Richardus decimam supradictam. Et pro investitura hujus donationis donavit eis unam yminam bladi. Et ipsi donatores juraverunt supra sancta Dei evangelia ipsam donationem ratam et firmam tenere in perpetuum et non contra venire. Actum hoc fuit apud Sanctum Johannem ante domum Petri de Arenis, ubi testes rogati et vocati fuerunt, Anselmus de Arenis, Petrus de Arenis et Villelmus de Monte Garnerio. Et ego David de Valoria auctoritate imperiali notarius [1] ut vidi in imbreviamento dni Jacobi de Monte Lineto olim notarii [2], ita de mandato dni Amedei episcopi maurianensis et ipsius Jacobi hanc cartam scripsi.

[1] *Et ego David de Valoria*, etc. Dans toutes les chartes précédentes les notaires ont pris le titre de notaire épiscopal, ou de notaire du comte; dans cet acte passé le 30 mai 1225, pour la première fois David de Valloires prend le titre de *notarius auctoritate imperiali*. On voit, en effet,

dans Guichenon qu'en 1225 le comte Thomas a été fait vicaire général de l'empire en Piémont et en Lombardie par l'empereur Frédéric II, auquel il avait rendu des services signalés.

² *Imbreviamentum*, brevet de notaire; *Monslinetum*, Mont-Denis, paroisse de Maurienne.

47

Le comte Amédée IV confirme les donations faites aux chanoines de Maurienne par ses prédécesseurs ¹.

(26 Décembre 1233.)

Ego Amedeus comes Sabaudie et in Italia marchio audivi quod inter canonicos Sancti Johannis et mistrales meos ² de donationibus quas pro redemptione animarum suarum decessores mei fecerant, orta est contentio. asserebant enim vicecomes et mistrales quod in quinque capitulis sibi retinuerat comes juriditionem et potestatem in elemosina. E contra vero canonici nichil esse retentum preter homicidia et proditiones et duellos affirmantes, cartam nostri patris et tutoris sui Bonifacii marchionis proferebant, super igitur constitutis in presentia mea vicecomite maurianensi et mistralibus, convocata curia mea cartam quam proferebant feci perlegi et exponi, audito siquidem tenore quorumdam instrumentorum factorum a patre meo et ab antecessoribus meis, scriptor et multi de baronibus meis qui exposicioni carte affuerant consenserunt, et quod in primis cartis factis ab antecessoribus nostris et sigillo roboratis continebatur precepi in perpetuum inviolabiliter observari, et quod preter tenorem carte à vicecomite captum fuerat et a mistralibus precepi restitui. Hec omnia premissa que in hoc presenti instrumento continentur et in aliis instrumentis ab antecessoribus meis constitutis et sigillorum suorum munimine roboratis, habito consilio procerum meorum, scilicet domini Petri de Camera, Humberti de Vileta, domini Rodulphi de Grayaco, domini Humberti de Saysello, domini Aymeri de Briancione, domini Nantelmi de Tornone, domini Marchionis de Bardo et domini Aymarii episcopi maurianensis, et Henrici fratris mei qui vero hanc confirmationem laudavit et voluit et concessit, confirmavi et concessi canonicis Sancti Johannis presentibus et futuris et in perpetuum eis manutenere promitto. ad hanc vero donationem reducendam in publicam scripturam vocati fuerunt testes et rogati, Petrus decanus Mauriane, Guido de Miolano, Villelmus Rubeus, Villelmus Viberti qui ad hoc a capitulo missi et nomine capituli predictam confirmationem receperunt, et ad majorem firmitatem sigilli mei munimine hoc privilegium jussi roborari et sigillari, anno Domini M.CC.XXXIII et VII kalendas januarii. Actum fuit hoc apud Cameram in viridario monacorum ubi vocati et rogati fuerunt testes Villelmus Bursa, Hugo Bernardi, Villelmus de Vilario Gundrant, Ugo de Turre, Emido Secalci, Aymo de Balma, milites et plures alii. Et ego Petrus scriptor comitis interfui et hoc privilegium scripsi et tradidi.

[1] Par cette charte le comte Amédée IV confirme les donations faites aux chanoines de Maurienne par ses prédécesseurs. Elle est conçue dans les mêmes termes que celle du comte Thomas du mois de mars 1195. L'acte a été passé au verger des moines de La Chambre.

[2] *Et mistrales meos*, etc. Les mistraux, *mistrales* ou *ministrales*, étaient des officiers d'un rang inférieur. Il paraît qu'ils étaient chargés principalement de faire la police, de veiller à la conservation des droits du comte, et d'exiger ce qui lui était dû. On voit dans cet acte que le comte les a obligés à restituer ce qu'ils avaient exigé de trop. Ils pouvaient renouveler les baux et passer des albergements. *Quidquid albergatum inveniretur per chastellanum nostrum vel mistralem ad commune pascuum reducatur.* (Acte de 1525.) Ils pouvaient aussi condamner à des amendes et les exiger. *Camparius dictas bestias castellano vel mistrali nostro presentare teneatur ad hoc quod pœna inde debita exigatur.* (Acte de 1525.) Le

comte avait plusieurs mistraux en Maurienne ; il en avait, entre autres, un à Modane, un à St-Michel et un à La Chambre. *Petrus de jnsula commissarius extentarum in mistraliis Camere et Sancti Michaelis.* (Acte de 1592.) *Aimo comes Sabaudie dedit capitulo quinque solidos annuales super exitibus mistralie de Camera.* (Obituaire ancien, pag. 25.) Le seigneur de La Chambre avait aussi un mistral pour lui au Pontamafrey. *Confessus fuit Andreas symilie mistralis Pontis Amalfredi pro nobili viro domino Camere, vicecomite Mauriane.* (Acte de 1375.) Le chapitre de St-Jean avait aussi un mistral pour ses fiefs. *Philippus debet VI denar. de placitis et unam placentam ; placenta est mistrali.* Le gâteau est pour le mistral. (Obituaire du chapitre.) Du mot mistral sont dérivés plusieurs noms de famille encore en usage aujourd'hui, tels que Métral, Maitral, Métraux, Mestrallet.

48

Jean de Bournin, archevêque de Vienne, approuve la donation d'une vigne faite par Aimon, évêque de Maurienne, aux chanoines de sa cathédrale.

(15 Février 1242.)

Johannes divina miseratione sancte viennensis ecclesie vocatus archiepiscopus universis ad quos presens scriptum pervenerit salutem in Domino Jhesu. noverit universitas vestra quod venerabilis pater Aymo ebredunensis archicpiscopus confessus est coram nobis se dedisse et concessisse dum esset episcopus maurianensis canonicis et capitulo Sancti Johannis Mauriane vineam quam emit ab Hugone Bernardi milite cum omni jure et pleno dominio quod habebat vel habere videbatur tam in decima quam in aliis in eadem vinea domus episcopalis. que vinea sita est in Molario ultra bonum rivum et coheret ei, ex una parte vinea que fuit olim Philippi militis et ex alia vinee de Bursis. et si que sunt alie coherentie. Nos igitur ad partes dicti domini archiepiscopi ebredunensis predictum donum et concessionem laudavimus et confirmavimus ipsi capitulo in presentia venerabilis fratris Amedei episcopi maurianensis, in cujus rei testimonium et firmitatem, tam nos quam dictus dominus archiepiscopus ebredunensis presenti scripto sigilla nostra jussimus apponenda. Datum Vianne in camera nostra, anno Domini millesimo ducentesimo quadragesimo secundo, idibus februarii.

[1] Aimon, qui était aussi appelé Aimar, a été quatorze ans évêque de Maurienne et dix ans archevêque d'Embrun; il mourut en 1245.

49

Le chapitre de la cathédrale de Maurienne ratifie une inféodation faite par l'évêque.

(Décembre 1242.)

Noverint tam presentes quam futuri quod nos universi capitulum maurianense laudamus et concedimus in perpetuum talem infeudationem qualem dominus Amedeus episcopus maurianensis fecit domno Aymoni militi de Ethone ad opus Amedei filii sui ab Arvano ultra in parrochia Villarii Gondrandi pro qua infeudatione dominus Aimo miles jam dictum Amedeum filium suum reddidit domino episcopo pro homine ligio [1]. universum nos jam dictum capitulum promittimus pro nobis nostrisque successoribus contra infeudationem istam nullo tempore facere vel venire. In cujus rei testimonium dominus episcopus et nos cartam istam fecimus sigillorum nostrorum munimine roborari. Datum apud Sanctum Johannem in domo episcopali anno Domini millesimo ducentesimo quadragesimo secundo, mense decembri.

[1] Par cette inféodation, Amédée, fils d'Aimon d'Aiton, s'était donné *corps et biens* à l'évêque de Maurienne ; il était devenu son homme lige, et avait pris pour lui et sa postérité l'engagement de le servir en toute occasion envers et contre tous.

50

Pierre d'Albiez vend plusieurs fiefs au chapitre de la cathédrale de Maurienne.

(10 Août 1244.)

Anno Domini millesimo ducentesimo quadragesimo quarto, inditione secunda, quarto idus augusti, domino Amedeo episcopo tenente episcopatum maurianensem, Petrus filius quondam domini Villelmi, militis de Albiaco [1], vendidit, tradidit et concessit, pure, mere, libere, simpliciter et irrevocabiliter inter vivos in perpetuum domino Guidoni de Miolano, canonico maurianensi, tunc temporis procuratori capituli ecclesie Sancti Johannis ad opus ipsius capituli [2], pro quinquaginta et unam libras bonarum forcium Secusie [3]. de quibus confessus fuit ab eo nomine dicti capituli solutionem plenariam habuisse et recepisse et eas in utilitatem suam versas fore, Villelmum Chauzon [4] de Crosa, Martinum de Chanali de Crosa, Petrum Albi de Crosa, et Martinum Bellum de Crosa, suos homines ligios, et omnes heredes ipsorum et descendentes ab eis usque in infinitum, cum omnibus feudis que tenebant vel tenere debebant ab eo quecumque sint et ubicumque a celo usque ad abbissum cum omnibus consuetudinibus.

usagiis, serviciis, decimis, pascuis, censibus et aliis usagiis debentibus pro dictis hominibus et feudis. Item omnia feuda que Bernardus de campo longo et liberi quondam Guiroudi de campo longo tenebant vel tenere debebant ab eo, quecumque essent et ubicumque, cum omnibus consuetudinibus usagiis et dominio toto. Item omnia feuda que Petrus Pullus tenebat ab eo cum omnibus consuetudinibus, usagiis et dominio toto. Item omne jus, rationem et hereditatem quod et quam ipse haberet et habere deberet vel etiam videretur habere in tota parochia Vilarii Raimberti, quidquid sit et ubicumque in ipsa parochia a celo usque ad abbissum. Item omnia feuda que Johannes Curnix et sui liberi et Petrus Jordani et Stephanus Estronelli habebant et habere debebant ab eo, cum omnibus consuetudinibus, usagiis et dominio toto. Item omne jus, rationem, hereditatem et dominium quod et quam ipse haberet et habere deberet, vel etiam videretur habere, in tota parochia Fontiscoperti a riorterio superius quidquid sit et ubicumque a celo usque ad abbissum. exceptis quinque solidis placiti quas dicebat sibi deberi a nobilibus hominibus de Fontecoperto cum feudis pro quibus dicti v solidi placiti debentur. cedens dicto domino Guidoni procuratori ad opus dicti capituli, omnia jura et actiones reales, personales, utiles et directas que et quas ipse haberet et habere deberet, vel etiam videretur habere in· tota premissa venditione. Et ut dicta venditio videretur firmior guerpivit in manu dicti domini Guidonis ad opus dicti capituli, per traditione cujusdam baculi, ut est moris, dando eidem licentiam et liberam potestatem sua auctoritate intrandi corporalem possessionem dicte venditionis, et deinceps licentiam omnimodam retinendi ad opus dicti capituli, renunciando non numerate et non solute sibi pecunie exceptioni, et spei numerationis future et omnibus actionibus, rationibus, privilegiis et exceptionibus sibi super premissis ulterius quocumque modo competentibus et competituris de jure vel de facto contra capitulum supradictum vel contra nomine capituli possessores. Certioratus etiam premissam venditionem esse majoris pretii et majoris valoris, quod ultra prefatum precium valebat, gratis et liberè perpetuo et irrevocabiliter dicto capitulo donavit et concessit. Et juravit supra sancta Dei evangelia dictus venditor omnia premissa rata et firma in perpetuum attendere et servare et non contra per se vel per alios aliquo tempore facere vel venire ingratitudine sive causa et ab omni quoque homine legitime manutenere, auctorizare ac deffendere in perpetuum, de evictione super omnibus bonis suis sollempni prestita stipulatione. et Villelmus de Albiaco frater dicti venditoris hiis omnibus premissis et singulis laudem suam prebuit et assensum, et juravit tactis corporaliter evangeliis sacro sanctis se non contra venturum pro se vel pro aliis ullo tempore occasione aliqua sive causa. Actum hoc fuit ad Sanctum Johannem maurianensem in curtili retro domum sacerdotum canonicorum. ubi fuerunt testes specialiter vocati et rogati Guigo Bunidon, Guigo de Cluniaco theologus quondam frater magistri Villelmi, Petrus Monerii et dominus Villelmus de Monte Garnerio, et dominus Villelmus Viberti. Et ego Petrus de Albiaco imperiali auctoritate notarius, hanc cartam rogatus scripsi.

[1] *Petrus filius dni Villelmi militis de Albiaco.* — « *Miles apud scriptores inferioris œtatis,* dit Ducange, *is potissimùm dicitur qui militari cingulo accinctus est, quem vulgò* chevalier *appellamus.* » (Au mot *miles.*)

[2] *Ad opus ipsius capituli,* en faveur du chapitre, pour le chapitre.

[3] *Pro quinquaginta et unam libras bonarum forcium Secusie.* Selon M. Cibrario, le denier de Suse et le denier viennois avaient la même valeur. En 1287, le denier fort de Vienne était en valeur métallique de 16 c. 81^m., et en froment de 52 c. 69^m. D'après cette base, la livre forte de Vienne aurait eu, à ladite époque, une valeur en argent de 40 fr. 54 c., et en froment de 78 fr. 45 c., ce qui ferait pour les 51 livres une valeur en argent de 2,057 fr. 54 c., et en froment, de 4,001 fr. 5 c. Depuis le xiiie siècle l'argent étant devenu plus commun, a perdu la moitié de sa valeur. La somme qui suffisait alors pour acquérir deux veissels

de froment ne suffit plus aujourd'hui que pour un. (CIBRARIO, *Economie politique*.)

⁴ *Villelmum Chauzon*, etc. Par cet acte Pierre d'Albiez vend au chapitre plusieurs petits fiefs et tous les biens qu'il possédait dans les paroisses de Fontcouverte et de Villarembert, et tous les droits attachés à ces biens, du haut en bas, *à celo usque ad abbissum*. Il vend en même temps quatre de ses hommes liges, Guillaume Chauzon, Martin du Canal, Pierre Blanc et Martin Bel, et tous leurs descendants jusqu'à l'infini, *et descendentes ab eis usque in infinitum*. Il est donc bien certain qu'alors le servage existait en Savoie.

Par l'acte du 12 novembre 1210, rapporté ci-devant n° 55, le comte Thomas donnait au chapitre de St-Jean de Maurienne Martin Robont, de la Traverse, et ses descendants.

Par l'acte du 6 décembre 1215, n° 58, Guillaume Dupont et Jacques, son frère, se donnent eux-mêmes au chapitre d'une manière irrévocable.

Par l'acte du 25 avril 1219, n° 42, les enfants de Guillaume Flandine vendent au chapitre Pierre Dupont et ses enfants nés et à naître pour le prix de 24 liv., qui vaudraient à peu près 1,000 liv. de notre monnaie, en supposant qu'il s'agit de la livre commune de Vienne et non de la livre forte qui avait une valeur à peu près double. On ne peut pas en conclure que ces 24 liv. fussent le prix ordinaire d'un serf, car la vente comprend Pierre Dupont et ses enfants nés et à naître; c'est le prix de toute la famille.

51

Testament d'Aimon Silvatici, chanoine de la cathédrale de Maurienne.

(7 Octobre 1245.)

Anno Domini millesimo ducentesimo quadragesimo quinto, inditione tertia, nonis octobris, domino Amedeo episcopo tenente episcopatum maurianensem, dominus Aime Silvatici canonicus maurianensis jacens in lecto egritudinis timens de morte, tamen adhuc compos sue mentis, sic de bonis suis ratione sue ultime voluntatis disposuit et ordinavit. primo dedit et legavit perpetuo Deo et ecclesie beati Johannis Baptiste ad opus faciendi suum anniversarium cum duabus carnibus perpetuo annuatim [1], totam suam vineam sitam ultra domum Poncii de Folleto justa vicum publicum cum Johanne Bracheti sutore et finibus suis cum omnibus feudis que tenebant ab eo et cum omnibus usagiis consuetudinibus et dominio toto. tamen dixit quod Boso nepos suus teneat dicta bona dum viveret et dictum faceret anniversarium et post decessum ipsius Bosonis voluit et precepit quod dicta bona in manibus sacerdotum capituli maurianensis devolverentur qui deinde dictum anniversarium facere tenerentur. Item dixit et precepit quod facientes dictum anniversarium et tenentes dicta bona facerent annuatim in sua processione tres solidos de oblatione. Item recognovit canonicis dicti capituli quod murus super quem logia domus sue jacebat [2], erat de ecclesia beati Johannis Baptiste. Quare ipse precepit quod detentores sue domus facerent pro dicto muro annuatim quatuor denarios servitii ecclesie supradicte. Actum hoc fuit ad Sanctum Johannem infra domum dicti Aimonis Silvatici. ubi fuerunt testes specialiter vocati et rogati dominus Villelmus Bovez quondam sagrista. Johannes de Villario Gundrano. dominus Johannes de Arenis canonici. magister Petrus Simonis. Martinus Gollefri sacerdos. Johannes sacerdos de Grinon et Boso de Villario Gundrano clericus. Et ego Petrus de Albiaco imperiali auctoritate notarius hanc cartam rogatus scripsi.

[1] L'anniversaire des chanoines comprenait, à ce qu'il paraît, l'office des morts, une grand'messe, l'absoute et une procession autour de l'église et sur le cimetière qui se trouvait alors devant la cathédrale. Et comme les chanoines de St-Jean vivaient dans ce temps-là en communauté, celui qui fondait un anniversaire y ajoutait ordinairement un petit revenu pour que l'on pût, ce même jour, donner un plat de plus au réfectoire.

[2] *Murus super quem logia domus sue jacebat*, le mur sur lequel reposait la galerie de sa maison. Encore aujourd'hui, en Savoie, les paysans appellent *lôges* les petites galeries en bois qu'ils construisent devant leurs maisons.

52

Sentence arbitrale sur plusieurs points contestés entre l'évêque de Maurienne et le chapitre de sa cathédrale.

(1er Juin 1247.)

Anno Domini millesimo ducentesimo quadragesimo septimo, indictione quinta, prima die mensis junii, domino Amedeo episcopo Dei gratia venerabili maurianensi tenente episcopatum maurianensem, cum inter dominum Amedeum Dei gratia maurianensem episcopum prelibatum ex una parte et Villelmum Viberti et Hugonem de Villario Gundrano, maurianenses canonicos sindicos et procuratores capituli maurianensis ecclesie nomine et vice ipsius capituli ex altera. super justiciis et bannis hominum canonicorum levandis seu exercendis. que banna et justicias dicti procuratores dicebant capitulum maurianense in suis hominibus habere sicuti in quibusdam compositionibus olim inter quosdam episcopos maurianenses et capitulum factis plenius continetur. Dominus vero episcopus ex adverso dicebat quod banna homicidii, proditionis et latrocinii, et bonorum mobilium in talibus confiscationes et justicias, ubicumque pena corporalis pro talibus peccatis persone alicui fuerit infligenda, in hominibus dicti capituli habere debebat, sicuti in aliis terre sue hominibus habebat. Item super acquisitionibus feudorum militarium seu nobilium, decimarum etiam et possessionum, ac hominum, quas acquisitiones premissarum rerum pars capituli dicebat ipsum, ubicumque posse facere in terra episcopali, domino episcopo ex adverso sine suo consensu hoc non posse nec debere fieri asserente. Item super quodam ostio facto per episcopum in campanili, de quo dicebat pars adversa quod non debebat ibidem habere, domino episcopo multis modis contrarium asserente, questio verteretur. Tandem heedem partes sese miserunt et compromiserunt de dictis questionibus in nos, scilicet Villelmum abbatem Clusinum, Guidonem de Miolano canonicum maurianensem, et Petrum de Ponte, sacerdotem ecclesie Sancti Michaelis de Maurianna tanquam arbitros seu arbitratores et amicabiles compositores. dantes nobis plenam et liberam potestatem. ut in dictis questionibus procedere possimus, partibus citatis et non citatis, observando juris ordinem et ipsum obmittendo, ac easdem sicut voluerimus terminare prout nobis placuerit, et partibus videbimus expedire. Renunciando omni suo juri canonico et civili, litteris, commissionibus, judicibus et auditoribus super hoc impetrandis quibus de facto vel de jure uti possent per se vel per submissam personam contra obligationem presentem, promiserunt etiam sibi ad invicem premissi, scilicet dominus episcopus nomine suo, et dicti procuratores nomine suo et capituli maurianensis, in pena et sub pena centum librarum bonarum forcium Secusie attendere ac inviolabiliter observare, quidquid de questionibus predictis arbitrati fuerimus et pronunciaverimus, seu ordinaverimus inter eos. Et si qua partium non attenderet seu non observaret presens compromissum et omnia que continentur in ipso, in penam incidat superscriptam. que quotiens aliqua partium ipsarum contravenerit vel non paruerit, tociens, et supra quolibet articulo per partem observantem peti possit et exogi cum effectu, presenti contractu et omnibus que continentur in ipso super hoc nichilominus in suo robore perpetuo duraturis. pro quibus omnibus et singulis attendendis ac inviolabiliter observandis et pro pena si opus fuerit specialiter persolvenda, bona dictarum partium sibi ad invicem obligarunt et universa et singula que premissa sunt, magister Stephanus Ungarus canonicus maurianensis de mandato dicti domini Amedei episcopi et in anima ipsius, et dicti procuratores pro se et capitulo et in animabus canonicorum maurianensis ecclesie attendere ac inviolabiliter observare tactis sacrosanctis evangeliis juraverunt. Unde auditis hinc inde que partes voluerunt proponere coram nobis deliberatione quoque super hoc habita diligenti, prefatis etiam partibus presentibus et sententiam sive arbitrium seu amicabilem compositionem proferri postulantibus inter eos, potestate arbitraria nobis a partibus predictis tradita amicabiliter componentes, sententialiter de assensu partium arbitramur, dicimus sic ordinando et pronunciamus in scriptis, quod dominus episcopus maurianensis banna et justicias in proditoribus et homicidis, et bonorum eorumdem mobilium confiscationes in hominibus capituli maurianensis habeat de cetero exerceat et levet, nisi dicti homicide probarent se inculpabiles legitimis documentis. In hominibus vero latronibus dicti capituli si pena corporalis fuerit infligenda, per officiales episcopi infligatur, hoc addito quod de bonis ipsorum mobilibus seu immobilibus episcopus vel aliquis nomine suo quidquam nullatenus accipiat sed capitulum de ipsorum rebus pro velle suo ordinet et disponat. Item super predicto ostio campanilis taliter arbitramur, dicimus sic ordinando et pronunciamus, quod predictum ostium per episcopum factum sibi quiete et pacifice remaneat et illud in campanili predicto habeat in futurum. Capitulum vero in quolibet aliorum trium laterum campanilis predicti facere possit aliud ostium et habeat pro sue libito voluntatis, hoc addito quod per predicta ostia nullum dapnum eveniat alicui premissarum partium in futurum. Item arbitramur, dicimus sic ordinando et pronuntiamus quod dictum capitulum maurianense feuda militaria seu nobilia, decimas et possessiones ac homines possit acquirere in terra de cetero episcopali. Ita tamen quod canonici in hujusmodi acquisitionibus teneantur infra annum denunciare episcopo vel procuratori suo acquisitionem ab eis sive donationem eisdem factam, ne inde ipse episcopus possit amittere usagium suum. Et si contingeret quod episcopus non posset habere consuetudines suas super residuo feudi, ad portionem per capitulum acquisitam vel ab aliquo datam ipse episcopus habeat recursum, nisi vellet de sua mera liberalitate capitulo predictas consuetudines relaxare. Et hec omnia premissa dicimus et pronuntiamus et sub pena in compromisso addita precipimus per partes predictas super quolibet articulo inviolabiliter observari. Ad majorem autem premissorum firmitatem et evidentiam pleniorem presentem sentenciam sive arbitrium sigillorum nostrorum munimine roboramus et premissarum partium sigillis suis precipimus roborari. Actum hoc fuit apud Sanctum Johannem Mauriane in domo episcopali. Ubi fuerunt testes ad hoc specialiter vocati et rogati Villelmus monachus, capellanus dicti domini abbatis, Martinus Goleffri tunc temporis capellanus dicti domini episcopi, Villelmus de Vilario Raimberto diaconus, magister Petrus Simonis, Vitalis Alardi clericus et David notarius de Valoria. Et ego Petrus de Albiaco imperiali auctoritate notarius hiis omnibus premissis ad instantiam et preces dictarum partium interfui et de precepto et voluntate partium predictarum rogatus a partibus et requisitus omnia que premissa sunt scripsi, et reduxi in publicum instrumentum [1].

[1] Le chapitre de la cathédrale avait des fiefs dans les terres de l'évêché, et dans ces fiefs il y avait un certain nombre de familles, un certain nombre d'hommes qui lui appartenaient à peu près, à ce qui paraît, comme les paysans en Russie appartiennent encore aujourd'hui aux seigneurs des fiefs dont ils font partie. Le chapitre exerçait la basse et peut-être encore, dans certains cas, la moyenne justice dans ses fiefs; la haute justice était réservée à l'évêque. A l'époque dont il s'agit, le comte de Maurienne n'avait encore aucune juridiction dans les terres de l'évêché. Entre l'évêque et le chapitre, les limites de la juridiction n'étaient pas bien tracées; elles donnaient quelquefois lieu à des contestations. Dans cette sentence arbitrale, il a été dit et prononcé que dans les cas de trahison et d'homicide les hommes du chapitre seraient entièrement soumis à la juridiction de l'évêque, que les amendes, peines pécuniaires et confiscations de biens auxquelles ils pourraient être condamnés, lui appartiendraient,

et que dans les cas de vol, si les prévenus étaient condamnés à une peine corporelle, c'était aux officiers de l'évêque à l'infliger, mais que celui-ci n'aurait aucun droit sur leurs biens meubles et immeubles, lesquels demeuraient à la disposition du chapitre.

53

Le comte Amédée IV renonce à l'usage abusif de s'emparer des revenus de l'évêché de Maurienne pendant la vacance du siége.

(7 Juillet 1248.)

Nos Amedeus comes Sabaudie et in Ithalia marchio, omnibus presentem paginam inspecturis, salutem in Domino. cum sapientis dicat auctoritas recordare novissima tua et in eternum non peccabis, et ad memoriam reducentes quod apostolus pretestatur quoniam omnes stabimus ante tribunal Christi recepturi prout in corpore gessimus sive bonum fuerit sive malum. nos examen illius districti judicii vehemencius exhorrentes illam pravam sacrilegam ac dampnosam consuetudinem, immo pocius corruptelam, qua Thomas bone memorie pater noster comes Sabaudie et nos parimodo usi fuimus, videlicet vacante sede maurianensis ecclesie, possessiones res et domos ac jura omnia episcopalia ejusdem ecclesie, in animarum nostrarum periculum invadentes eis tanquam propriis contra justiciam utebamur, illam, inquam, tam periculosam consuetudinem progenitorum nostrorum, Amedei et Humberti comitum, remittentium hujusmodi detestabiles consuetudines et renunciantium omni juri quod ex propria consuetudine ipsis et successoribus eorum acquisitum fuerat et obtentum, vestigiis inherentes, pro animarum nostrarum remedio et peccatorum remissione, ad instantiam venerabilis patris Amedei maurianensis episcopi nostro nostrorumque successorum nomine, eidem episcopo ejusque successoribus nomine maurianensis ecclesie, nunc et in perpetuum plene et integre duximus liberaliter remittendum. Renunciando prestito corporaliter ad sancta Dei evangelia pro nobis heredibus et successoribus nostris juramento, omni juri et rationi actioni seu exactioni, si que tam de jure quam de facto seu ex prelibata prava consuetudine vel quocumque alio modo nobis nostrisque heredibus et successoribus acquisitum fuerat vel obtentum, vel saltem videbatur acquisitum sive in posterum acquiri potuisset, confitentes spontanei, non illecti, nec ab aliquo circumventi, nos per supradictam consuetudinem immo pocius corruptelam quam retrotransactis temporibus in prejudicium et grave damnum ecclesie antedicte inoluerat, et qua quidam predecessorum nostrorum, vacante sede maurianensi, usurpando usi fuerant, nichil juris, nichil penitus rationis habuisse super domibus possessionibus, rebus, redditibus et juribus episcopalibus invadendis, occupandis, detinendis, vel in usum proprium convertendis, volentes etiam et precipientes per hanc nostram confessionem et remissionem prelibate consuetudinis sicut et nos ita et successores nostri super remissionem dicte consuetudinis inviolabiliter et inconcusse in posterum observanda firmiter et in perpetuum obligari. sub obtestatione divini judicii districte inhibentes ne quis heredum vel successorum nostrorum contra hanc nostram remissionem et voluntatem ausu temerario quicquam in posterum presumat attemptare in cujus rei testimonium litteras presentes sigilli nostri fecimus munimine roborari. Datum Camere anno Domini millesimo ducentesimo XLVIII inditione VI nonis julii.

54

Le pape Innocent IV confirme la cession faite par le comte Amédée IV des revenus de l'évêché de Maurienne pendant la vacance du siége.

(16 Février 1249.)

Innocentius episcopus servus servorum Dei, venerabili fratri episcopo maurianensi salutem et apostolicam benedictionem. Cum à nobis petitur quod justum est et honestum, tam vigor equitatis quam ordo exigit rationis ut id per sollicitudinem officii nostri ad debitum perducatur effectum. sane sicut tua petitio nobis exhibita continebat, nobilis vir comes Sabaudie pro se ac parentum suorum remedio animarum, consuetudinem qua utpote potius corruptela olim comites Sabaudie qui fuerunt pro tempore bona ecclesie maurianensis usurparunt, maurianensi sede vacante, pro se suisque heredibus et successoribus, pie ac proinde tibi et successoribus tuis et ecclesie predicte remisit de non veniendo contra remissionem hujusmodi corporali prestito juramento, prout in litteris ipsius comitis super hec confectis plenius continetur. Quare humiliter supplicanti nobis ut remissionem ipsam apostolico roborare munimine dignaremur. Nos igitur tuis justis postulationibus grato concurrentes assensu, quod super hec... pie ac proinde factum est, auctoritate apostolica confirmamus et presentis scripti patrocinio communimus tenorem litterarum ipsarum presentibus de verbo ad verbum inseri faciendo. Qui talis est : Amedeus comes Sabaudie et in Ytalia marchio, universis Christi fidelibus presentem paginam inspecturis eternam in Domino salutem, cum sapientis dicat auctoritas recordare novissima tua et in eternum non peccabis, etc. etc. Nulli ergo omnino hominum liceat hanc paginam nostre confirmationis infringere vel ausu temerario contra facere. Si quis autem attentare presumpserit, indignationem omnipotentis Dei et beatorum Petri et Pauli apostolorum omnino se noverit incursurum. Datum Lugduni decima quarta kalendas marcii pontificatus nostri anno sexto.

55

Amédée, évêque de Maurienne, cède à perpétuité au chapitre de sa cathédrale les églises paroissiales de Notre-Dame de la Cité, de Saint-Etienne de Cuines, de Saint-Colomban des Villards et de Saint-Michel.

(Mars 1250.)

Amedeus Dei miseracione maurianensis ecclesie dictus episcopus, omnibus in perpetuum usu receptum est et moribus utencium approbatum ut quod dignum memoria geritur, litterarum memorie commendetur. ea propter dilectorum filiorum canonicorum necessitati paterno, sicut tenemur, compatientes affectu, ac eamdem ecclesiam attendentes plurima rerum temporalium egestate depressam, et proventus ipsius adeo tenues et exiles quod servitores ipsius exinde sustentationem congruam habere non possint, ea qua possumus providentia curamus ejus indigentiam sublevare. Volumus igitur ordinamus et concedimus de consensu tocius capituli maurianensis ecclesie, ut universi proventus, obvenciones et redditus quatuor ecclesiarum parrochialium maurianensis civitatis et diocesis, videlicet ecclesie beate Marie civitatis maurianensis, ecclesie Sancti Stephani de Cuyna, ecclsiee

Sancti Collombani de Vilariis, et ecclesie beati Michaelis de Maurianna, in quibus predictis ecclesiis dictum capitulum maurianense obtinet jus patronatus, ex hoc nunc in perpetuum, cedentibus vel decedentibus rectoribus predictarum ecclesiarum, qui nunc sunt, cedant et convertantur in usus proprios et communes ipsius capituli. Ita tamen quod cum aliquam predictarum ecclesiarum pro tempore vacare contigerit, in qualibet earum debeat institui per nos et successores nostros ydoneus vicarius perpetuus ad presentationem ipsius capituli cui de proventibus ipsius ecclesie in qua fuerit institutus, talis porcio assignetur unde possit commode sustentari, et qui nobis et successoribus nostris de spiritualibus et juribus episcopalibus debeat in posterum respondere. Hanc autem supradictam ordinacionem et concessionem volumus per nos et successores nostros ratam esse in perpetuum et vigere. In cujus rei testimonium presentibus litteris sigillum nostrum duximus apponendum. Datum et actum anno Domini M.CC. quinquagesimo, mense marcio, apud Terniacum.

56

Pierre de Morestel cède tous ses biens au chapitre, à la charge de payer ce qu'il doit à Pierre d'Aigueblanche, évêque d'Herford.

(15 Septembre 1251.)

Noverint universi presentes litteras inspecturi quod ego Petrus de Morestello canonicus ecclesie Sancti Johannis de Mauriana, de consensu et voluntate Chaberti militis fratris mei, dedi et tradidi capitulo maurianensi universa bona mea que habeo et possideo ab episcopo maurianensi in episcopatu maurianensi, tam in plano quam in montibus, in homnibus terris, pratis, vineis, serviciis, juribus, actionibus, seu aliis exactionibus, inducendo ipsum exinde in veram et corporalem possessionem, constituens et confitens eciam me nomine ejusdem capituli possidere dicta bona, reservato michi in eisdem tantum usufructu, pro eo quod idem capitulum constituit se fidejussorem et redditorem de sex marcis auri vel centum viginti libris bonarum forcium de Secusia[1]. pro me erga venerabilem patrem Petrum episcopum Herfordiensem, quas sex marcas auri ex causa mutui recepi et habui a prefato episcopo Herfordiensi, et damnis, expensis et interesse que et quas idem episcopus vel sui sustinerent occasione recuperationis debiti superius nominati. Ita tamen si dictum capitulum prefatam summam pecunie persolveret vel alio modo satisfaceret predicto creditori, vel cui idem creditor dare vellet, me in termino statuto ipsam pecuniam (non) persolvente. Nos vero Chabertus de Morestello, miles non coactus vel circumventus nec ab aliquo illectus hiis que supradicta sunt, expressum dedimus consensum et approbavimus et juravimus ad sancta Dei evangelia non venire contra predicta vel aliquod predictorum et etiam promisimus bona fide quod aliqua de bonis predictis aliqua fraude vel dolo non faciemus nec habebimus pro nostris ut dictum capitulum super premissis possit in aliquo decipi vel defraudari, hanc autem obligationem seu venditionem vel donationem ad instantiam Petri de Morestello superius notati laudavit et concessit capitulo maurianensi venerabilis pater Amedeus maurianensis episcopus, et etiam promisit ipsum capitulum deffendere ab omni homine et manutenere, ita quod ipsi capitulo super predictis injuriam seu violenciam ab aliquo fieri non permittat. In cujus rei testimonium et ad majorem firmitatem habendam venerabilis pater Amedeus episcopus maurianensis antedictus et dominus Chabertus de Morestello et Petrus de Morestello maurianensis canonicus presentem scripturam fecerunt sigillorum suorum munimine roborari. Datum apud Sanctum Johannem maurianensem anno Domini M.CC. quinquagesimo primo xvii kalendas octobris.

[1] Le marc d'or est de huit onces; il vaudrait aujourd'hui 845 liv. 5 c.; les six marcs feraient 5,058 liv. 18 c. La livre bonne forte de Suse valait donc alors 42 liv. 15 c.

D'après M. Cibrario (*Econ. polit.*), en 1279, la livre forte de Vienne valait, en argent, 40 liv. 54 c., et en froment, 78 liv. 45 c.; d'après cette base, les 120 liv. auraient valu, en argent, 4,841 liv. 28 c., et en froment, 9,414 liv.

57

Le pape Innocent IV approuve la cession faite au chapitre de Maurienne par l'évêque Amédée des paroisses de la Cité, de St-Etienne de Cuines, de St-Colomban des Villards et de St-Michel.

(29 Mai 1253.)

Innocentius episcopus servus servorum Dei, dilectis filiis capitulo maurianensi salutem et apostolicam benedictionem. cum a nobis petitur quod justum est et honestum tam vigor equitatis quam ordo exigit rationis ut id per sollicitudinem officii nostri ad debitum perducatur effectum, significastis siquidem nobis quod venerabilis frater noster Amedeus maurianensis episcopus tenuitatem proventuum vestrorum diligenter attendens, Sancte Marie, Sancti Stephani de Cuyna, Sancti Colombani de Vilariis et Sancti Michaelis ecclesias maurianensis civitatis et dyocesis, in quibus jus patronatus habetis vobis, prout spectabat ad ipsum, concessit, in usus predictos, cedentibus vel decedentibus eorum rectoribus retinendas, salva de predictis proventibus congrua portione vicariis in eis pro tempore servituris, sicut in litteris ipsius episcopi, super hoc confectis, plenius continetur. Nos igitur vestris supplicationibus inclinati quod ab eodem episcopo proinde factum est in hac parte ratum et gratum habentes id auctoritate apostolica confirmamus et presentis scripti patrocinio communimus tenorem ipsarum litterarum presentibus de verbo ad verbum inseri facientes. qui talis est : Amedeus divina miseratione maurianensis ecclesie dictus episcopus omnibus in perpetuum usu receptum est et moribus probatum utentium etc. etc. etc. (Cette cession a été faite au mois de mars 1250, *apud Terniacum*.) Nulli ergo omnino hominum liceat hanc paginam nostre confirmationis infringere vel ausu temerario contraire. Si quis autem hec attentare presumpserit indignationem omnipotentis Dei et beatorum Petri et Pauli apostolorum ejus se noverit incursurum. Datum Asicii quarto kalendas junii pontificatus nostri anno decimo.

58

Le pape Innocent IV donne commission à l'archevêque de Tarentaise de maintenir le chapitre de la cathédrale de Maurienne en possession des paroisses de Ste-Marie de la Cité, de St-Etienne de Cuines, de St-Michel et de St-Colomban des Villards.

(29 Mai 1254.)

Innocentius episcopus, servus servorum Dei, venerabili fratri archiepiscopo tarentasii, salutem et apostolicam benedictionem. Significaverunt nobis dilecti filii, capitulum maurianense, quod venerabilis frater noster Amedeus, maurianensis episcopus, tenuitatem proventuum suorum diligenter attendens, ipsis Sancte Marie, Sancti Stephani de Cuyna, Sancti Columbani de Vilariis, et Sancti Michaelis, ecclesias maurianensis civitatis et diocesis, in quibus jus patronatus, prout asserunt, habebant, prout spectabat ad ipsum, eis duxit in usus proprios concedendas. prout in litteris ipsius episcopi super hoc confectis plenius continetur. Nos igitur ipsorum supplicationibus inclinati, quod ab eodem episcopo provide factum est, in hac parte ratum et gratum habentes, id auctoritate litterarum nostrarum duximus confirmandum. Quocirca fraternitati tue per apostolica scripta mandamus, quatenus prefatum capitulum non permittas contra confirmationis nostre tenorem super hiis ab aliquibus indebite molestari; molestatores hujusmodi per censuram ecclesiasticam appellatione postposita compescendo, non obstante si personis aliquibus a sede apostolica sit indultum quod interdici, suspendi vel excommunicari non possint per litteras apostolicas plenam et expressam aut de verbo ad verbum de indulto hujusmodi mentionem minimè facientes. Datum Asicii, quarto kalendas junii, pontificatus nostri anno undecimo.

59

Pierre de Morestel publie la canonisation de saint Dominique et de saint Pierre, martyrs, et ordonne d'en faire l'office.

(21 Mai 1258.)

Petrus miseratione divina maurianensis episcopus, universis decanis, prioribus, capellanis, vicariis et aliis ecclesiarum rectoribus, in maurianensi diocesi constitutis, salutem in Domino sempiternam. Noveritis nos in hec verba mandata apostolica recepisse. Gregorius episcopus servus servorum Dei, venerabilibus fratribus, archiepiscopis et episcopis. et dilectis filiis abbatibus, prioribus, decanis, archidiaconis et aliis ecclesiarum et religiosorum ordinis, cujuscumque prelatis, ad quos littere iste pervenerint, salutem et apostolicam benedictionem. Fons sapientie verbum patris etc. Cum igitur ex multa familiaritate quam nobiscum in minori constitutis officio habuit beatus Dominicus argumenta sanctitatis ex insignis vite testimonio constitissent; essetque post modum de miraculorum veritate facta nobis per testes idoneos plena fides, ipsum de fratrum nostrorum consilio et assensu ac omnium tunc apud sedem apostolicam consistentium prelatorum cathalogo sanctorum ascribi decrevimus; statuentes firmiter ac universitati vestre presentibus injungentes ut nonis augusti ejus natalicia celebretis, et faciatis sollempniter celebrari.

Item aliud mandatum. Innocentius episcopus et cetera ut supra. Magna magnalia de beato Petro martire ordinis predicatorum etc., et infra : sub quo infra multa et varia miracula continentur. Quapropter nolentes penitus ut predicti beati Petri martiris sollempnitas aliquatenus negligatur, sanctorum martirum cathalogo de communi fratrum nostrorum et prelatorum omnium tunc apud sedem apostolicam existentium consilio et assensu duximus cum ingenti gaudio ascribendum. universitati vestre per apostolica scripta districte precipiendo mandantes quatinus considerantes attente quod in tanti claritate martirii altis titulis fides orthodoxa refulsit, et hereticum dogma funestum ad confusionis et ignominie yma ruit, ejusdem martiris festum quod celebriter agit romana ecclesia quod etiam principaliter et studiose propter insigne illius martirium ab omnibus catholicis generalibus agi volumus cum devotione ac sollempnitate omnimoda celebretis et faciatis a vestris subditis veneratione congrua celebrari. Matutinale officium de ipso martire omnino cum novem lectionibus et alia de eo nichilominus officia sollempniter, prout convenit, exequentes. illi vero qui non consueverunt pascali tempore quo ipsius martiris sollempnitas agitur, festum aliquod cum novem lectionibus celebrare, nocturnum et diurnum officium cum magna reverencia et celebritate juxta morem et modum suum solitum de martire ipso agant. Et ne de ipsius festivitate intervenire unquam possit oblivio, sub simili districtione injungimus, ut diem festi sui, qui videlicet occurrit tertio kalendas maii, in kalendariis vestris scribendo ibi ejusdem sancti nomen cum specificatione ordinis predicatorum, sollicite designetis. Sic autem premissa omnia efficaciter exequi studeatis quatinus ipsum pretiosum martirem apud Deum habere possitis sedulum adjutorem. Horum igitur auctoritate mandatorum sub simili districtione precipimus quatinus mandata apostolica quam citò poteritis, exequi studeatis. Datum apud Sanctum Johannem Mauriane, anno Domini millesimo cc. quinquagesimo octavo, xii kal. junii [1].

[1] Saint Dominique, mort le 6 août 1221, a été canonisé par Grégoire IX le 3 juillet 1255, et saint Pierre de Vérone, martyrisé le 6 avril 1252, l'a été par Innocent IV le 24 mars 1253.

Reconnaissance faite par le chapitre de la collégiale d'Aiton en faveur de celui de la cathédrale de Maurienne.

(29 Mai 1259.)

Universis in Christo fidelibus ad quos presentes litteras contigerit pervenire. Petrus decanus Ethonis ac ejusdem loci capitulum universum eternam in Domino salutem. Cum humana facilius memoria elabatur, convenit ea que nostro geruntur in tempore scripture testimonio commendare, ut exinde posteritas valeat edoceri. Hinc est quod Petrus Buelis decanus Ethonis ac loci ejusdem canonici universi videlicet Petrus de Semiriaco, Stephanus de Chamoseto, Petrus Varelli, Guido de Plano et Hubertus de Chamos, requisiti per dominum Petrum Emari canonicum maurianensem nuntium et procuratorem capituli maurianensis ad hec specialiter destinatum, confitentur spontanei non circumventi vel dolo inducti quod ecclesia maurianensis habet in ecclesia Ethonis jus confirmandi priorem cum fuerit electus canonice per canonicos dicti loci, et quod prior confirmatus per capitulum maurianense tenetur super altari sancti Johannis fidelitatem facere manualem. Item debet per dictum capitulum, facta fidelitate, suo episcopo presentari. Item dictus prior debet et tenetur convivium in refectorio maurianensi facere condecens canonicis maurianensibus et suis clericis universis. Item quotienscumque canonici maurianenses vel eorum nuntii mittuntur pro negotiis sue ecclesie exequendis. canonici Ethonis tenentur ipsos recipere et in necessariis, ut cum decet, providere. Item si canonicus maurianensis velit ad religionem ethonensis ecclesie convolare, et ibi sub regulari habitu domino famulari, canonici Ethonis tenentur ipsum quemcumque recipere in canonicum et in fratrem. Item ecclesia Ethonis debet prefate ecclesie maurianensi triginta solidos forcium annuales, quorum viginti solidi solvi debent in synodo autumpnali, et decem solidi in pascali. In cujus rei testimonium presentes litteras sepe fato maurianensi capitulo tradidimus sigilli nostri munimine communitas. Datum apud Ethonem anno Domini M.CC.LIX. quarto kalendas junii.

61

Acte dressé à la requête d'Anselme, évêque de Maurienne, pour constater que son diocèse s'étendait jusqu'au pont de Volouia près de Suse.

(21 Septembre 1262.)

Anno Domini M.CC.LXII die iouis XXI mensis septembris. indictione quinta. in presentia uirorum et testium infrascriptorum nouerint uniuersi quod nos Anselmus[1] Dei gratia maurianensis ecclesie episcopus uenimus cùm canonicis nostris maurianensibus uidelicet domino Vgone de Vrteria[2] domino Vgone Bursio dno Vuillelmo Vissa et Manfredo de Lucerna uenimus usque ad pontem de Uolouia prope ciuitatem fungentes officio nostro et episcopali auctoritate. Quia scimus uallem Secusiam usque ad dictum pontem esse de episcopatu nostro et iurisdictione maurianensi. Et de his petiuimus tibi tabellioni infrascripto fieri publicum instrumentum. Actum fuit hoc in prato domus abbatie Secusie site iuxta pontem Uolouie in territorio ciuitatis. Interfuerunt testes ad hoc specialiter uocati et rogati Ruffinus de Barno Secusie castellanus et Johannes... Auillane castellanus et Petrus Cabrencella de Sancto Mauro et dnus Vuillelmus prior Montis Benedicti et p... Sancti Ambrosii obedienciarus Guigo de Pertuxio de Auillana. Et Petrus Cornu ac Guigo de Pertuxio Cornu et Petrus de Solonia et Nicardus et Berlius et Jacobus prepositus ejus frater et Dauid et Robius fratres filii de Nabrianda et dnus Albertus sacerdos de Mochiis et Stephanus ejusdem loci gastaldus[5]. Ego Umbertus de Sancto Ambrosio notarius sacri palatii interfui et hanc cartam scripsi et compleui.

¹ *Anselmus* ou *Anthelmus*. C'est Anthelme de Clermont qui a succédé à Pierre de Morestel en 1262.

² *Vgo de Vrteria*, ou *Hurteria*, Hugues d'Hurlières. Cette famille avait à St-Georges d'Hurlières un château dont on voit encore aujourd'hui les ruines.

³ *Castaldus* ou *gastaldus*. On appelait ainsi le fermier général du seigneur et l'administrateur qui avait la surveillance de ses fermes. On trouve une copie de cette charte dans le manuscrit de M. Combet, conservé aux archives de l'évêché de Maurienne; on y remarque plusieurs variantes. Par exemple, au lieu de ces mots : *usque ad pontem de Volouio prope civitatem*, on y lit : *usque ad pontem de Vallouio prope Auillianam*; au lieu de : *in prato domus abbatie Secusie*, on y lit : *in præsentia domini abbatis Secusie*; au lieu de : *juxta pontem Volouie in territorio civitatis*, on y lit : *juxta pontem Vollovii in territorio Avilliane*.

62

Testament d'Anthelme de Clermont, évêque de Maurienne.

(26 Février 1269.)

Anno Domini millesimo ducentesimo sexagesimo nono, indictione duodecima, quarto nonas marcii, vacante sede maurianensi in presentia testium infrascriptorum. noverint universi presens instrumentum inspecturi seu eciam audituri quod fuit domino Petro Dago, canonico maurianensi, in scriptis oblata ultima voluntas seu testamentum inclite recordationis domini Anthelmi quondam maurianensis episcopi defuncti, clausa subscripta signata et sigillata, seu clausum subscriptum signatum et sigillatum novem sigillorum per dominum Villelmum Coysy canonicum maurianensem et dominum Burnonem de Sala militem, executores dicti testamenti seu dicte ultime voluntatis, ad apperiendum, publicandum et in formam publici instrumenti redigi faciendum.

Unde idem dominus Petrus Dagos vocatis qui fuerant evocandi et quorum interesse videbatur et specialiter novem testibus quorum subscriptiones signa et sigilla in dicto testamento seu ultima voluntate apparebant, videlicet domino Burnone de Sala, domino Hugone de Arva militibus, domino Willelmo Coysy canonico maurianensi, domino Petro capellano de Argentina, domino Hugone capellano Sancte Marie de Castro Armelionis[1], Petro Vulpyl clerico, Emydone clerico, Petro de Cuyna et Willelmo placencie notario, subscriptiones signa et sigilla sua recognoscentibus promittentibus et asserentibus se rogatu dicti domini Anthelmi predictum testamentum seu ultimam voluntatem signasse et sigillasse adhibitisque ecclesiasticis sollempnitatibus quas in tali negotio jus requirit. dictum testamentum seu ultimam voluntatem apperiri fecit et illud seu illam legit et vidit et legi fecit diligenter et illud seu illam invenit non cancellatam, non abolitam non corruptam, seu non cancellatum non abolitum non corruptum, cujus tenorem ad eternam memoriam de verbo ad verbum instrumento redegi fecit, ad perpetuam firmitatem, tenor vero dicti testamenti seu ultime voluntatis thalis est. In nomine patris et filii et spiritus sancti, amen. cum nichil sit quod magis hominibus debeatur quam ut supreme voluntatis liber sit stilus et licitum quod iterum non redit arbitrium, et licet certa morte. nichil tamen est incertius hora mortis, idcirco nos Anthelmus divina miseratione maurianensis episcopus, volentes mortem prevenire pocius quam ab ipsa casu aliquo preveniri, in nostra bona sana et libera memoria constanti, nostrum ordinamus testamentum in hunc modum, in primis ordinamus et constituimus executores nostros et nostre ultime voluntatis. dominum Aymonem de Myolano, dominum Willelmum Coysy cumcanonicos nostros et dominum Burnonem de Sala militem. et volumus quod clamores nostri[2] et debita nostra et legata solvantur, pacificentur et sedentur ad dictum arbitrium dictorum executorum. Item elegimus sepulturam nostram in ecclesia Sancti Johannis Baptiste, ab oppositis sepulture domini Petri de Morestello predecessoris nostri. Item legamus quadraginta libras[5] pro nostris exequiis faciendis. Item legamus capitulo ecclesie maurianensi triginta sestarios ordei annuales pro festo reliquiarum ecclesie, perpetuo faciendo quod ordeum apud Albiacum à filiis quondam domini Aymonis de Cuyna acquisivimus. Et legamus dicto capitulo quindecim sestarios ordei pro nostro anniversario ibidem faciendo perpetuo, quod ordeum à dictis filiis quondam Aymonis apud Albiacum acquisivimus. Item domino de Cuyna et cuilibet canonico maurianensi ibidem ad presens commoranti unum annulum aureum de mediocribus legamus qui per prudentiam executorum nostrorum distribuantur. et dicti annuli sunt in manu Willelmi Bocy qui eos habet in pignore pro centum libris viennensibus. Item legamus eidem Willelmo de ipsis annulis unum. reliqui remaneant successori nostro. et volumus quod executores nostri solvant dicto Villelmo dictas centum libras. Item legamus domino Vyfredo capellano nostro decem libras viennenses. Item legamus Petro Vulpil clerico nostro... pro recompensatione servicii nobis ab ipso impensi, centum solidos viennenses annuales de mensa nostra quousque per nos vel per successores nostros sit provisus in beneficio ecclesiastico, valente ad minus decem libras viennenses annuales deductis expensis. Item legamus Guillelmo Corbel, Nanthelmo Cattinel, Thome de Eythone, Petro de Cuyna, Vauterio Coquo, Guigoni Vauterii Guigoni Secalci, cuilibet istorum decem libras viennenses pro recompensatione servicii nobis ab ipsis impensi. Item legamus domino Burnoni de Sala et Philippo fratribus consanguineis nostris centum libras viennenses pro recompensatione dampnorum que sustinuerunt per Rodulphum de intermontibus pro vindicta quam fecerunt de persecutoribus ecclesie nostre maurianensis. Item facimus dictum dominum Burnonem correarium domus episcopalis

7

maurianensis [4] ad vitam ipsius domini Burnonis pro recompensatione predicta. Ita tamen quod ipse dominus Burno nobis et successoribus nostris serviat fideliter. Item legamus domino Hugoni Bernardi viginti libras quas nobis adhuc debet de mistralia Valovie [5]. Item legamus domino Hugoni de Arva militi decem libras viennenses. Item legamus Petro de Capella fratri nostro partem domus nostre quam habemus apud Viennam et volumus quod solvat debitum inde quod contraxit pro Jordana uxore quondam fratris nostri maritanda. Item legamus Humberto fratri nostro domum quam emimus à Johanne de Plathea in civitate Sancti Johannis. Item legamus Petro Mistrali consanguineo nostro viginti libras viennenses. Item legamus Roignys consanguinee nostre decem libras viennenses. Item Jacobe sorori domini Burnonis decem libras viennenses. Item legamus Jacobe uxori Petri de Capella cyphum nostrum argenteum cum pede quod portant nobiscum... nostri. Item legamus domui Bituminis viginti libras viennenses. Item domui Allonis viginti libras viennenses pro anniversario nostro ibidem perpetuo faciendo. Item legamus universis capellanis nostre diocesis unum tricennarium [6]. Item legamus prioratui Armelionis missale nostrum et vaysilium nostrum hyvernetum. Item legamus domui Bituminis capellam nostram de samycio rubeo cum alba et stolis quas apportavimus de Anglia [7]. Item legamus ecclesie Sancti Johannis capellam nostram duplicem albam et violaceam cum paramentis que habuimus ab executoribus domini Richardi de Monte Garnerio. Item legamus eidem ecclesie bacinnos nostros argenteos, agueriam, vinageriam nostram argenteam [8] cum calice deaurato et cappam nostram de samycio rubeo et turibulum nostrum argenteum et mytram nostram meliorem cum crocia [9]. Item legamus fratribus minoribus de Camberiaco centum solidos viennenses. Item etiam quadraginta solidos quos eis debemus ex dono... Item legamus Graile de Camberio robam nostram de pannis... tunicam... et mantellum cum pennis. Item legamus Grasso filio suo centum solidos viennenses pro servicio nobis impenso. Item legamus domino Petro capellano de Argentina decem libras viennenses pro servicio nobis impenso. Item legamus Fornario Peroneto de Capella. porterio nostro cuilibet decem libras viennenses pro servicio nobis impenso. Item legamus Hugoni messagerio nostro et ardugoni, cuilibet centum solidos viennenses pro servicio nobis impenso. Item legamus Guerso et Martino qui morantur in Coquina, cuilibet viginti solidos viennenses. Item legamus matri Petri Berguil robam nostram de camelino forratam de vulpibus [10] et pelles nostras nigras. Item legamus domino Burnoni palafredum nostrum. Item domino Guillelmo Coysi somarium nostrum. Item Petro de Capella mulum nostrum cum equo quem sibi misimus ante carniprivium. Item Petro Vulpyl clerico nostro roncinum nostrum nigrum qui fuit Petri de Capella [11]. et volumus quod Petrus de Capella ipsum dimittat in pace. Item legamus Willelmo placencie notario quindecim libras viennenses, et volumus quod infra mensem post exequias nostras reddat et restituat successori nostro omnes cartas quas habet a domo episcopali. Item legamus magistro Stephano notario centum solidos viennenses et hoc idem faciat de cartis. Item legamus Jacobo filio Vyfredi de Bonet decem libras viennenses. Item legamus domino Villelmo capellano Sancte Anne cappam nostram nigram cum superpelicio et armycio nostro [12]. Item legamus domino Petro Sylvatici centum solidos viennenses pro una roba. Item volumus quod coopertorium nostrum de grys et contrapoynta nigra ponantur in lecto nostro et corpus desuper pontificalibus indutum [13]. Item legamus capitulo maurianensi duodecim cyphos argenteos. Item legamus filiabus Guillelmi fratris nostri alios cyphos nostros argenteos cum omnibus cocleariis nostris argenteis ad adjuvandum ipsas ad maritandum. Item legamus magistro Humberto phisico quadraginta solidos viennenses [14]. Item legamus Martino clavigero nostro domus nostre de Castro Armelionis decem libras viennenses. Item legamus hospitali Sancte Katharine de Aquabella coopertorium nostrum de auriolis. Item legamus ecclesie Sancti Johannis maurianensis summam nostram de viciis et volumus quod firmetur retro altare taliter quod quilibet ibidem vadat dùm voluerit [15]. Item legamus omnes balystas nostras et arnesia domui episcopali. ita ut omnia ibi salva remaneant [16]. Et volumus quod dominus Hugo de Arva inde respondeat integre et omnia portare faciat apud Gardiam cum castro domini Bosonis et Emydonis clerici, arbalistas vero et arnesia quas habemus apud Argentinam volumus quod ibidem remaneant [17]. Item volumus quod duo arnesia que habet Petrus frater noster a nobis sibi remaneant et ea sibi damus. Item volumus quod tapeta lecti nostri et quatuor linteamina hospitali Sancti Johannis dentur. Item restituimus Humberto Piri domum quam fecit in castro de Volovio cum molendina que sunt subtus dictum castrum. Item legamus domino Vyfredo de Arva sermones nostros super epistolis et evangeliis annualibus. Item legamus fratribus minoribus de Camberio salterium nostrum glosatum [18] quod habet dominus Willelmus de Sancta Anna in custodia. Item legamus domino Petro Galberto preciosius mazarinum quod habemus cum pede argenteo. Item Emydoni clerico preciosius mazarinum sine pede. Item legamus Villelmo Bocy unum mazarinum cum pede. Item domino Anselmo sacriste ecclesie maurianensis legamus unum mazarinum. Item legamus domino Petro Bufanent corsetum nostrum forratum de Auriolis. Item legamus domino Aymoni de Miolano unum cyphum argenteum cum pede sine coopertura quod habet Villelmus Bocy in pignore cum quibusdam aliis rebus. Item legamus domino Boson unum mazarinum sine pede. Item volumus et precepimus quod blada et vina nostra vendantur omnia et persolvantur legata nostra, deinde debita et clamores nostri in quantum dicta bona se extendant. solutis primo legatis. debitorum nostrorum vero residuum solvat successor noster. hoc autem testamentum seu ultimam voluntatem volumus esse nostrum ultimum testamentum seu nostram ultimam voluntatem, volumus quod valeat jure testamenti scriptis, et si non valeret jure testamenti in scriptis valeret tamen jure testamenti nuncupativi vel jure codicillorum seu jure cujuslibet ultime voluntatis et si non valeret secundum leges valeat tantum secundum canones sanctos volumus quod omnia nostra alia testamenta seu ultime voluntates nulla vana et irrita remaneant et admodum nullius penitus valoris. hec autem publicatio facta fuit apud Sanctum Johannem in ecclesia beati Johannis Baptistē ūbi testes specialiter vocati et rogati, dominus Petrus Sylvatici miles, dominus Marogus Golufres sacerdos, Villelmus de Sancto Pancracio clēricus, Johannes de Monte Aymonis, Villelmus Vauterii, dominus Richardus de Vilariogondrant miles, Villelmus Bocy de Cuyna. Et ego Villelmus Placencie de Sancto Johanne, auctoritate imperiali et domus episcopalis notarius de mandato... domini Petri Dago, domini Burnonis et domini Willelmi Coysi, dictam ultimam voluntatem et dictam publicationem dicte ultime voluntatis in formam publicam redegi, scripsi et tradidi [19].

[1] *Petro capellano de Argentina, Hugone capellano Sancte Marie de Castro*, Pierre, curé d'Argentine ; Hugues, curé de Notre-Dame du Châtel. Les curés étaient alors appelés *capellani*.

[2] *Clamores nostri*, les petites dettes, ce qu'on appelle ordinairement les dettes criardes.

[3] *Quadraginta libras.* Elles vaudraient aujourd'hui en argent 850 liv.; mais l'argent étant alors plus rare et d'une plus grande valeur, la même somme équivaudrait maintenant à une valeur en froment de 1,650 liv.

[4] *Correarium domus episcopalis.* Le corrier ou juge corrier était, à ce qu'il paraît, le procureur fiscal de l'évêque. Il était chargé de veiller sur les délits et les crimes qui se commettaient dans ses terres, de faire arrêter les coupables et de faire exécuter les arrêts portés contre eux.

[5] *De mistralia Valovie.* On voit par là que l'évêque avait un mistral à Valloire.

[6] *Item legamus universis capellanis nostre diocesis unum tricenarium.*

— *Tricenarium, ii,* service religieux à célébrer par chacun des prêtres du diocèse le 30° jour après le décès.

[7] *Item legamus domui Bituminis capellam nostram de samycio rubeo cum alba et stolis quas apportavimus de Anglia.* Il lègue au monastère du Beton les ornements de soie rouge qu'il avait apportés d'Angleterre où il avait suivi Pierre d'Aigueblanche, évêque d'Herfort. On trouve dans Ducange *samitium, ii,* étoffe de soie.

[8] *Bacinnos nostros argenteos, agueriam, vinageriam nostram argenteam.* — *Bacinnus, i,* ou *bacinus, i,* bassin à laver les mains; *agueria, e,* aiguière; *vinageria, e,* burettes.

[9] *Crocia, e,* crosse, bâton pastoral.

[10] *Item legamus matri Petri Berguil robam nostram de camelino forratam de vulpibus.* — *Roba, e,* robe de chambre; *camelinum, i,* camelot; *forratam de vulpibus,* fourrée de peaux de renard.

[11] *Item legamus domino Burnoni palafredum nostrum, item domino Guillelmo Coysi somarium nostrum, item Petro Vulpil roncinum nostrum nigrum.* — *Palafredus, i,* palefroi, cheval de parade; *somarius, ii*; du mot grec *sagma, tos,* bât, charge d'un cheval, on a formé les mots *sagma, tis, sauma, tis,* charge, fardeau, et *saumarius, ii, somarius, ii, summarius, ii,* mulet ou cheval à bât, d'où est venu le mot somme, bête de somme. *Roncinus, i,* roncin, petit cheval, bidet. *Carniprivium, ii,* le commencement du carême, temps où l'on cesse de faire gras.

[12] *Item legamus capellano S. Anne cappam nostram nigram cum armycio nostro.* — *Armycium, ii, armutium, ii, almucium, ii,* aumusse, fourrure dont les chanoines se servaient autrefois à l'église dans quelques diocèses.

[13] *Item volumus quod coopertorium nostrum de grys et contrapoynta nigra ponantur in lecto nostro et corpus desuper pontificalibus indutum.* — *Coopertorium, ii,* couverture de lit; *de grys*; *gryseum, ei,* ou *griseum, ei,* petit-gris ou vair, espèce de fourrure; *contrapoynta, e,* courte-pointe. L'évêque veut que son corps, revêtu des ornements pontificaux, soit déposé sur un lit de parade garni de sa couverture de vair et de sa courte-pointe noire.

[14] *Item legamus magistro Humberto phisico 40 solidos viennenses.* Maître Humbert était le médecin de l'évêque. Le médecin était alors appelé physicien. Ces 40 sols vaudraient aujourd'hui environ 84 livres.

[15] *Item legamus ecclesie S. Johan. maurianensis summam nostram de vitiis,* etc. Il lègue à la cathédrale de St-Jean un traité des vices; il veut qu'on le fixe avec une chaîne derrière l'autel, afin que tout le clergé de la ville puisse le lire. Alors tous les livres étaient manuscrits et d'un prix très élevé.

[16] *Item legamus omnes balystas nostras et arnesia domui episcopali.*

— *Balysta, e,* baliste, machine de guerre propre à lancer des traits ou des pierres. *Arnesium, ii,* armes, armure, tout instrument propre à l'attaque et à la défense d'une place. *Omnia portare faciat apud Gardiam.* L'évêque avait à Villargondran un château-fort appelé la Garde. C'est là que Hugues d'Arve devait faire porter les balistes.

[17] *Arbalistas vero et arnesia quas habemus apud Argentinam, ibidem remaneant.* — *Arbalista, e,* arbalète, espèce de baliste; l'évêque avait un château-fort à Argentine, il veut que les machines de guerre qui y sont y soient conservées.

[18] *Salterium nostrum glosatum.* — *Salterium* pour *psalterium; glosare* ou *glossare,* expliquer, interpréter; *mazarinum* ou *macharium* (voy. le glossaire).

[19] Il y a deux mots dans ce testament dont nous n'avons pu trouver aucune explication, ce sont les mots *vaysilium* et *auriolum.* Le premier paraît désigner un vêtement d'hiver, *vaysilium hyvernetum;* le mot *auriolum* signifie une étoffe ou une fourrure, car le testateur lègue à l'hôpital de Sainte-Catherine d'Aiguebelle une couverture *de auriolis:* ailleurs il lègue un corset fourré *de auriolis.*

63

Pierre de Guelis, évêque de Maurienne, cède au chapitre de la cathédrale les dîmes sur plusieurs paroisses du canton de La Chambre pour les anniversaires d'Amédée de Savoie, d'Amédée de Genève et d'Amédée de Miribel, évêques de Maurienne.

(12 Janvier 1270.)

Anno Domini millesimo ducentesimo septuagesimo, indictione decima tertia pridie idus januarii, venerabili domino Petro episcopo tenente episcopatum maurianensem, in presentia testium infrascriptorum, cum felicis recordationis dominus Amedeus maurianensis episcopus frater quondam illustris Villelmi comitis gebennensis, pro remedio anime sue et predecessorum suorum necnon et successorum episcoporum maurianensium donaverit Deo et ecclesie sue maurianensi ejusque servitoribus quadraginta solidos fortes annuales pro anniversario suo in dicta ecclesia et convivio seu prandio in refectorio canonicis capellanis et ceteris clericis, annis singulis faciendo, dictosque quadraginta solidos eidem ecclesie assignaverit in censu ecclesie de Termenione, annuatim percipiendos. Item cum bone memorie dominus Amedeus maurianensis episcopus frater quondam domini Villelmi de Miribello receperit nomine dicte ecclesie et habuerit ab inclite recordationis domino Amedeo et comite Sabaudie quinquaginta libras viennenses ex legato facto et relicto eidem ecclesie ab eodem pro anniversario suo in ecclesia et prandio in refectorio ut dictum est, annis singulis faciendis. Item cum idem quondam dominus Amedeus de Miribello maurianensis episcopus reliquerit et donaverit Deo et ecclesie sue maurianensi pro remedio anime sue quatuor libras annuatim pro festo beati Vincentii in dicta ecclesia sollenniter perpetuo celebrando et anniversario suo ibidem et conviviis in refectorio dicte ecclesie, dicto festo et die obitus sui singulis annis faciendis. ipsamque pecuniam, quantitatem videlicet quatuor librarum fortium posuerit et assignaverit dicte ecclesie, annis singulis persolvendis, super bonis domui episcopali per ipsum episcopum acquisitis que talia sunt et plura alia, ut asseritur, videlicet super illa bona que emit a liberis quondam Petri Trucheti in monte Rotondo et in Albiaco juveni, et super omnibus feudis et usagiis que emit a liberis quondam Villelmi de Albiaco, et super feudis et usagiis que emit idem dominus episcopus a domino Teobaldo Philippo Jacobo Nogerio et Richardo Burse fratribus apud Ollas, Tilleretum et Givoudam, et super hominibus feudis et usagiis que emit idem dominus episcopus ab heredibus et executoribus quondam domini Guidonis de Miolano canonici maurianensis in parrochia Fontis Cooperti et super multis aliis per ipsum acquisitis ut asseritur et probatur per publica instrumenta inde facta.

Nos Petrus miseratione divina maurianensis episcopus attendentes copias dispositiones et ultimas largitates predecessorum nostrorum tenemur merito et debemus pio affectu exequi et favore prosequi, presertim cum nostra ecclesia maurianensis cui paterna affectione compatimur, tenues habeat adeo facultates quod ex eis servitores suos nequeat sustentare, attendentes etiam nobis domuique nostre episcopali expedire pocius planos redditus in decimis extra juriditionis nostre temporalis terminos assignare, quam homines cum feudis usagiis ex quibus preter annua multa proveniunt, pro predictis festo et anniversariis memorate ecclesie tradere insolutum. considerantes etiam quod decime quas pro predictis festo et anniversariis duximus assignandam extra manum nostram et predecessorum nostrorum tempore cujus non est memoria extiterunt collate per predecessores nostros aliis et aliis successive in beneficio personali et quia timemus non immerito ne nobis per importunitatem petentium vel impetrationem subtrahantur, preterea quia predecessor noster felicis memorie Antelmus maurianensis episcopus nos ac domum nostram episcopalem oppressos reliquit immenso honere debitorum, videlicet in tribus librarum millibus et quingentis [2] tam pro debitis ab ipso contractis quam pro legatis ab ipso factis in sua ultima voluntate, quartam partem illam omnium decimarum quas habemus vel habere debemus seu nobis et domui nostre episcopali competunt vel videntur de jure vel de facto competere et consuevimus percipere, in parrochiis Sancti Apri Sancti Martini justa Cameram et de Croso, montis Aymonis, montis Gillaffredi et de Capella nostre diocesis [3], que decime cartones vulgariter apellantur [4], capitulo nostre maurianensis ecclesie concedimus et donamus perpetuo in solutum, tam pro predictis videlicet anniversario relicto ut dictum est a domino Amedeo maurianensi episcopo fratre quondam comitis gebennensis et pro festo et anniversario relictis a bone memorie domino Amedeo de Miribello quondam maurianensi episcopo, et pro anniversario jam dicti domini comitis Amedei quod prefatus dominus Amedeus de Miribello recepit in se et domum suam episcopalem pro predictis quinquaginta libris viennensibus in refectorio maurianensis ecclesie perpetuo faciendum, quam pro trecentis libris viennensibus et decem quas confitemur nos habuisse et recepisse integre in pecunia numerata a capitulo supradicto et eas versas fore totaliter in utilitatem nostram et domus nostre et necessitatem debitorum evidentissimam et urgentem. renuntiantes expresse pro nobis nostrisque successoribus non numerate et non recepte pecunie et spei numerationis future exceptioni et beneficio restitutionis in integrum et juri dicenti quod contractus seu vendicio recindatur vel justum precium suppleatur, si decime de quibus agitur majoris essent precii vel valoris, renunciando eciam legi dicenti venditionem iniquam vel contractum recindi debere et exceptioni doli et in factum et omni juri et actioni et exceptioni per que possemus de jure vel de facto nos vel successores nostri predictum contractum infringere calumpniari et in irritum revocare, renuntiantes omnibus privilegiis et litteris impetratis vel eciam impetrandis per que vel quas sepedictus contractus videlicet concessio sive alienacio posset in parte vel in toto in posterum annullari. promittentes dicto capitulo stipulanti bona fide pro nobis nostrisque successoribus supradicta omnia rata et firma habere perpetuo et tenere et contra ipsam facto vel verbo aliaque arte vel ingenio nunquam facere vel venire sed pocius promittimus dicto capitulo et ecclesie maurianensi pro nobis nostrisque successoribus dictas decimas eidem manutenere et deffendere ab omni inquietante et impetente in judicio et extra et opponere nos contra quemlibet dictum capitulum super dictis decimis impetentem dictas autem decimas sepedicto capitulo concedimus ut eas habeat teneat et possideat vel quasi et percipiat de cetero pleno jure. et omne jus quod in ipsis decimis vel pro ipsis nobisque nostre domui episcopali competit vel videtur competere transfundimus in capitulum predictum, constituentes nos possessores dictarum decimarum nomine dicti capituli donec corporalem ipsarum decimarum appreenderit possessionem quam appreendendi et accipiendi deinceps licentiam concedimus eidem capitulo et donamus. Ad majorem autem roboris firmitatem omnium premissarum super predictis volumus et precepimus fieri publicum instrumentum. nec non sigillum nostrum presenti instrumento apponi fecimus, ad fidem et probationem posteris faciendum. Hoc actum fuit apud Sanctum Johannem maurianensem in capella domus episcopalis ubi testes fuerunt vocati et rogati dominus Guigo de Chamos monacus, dominus Anselmus de Armelione capellanus, Emido de Sancto Johanne clericus et Petrus de Cuyna. Et ego Villelmus de Sancto Pancracio, auctoritate imperiali et domus episcopalis notarius hanc cartam rogatus scripsi et tradidi.

¹ *Apud Ollas, Tilleretum et Givoudam.* Les Oulles, le Tilleret et Gevoudaz, localités situées sur les paroisses de St-Jean de Maurienne et de Fontcouverte.

² *Cum nos oppressos reliquerit immenso honere debitorum, videlicet in tribus librarum millibus et quingentis.* Ces 5,500 liv. valaient environ 70,000 liv. et équivaudraient aujourd'hui à 140,000 liv. de notre monnaie, supposé qu'il s'agisse de la livre de Vienne.

³ *In parochiis Sancti Apri,* etc., dans les paroisses de St-Avre, de St-Martin sur la Chambre, du Cruet, de Montaimont, Montgelafrey et de la Chapelle.

⁴ *Que decime cartones vulgariter appellantur.* — *Carto, onis,* mesure de grains.

64

Testament de Pierre de Guelis, évêque de Maurienne.

(11 Janvier 1273.)

Anno Domini M.CC.LXXIII, indictione prima, III idus januarii, venerabili Petro episcopo tenente episcopatum maurianensem coram testibus infrascriptis et specialiter ad hoc rogatis. In nomine sancte et individue trinitatis, quum nichil est quod magis hominibus debeatur quam ut supreme voluntatis liber sit stilus et licitum quod iterum non reddit arbitrium, et nichil sit certius morte et nichil incertius hora mortis, et melius sit sub spe mortis vivere quam sub spe vite intestatus decedere. Nos Petrus divina permissione maurianensis episcopus de bonis nostris noncupative testando ordinamus sub hac forma, imprimis heredem instituimus in hiis que habemus in monte Acus Villelmum Guelis fratrem nostrum. Item inter cetera legata damus et legamus pro oblationibus et obsequiis que fient die obitus nostri in ecclesia beati Johannis Baptiste XV libras viennenses. Item legamus eidem ecclesie centum solidos viennenses pro convivio faciendo die obitus nostri in refectorio, et pro elemosina ibidem competenti facienda[1], et cum hoc volumus et precipimus quod panis et vinum ad hoc necessarium capiantur in domo nostra episcopali. Item damus et legamus cuilibet canonico qui presens fuerit sepulture nostre decem solidos viennenses, et cuilibet capellano quinque solidos viennenses, et cuilibet diacono tres solidos et subdiacono duos solidos, et aliis communiter tam parvis quam magnis XII denarios, tali tamen conditione, quod tam diaconi quam subdiaconi quam alii majores quilibet dicant in remedium anime nostre et parentum nostrorum semel psalterinm. Item illas decimas quas habemus seu possidemus, vel videmur habere seu possidere in monte Acus, in parrochia Tabule et Ponteti et Borgeti[2], damus et legamus ecclesie et capitulo beati Johannis Baptiste, ita tamen quod pro dictis decimis in remedium anime nostre et antecessorum nostrorum faciant anniversarium et convivium in refectorio in perpetuum die obitus nostri. quod si forsitan dictas decimas habere non possent, damus et legamus dicte ecclesie seu capitulo sexaginta solidos viennenses annuales super hiis que emimus a domino Petro de Ponte apud Albanam, pro dicto anniversario faciendo. Item legamus Guillelmo Guelis fratri nostro quinquaginta libras viennenses, ut predictum legatum decime dicte ecclesie et capitulo confirmet et maneat et deffendat. quod si contra predictum legatum veniret, dictas quinquaginta libras ei auferimus et nichilominus predictum legatum decime ratum maneat, et si necesse fuerit quod Chabertus de Morestello dictum legatum confirmet, et cum confirmaverit damus et legamus eidem centum solidos viennenses, et nisi hoc fuerit, illos centum solidos ei auferimus. Item damus et legamus predicte ecclesie nostre Sancti Johannis quinquaginta libras viennenses pro dominica post ascensionem Domini dupliciter celebranda, et pro convivio in refectorio illa die faciendo, et pro dictis quinquaginta libris obligamus eisdem illa que emimus apud Albanam, ita quod supradictis rebus, quinquaginta solidos annuales accipiant quousque dicte quinquaginta libre eis solute fuerint. Item volumus et precipimus quod cuilibet canonico commoranti apud Sanctum Johannem reddatur unus annulus aureus de nostris, secundum quod precepit episcopus Anthelmus predecessor noster. Item damus et legamus ecclesie Sancti Johannis cappam nostram argenteam circumcelatam quam habet obligatam Aydelina de Camera, cum quadam fiola de balsamo quam habemus. Et istam volumus esse nostram ultimam voluntatem et valere jure testamenti nuncupativi, et si non valet jure testamenti nuncupativi, valeat jure codicillorum vel alio jure quo melius valere poterit. Hoc actum fuit apud Sanctum Johannem in domo episcopali, in camera dicti domini episcopi, ubi testes vocati fuerunt et rogati, dominus Boso de Vilario Gundrant canonicus maurianensis, Vionetus de Medullano, Guigo Aymarii, Odo de Volovio, Stephanus de Bono Vilareto, Stephanus Amalfredi notarius, dominus Guigo monacus, magister Canturinus medicus, Villelmus de Alavardo, Guido de Sancto Johanne clericus. Et ego Villelmus de Vilario Gundrant auctoritate domus episcopalis notarius, hanc cartam rogatus scripsi et tradidi.

[1] *Item legamus eidem ecclesie centum solidos viennenses pro convivio faciendo die obitus nostri in refectorio et pro elemosina ibidem competenti facienda.* Il y avait à St-Jean, dans le cloître du chapitre, un grand réfectoire où les chanoines mangeaient quelquefois en commun. Pierre de Guelis lègue cent sols de Vienne au chapitre, valant à peu près 209 liv. de notre monnaie, pour le dîner commun et pour une aumône à faire le jour de sa sépulture.

[2] *In monte Acus, in parrochia Tabule et Ponteti et Borgeti.* Le testateur regarde les trois paroisses de la Table, du Pontet et du Bourget, comme situées sur le mont de l'Aiguille, *in monte Acus*. On dit encore aujourd'hui le Pontet en *Heuille*, le Bourget en *Heuille*, etc.

65

Transaction entre le chapitre de la cathédrale de Maurienne et Jean de la Placé, relativement à une succession.

(5 Février 1276.)

Anno Domini millesimo ducentesimo septuagesimo sexto, indictione decima quarta, nonis februarii venerabili domino Aymone existente episcopo maurianensi, coram testibus infrascriptis, cum questio seu controversia verteretur inter capitulum maurianensis ecclesie ex una parte et Johannem de Platea de Sancto Johanne ex altera super hereditate que fuit quondam Richardi de Monte Garnerii clerici fratris quondam dicti Johannis quam hereditatem cum omnibus bonis ipsius hereditatis mobilibus et immobilibus asserebat dictus Johannes ad se pertinere ex causa successionis ipsius Richardi. quare petebat a dicto capitulo dictam hereditatem possidente, eamdem hereditatem cum omnibus bonis ipsius sibi reddi et restitui, domino Vifredo de Arva sacrista ipsius ecclesie nomine capituli maurianensis e contrario asserente se nec dictum capitulum teneri ad restitutionem dicte hereditatis nec bonorum ipsius, cum ad eumdem sacristam eamdem hereditatem asserat pertinere, ex eo quod dictus Richardus, in sua ultima voluntate seu testamento suo, eumdem sacristam heredem universalem instituit in omnibus bonis suis. Tandem post diversas altercationes super predictis habitas inter dictum sacristam et prefatum Johannem hiidem sacrista et Johannes ad talem devenerunt compositionem cum communi consensu tocius capituli maurianensis ecclesie, ad sonum campane in loco consueto ad hoc specialiter congregati, videlicet quod dictus Johannes non vi, non dolo, non metu inductus nec ab aliquo circumventus sed sciens, prudens ac spontaneus, considerata utilitate sua et commodo evidenti, ex causa transactionis, cessit quitavit guerpivit penitus[1] et remisit pro se et suis in perpetuum dicto sacriste presenti et recipienti vice totius capituli maurianensis ad opus sacristanie sue omne jus, omnem actionem et omnem querelam realem personalem, utilem, directam et mistam quod et quam habebat vel habere poterat, quacumque ratione et quocumque jure et ex quacumque causa in hereditate dicti Richardi in omnibus et singulis bonis ipsius hereditatis, devestiens se vel quasi dictus Johannes ex causa dicte transactionis de omni jure et actione quod et quam sibi competebat vel competere poterat, quoquomodo contra dictum sacristam vel contra dictum capitulum occasione dicte hereditatis vel bonorum ipsius, et dictum sacristam vice tocius capituli maurianensis, recipientem ad opus sacristanie predicte investivit vel quasi corporaliter de eisdem nichil juris aut alicujus reclamationis sibi vel suis retinendo dictus Johannes, eumdem sacristam nomine quo supra constituens procuratorem specialiter in rem suam, promittens dictus Johannes prefato sacriste, nomine quo supra stipulanti per stipulationem sollempnem et per pactum expressum, ac etiam per juramentum super sancta Dei evangelia prestitum corporaliter, se dictam cessionem, quittationem, guerpitionem, remissionem et investituram et devestituram pro se et suis in perpetuum et inviolabiliter observare et contra per se vel per alium facto vel verbo in judicio vel extra de cetero aliquatenus non venire, nec alicui contravenire volenti in toto vel in parte, nunquam prestare consilium, auxilium vel consensum. Sane dictus sacrista attendens liberam quittationem et remissionem dicti Johannis ut superius continetur, de consilio et consensu tocius capituli maurianensis, considerata utilitate et evidenti commodo sacristanie maurianensis, dicto Johanni de Platea presenti et recipienti pro se et suis in perpetuum, quittavit, guerpivit penitus et remisit omne jus, omnem actionem, omnem querelam realem et personalem, utilem, directam et mistam quod et quam habebat vel habere poterat quacumque ratione et quocumque jure et ex quacumque causa contra dictum Johannem, aut suos, occasione bonorum immobilium hereditatis predicte. Item de consilio et consensu tocius capituli supra dicti dedit ad fermam sive censam[2] in perpetuum dicto Johanni et suis quamdam domum que fuit dicti Rychardi, sitam in villa Sancti Johannis, juxta domum Jacobi de Allavardo ex una parte et juxta domum Petri de Harenis ex alia et juxta curtile Aynardi Burse superius, et juxta domum quam tenet dictus Johannes inferius, pro viginti solidis viennensibus, annuatim in perpetuum persolvendis a dicto Johanne et suis predicto maurianensi capitulo, in festo omnium sanctorum pro censa et nomine cense domus predicte. hoc acto expresse inter dictum capitulum et prefatum Johannem pro se et suis, quod si dictus Johannes aut sui deficerent in solutione cense prefate domus, termino constituto, dictum capitulum, propria auctoritate, posset dictam domum accipere et tenere ad manum suam per se vel per alium, absque requisitione alicujus persone, cum omnibus fructibus et proventibus dicte domus et omnibus ejus pertinentiis donec dictus Johannes solveret integre pecuniam dicte cense prefate domus, nisi idem Johannes aut sui infra unum mensem post terminum predictum sibi providerent in solutione predicte cense, per quem mensem teneatur eos dictum capitulum exceptare antequam dictam domum posset reducere ad manum suam, ob non solutam censam predictam, termino constituto. Item quamdam vineam continentem circa quatuordecim fossoratas[5], sitam ultra Arvanum juxta vineam que fuit quondam Petri Ginbet inferius et juxta viam publicam superius et juxta ruynam ab uno latere et juxta terram Johannis Eschamperii ab alio, videlicet pro triginta solidis viennensibus annuatim in perpetuum solvendis pro dicta vinea, nomine cense, dicto capitulo maurianensi a dicto Johanne et suis per quindecim dies ante festum beati Michaelis, hoc acto expresse inter dictum capitulum et prefatum Johannem, quod si dictus Johannes in solutione dicte cense deficeret, termino constituto, dictum capitulum propria auctoritate sine cujusquam requisitione posset colligere et accipere de fructibus dicte vinee usque ad valorem dicte cense, ita quod si fructus dicte vinee non valebant dictam censam dictus Johannes teneretur supplere defectum dicte cense. De quibus domo et vinea supra dictis cum omnibus juribus suis et pertinentiis dictum capitulum investivit sollempniter dictum Johannem nomine cense predicte devestiendo se de ipsis vel quasi et nichil sibi retinendo in eis, nisi censas predictas. salvis tam dicto capitulo quam prefato Johanni et suis, conditionibus et pactionibus que superius et inferius continentur, promittens dictum capitulum predicto Johanni presenti et pro se et suis sollempniter stipulanti, per sollempnem stipulationem et per pactum expressum ac bona fide se dictam adcensationem[4], investituram et devestituram et omnia que superius et inferius continentur in perpetuum et inviolabiliter observare et contra modo aliquo non venire nec alicui contravenire volenti in aliquo consentire, immo si quis dictum Johannem aut suos de cetero, super predictis domo et vinea in toto vel in parte molestaret impeteret vel in causam traheret dictum capitulum pro eodem Johanne et suis se opponeret suis propriis sumptibus et expensis et pro ipsis ad judicium responderet ipsos indempnes totaliter super hoc observando, promittens modo quo supra dictum Johannem et suos in predictis manutenere deffendere et tueri. Versa vice promisit dictus Johannes pro se et suis predicto capitulo sollempniter stipulanti attendere, solvere plene et integre censas predictas terminis constitutis, cui Johanni predicto concessit specialiter et expresse dictum capitulum quod idem Johannes et sui possint de cetero dictas domum et vineam habere, tenere et possidere nomine censarum predictarum, per se vel per alium et de ipsis facere quod voluerint et etiam vendere et distrahere libere, salvo jure predicto dicti capituli. hoc tamen salvo quod si contingeret dictas res vel aliquam earum dictum Johannem aut suos vendere aut distrahere in toto vel in parte quod dictus Johannes aut sui teneantur obferre dictam rem, quam vendere vel distrahere continget dicto capitulo pro vero precio quod inde poterit inveniri. Item fuit actum expresse quod dictum capitulum teneatur solvere pro medietate expensas processionis que annuatim debet fieri pro Agatha Mora, et medietatem expensarum que annuatim debent fieri pro eadem Agatha in confratria Sancti Johannis maurianensis in quibus tenebatur Rychardus de monte Garnerii supradictus, et dictus Johannes de Platea et sui medietatem expensarum dictarum processionis et confratrie in perpetuum predicta Agatha solvere teneatur. Item quod dictum capitulum teneatur solvere pro expensis lampadis beati Blasii de cetero in perpetuum faciendis pro luminario ipsius lampadis viginti solidos forcium veterum vel solvere medietatem expensarum que fient annuatim pro luminario lampadis supradicte. Et dictus Johannes eodem modo teneatur solvere pro expensis luminarii dicte lampadis de cetero faciendis alios viginti solidos fortes vel solvere medietatem expensarum que annuatim fient pro luminario supradicto. Et item fuit actum expresse inter predictos capitulum et Johannem quod dictum capitulum quolibet anno teneatur facere processionem pro Rychardo predicto et pro patre ipsius, domino Villelmo de monte Garnerii. Item quod dictum capitulum teneatur de cetero, qualibet die dominica obferre capellano beate Marie obulatam panis[5] et dictus Johannes qualibet die lune aliam obulatam pro Agatha supradicta. et de predictis voluerunt duo fieri instrumenta ejusdem tenoris. Hoc actum fuit apud Sanctum Johannem maurianensem in sacristario ubi testes ad hoc vocati fuerunt et rogati dominus Villelmus Paloci presbyter, Anthelmus dominus Urteriarum et Jacobus Albi clericus. Et ego Petrus Sybues auctoritate sacri palatii[6] et domus episcopalis maurianensis, publicus notarius, hanc cartam rogatus scripsi.

[1] *Quittavit, guerpivit; quictare, quitare* ou *quittare*, céder, abandonner, de *quietus*; *quittatio, onis,* cession, abandon; *guerpire,* céder, abandonner, déguerpir; *guerpitio, onis,* cession, abandon.

[2] *Dedit ad fermam sive censam.* — *Ferma, e,* ou *firma, e,* ferme, domaine acensé; *censa, e,* ou *census, i,* cens, fermage, revenu d'un bien donné à bail.

[3] *Fossorata, æ,* fossorée, la quantité de vigne qu'un ouvrier peut piocher en un jour; *secatura, æ,* la quantité de pré qu'un ouvrier peut faucher en un jour; *sextariata, æ,* l'étendue de champ qu'on peut ensemencer avec un setier de grains.

⁴ *Adcensatio, onis, accensatio, onis,* acensement.

⁵ *Capitulum teneatur qualibet die dominica obferre capellano beate Marie obulatam panis.* — *Obulata, œ, obolata, œ,* la valeur d'une obole; l'obole valait un demi-denier. L'obole de Vienne de ce temps-là vaudrait aujourd'hui environ huit centimes.

⁶ *Petrus Sybues auctoritate sacri palatii notarius.* Le comte Thomas ayant été fait vicaire général de l'empire en 1225, les notaires depuis lors ont pris le titre de notaires par l'autorité impériale, ou par l'autorité du sacré palais. Pierre Sybues était tout à la fois notaire du comte et notaire dans les terres de l'évêque.

66

Aimon de Miolans accorde quarante jours d'indulgences à tous les fidèles qui visiteraient processionnellement l'église cathédrale de Maurienne la veille de l'Ascension.

(19 Mai 1281.)

Aymo miseratione divina maurianensis ecclesie minister humilis sancte matris ecclesie filiis universis salutem in Domino sempiternam, vestra noverit universitas quod nos ut nostre maurianensis ecclesie que omnium ecclesiarum nostre dyocesis mater est et magistra, honor consuete reverentie et debite tribuatur, devotio populorum fidelium excitetur, delictorum propiciatio impetretur et sanctorum patrocinia aquirantur, quorum letanias plebs devota pia peregrinatione fuerit prosecuta, omnibus qui in vigilia Ascensionis Domini pia veneratione matricem suam maurianensem ecclesiam, suos prosequentes processionaliter capellanos parochiales, studuerint visitare, dum tamen contriti fuerint et confessi, de omnipotentis Dei misericordia confidentes et adjutorio beate Marie semper virginis et beati Johannis Baptiste patroni nostri quadraginta dies de injuncta sibi penitentia misericorditer relapxamus, presentibus litteris perpetuo valituris. Datum apud Altam Villam[1] anno Domini millesimo ducentesimo octogesimo primo, die lune ante Ascensionem Domini.

[1] *Datum apud Altam Villam.* Hauteville, paroisse située près de Châteauneuf.

67

Léone de Miolans et Anthelme, son mari, reconnaissent devoir au chapitre de Maurienne la redevance annuelle de dix livres fortes.

(11 Juillet 1281.)

Anno Domini M.CC.LXXXI, indictione nona, quinto idus julii, venerabili patre domino Aymone existente episcopo maurianensi, coram testibus infrascriptis. Noverint universi presentes pariter et futuri quod cum ex mera liberalitate, donatione seu elemosina venerabilis patris Aymonis Dei gratia maurianensis episcopi habeat capitulum maurianense decem libras forcium veterum servicii annualis apud Bonum Vilarium in Sabaudia super Sanctam Elenam, super certa feuda, possessiones, videlicet domos, terras, prata et castaneta, quod quidem servicium annuale idem venerabilis pater habebat, percipiebat, tenebat, possidebat, et quasi jure possessionis et speciali donatione causa mortis, felicis recordationis quondam Antelmi patri sui, domini Miolani. Nos Leona, uxor nobilis viri domini Antelmi domini Miolani, tanquam procuratrix in re nostra promittimus sollempniter stipulando, Stephano Amarfredi, publico notario, recipienti et stipulanti more publice persone, vice et nomine ejusdem capituli seu canonicorum maurianensis ecclesie, dare et solvere annis singulis in carniprivio, dicto capitulo vel eorum certo nuntio, decem libras forcium veterum, seu quindecim libras viennenses [1] pro servicio antedicto, seu nomine servicii pretaxati apud Ethonem in ecclesia, et ut dicto capitulo super solutione dictarum decem librarum forcium seu quindecim librarum viennensium in dictis termino et loco cautius sit et tutius in futurum, nos antedicta Leona ex certa scientia, obligamus in perpetuum dicto capitulo tam pro nobis quam pro nostris successoribus, omnia bona nostra quecumque in parrochia dicti loci, videlicet Boni Vilarii, habemus, tenemus, possidemus, vel quasi, videlicet feuda, possessiones, usagia, jura et quecumque tenere, possidere vel quasi, dinoscimur in parrochia dicti loci, ita videlicet quod dictum capitulum dicta bona expressa proxime ad manum suam possit reducere auctoritate propria absque interpellatione judicis vel cujusque potestatis si in solutione dicte pecunie, quantitatis videlicet decem librarum forcium veterum, seu quindecim librarum viennensium in predicto termino, nos vel successores nostri defecerimus, quod absit, vel etiam cessaremus. Ea vero que in hac obligatione continentur non intelligimus contineri que ab aliis accepimus quam a domino Miolani. Preterea ut prefatum capitulum super premissis plenissimam habeat firmitatem ex certa scientia et nostra spontanea voluntate subjecimus et supponimus nos et heredes seu successores nostros juridictioni et potestati maurianensis episcopi qui pro tempore fuerit et officiali ejusdem, ita ut nos possint de die in diem unica monitione tantum prehabita, per censuram ecclesiasticam compellere, coercere ad solutionem dicte pecunie statutis termino et loco, et observationem premissorum omnium et ad majorem premissorum omnium firmitatem omnia supra dicta, rata, firma et illibata servare, habere promittimus, prestito a nobis corporaliter super sancta Dei evangelia juramento, in perpetuum et tenere tam pro nobis quam pro heredibus vel successoribus nostris, et in nullo contra predicta facere vel venire. Nos vero Antelmus dominus Miolani, universa et singula supradicta garantamus², confirmamus, approbamus pariter et laudamus adjicientes quod quecumque bona que dicta uxor nostra superius expressa tenet et possidet vel quasi, apud Bonum Vilarium ad manum nostram seu heredum vel successorum nostrorum contingerit pervenire promittimus ex nunc prout ex tunc, predicto notario nomine dicti capituli stipulanti sollempniter, statutis termino et loco, solvere dicte pecunie quantitatem. Insuper ex nunc prout ex tunc obligamus specialiter dicto capitulo universa et singula supradicta prout domina Leona uxor nostra ea dicto capitulo obligavit ut superius est expressum. Et ut dicto capitulo que supra acta sunt plene et integre suis temporibus adtendantur et etiam observentur, eodem modo et forma quibus dicta domina Leona juridictioni domini episcopi maurianensis qui pro tempore fuerit et officiali maurianensi se subjecit, nos et heredes seu successores nostros subjecimus et supponimus juridictioni et potestati eorumdem ex certa scientia et expresse. et hec universa et singula notata superius et expressa pro nobis et successoribus nostris promittimus, prestito ad sancta Dei evangelia juramento, rata, firma habere perpetuo et tenere, et in nullo contra facere vel venire. Et renuntiamus nos prefati Antelmus dominus Miolani, et nos Leona domina Miolani ex certa scientia et expresse omnibus privilegiis et litteris apostolicis impetratis et impetrandis, per que et quas esset nobis indultum vel concessum. vel posset indulgeri vel concedi quod non possimus ab aliquo excommunicari vel supponi ecclesiastico interdicto, per que etiam privilegia vel per quas litteras sive ob cessationem solutionis, quod non obtamus, in nos vel contra nos, in heredes vel contra heredes, vel successores nostros lata posset aliquatenus enervari, anullari etiam vel infringi. Volumus etiam et concedimus quod supra premissis omnibus dictum capitulum duplex habeat si voluerit publicum instrumentum ejusdem tamen tenoris et forme, utrumque instrumentum ut supra factum est, sigillorum nostrorum munimine communitum. Et nos vice versâ si voluerimus habeamus unum vel duo litteras vel instrumenta publica super premissis, cum appositionibus sigillorum tam antedicti venerabilis patris Aymonis, Dei gratia maurianensis episcopi quam dicti capituli consignata. Et extitit intentionis nostre quod si contingeret sigilla predictis instrumentis super premissa conventione factis et tam a nobis quam a dicto capitulo applicatis, apposita penitus amoveri, vel in parte aliqua violari. ipsa instrumenta rata nichilominus perseverent in suo robore perpetuo duratura. Hoc actum fuit apud Miolanum intra castrum ubi testes ad hoc fuerunt vocati et rogati frater Guillelmus de Turre et frater Hugo de Miolano de ordine minorum. Petrus de Morerio domicellus. Jacobus de Boneti clericus. dominus Johannes monacus commorans apud fractam ripam [3] de ordine cluniacensi. et Richardus Boverii de Bono Vilario. et ego Stephanus Amarfredi de Sancto Johanne maurianensi, auctoritate imperiali et domus episcopalis notarius hanc cartam rogatus scripsi et tradidi.

[1] Leona, femme du seigneur Anthelme de Miolans, promet de payer chaque année au chapitre de St-Jean de Maurienne dix livres fortes vieilles, soit 15 liv. de Vienne. D'après les tables de M. Cibrario (*Econ. polit.*, 2e édit., t. 3, p. 247), en 1279, la livre de Vienne valait, en argent, 21 liv. 19 cent., et en froment, 41 liv. 85 cent. Les 15 livres de Vienne faisaient donc, en argent, 317 liv. 85 cent., et en froment, 627 liv. 75 cent., cela supposé, puisque 10 liv. fortes valaient 15 liv. de Vienne. La livre forte valait donc alors, en argent, 51 liv. 78 cent., et en froment, 62 liv. 77 cent.

[2] *Garantare*, garantir, confirmer, cautionner.

[3] *Fracta ripa*, Fréterive.

68

*Le comte Philippe I*er *reconnaît que la paroisse d'Argentine appartient exclusivement à l'évêque de Maurienne.*

(30 Avril 1285)

Nos Philippus comes Sabaudie et in Ytalia marchio notum facimus universis presentes litteras inspecturis quod cum questio seu controversia ventilata fuerit inter nos pro nobis et nostris et reverendum patrem in Christo dominum Aymonem Dei gratia maurianensem episcopum pro se et successoribus suis in perpetuum nomine maurianensis ecclesie super juriditione, mero et mixto Imperio ac pleno dominio ville et tocius parrochie Argentine quam dicebat dictus episcopus ad se ratione sue maurianensis ecclesie pertinere nobis e contrario asserentibus predictam pertinere ad nos et negantibus eam ad dictum episcopum pertinere. et tandem de communi voluntate et consensu nostri. et dicti domini episcopi facta per communes arbitros, arbitratores vel amicabiles compositores inquisitione super predictis tam... per nos... quam a dicto domino episcopo fuerint adjudicata formaliter supradicta, per dictos arbitros, arbitratores vel amicabiles compositores dicto domino episcopo pro se et suis successoribus, et fuerit declaratum per eos ad dictum dominum episcopum ratione maurianensis ecclesie pertinere predicta, prout predicti arbitri, arbitratores vel amicabiles compositores predicta inquirere, diffinire et declarare poterant, secundum compromissum super predictis in eis factum, per nos predictum comitem pro nobis et heredibus ac successoribus nostris, et predictum dominum episcopum, pro se et suis successoribus, nomine sue maurianensis ecclesie. Nos si quid juris et actionis nobis in predictis competebat vel competere poterat, seu etiam posse competere videbatur, nos illud sponte et ex certa scientia pro nobis et successoribus nostris dicto domino episcopo et ecclesie sue maurianensi predicte remittimus, cedimus, quittamus et a nobis totaliter abdicamus, promittentes bona fide pro nobis et heredibus ac successoribus nostris, dicto domino episcopo pro se et suis successoribus in perpetuum stipulanti nos contra predicta vel aliquod de predictis de cetero in perpetuum non venturos, nec alicui contravenire volenti in aliquo consensuros, ymmo precipimus pro nobis et heredibus ac successoribus nostris, ballivo nostro qui nunc est et aliis ballivis et castellanis qui nunc sunt et pro tempore in Sabaudia fuerint, ut dictum dominum episcopum et successores suos vel locum eorum apud Argentinam tenentes, vel aliquem eorumdem super predictis mero et mixto imperio de juriditione et pleno dominio ville et parrochie Argentine videlicet a loco qui dicitur ruppis vacher usque ad pedem montis qui vocatur Aypera aut aliquo eorumdem in toto vel in parte uti pacifice et libere non impediant vel perturbent, nomine nostro, nec impediri vel perturbari ab aliquo indebite patiantur, confitentes predicta merum et mixtum imperium ac juriditionem et plenum dominium ad dictum dominum maurianensem, episcopum et successores suos ex nunc, in antea in perpetuum pertinere, infra terminos supradictos in omnibus habitantibus et delinquentibus infra terminos supradictos[1]. Datum apud montem Melianum die lune ante festum apostolorum Philippi et Jacobi, anno Domini millesimo ducentesimo octogesimo quinto[2].

[1] *Confitentes merum et mixtum imperium et plenum dominium ad dominum episcopum pertinere in omnibus habitantibus infra terminos predictos.*
Merum imperium, jus summum. Imperium mixtum, justitia media. Merum et mixtum imperium sæpissimè in veteribus instrumentis occurrit ad significandam omnimodam justitiam, altam uti vocant et bassam. (Ita Ducange, au mot *imperium*.) Par cet acte le comte Philippe Ier

reconnaissait donc que l'évêque de Maurienne avait un pouvoir souverain, haute et basse justice sur la paroisse et sur les habitants d'Argentine.

² Cet acte a été passé à Montmélian en 1285, le lundi avant le 1ᵉʳ mai, fête des apôtres S. Jacques et S. Philippe. Pâques était cette année-là le 25 mars. Le 29 avril était un dimanche ; l'acte est donc du lundi 30 avril.

69

Reconnaissance d'une redevance annuelle faite par Guillaume de l'Echaillon en faveur de Richard du Mollard.

(20 Mai 1285.)

Anno Domini M.CC.LXXXV, indictione decima tertia, decimo tertio kalendas junii, venerabili patre domino Aymone existente episcopo maurianensi, coram testibus infrascriptis, ad instantiam et requisitionem Richardi de Molario, Villelmus de Eschayllone confessus fuit et recognovit se tenere a dicto Richardo quamdam partem quondam pasquerii quam emit a Colomba filia quondam Petri regis de Vilario Raimberto, sita ultra Arvanum¹ juxta partem Villelmi de Ulmo clerici, et juxta partem Petri Ruphi de Costa arsa, et juxta partem quondam Hugonis Bordonis, et de ipsa parte debere anno quolibet dicto Richardo duodecim denarios forcium veterum de censa ad pascha, aut in mense in quo contigerit anno quolibet celebrari pascha, et fuit actum et deductum inter eos quod si dictus Villelmus cessaret in solutione dicte cense in aliquo termino, quod dictus Richardus reduceret ad manus suas dictam partem tanquam rem suam ligiam, et retineret in solutum dicte cense sua auctoritate propria sine mandato judicis, et quod dictus Villelmus, si vellet, dictam partem aliquo tempore vendere, quod non posset eam vendere nisi uni soli possessori, et quod non posset eam vendere sine laude et consensu dicti Richardi. Item fuit actum inter eos quod si forte dictus Villelmus aliquo tempore vellet vendere dictam partem quod dictus Richardus, si vellet eam posset retinere ad manus suas eodem pretio quo posset vendi alteri persone. Renuntians non facte confessionis exceptioni, doli, metus cujuscumque, et juri dicenti confessionem extra judicium factam non valere, et omni alteri juri canonico et civili sibi in hoc facto competenti. que cum omnia supradicta et singula promisit dictus Villelmus per sollepnem stipulationem dicto Richardo et ad sancta Dei evangelia juravit rata et firma habere perpetuo et tenere per se suosque heredes et non contravenire per se vel per aliam personam de jure vel de facto. Hoc actum fuit apud Sanctum Johannem maurianensem, ad domum Villelmi Vaucerii domicelli, ubi fuerunt vocati testes et rogati, Petrus de Hermilione habitator Sancti Johannis maurianensis, et Petrus filius dicti Petri regis de Vilario Raymberti. Et ego Ainardus de Costa Jarriaci, auctoritate sacri palatii et domus episcopalis maurianensis notarius hanc cartam rogatus scripsi et tradidi.

[1] *Partem pasquerii, quam emit a Colomba de Vilario Raymberto, sita ultra Arvanum.* — *Pasquerium, ii,* pré, pâturage, de *pascuum, i; Vilarium Raymbertum,* Villarembert; *Arvanum, i,* Arvan, torrent qui descend de la vallée des Arves et se joint à l'Arc près de St-Jean de Maurienne.

70

Albergement d'une vigne fait par le chapitre de la cathédrale de Maurienne à un homme de Villargondran.

(11 Juillet 1285.)

Anno Domini M.CC.LXXXV indictione decima tertia quinto idus julii, venerabili domino Aymone existente episcopo maurianensi, coram testibus infrascriptis. Dominus Villelmus de Tygniaco canonicus maurianensis, de consensu et voluntate capituli maurianensis ad pulsationem campane, ut moris est congregati, presentis et concedentis commandavit[1] in perpetuum et concessit ad medium ad usum boni cultoris Aynardo Paponi de Villariogondrant et ejus heredibus et cui dare, vendere, vel dimittere voluerit, in testamento vel extra circa octo fossoratas vinee cum pertinentiis omnibus et singulis, sitas apud Vilarium Gondrant, quorum quatuor site sunt in Putet juxta vineam liberorum quondam Petri de Ollis inferius, et juxta vineam capituli superius, et juxta terram Emerici de Morestello ab una parte, et alie quatuor fossorate site sunt in closo domini Philippi, sub Petra Grossa, juxta vineam capituli ab una parte, et juxta vineam Petri filii quondam Petri de Vilario Gondrant inferius, et juxta viam publicam superius, ita quod dictus Aynardus et heredes ejus et possessores dicte vinee teneantur reddere dicto domino Villelmo, vel ei canonico in cujus parte esset dicta vinea, fideliter medietatem fructuum dicte vinee et arborum et pertinenciarum, exceptis avans et sarmentis[2], et ipsam vineam fideliter colere ad modum boni cultoris. quod si non reddiderit dictus Aynardus, vel heredes ejus, vel successores ejus in re illa, dictum capitulum vel ille canonicus in cujus parte esset, posset dictam vineam accipere et exigere in manu sua, propria auctoritate, si dictus Aynardus vel ille qui possideret dictam vineam, nollet emendare ad requisitionem dicti capituli, vel ejus in cujus parte esset, quam commandam dictus dominus Villelmus, et dictum capitulum, promiserunt per stipulationem dicto Aynardo recipienti pro se et suis heredibus et successoribus ratam et firmam habere perpetuo et tenere et non contra venire, et ab omni persona manutenere et deffendere dicto Aynardo et suis heredibus et successoribus ad sex denarios placiti cum contigerit in mutatione episcopi maurianensis et possessionis[3], et ad medietatem fructuum dicte vinee et arborum et aliorum, exceptis avans et sarmentis, sub forma et conditionibus supradictis. et dictus Aynardus pro se et suis heredibus promisit dicto capitulo et juravit super sancta Dei evangelia dictam vineam colere ad modum boni cultoris et medietatem fructuum, ut dictum est, fideliter reddere dicto capitulo, vel ei etiam in cujus parte erit, et jus dicti capituli in re illa fideliter custodire. confitentes dictus Villelmus se habuisse a dicto Aynardo nomine intragii pro ista commandatione quinquaginta solidos viennenses [4], et dictum capitulum undecim solidos viennenses, et de predictis voluerunt duo fieri instrumenta ejusdem tenoris, quorum unum habebit dictum capitulum, et aliud dictus Aynardus sigillo dicti capituli sigillatum. Et hoc actum fuit apud Sanctum Johannem in domo refectorii, quinque testes ad hoc vocati fuerunt et rogati, dominus Hugo capellanus et Johannes filius quondam Petri Porchet. Et ego Petrus Sybues auctoritate sacri palatii et domus episcopalis notarius hanc cartam rogatus scripsi et tradidi.

[1] *Commandare*, pour *commendare*, *in commendam dare*, donner en albergement ou à bail perpétuel.

[2] *Exceptis avans et sarmentis*. Aujourd'hui encore les paysans donnent le nom d'*avan* à l'osier jaune, *salix viminalis*.

[3] *Placitum*, i. Au moyen-âge on appelait *placitum*, plait, la réunion de tous les ordres de l'Etat, présidée par le roi. Les seigneurs d'un rang inférieur tenaient aussi leurs plaits ou assises, où tous leurs vassaux devaient assister; on en obtenait quelquefois dispense en s'engageant à payer une redevance qu'on appelait aussi *placitum*. Dans cet acte, ce mot signifie la même chose que *mutagium*, muage ou muance, droit que l'albergataire devait payer à chaque changement de l'évêque ou du possesseur de la vigne.

[4] *Confitentes dictus Villelmus se habuisse nomine intragii pro ista commandatione quinquaginta solidos viennenses*. Le chanoine délégué par le chapitre pour faire cet albergement s'appelait Guillaume de Tigny. Il paraît que l'ancienne maison de Tigny avait un fief à Tigny, hameau de la commune de la Chapelle. — *Intragium*, ii, droit que l'albergataire ou emphytéote payait en prenant possession du domaine albergé. On dit aussi *introgium*, ii. dans le même sens. Aujourd'hui encore les chanoines

appellent *introge* un droit qu'ils payent au chapitre en prenant possession de leur canonicat. — *Commanda, œ, commandatio, onis*, ces mots paraissent signifier ici exactement ce que nous appelons en Savoie un albergement, ou emphytéose faite à perpétuité.

71

Pierre Eymar, doyen de la cathédrale de Maurienne, fait donation au chapitre du cens annuel de 40 setiers d'orge pour être distribués aux pauvres chaque année au mois d'avril.

(16 Avril 1287.)

Anno Domini millesimo ducentesimo octogesimo septimo, indictione decima quinta, decimo sexto kalendas maii, ad honorem Dei et beate virginis Marie et omnium sanctorum ejus, Petrus Eymari domicellus in presentia venerabilis patris Aymonis Dei gratia maurianensis episcopi et presente capitulo, ad pulsationem campane ut moris est congregato, videlicet domino Petro Aymari decano maurianensi, domino Vifredo de Arva sacrista maurianensis ecclesie, domino Bonifacio Aymarii, domino magistro Bernardo, domino Johanne de Sancto Petro, domino Jacobo de Molario, domino Hugone Burse, domino Petro de Miolano, domino Aymone de Urteriis, domino Rodulpho de Belloforti, et domino Johanne de Miolano canonicis maurianensibus, donavit donatione inter vivos et irrevocabili domino et capitulo supradicto quadraginta sestaria ordei annualis, tali modo pactoque apposito inter ea quod dictum capitulum pro dicta quantitate bladi ipsi capitulo reddenda apud Vilarium Raymberti et apud Fontem Cohopertum secundum modum infrascriptum et securitatem infrascriptam in perpetuum facere teneatur elemosinam panis, singulis diebus mensis aprilis, exceptis diebus sabbati, ita quod qualique die mensium singulorum aprilis sestarium et eminam ordei erogare in perpetuum Christi pauperibus dictum capitulum teneatur pro dicta quantitate que sibi solvi debebit tali forma. videlicet super decimis que dictus Petrus habet in cabannaria de Glatyniaco et de Belfaey, et in cabannaria supra crosum que vocatur cabannaria dogne valbonneyse et in cabannaria eus beulz[1] et apud Rosetum et super quatuor sestariis terre sitis apud Vilarium Raymberti in campo Giroudonc cum rivagio et pertinenciis suis juxta viam publicam et juxta rivum de Lombarda et juxta terram Anselmi de campo Giroudonc et super quatuor sestariis terre sitis in alpeta juxta terram liberorum quondam Juliani de via et juxta prata. pro quibus quadraginta sestariis annualibus assignatis ut supradictum capitulum congregatum ut supra fecit pactum dicto Petro pro se et suis successoribus stipulanti et michi notario infrascripto stipulanti ad opus pauperum predictorum et omnium quos tanget vel quos tangere contigerit in futurum quod ipsum capitulum in futurum faciet dictam donationem panis modo supradicto Christi pauperibus. que omnia dictum capitulum et dictus Petrus pactis et stipulationibus sollempniter vallaverunt et predictum capitulum inde dedit fidejussorem dicto Petro et michi notario infrascripto stipulanti ut supra venerabilem patrem dominum Aymonem maurianensem episcopum et ipse Petrus eumdem venerabilem patrem dedit fidejussorem dicto capitulo pro predictis omnibus attendendis. qui venerabilis pater laudem suam predictis omnibus interposuit et consensum. Actum tamen extitit inter eos quod quandocumque dictus Petrus vel ejus heredes seu successores vellent alibi assignare super rebus ydoneis dictam censam bladi res predicte forent penitus liberate, et si pro parte vellent assignare, pro illa parte essent liberate. Item fuit dictum quod sestarium unum de illis quadraginta sestariis expendi debeat, ad opus pauperum in refectorio annis singulis in festo beati Mathie apostoli cum emina ordei consueta et est sciendum quod cum expensis propriis ipsius capituli debet recipi et apportari et coqui dictum bladum secundum conventionem inhitam inter partes, et inde preceperunt ipse partes duo fieri publica instrumenta ejusdem tenoris, unum ad opus dicti capituli sigillo prefati reverendi patris domini Aymonis maurianensis episcopi sigillatum, et aliud ad opus dicti Petri sigilli ejusdem domini episcopi una cum sigillo prefati capituli munimine communitum. voluerunt etiam dicte partes quod hujusmodi instrumentum non possit viciari per fracturam sigillorum sed semper remaneat in sua firmitate ac si sigilla ibi apposita non fuissent. Et ego Aynardus de Costa Jarriaci auctoritate sacri palatii et domus episcopalis maurianensis notarius hanc cartam notatam et abbreviatam per manum cujusdam Stephani Amarfredi publici notarii, prout in nota facta manu ipsius plenius vidi contineri, in publicam formam redegi, scripsi et tradidi.

[1] *Petrus Eymari domicellus.* — *Domicellus* ou *domnicellus*, diminutif de *dominus*; ce mot signifiait alors noble ou gentilhomme. *Domicella, æ*, diminutif de *domina*; de là est dérivé le mot demoiselle. Dans le principe ce titre ne se donnait qu'aux filles des rois et des princes, on l'a donné ensuite aux filles des comtes et des barons, et peu à peu il est descendu jusqu'à l'atelier de l'ouvrier.

[2] Autrefois le chapitre de Maurienne avait souvent parmi ses membres des sujets appartenant aux premières familles de la Savoie. On voit par cet acte qu'en 1287 il avait deux chanoines de la maison de Miolans, Rodolphe de Beaufort et Aymon d'Hurtières. La maison d'Hurtières est l'une des plus anciennes familles nobles du comté de Maurienne. Ces trois maisons possédaient alors des châteaux dont il nous reste de grandes ruines à Miolans, a Beaufort et à St-Georges d'Hurtières, près d'Aiguebelle.

[3] *Eus beulz*, aux bouveries; *beux* est un mot patois qui signifie étable ou écurie.

72

Le comte Amédée V reconnaît que si l'évêque et les chanoines de Maurienne lui ont accordé des secours contre le dauphin, ils l'ont fait sans y être obligés.

(14 Mai 1287.)

Nos Amedeus comes Sabaudie et in Ithalia marchio, notum facimus universis quod cum nos pluries requisierimus et rogaverimus, nostris necessitatibus exigentibus, reverendum patrem in Christo amicum nostrum honoratum dominum Aymonem Dei gratia episcopum maurianensem et capitulum ejus loci quod ipsi nos juvarent contra Dalphinum viennensem et alios nostros inimicos, et ipsi nos juverint ex eorum libera et spontanea voluntate, nos suum juvamen et auxilium nobis non debitum nec ex debito requisitum per nos, quod cum de gratia speciali nobis per ipsos impensum, et etiam impendendum in ipso negotio confitemur, non volentes quod ex hac gratia nobis facta sive facienda eisdem vel eorum ecclesie prejudicium aliquod possit in posterum generari, non enim dignum est ut unde merentur gratiam et commodum dispendium consequantur. In cujus rei testimonium magnum sigillum nostrum presentibus duximus apponendum. Datum Chambayri in vigilia ascensionis Domini anno ejusdem millesimo ducentesimo octuagesimo septimo.

73

Acensement d'une pièce de bois et broussailles aux Moulins-des-Prés par le chapitre de la cathédrale de Maurienne.

(29 Juin 1287.)

Anno Domini millesimo ducentesimo octuagesimo septimo, indictione decima quarta tertio kalendas julii venerabili domino Aymone existenti episcopo maurianensi in presentia prefati domini episcopi, domini Petri Eymarii, domini Vullelmi de Tygniaco et domini Jacobi de Molario canonicorum maurianensium et plurium aliorum vocatorum pro testibus et rogatorum dominus magister Bernardus canonicus maurianensis de consensu et voluntate capituli maurianensis presentis et concedentis ad pulsationem campane, ut moris est congregati et ipsum capitulum accensaverunt in perpetuum et dederunt ad censam Guigoni dicto Mugnerii habitatori Sancti Johannis et ejus heredibus et successoribus tale salicetum et eppinetum et elmum[1] quod dictum capitulum habet et possidet et habere videtur sub burgo Sancti Johannis ad molendina pratorum juxta pratum Johannis Rubei et juxta salicetum Guigonis Vauterii et juxta pratum domine Guigone et juxta pratum Vullelmi de Sancto Mychaeli et juxta pratum... et juxta terram Jacobi de Turre ex una parte et ab istis coherentiis usque ad Arvanum et usque ad Arcum. Et hoc pro decem solidis viennensibus de censa annuali solvenda in perpetuum in natali domini dicto domino magistro Bernardo vel ejus mandato, vel dicto capitulo annuatim. Et fuit actum inter eos et appositum tale pactum quod dictus Guigo possit ibi facere et edificare molendina vel alias aysias[2] quas voluerit. Item fuit actum inter eos quod dictus dominus magister Bernardus vel dictum capitulum debent solvere expensas turnarum[3] que fierent per communitatem illorum qui habent res in dicto loco pro deffensione rerum ad dictum proborum virorum et alias expensas aysiarum quas faceret dictus Guigo in dicta re debet facere dictus Guigo. Item fuit actum inter eos quod si aqua vel ruyna duceret dictam rem accensatam et aysias quas dictus Guigo faceret in dicto loco, ipse Guigo vel sui non tenerentur ad solutionem dicte cense faciendam. Quam censam dictus Guigo pro se et suis promisit et juravit supra sancta Dei evangelia solvere in perpetuum dicto domino magistro Bernardo vel dicto capitulo annis singulis, termino supradicto sub pactis et conditionibus supradictis sub obligatione omnium bonorum suorum. Et dictum capitulum una cum predicto domino magistro Bernardo promiserunt per stipulationem dicto Guigoni accensationem predictam ratam habere cum rivagio[4] consueto pro dicta censa dicto Guigoni et suis. Et est sciendum quod inter dictam rem accensatam est quedam pecia prati et elmi[5] quam tenet dictus Guigo a domino Viflredo ad censam ut dicit dictus Guigo. Et de predictis voluerunt duo fieri instrumenta ejusdem tenoris quorum unum ad dictum capitulum pertineat et aliud ad dictum Guigonem sigillo dicti capituli sigillatum, ita quod si sigillum frangeretur seu lederetur nichilominus instrumentum in suo robore permaneret. Hoc actum fuit apud Sanctum Johannem maurianensem in refectorio ubi ad hec vocati fuerunt specialiter et rogati dictimet testes superius nominati.

[1] *Salicetum* pour *salictum*, bois de saules; *eppinetum* pour *spinetum*, broussailles; *elmum*, lieu planté d'ormes.

[2] *Aysiœ, arum*, ce mot paraît signifier ici les petites constructions que le fermier pourrait faire pour faciliter l'exploitation du terrain acensé. Dans le patois du pays ce mot signifie encore aujourd'hui ustensiles; on dit les *aises* d'un artisan pour indiquer tous les ustensiles dont il se sert pour l'exercice de son état; les *aises* de la cuisine pour signifier toute la batterie de cuisine.

[3] *Turnœ, arum*, les digues.

[4] *Rivagium, ii*, droit de dériver les eaux pour l'arrosage du terrain albergé.

¹ *Pecia prati.* — *Pecia, e,* pièce, morceau, fragment; *pecia prati, pecia vinee,* petit pré, petite vigne. De la sont dérivés les mots dépecer, rapiécer.

74

Acensement des moulins des prés par le chapitre de la cathédrale de Maurienne.

(29 Juin 1287.)

Anno Domini millesimo ducentesimo octuagesimo septimo, indictione decima quarta, tertio kalendas julii, venerabili patre domino Aymone existenti episcopo maurianensi, in presentia prefati domini episcopi, domini Petri Eymarii, domini Vullelmi de Tygniaco, domini magistri Bernardi et domini Jacobi de Molario canonicorum maurianensium et plurium aliorum vocatorum pro testibus et rogatorum, dominus Viffredus de Arva canonicus maurianensis pro se et pro domino magistro Jacobo canonicis maurianensibus de mandato et consensu totius capituli maurianensis ad pulsationem campane ut moris est congregati presentis et concedentis. Et prefatum capitulum adcensaverunt in perpetuum et dederunt ad censam Guigoni dicto mugnerii habitatoris Sancti Johannis maurianensis et omnibus heredibus et successoribus, duo molendina¹ cum rivagio et bialagio² pertinenti ad dicta molendina que sita sunt sub villa Sancti Johannis ad molendina pratorum juxta rem capituli utrinque et juxta angulum prati quondam uxoris Alberti et juxta angulum prati Johannis Rubei. Et hoc pro duodecim sestariis frumenti sicci et affeytati⁵ et receptibilis de censa annuali solvenda dictis domino Viffredo et domino Jacobo vel dicto capitulo seu mandato ejus, et terciam partem ad festum sanctorum omnium et aliam terciam partem ad carniprivium et aliam terciam partem ad festum beati Johannis in perpetuum annuatim et fuit actum inter eos et appositum tale pactum in dicta accensatione quod dictus Guigo et sui debent et tenentur facere omnes expensas dictorum molendinorum et bialagii, exceptis expensis turnarum quas dictus dominus Vifredus et dictus dominus Jacobus vel dictum capitulum debent solvere de censa predicta quando fierent turne per communitatem illorum qui habent res in dicto loco pro deffensione ipsarum rerum et tunc debent solvere secundum quod pertineret ad dicta molendina, facta legitima taxatione et legali. item quod si aqua vel ruyna vel diluvium aque dirueret vel duceret dicta molendina, dictus Guigo vel sui ad solutionem dicte cense nullatenus tenerentur[1]. Quam censam dictus Guigo pro se et suis heredibus promisit et juravit supra sancta Dei evangelia solvere in perpetuum dicto domino Viffredo et dicto domino Jacobo vel eorum mandato vel dicto capitulo vel ejus mandato, annis singulis, terminis supradictis, sub pactis et conditionibus supradictis sub obligatione omnium bonorum suorum. Et dictum capitulum vice versa cum dicto domino Viffredo promisit dicto Guigoni per stipulationem dicta duo molendina cum byalagio ab omni persona manutenere et deffendere dicto Guigoni et suis pro dicta censa. Et de predictis voluerunt duo fieri instrumenta ejusdem tenoris quorum unum ad dictum capitulum pertineat et aliud ad dictum Guigonem, sigillo dicti capituli sigillatum. Ita quod si contingeret sigillum frangi seu in aliquo ledi nichilominus instrumentum in suo robore permaneret. Hoc actum fuit apud Sanctum Johannem maurianensem in refectorio ubi testes superius nominati vocati ad hoc fuerunt et rogati.

[1] *Duo molendina*, les moulins des prés en dessous de St-Jean de Maurienne.

[2] *Bialagium*, canal qui conduit l'eau au moulin; droit de se servir de l'eau dudit canal.

⁵ *Affeytati*, pur ; douze setiers de froment sec, *pur* et recevable, de l'espagnol *afeytar*, soigner, orner, parer. Le mot *affaitá* est encore employé aujourd'hui en Savoie par les paysans ; il signifie : 1° fouler au foulon ; 2° frapper, maltraiter ; 3° secouer, agiter, vanner.

⁴ Les moulins des prés étant exposés aux débordements du torrent de Bonrieux, il a été convenu que le chapitre demeurerait chargé de ce qu'il y aurait à payer pour l'entretien des digues, et que dans le cas d'une invasion totale et de la destruction des moulins l'albergataire n'aurait plus de cens à payer.

75

Henri, prévôt du chapitre d'Aiguebelle, acense au curé de Mont-Denis les deux tiers des dîmes de sa paroisse qui faisaient partie de la prébende du doyen d'Herford, en Angleterre, chanoine de Maurienne.

(4 Juillet 1297.)

Anno Domini M.CC. nonagesimo septimo, indictione decima, quarto nonas julii, venerabili patre in Christo domino Aymone Dei gratiá existente episcopo maurianensi, coram testibus infrascriptis, cunctis appareat evidenter per hoc presens publicum instrumentum quod venerabilis vir dominus Henricus, prepositus Sancte Katerine de Aquabella et canonicus maurianensis, procurator venerabilis viri domini decani herfordiensis, canonici dicte ecclesie Mauriane[1], ut asserebat, et dicebat in hac parte, adcessavit[2] et nomine cense dedit, nomine dicti domini decani, de voluntate et consensu expresso nobilium et discretorum virorum dominorum Petri Eymarii decani Mauriane, Vilfredi de Arva, Johannis de Miolano, Villelmi de Tiniaco, magistri Bernardi, Aymonis de Urteriis, filii quondam Viffredi de Miolano, Hugonis Burse et Villelmi

Aymari. omnium canonicorum predicte maurianensis ecclesie, congregatorum in simul in capitulo, ad sonum campane, ut moris est hactenus consuetum, in refectorio dicte ecclesie, dogno Jacobo incurato ecclesie Montislineti⁵, omnes decimas, scilicet duas partes quas dictum capitulum habet aut habere debet in parrochia Montislineti, dum ipse dognus Jacobus curam tenuerit parrochie predicte, scilicet in feudis domini comitis, Petri Ubodi et Marechallorum et in omnibus aliis locis in quibus dictum capitulum seu alter nomine ipsius percipere decimam consuevit tam in agnis quam in omnibus bladis et in leguminibus et canabo et omnibus aliis quocumque nomine censeantur et in curtilibus et in ortis si qua sint et in omnibus aliis quibuscumque, et maxime confessus fuit dictus dominus Jacobus ad instantiam dictorum dominorum omnium canonicorum quod dictum capitulum habet dictas duas partes dicte decime in omnibus supradictis, et dicta ecclesia terciam partem. que decime devenerant in parte seu prebenda dicti domini decani, pro quadraginta quinque solidis forcium novorum Sabaudie vel monete equivalentis, annis singulis persolvendis, dicto domino decano in paschate vel ejus procuratori seu mandato capituli memorati. quam summam pecunie promisit dictus dominus Jacobus solempni stipulatione et sub obligatione omnium bonorum suorum et juramento super sancta Dei evangelia corporaliter prestito, solvere et reddere in pace adtendere et complere annis singulis, statuto termino ut superius est expressum, et dictus dominus Henricus nomine quo supra, una cum dicto capitulo, promiserunt bona fide dicto domino Jacobo presenti et sollempniter stipulanti et recipienti dictas decimas, manutenere et deffendere in jure ab omnibus et garantire et si dicte decime majoris erant vel valoris cense predicte donaverunt ei gratis donatione que dicitur inter vivos, tanquam bene merito capellano eorumdem, inde preceperunt fieri duo instrumenta ejusdem tenoris ita quod dictum capitulum unum habeat et dictus dominus Jacobus aliud cum munimine sigilli capituli memorati-ad memoriam rei geste. tamen quod si sigillum frangeretur quod nichilominus dictum instrumentum in sui maneret roboris firmitatem. Hoc actum fuit apud Sanctum Johannem, in dicto refectorio ubi testes vocati fuerunt et rogati. dognus Hugo, Bernardus Serre capellanus capellanie Sancti Andree, Petrus Rostaynt habitator ville Sancti Johannis, et Johannes Angardi habitator ejusdem ville et ego Rodulphus de Jarriaco, auctoritate imperiali et domus episcopalis notarius, hanc cartam rogatus scripsi et tradidi.

[1] Pierre d'Aigueblanche, évêque d'Herford en Angleterre, était mort à Aiguebelle en 1269. Le chanoine de Maurienne, qui était encore doyen de l'église d'Herford en 1297, et qui n'est pas nommé ici, y avait probablement été conduit dans sa jeunesse.

[2] *Adcessavit* pour *acensavit*.

[3] *Dogno Jacobo incurato ecclesie Montislineti.* — *Dognus, i,* pour *dominus, i,* ou *domnus, i; incuratus, i,* curé. En quelques provinces de Savoie le curé est encore appelé l'encuré. *Mons linetum, Montis lineti,* Mont-Denis, paroisse du diocèse de Maurienne.

76

Vente des chanoines de St-Augustin d'Hermillon à l'évêque de Maurienne[1].

(Novembre 1297.)

Nos Petrus Eymarii, decanus maurianensis, magister Bernardus, Guillelmus de Tygniaco, Johannes de Myolano, Bonifacius Eymarii, Hugo Burse, Guillelmus Eymarii, Hugo Tyberii et Petrus de Arva, canonici ecclesie beati Johannis Baptiste maurianensis facientes totum capitulum dicte ecclesie maurianensis, provincie viennensis, maxime cum in nos consistat major pars omnium canonicorum ecclesie nostre maurianensis predicte congregati invicem et in simul collecti in secretario dicte ecclesie ad sonum campane ut moris est, in dicto loco, videlicet in secretario dicte ecclesie, capitulum ipsius ecclesie congregari. Et nos frater Petrus de Preles et nos frater Johannes Olive canonici prioratus beate Marie Hermelionis ordinis Sancti Augustini maurianensis diocesis, notum facimus universis presentes litteras inspecturis quod nos attendentes prioratum predictum, cujus collatio et ordinatio ad nos dictum capitulum maurianense, dignoscitur pertinere, adeo fore oppressum gravi et importabili onere debitorum pro necessitate et utilitate dicti prioratus necessario contractorum et sub gravibus et importabilibus usuris currentium, quod Aymo de Urteriis nuper prior proximus et immediate prioratus predicti, necessitate urgente non valens sustinere ulterius concursus, infestationes, strepitus atque molestias creditorum instantium assidue et urgentium vehementissime sibi consolvi et nolentium amplius credita ab eis differre renuntiavit prioratui ipsi et ejusdem regimini, in capitulo nostro predicto, presentibus duobus canonicis antedictis regularibus prioratus predicti, et nobis canonicis dicte maurianensis ecclesie tanquam capitulum et more solito atque consueto loco in simul congregatis. Cum non haberet dictus Aymo prior unde posset sufficienter satisfacere de suis propriis bonis vel etiam de bonis prioratus predicti mobilibus vel immobilibus vel aliis quibuscumque per obligationem seu etiam alienationem perpetuam seu temporalem proprietatis vel fructuum eorumdem, cum nulla extent, tante confusioni et multitudini creditorum, sicut re et fama magna et diligenti inquisitione premissa reperimus nos capitulum antedictum, nosque dictum capitulum in solutione debitorum dicti prioratus non possimus aliquod salubre consilium adhibere cum minori incommodo quam per viam inferius declaratam, quam utiliorem scimus pro certo non inveniamus, nec invenire possimus, licet diligenter perquisierimus et perquiri fecerimus locis pluribus nostre vicinie et quam pluribus aliis, quasi subastando[2] prioratum predictum aliquam personam nec in ecclesia nostra nec alibi secularem vel regularem, clericum vel laycum qui ad vitam suam vel etiam heredum suorum primorum vel secundorum vel ulteriorum usque ad aliquem certum gradum ipsorum heredum vel etiam ad perpetuum tempus dando aliquid de residuo solutis debitis dicti prioratus in faciendo alienationem perpetuam de dicto prioratu eumdem prioratum vellet recipere et solvere debita necessaria prioratus ejusdem ad firmam, pignus seu gageriam[3], nisi reverendum patrem in Christo dominum Aymonem, Dei gratiâ, dicte maurianensis ecclesie episcopum. Idcirco nos dictum capitulum simul collectum ut dictum est, pluries ad tractandum, sicut et fecimus, dictis duobus canonicis regularibus nobiscum existentibus utrum posset inveniri via aliqua que cum minori incommodo posset per nos elegi et assumi. Tandem nos omnes canonici in simul et unanimiter tanquam totum capitulum nostre predicte ecclesie, post plures et diversos tractatus super solvendis debitis dicti prioratus concorditer in hoc resedimus, quod esto quod invenissemus aliquem qui eque bonam conditionem nobis et dicto prioratui attulisset, sicut facit dictus episcopus antedictus, cum tamen neminem, ut dictum est, potuimus invenire, honorabilius tamen et utilius reputavimus et adhuc reputamus eidem domino episcopo pro se et successoribus suis in perpetuum, si eidem domino episcopo placuerit, tradere et cedere dictum prioratum cum suis juribus et pertinentiis universis, ex causa solutionis debitorum in quibus est, ut dictum est, obligatus, quam alteri extranee persone, etiamsi eam invenire possemus, considerata in hoc specialiter utilitate nostra et ecclesie maurianensis atque capituli nostri et prioratus predicti atque commodo evidenti, ne gravemur ultra vires et facultates dicti prioratus retinendo ipsum et tot et tantorum debitorum sustinere solutionem, periculum atque damnum. Exactissima consideratione pluries inter nos revoluta eidem domino episcopo, nos dictum maurianensis ecclesie capitulum et nos duo dicti canonici regulares prioratus predicti eumdem prioratum tradimus, cedimus, donamus et concedimus dicto domino episcopo et successoribus ejus in perpetuum in usus suos proprios, et in eum et ejus successores transferimus, si eidem domino episcopo placuerit, quod hec traditio, cessio, donatio et concessio atque translatio ad successores suos transeat post decessum ipsius. Quam traditionem, cessionem, donationem, concessionem et translationem facimus in dictum dominum episcopum et ejus successores, ut dictum est, ex causa solutionis et pro solutione facienda per eum debitorum in quibus invenimus dictum prioratum efficaciter obligatum, et contra que debita vel aliquod eorumdem nobis vel priori, si quis esset in dicto prioratu, vel alicui alteri, nomine seu intuitu dicti prioratus, nulla exceptio legitima vel defensio competit vel potest competere de jure, cum omnibus juribus, redditibus, exitibus, proventibus, serviciis, usagiis, placitis, recognitionibus, feudis, feudatariis, et hominibus et homagiis et fidelitatibus, decimis, tachiis, terris cultis et incultis, nemoribus, vineis, pratis, arboribus fructiferis et non fructiferis et cum juribus patronatus et cum omni dominio, possessione et proprietate dicti prioratus, et omnibus et singulis pertinentiis prioratus ipsius, quecumque et ubicumque et qualiacumque et quocumque nomine censeantur, consistentibus sive in bonis mobilibus vel immobilibus et se moventibus, juribus, nominibus et aliis quibuscumque, bene scientes nos dictum capitulum et nos dicti duo canonici regulares, vel quasi ex causa solutionis debitorum dicti prioratus, de ipso prioratu et de omnibus et singulis spectantibus ad eumdem superius declaratis et aliis quibuscumque ad dictum prioratum spectantibus quoquo modo. Et dictum dominum episcopum pro se et suis successoribus, juxta ea que superius dicta sunt, investientes, vel quasi corporaliter de eisdem abdicantes a nobis totaliter dictum prioratum et collationem, ordinationem atque administrationem ipsius omnimodam omnia et singula jura que habebamus, vel habere poteramus et que habemus vel habere videmur in presenti in dicto prioratu et ejus pertinentiis quibuscumque, transfundimus et transportamus in dictum dominum episcopum et successores suos ut superius est expressum, secundum beneplacitum domini episcopi antedicti, nichil juris, usus, consuetudinis aut alicujus cujuscumque reclamationis nobis dicto capitulo nobisque dictis duobus canonicis aut aliis nobis succedentibus in dicto prioratu penitus retinendo, preterquam victum et vestitum canonicis regularibus in dicto prioratu deservientibus consuetum, cedentes dicto domino episcopo pro se et successoribus suis in perpetuum stipulanti et recipienti, ex causa predicta specialiter et expresse, omnes actiones reales et personales ac mixtas, directas et utiles atque contrarias, civiles et pretorias et alias quascumque nobis dicto capitulo et nobis dictis duobus canonicis regularibus modo quolibet competentes et competituras in dicto prioratu seu ad dictum prioratum seu occasione ipsius vel ad aliquas res quascumque dicti prioratus contra quascumque personas ecclesiasticas ac seculares, clericos et laicos et alios quoquo modo, ita quod dictus dominus episcopus et ejus successores, ut dictum est, ipsis actionibus et qualibet earumdem, tam in judicio quam extra, agendo et defendendo, possint super dicto prioratu et super omnibus et singulis ad ipsum prioratum et ad nos dictos capitulum et canonicos spectantibus se defendere et tueri in perpetuum tam contra nos quam contra alias personas, collegia, conventus et capitula et universitates quascumque et quecumque atque quoscumque constituentes eumdem dominum episcopum ad opus sui et successorum suorum in perpetuum, ut dictum est et supra predictis rebus cessis procuratorem specialiter in rem suam, ex causa solutionis dictorum debitorum, in quibus est obligatus, ut dictum est, prioratus predictus, constituentes insuper nos dictum prioratum cum suis juribus et pertinentiis precario nomine dicti domini episcopi possidere donec possessionem ipsius et jurium et pertinenciarum ejusdem per se vel per alium fuerit apprehensus, quoniam apprehendendi et perpetuo retinendi facimus specialem concessionem dicto domino episcopo auctoritate sua propria, nullius alterius licentia expectata, promittentes nos capitulum maurianensis ecclesie et canonici regulares dicti prioratus superius nominati dicto domino episcopo presenti et pro se et ejus successoribus juxta ea que superius dicta sunt, recipienti et sollemniter stipulanti bona fide et per juramentum super sancta Dei evangelia corporaliter prestitum, et sub obligatione omnium bonorum capituli maurianensis et prioratus predicti, dictas traditionem, cessionem, concessionem, donationem, translationem, abdicationem, devestituram et investituram et constitutionem predictas et omnia suprascripta in perpetuum et inviolabiliter observare, et contra ea nullam supplicationem, nullam indulgentiam, nullumque privilegium impetrare a sede apostolica vel legatis ipsius, et specialiter sub forma ea que de bonis majori et minori, et si aliquam impetrationem fecerimus, volumus eam nullam habere roboris firmitatem, officium cujuscumque superioris non implorare, beneficium restitutionis in integrum nunquam petere, et contra predicta vel aliqua de predictis in judicium vel extra modo aliquo, facto vel verbo aliquatenus non venire, nec alicui contravenire volenti in aliquo consentire nec petere auctoritatem, consilium vel favorem, volentes et concedentes expresse quod dictus dominus episcopus ad opus sui et successorum suorum, si voluerit, possit super predictis impetrare et obtinere, si voluerit, confirmationem sub forma quam voluerit, à domino

papa et domino archiepiscopo viennensi et quolibet a quo eam
voluerit impetrare. Quocirca renuntiamus in hoc facto, nos
capitulum maurianense et nos canonici regulares predicta
bona fide et per pactum et stipulationem sollempnem et sub
vinculo antedicti juramenti exceptioni et exceptionibus tradi-
tionis, cessionis, concessionis, donationis, translationis,
abdicationis, investiture, devestiture et constitutionis predictarum nostrarum, doli mali, metus et infamie, conditionis
sine causa et ex causa injusta, beneficio restitutionis in integrum constitutionis *hoc jus porrectum*, et capituli illius quod
incipit *nulli liceat*, et illius alterius capituli *quod est in corde
detentorum* duodecima questione secunda, sine exceptione et
capituli domini Innocentis papæ quarti quod incipit *dudum*,
et illius constitutionis, sacro approbante concilio, implorationi officii judicis, juri dicenti donationem excedentem summam quingentorum aureorum sine insinuatione factam non
valere petitioni et oblationi libelli, litis contestationi, beneficio cujuslibet appellationis et provocationis; omnibus et
singulis indulgentiis, privilegiis, gratiis et rescriptis a sede
apostolica et ejus legatis a latere et de latere missis et mitten-
dis, impetratis et impetrandis, concessis et concedendis dictorum debitorum, de quorum solutione agitur. et pro quorum
solutione alienatur modo prioratus predictus, non factorum
et non contractorum in veritate et efficaciter et pro utilitate
prioratus predicti et in ejus utilitatem non conversorum et
omni auxilio et beneficio juris canonici et civilis editi et
edendi, promulgati et promulgandi quod ad veniendum contra predicta vel aliqua de predictis posset nobis vel nostris
aliquo modo competere vel prodesse. Supplicantes nos capitulum predictum maurianense per presentes litteras sigillatas
sigillo capituli nostri predicti maurianensis in robur et testimonium omnium. et singulorum suprascriptorum pro nobis
dicto capitulo etiam predictis duobus canonicis regularibus
dicti prioratus et ad eorum requisitionem, instanciam et

preces et nos etiam duo regulares canonici predicti reverendo patri in Christo ac domino Guillelmo, divina providentia sancte viennensis ecclesie metropolitane nostre archiepiscopo et venerabilibus viris dominis, et amicis si placet in Christo decano et capitulo dicte sancte viennensis ecclesie, videlicet dicto domino archiepiscopo viennensi ut dictis traditioni, cessioni, concessioni, donationi, translationi, abdicationi, investiture et devestiture seu quasi, et constitutioni, promissioni, obligationi et renuntiationi predictis et omnibus et singulis supradictis ad firmitatem dicti negotii pro dicto domino maurianensi episcopo factis ac ejus successoribus, si voluerit, confirmationem, auctoritatem suam et decretum dignetur interponere et sigillum apponere presentibus, et dictis dominis decano et capitulo viennensi predictis una cum dicto domino archiepiscopo viennensi consensum suum et assensum velit interponere ad perpetuam firmitatem omnium predictorum, cum indubitanter cedant ad utilitatem et commodum tam dicti capituli nostri quam prioratus predicti, et presentibus litteris sigillum suum dicti capituli viennensis apponere presentibus una cum sigillo domini viennensis archiepiscopi supradicti ad majoris valoris firmitatem. Et nos Guillelmus miseratione divina dicte ecclesie viennensis archiepiscopus, habita diligenti deliberatione super predictis et quolibet predictorum, inquisita insuper de ipsis et eorum quolibet omnimoda veritate, servata omni sollempnitate que in talibus debet servari, secundum canonicas sanctiones, cum nobis constet predicta omnia et singula continere et habere veritatem plenariam et perfectam. Ea universa et singula, considerata et pensata sollicite et attente utilitate tam dicti capituli maurianensis ecclesie, quam prioratus predicti, confirmamus et eis auctoritatem nostram auctoritate metropolitana interponimus et decretum. Nos vero decanus et capitulum dicte viennensis ecclesie debita et sufficienti deliberatione habita super predictis, cum invenerimus ea fieri pro evidenti utilitate dicti maurianensis ecclesie et capituli et dicti prioratus, ad majus damnum et scandalum utriusque vitandum, omnibus et singulis supradictis et specialiter confirmationi auctoritatis et decreti interpositioni prefati domini viennensis ecclesie archiepiscopi, nostrum impertimur consensum pariter et assensum, et ad majoris roboris firmitatem nos dicti archiepiscopus, decanus et capitulum viennensis ecclesie supradicte, ad preces instanciam et requisitionem dictorum capituli maurianensis ecclesie et canonicorum regularium dicti prioratus sigillum nostrum una cum sigillo dicti maurianensis capituli, presentibus litteris duximus apponendum. Nos vero dicti duo canonici regulares prioratus predicti ad majorem roboris firmitatem, rogamus venerabilem virum dominum Hugonem officialem maurianensem, ut sigillum officialatus maurianensis una cum sigillis dicti domini archiepiscopi viennensis et dictorum capitulorum viennensis et maurianensis, hiis presentibus litteris apponat in robur et testimonium omnium predictorum, et nos dictus officialis maurianensis, ad rogatum seu preces et requisitionem dictorum duorum canonicorum regularium coram nobis confitentium et asserentium predicta omnia, universa et singula esse vera, sigillum nostrum una cum sigillis dictorum domini archiepiscopi viennensis et capitulorum viennensis et maurianensis presentibus litteris duximus apponendum in robur et testimonium perpetue veritatis et ad majoris vinculum firmitatis universorum et singulorum omnium prescriptorum. Actum et datum mense novembri, anno Domini millesimo ducentesimo nonagesimo septimo.

¹ A la date de cet acte, il y avait à Hermillon un pricuré de chanoines réguliers de St-Augustin, composé seulement de trois chanoines. Il dépendait du chapitre de St-Jean qui avait la collation des canonicats; il se trouvait alors grevé de beaucoup de dettes. Fatigué par les instances des créanciers, Aymon des Hurtières, qui en était prieur, mit sa démission. Dans cette fâcheuse position, le chapitre de St-Jean et les chanoines d'Her-

millon ne trouverent pas d'autres moyens que de vendre à l'evêque de Maurienne le prieuré et toutes ses dépendances, à la charge de payer les dettes et de fournir aux deux chanoines réguliers un entretien convenable pendant leur vie. L'acte a été approuvé par Guillaume, archevêque de Vienne. L'évêque de Maurienne s'est réservé de le faire approuver aussi par le St-Siége.

² *Subastare* pour *subhastare*, subhaster.
³ *Gageria*, e, gage, hypothèque.

77

Donations faites par l'évêque Aimon de Miolans au chapitre de la cathédrale de Maurienne.

(3 Décembre 1297.)

Anno Domini millesimo ducentesimo nonagesimo septimo, indictione decima, tertio nonas decembris, venerabili patri domino Aymone, maurianensi episcopo existente, coram testibus infrascriptis. Idem dominus Aymo Dei gratiâ maurianensis episcopus pro remedio anime sue animarumque parentum et benefactorum suorum, in honorem Dei et beate Marie et beati Johannis Baptiste omniumque sanctorum, dedit, donavit et concessit donatione pura et irrevocabili capitulo suo maurianensi in sacrario ecclesie Sancti Johannis maurianensis ad pulsationem campane more solito congregato, capellanisque et clericis qui in prefata ecclesia serviunt vel sunt in posterum servituri, ea que inferius continentur, videlicet sexaginta solidos viennenses annuales pro festo beati Mauritii in predicta ecclesia exinde in antea in perpetuum admodum festi duplicis sollempniter celebrando, et convivio die dicti festi cum duabus carnibus et veru et elemosina consueta¹, et luminari debito in ecclesia faciendo. Item sexaginta solidos annuales pro festo Sancti Gondranni regis et convivio eodem modo quo de alio dictum est perpetuo faciendis[2]. Item sexaginta solidos viennenses annuales pro festo beati Bartholomei eodem modo in perpetuum dupliciter celebrando et convivio in refectorio faciendo. Item sexaginta solidos viennenses annuales pro anniversario bone memorie domine Aynarde matris dicti domini Aymonis episcopi in predicta ecclesia perpetuo faciendo et convivio die ipsius anniversarii in refectorio cum duabus carnibus et veru perpetuo faciendis. Item viginti solidos viennenses annuales pro festo Conceptionis beate Marie exinde in antea dupliciter festivando, qui viginti solidi pro libra et luminari ipsa die festi inter servitores ecclesie more solito dividantur. Item triginta solidos viennenses annuales pro libra et luminario festi beate Lucie in dicta ecclesia dupliciter perpetuo faciendo. Item quinquaginta solidos viennenses annuales pro festo sanctorum martirum Fabyani et Sebastiani exinde in antea dupliciter festivando, et convivio in refectorio faciendo cum duabus carnibus et veru et elemosina consueta et luminari ipso die festi. Item quinquaginta solidos viennenses annuales pro festo beate Agathæ perpetuum dupliciter festivando et convivio ipsa die in refectorio faciendo eodem modo quo de aliis est expressum. Item quadraginta solidos viennenses annuales confessus est dictus dominus episcopus se debere dicto capitulo ex parte domini Johannis de Sancto Petro quondam canonici maurianensis pro festo beati Dyonisii in perpetuum dupliciter et convivio in refectorio cum uno genere carnium et veru[3] et elemosina debita et pro luminari dicti festi faciendis. Item confessus est debere dicto capitulo idem dominus pater pro anniversariis nobilis domine Guigone de la Serra et Petri Diderii quondam in ecclesia beati Johannis Baptiste et conviviis in refectorio cum duabus carnibus et veru et solita elemosina faciendis pro quolibet anniversario quinquaginta solidos annuales vel quinquaginta libras pro quolibet semel solvendas⁴, pro quarum quantitatum supra nominatarum et expressarum liberatione et solutione erga dictum capitulum facienda sepedictus reverendus pater Aymo episcopus dedit transtulit et concessit in solutum dicto capitulo omnia bona et jura universa et singula acquisita per dictum dominum episcopum a Johanne de Turre quondam tam in parrochia Sancti Johannis quam in parrochia Jarriaci, quam etiam in parrochia Sancti Pancracii, quecumque sint illa bona acquisita per dictum dominum de bonis quondam dicti Johannis, videlicet servicium, placitum, decima sive in blado sive in animalibus, seu bladum aliud censuale, laudes, venditiones, quelibet alie obventiones quocumque nomine censeantur, nichil sibi in predictis acquisitis penitus retinendo, exceptis personis hominum quas sibi et successoribus suis retentas esse voluit pleno jure et ad se cum jurisdictione omnimoda pertinere, omnique exactione et requisitione, banno etiam vel complaynta⁵ retinendo etiam sibi et successoribus suis in domo episcopali predicta illud placitum quod dictus Johannes de Turre et successores sui debebant pro rebus predictis quando possidebantur ab eis. Item dedit et concessit capitulo sepedicto dictus dominus Aymo omnia bona et jura acquisita per eumdem ab Eymidone de ultra Arcum tam apud vallem Maynerie⁶ quam apud Sanctum Martinum de Porta, quam etiam alibi ubicumque, quecumque sint illa bona, videlicet servicium, placitum, alpagium⁷, decima sive in blado sive in animalibus, seu bladum aliud censuale, laudes, venditiones, quelibet alie obventiones quocumque nomine censeantur, nichil sibi in predictis acquisitis penitus retinendo, exceptis personis hominum quas sibi et successoribus suis retentas esse voluit pleno jure et ad se cum jurisdictione omnimoda pertinere omnique exactione et requisitione, banno etiam vel complaynta, retinendo etiam sibi et successoribus suis in dicta domo episcopali illud placitum quod dictus Eymido de ultra Arcum et successores sui debebant pro rebus predictis quando possidebantur ab eis. Item dedit et concessit dictus dominus Aymo episcopus predicto capitulo decem solidos viennenses servicii annualis cum placito et toto dominio feudi quod idem dominus Aymo episcopus acquisivit ab heredibus quondam Humberti Piri quos decem solidos percipiebat dictus dominus episcopus nomine quo supra in parrochia de Albiaco super quadam chavannaria que dicitur chavannaria de Mayllies, et hoc cum laudibus et venditionibus[8]. Item sex solidos viennenses de censa annuali quos acquisivit dictus dominus episcopus de Nicolao Jarsaz. Item sex denarios forcium veterum servicii annualis cum placito pro dicto servicio sibi contingenti quos acquisivit dictus dominus Aymo episcopus super vinea de Comba Falleti[9] quam tenet Johannes Gruelli. Item dedit et concessit nomine quo supra dictus dominus Aymo episcopus capitulo prenotato talem decimam quam emit a Jacobo de Vilario Raymberti apud Arvam ubicumque sit dicta decima apud dictum locum pacto expresso quod capellanus serviens altari sancte crucis, qui nunc est vel qui pro tempore fuerit in dicto altari servitor prout est per dictum dominum episcopum ordinatum, et de perpetuo servitore provisum in dicto altari dicta bona dicto capitulo concessa tam pro festis quam pro anniversariis supradictis et die ipsorum conviviis in refectorio perpetuo faciendis, ut supra extitit ordinatum habeat percipiat et exigat quandiu dicta convivia fecerit congruenter, et circa administrationem, defensionem et perceptionem et exactionem et conservationem dictorum bonorum ad voluntatem dicti capituli se sufficienter exhibuerit diligentem, et nimis negligens vel remissus super hoc non fuerit in dicti capituli lesionem. quod quidem quod absit forte contingeret dicta bona propter dicti servitoris negligentem administrationem deperire, diminui vel ammitti, dictum capitulum exinde in antea dicta bona ad manum suam reducere percipere et exigere per se possit auctoritate propria sine contradictione qualibet. Itaque ea pro quibus dicta bona ipsi capitulo concessa sunt, integre valeat adimplere pacto etiam quod de dictis bonis percipi debeat et deduci per dictum servitorem qui nunc est vel qui post eum fuerit decem libre annuatim que pro pensione servitori dicti altaris per dictum dominum episcopum fuerunt assignate. Item pacto quod dictus dominus pater episcopus quandiu vixerit dicto altari et capellanie predicte de servitore debeat providere cum fuerit provisio facienda. Postea vero ad dictum capitulum spectet et spectare debeat perpetuo dicta provisio et collatio capellanie pertinere pleno jure. Ita quod predictum capitulum, omnia jura et singula que ad jus patronatus pertinere noscantur sibi vindicet in capellania predicta post decessum domini patris episcopi supradicti. Et est sciendum quod per hoc presens publicum instrumentum dictus dominus episcopus mandat, notificat et injungit omnibus et singulis predictis bonis, ut de dictis bonis censum, servicium vel quodcumque aliud usagium debentibus quod exinde in antea de predictis dicto servitori dicti altaris qui nunc est vel qui pro tempore fuerit, nomine et ad opus dicti capituli, satisfaciant et eidem teneantur omnino sine impedimento, quolibet persolvere aut dicto capitulo, ubi contigerit ex causa superius expressa, dicta bona ipsum capitulum debere percipere et tenere, promittens dictus dominus episcopus pro se suisque successoribus in perpetuum dictam concessionem et donationem de dictis bonis dicto capitulo per eum factam firmam gratam et ratam habere et stabiliter observare et nunquam per se vel per alium contra facere vel venire, sed eam dicto capitulo defendere et garantire ab omni persona prohibere que superius expressa sunt et mandata fieri per ipsum dictum episcopum prefatum ecclesie maurianensi et per prefatum capitulum adimplendis, et de predictis omnibus rogatus fui ego notarius infrascriptus tria publica facere instrumenta unum videlicet ad opus dicti domini episcopi et aliud ad opus dicti capituli, tertium ad opus dicti servitoris, quibus instrumentis sigillum prefati domini episcopi apponi debeat et inseri una cum sigillo capituli memorati. acto tamen et expresse convento quod si contingeret dicta sigilla vel alterum ipsorum infringi vel etiam violari quod nichilominus presens instrumentum semper obtineat roboris firmitatem. Hoc actum fuit apud Sanctum Johannem maurianensem infra ecclesiam Sancti Johannis in sacrario ubi testes ad hoc vocati fuerunt specialiter et rogati, dominus Anselmus de Columpnis [10], capellanus capellanie Sancte Caterine statute in ecclesia Sancte Marie, dominus Hugo de Burgeto, capellanus Sancti Blasii, dominus Hugo Bernardi miles et Guillelmus placentie ac notarius. Et Ego Guillelmus placentie de Sancto Johanni auctoritate imperiali et domus episcopalis maurianensis notarius hanc cartam rogatus per dictum venerabilem dominum Aymonem maurianensem episcopum in formam publicam scripsi et dicto capituto tradidi.

[1] L'évêque Aimon de Miolans donne au chapitre de St-Jean le revenu annuel de 60 sols de Vienne, valant environ 125 fr. de notre monnaie, pour faire chaque année la fête de saint Maurice avec le dîner du chapitre au réfectoire commun avec deux plats de viande, outre le rôti : *cum duabus carnibus et veru*.

[2] Il donne la même somme pour faire la fête de saint Gondran, roi de Bourgogne; c'est une preuve que le roi Gondran était alors honoré comme saint dans le diocèse de Maurienne.

[3] *Et convivio in refectorio cum uno genere carnium et veru*. — Pour la fête de saint Denis on ne devait servir au réfectoire commun qu'un plat de viande, outre le rôti. L'évêque n'avait légué pour ce jour-là que 40 sols, et le legs comprenait la fête, le dîner commun et l'aumône aux pauvres.

[4] *Pro quolibet anniversario 50 solidos annuales, vel 50 libras semel solvendas*. — On voit par là qu'on capitalisait le revenu en le multipliant par vingt.

[5] *Exceptis personis hominum quas sibi retentas esse voluit cum jurisdictione omnimoda, banno etiam vel complaynta*. — En cédant ses fiefs, l'évêque se réserve les hommes qui en faisaient partie ; il veut conserver sur eux toute sa juridiction et tous ses droits. — *Banna, orum*, amendes, *complaynta, œ*, contributions ou prestations que le seigneur imposait à ses vassaux en certains cas particuliers.

⁶ *Apud vallem Maynerie*, à Valmeinier.

⁷ *Alpagium, ii*, droit de faire paître des troupeaux dans les montagnes, et quelquefois droits à payer pour profiter de ces pâturages.

⁸ *Chavannaria de Mayllyes et hoc cum laudibus et venditionibus*. — *Chavannaria, œ, cabannaria, œ*, de *capanna*, domaine rural, ferme ; — *venditio, onis*, ou *venda, œ*, vente, droit que le vassal devait payer au seigneur pour obtenir la permission d'aliéner un fief ; — *laus, dis*, ou *laudimium, ii*, los ou laods, droit que l'acquéreur d'un fief devait payer pour faire approuver son acquisition. Quelquefois le vendeur et l'acquéreur ne payaient qu'un seul droit, quelquefois chacun d'eux devait payer un droit particulier. On lit ce qui suit dans un acte de Bonne de Bourbon, de 1592 : *De morantibus extra villam Montismeliani tam de emptore quam de venditore accipitur laus, et de morantibus in villa accipitur tantum de venditore, et quilibet de predictis dat pro dicta laude tercium decimum denarium*. On voit par là : 1° qu'à Montmélian ce droit n'était dû que par le vendeur ; 2° que hors de la ville il était payé par le vendeur et par l'acquéreur ; 3° que ce droit était le treizième du prix, le trezain, soit de 7 fr. 69 c. pour cent. A Chambéry, selon M. Cibrario, il était ordinairement du 5 pour cent. Lorsqu'on vendait un fief sans payer ce droit, il y avait *échute* et *commise*, et le fief vendu ainsi irrégulièrement revenait au seigneur. Il est dit dans un acte de la duchesse Yolande de 1477 : *Que res dicebantur per commissarios nostros nobis fuisse commisse et echeyte, quia tenementarii possessionem intraverunt absque laude, omnem commissionem et echeytam eis remittimus*.

⁹ *De Combaz Falleti*, à Combaz-Fallet, vignoble près de St-Jean, sur la droite de Bonrieux.

¹⁰ *Anselmus de Columpnis*. — La maison de *Columpnis* avait un château sur la paroisse de St-Pancrace, au village des Colonnes.

78

Donation d'un pré sous le bourg par l'évêque Aimon de Miolans à Guillaume de Montaimont.

(23 Avril 1299.)

Notum sit omnibus presentibus et futuris quod cum nos Aymo, divina miseratione maurianensis episcopus, nuper dederimus magistro Guillelmo de Monte Aymonis, clerico et procuratori nostro quamdam parvam peciam prati sitam subter burgum justa magnum pratum nostre domus episcopalis, in quo tenentur nundine et justa pratum domini Hugonis Burse inferius, et justa pratum Aynardi Burse quondam superius. prout de dicta donatione plenius constat per quoddam publicum instrumentum factum per Nicholaum ducis notarium, quum tamen consensus nostri capituli non intervenerat, ideo prefato capitulo maurianensi, ad sonum campane, in sacrario nostre maurianensis ecclesie, prout moris est, convocato, et tractatu habito diligenti cum eodem non solum semel sed et pluries, utrum dari posset res predicta sine magno prejudicio et gravamine nostre domus episcopalis maurianensis, et veritate reperta quod dictum pratum tanquam rem modici redditus et valoris de jure et de consuetudine approbata dare poteramus, maxime servientibus nostris, et perconsequens dicto magistro Guillelmo cui ad majorem remunerationem tenemur quam ad presens valeat res predicta, ideo respectum habentes non solum ad obsequia et servicia et hutilitates et commoda, nobis jam facta et predicte nostre domui episcopali, per dictum magistrum Guillelmum, sed in quantum prodesse posset et esse nobis utilis in futurum et ecclesie et domui nostre maurianensi, rem predictam scilicet dictum pratum, volente laudante et consentiente prefato capitulo in quo intererant plusquam due partes canonicorum residentium, scilicet dominus magister Bernardus, Guillelmus de Tigniaco et magister Petrus de Ambroniaco, et Ugo Burse, Vifredus de Arva, Aymo de Urteriis et Petrus de Miolano, canonici maurianenses, et dominus Petrus Aymarii decanus et canonicus maurianensis, majorem et saniorem partem dicti capituli representantes, eidem magistro Guillelmo dedimus et concedimus seu jam datum confirmamus nichil in eadem retinentes preterquam sex denarios fortes veteres placiti quum contigerit et laudes cum alienari contigerit dictum pratum, sine aliis exactionibus quibuscumque, concedentes eidem aquam posse ducere ad rigandum dictum pratum secundum quod alias eidem concedimus et per locum et secundum quod in dicto instrumento continetur. Qui quidem magister Guillelmus inter alia in quibus utilitatem nostram et commodum procuravit, nobis dimisit et concessit gratis et in remunerationem gratie sibi per nos facte viginti libras viennenses in quibus eidem tenebamur, quas in utilitatem evidentem nostre domus episcopalis constat nobis et prefato capitulo versas fore et eas ob rationem predictam ab eodem recepisse, et licet dictus magister Guillelmus rem predictam meliorare inchoaret et intendat edificando, plantando et claudendo, tamen cum res sita sit in loco dapnoso et in exitu civitatis et secus vias et in transitu gentium, facta diligenti extimatione valere potest circa decem vel quindecim solidos annuales et non ultra, nisi forte per industriam et meliorationem dicti donatarii, vel alterius meliorata fuerit et ad statum meliorem redacta, propter quod et maxime cum non superesset nobis ad presens pecunia unde possemus commode dictas viginti libras persolvere, nos et capitulum predictum, pluribus concurrentibus licitis, justis et ydoneis rationibus invenimus tractatu habito ut supra, dictam donationem posse fieri, et eamdem non in dapnum sed commodum et predicte domus nostre et nostrum cedere et hutilitatem nostram et domus predicte in eadem subesse, promittens donatario memorato et suis in perpetuum dictam rem manutenere et defendere sub obligatione bonorum nostrorum cum pertinentiis, ingressibus, et egressibus et aquagiis dicte rei. preterea cumfirmavimus et approbavimus et laudavimus dicto magistro Guillelmo acquisitionem quam fecerat a dicto domino Hugone Burse et investituram sibi factam per dictum dominum Hugonem Burse de quadam alia pecia prati que est justa dictum pratum per nos donatum inferius et justa predictum pratum nostrum in quo tenentur nundine.

secundum quod continetur in instrumento inde facto, per Jacobum Sambuy notarium, nobis exhibito atque lecto. Que omnia supradicta nos prefatum capitulum approbantes et testificantes esse vera, sigillo nostro sigillavimus in testimonium veritatis. Datum cum appositione sigilli dicti domini episcopi et dicti capituli, die Jovis post pascha Domini, anno Domini millesimo ducentesimo nonagesimo nono.

79

Testament de Guiffrey des Colonnes.

(5 Janvier 1303.)

Anno Domini millesimo ducentesimo tertio, indictione prima, tertio nonas januarii, venerabili patre domino Amblardo, existente episcopo maurianensi, coram testibus infra scriptis, cum certum sit, immo certissimum omnem hominem moriturum, hora vero mortis apud mortales omnimode sit incerta, idcirco Viffredus de Columpnis de parrochia Sancti Pancratii[1] nolens decedere intestatus, sanus mente et sensu per Dei gratiam, gaudensque corporum sanitate, in quantum permittit humana fragilitas, de rebus et bonis suis universis et singulis per hoc presens instrumentum nuncupativum sine scriptis, ordinavit et disposuit in hunc modum. In primis quidem voluit et precepit clamores suos emendari ad cognitionem sancte matris ecclesie sine strepitu judicum de plano. Item elegit sepulturam sui corporis in ecclesia beati Johannis Baptiste, maurianensis, si ipsum Viffredum in maurianensi dyocesi decedere contingat, rogans in ipsa ecclesia celebrari quinque missas die obitus sui, et in qualibet ipsarum offerri quinque solidos viennenses. Item voluit et precepit corpus suum primitus deportari in ecclesiam beate Marie maurianensis, sicut et in altari ipsius unam missam celebrari et in ipsa offerri quinque solidos viennenses. Item voluit, eadem die, celebrari unam missam in altari capelle Sancte Katarine et in ipsa offerri quinque solidos viennenses. Item dedit et legavit capellano Sancti Christophori decem solidos viennenses, rogans ipsum ut, die obitus ipsius testatoris, velit unam missam in eadem ecclesia beati Christophori celebrare, volens ibi novenam fieri suam prout moris est. Item dedit et legavit capellanis beate Marie predicte et capellanie Sancte Katarine, Sancti Christophori, Sancti Pancratii, Vilarii Raymberti et Sancti Saturnini de Arva cuilibet ipsorum unum tricenarium. Item voluit et precepit poni et implicari tresdecim libras viennenses in pannis, de quibus precepit infra unum annum complendum post ejus obitum, quod Christi pauperes induantur, volens etiam et precipiens quod de ipsis tresdecim libris dentur Raymonde sorori ipsius testatoris viginti solidate pannorum et Johanne uxori Aymonis de prato viginti solidate et Guigonete et Elisabeth filiabus quondam Villelmi de Albiaco veteri domicelli, ipsis duabus communiter triginta solidate. Nolens etiam quod, si aliqua ipsarum mulierum infra illud tempus decesserit, quod predictum legatum panni heredibus sic defuncte tribuatur. Item voluit et precepit fieri infra annum complendum, post ipsius testatoris obitum, unum septenium, ita quod cuilibet Christi nomine requirenti panis, vinum et caseus tribuatur et quod medietas panis illius septenii faciendi sit de frumento et alia medietas de ordeo. Item voluit et precepit se manuteneri, annis singulis, in perpetuum in confratria Sancti Spiritus de Sancto Pancratio pro uno confratre integro, ita quod anno quolibet ponatur pro eo in ipsa confratria unus pauper per amicum ipsius testatoris aut per priores qui pro tempore fuerint in ipsa confratria. Item voluit et precepit in reditu sepulture sexaginta solidos viennenses, in pane, Christi pauperibus erogari. Item dedit et legavit ecclesie Sancti Christophori et ipsius ecclesie rectoribus in futurum unam cartam frumenti annualem et perpetuam, rectoribus ipsius ecclesie annis singulis in perpetuum persolvendam, rogans capellanum dicte ecclesie qui nunc est et pro tempore fuerit ut in ipsa ecclesia dignetur pro tanto absolutionem facere singulis diebus dominicis pro remedio anime ipsius testatoris et parentum suorum. Item confessus fuit et recognovit predictus testator quod universa et singula debita contenta in instrumentis factis et receptis nomine ipsius testatoris, que instrumenta dominus. Anselmus de Columpnis capellanus frater ipsius testatoris habet erga se, sunt et esse debent ipsius domini Anselmi, et ipsa debita in ipsis instrumentis contenta pro quadam pecunie quantitate quam ipse testator ejdem domino Anselmo cesserit se debere ex certis causis, eidem domino Anselmo concessit et reddidit insolutum. precipiens debitoribus ipsorum debitorum ut ea debita dicto domino Anselmo solvant et solvere teneantur. Item instituit sibi heredem Elysabet filiam suam, in quater viginti libras viennenses, de quibus precepit poni et implicari viginti libras viennenses in robis, vestimentis et ornamentis ipsius Elysabet, tempore quo nuberet, incontinente sine aliquo intervallo, et alias sexaginta libras precepit eidem Elysabet dari et persolvi per terminos infra scriptos, scilicet quindecim libras viennenses a tempore quo nuberet in unum annum sequentem et complendum, et exinde, annis singulis eodem termino, anno revoluto quindecim libras viennenses usque ad plenam solutionem predictarum sexaginta librarum. Volens et precipiens quod ipsa Elysabet pro tanto sit contenta de bonis ipsius testatoris, et quod nichil amplius in ipsis bonis possit vel debeat petere vel habere. Item Margaritam filiam suam sibi heredem instituit in quadraginta libras viennenses eidem per istos terminos persolvendas, videlicet a tempore quo nuberet, in unum annum sequentem et complendum decem libras viennenses, et decem, annis singulis, eodem termino, anno revoluto, decem libras viennenses. usque ad plenam solutionem predictarum quadraginta librarum, volens et precipiens etiam dictus testator quod filii masculi et heredes sui infra scripti debeant et teneantur predictam Margaritam vestire, ornare et munire robis, vestimentis et ornamentis tempore quo nuberet proposse ipsorum filiorum et heredum infra scriptorum et secundum quod ipsam Margaritam decebit. Volens et precipiens ipsam Margaritam esse predictis contentam de bonis ipsius testatoris, ita quod in ipsis bonis non possit vel debeat aliquod aliud petere, exigere vel habere. In omnibus autem rebus possessionibus, juribus et actionibus et bonis suis mobilibus et immobilibus sibi suos heredes universales pro equalibus pro communibus instituit Viffredum, Anthonium Anselmum et Robertum filios masculos naturales et legitimos per quos suos filios et heredes voluit et precepit clamores suos emendari, debita et legata persolvi et universa et singula in presenti testamento attendi firmiter et compleri. Item si contingeret predictas filias suas vel alteram ipsarum aut unum vel plures de predictis filiis suis masculis decedere sine libero vel liberis, legitimo vel legitimis, aut sine testamento, substituit ei vel eis alios suos filios masculos et heredes superstites et voluit et precepit hereditatem ipsorum sic decedentium ad alios filios masculos superstites devenire. Item constituit et ordinavit Leonam uxorem suam tutricem et curatricem predictorum liberorum suorum et administricem et gubernatricem omnium bonorum suorum, ita tamen quod ad consilium domini Anselmi de Columpnis capellani fratris ipsius testatoris gereret exerceret et administraret tutelam et curam predictorum liberorum et administrationem bonorum suorum, dum tamen ipsa fecerit sicut proba mulier, et stabit sine alio marito. Volens etiam et precipiens quod si aliquis predictorum liberorum eidem

Leone rebellis et inobediens fuerit nolens eidem Leone parere et ejus preceptis et consiliis obedire quod ipsa Leona usumfructum medietatis bonorum et hereditatis illius qui sic rebellis et inobediens fuerit, accipiat et percipere et habere possit et debeat ad vitam suam si tamen ipsa opera probe mulieris ageret et se a secundis nuptiis abstineret. Et hec omnia predicta voluit, asseruit et precepit suum esse ultimum testamentum nuncupativum et suam esse ultimam voluntatem quod et quam valere voluit et precepit, jure testamenti nuncupativi, et jure codicillorum et jure cujuslibet alterius ultime voluntatis quo jure melius valere poterat et tenere. Hoc actum fuit apud Sanctum Johannem maurianensem versus Sanctum Christophorum in domo dicte Leone, uxoris dicti testatoris, ubi testes ad hoc vocati fuerunt, per ipsum testatorem specialiter et rogati, ego notarius infra scriptus, dominus Alexander curatus ecclesie Sancti Christophori, dominus Anselmus de Columpnis capellanus, frater dicti testatoris, Hugo de Molario, Johannetus filius quondam Ponceti de Molario de Sancto Johanne, Johannes de Grangiis de Vilario Raymberti, Guigo de Loteria... habitator Sancti Johannis, Aymonetus filius quondam Eynardi... et Villelmetus... de Sancto Johanne, clericus. Et ego Richardus Boyssonis, auctoritate imperiali et domus episcopalis maurianensis, notarius hanc cartam notatam et abreviatam manu Guillelmi de Alpeta olim notarii publici de mandato et auctoritate reverendi in Christo patris domini Aymonis quondam maurianensis episcopi in formam publicam redegi signoque meo signavi, scripsi et tradidi.

[1] La famille de Columpnis était de la paroisse de St-Pancrace, du village de Colonnes.

80

Transaction entre Amédée V, comte de Savoie, et Mgr Amblard d'Entremont, évêque de Maurienne, relative au chapitre de Ste-Catherine d'Aiguebelle.

(27 Novembre 1306.)

Anno Domini millesimo trecentesimo sexto, indictione quarta, quinto kalendas decembris, coram me notario et testibus infrascriptis per hoc presens publicum instrumentum cunctis evidenter appareat presentibus et futuris. quod cum varie et diverse questiones, lites, querele et controversie verterentur inter illustrem virum dominum Amedeum comitem Sabaudie nomine suo et nomine ecclesie Sancte Katarine prope Aquambellam et prepositi et canonicorum ejusdem ecclesie ex parte una, et reverendum in Christo patrem dominum Amblardum maurianensem episcopum nomine suo et nomine sue maurianensis ecclesie ex parte altera, super eo quod dictus dominus episcopus nomine quo supra dicebat quod ecclesia Sancte Katerine prope Aquambellam constructa, fundata et edifficata fuit per reverendum in Christo patrem dominum Petrum quondam episcopum herfordiensem in diocesi, et infra limites maurianensis diocesis, absque consensu, licentia, voluntate episcopi maurianensis, qui tunc erat maurianensis episcopus[1], nec etiam dicta fundatio vel constructio dicte ecclesie fuit post modum ratifficata vel approbata per aliquem de predecessoribus ipsius domini Amblardi in dicto episcopatu nec per ipsum propter quod ipsa ecclesia et collatio canonicorum et prebendarum ipsius pertinere debet pleno jure ad ipsum dominum episcopum maurianensem, nomine quo supra sicut alie ecclesie sue diocesis maurianensis in qua tamen idem dominus comes vult et nititur uti jure patronatus in ipsius domini episcopi et ecclesie sue prejudicium et gravamen. Item super eo quod idem dominus comes de facto confert personatus dicte ecclesie Sancte Katerine et canonias² et prebendas quando vacant et etiam instituit et installavit⁵ per se vel alium illas personas quibus contulit dictos personatus et canonias et prebendas conferre possit, cum possessio vel quasi spiritualis in eum non cadat nec cadere possit, cum ipse dictus comes sit laycus. Imo ab ipso layco recipientes dicta beneficia sunt minori excommunicatione ligati et majori excommunicatione ligandi. Item super eo quod dictus dominus comes recipere vult et recipit fidelitates canonicorum dicte ecclesie, cum ipsi domino episcopo teneantur facere obedientias manuales. Que omnia supradicta facit in prejudicium dicti domini episcopi maurianensis et ecclesie sue et etiam minus juste. Item super eo quod dictus dominus episcopus dicebat quod ipse tanquam ordinarius habebat et habere debebat in dicta ecclesia et personis ibidem commorantibus visitationem et correctionem et destitutionem et omnia jura episcopalia. Ex adverso vero dicto domino comite dicente et asserente quod predicta legitime faciebat et facere poterat tanquam verus patronus ecclesie memorate. Cum ad ipsum jus patronatus predictum pertineat ex concessione sibi justo titulo facta per dominum Johannem de Aquablancha decanum herfordiensem et dominum Brianzonis heredem universalem in bonis patrimonialibus dicti domini episcopi herfordiensis et ex confirmationibus ipsi domino comiti factis de dicto patronatu et juribus ipsius per summos pontifices videlicet per sanctissimos patres dominum Bonifacium quondam et dominum Clementem quintum nunc sancte romane ac universalis ecclesie summum pontificem. Item dicente et asserente dicto domino comite quod a tempore fundationis dicte ecclesie Sancte Katarine ipse dominus comes et illi a quibus eam habuit fuerant in pacifica possessione vel quasi predictorum jure patronatus et fidelitatum recipiendarum, et collationum et institutionum faciendarum in dicta ecclesia de dictis personatibus canoniis et prebendis. Et insuper quod a tempore dicte fundationis dicta ecclesia Sancte Katarine et omnes persone ibidem deservientes fuerunt libere et immunes et in plena possessione vel quasi libertatis et immunitatis ab omnibus juribus episcopalibus et ab omnibus et singulis supradictis. Item dicebat dictus dominus comes quod reverendissimus et sanctissimus in Christo pater dominus Clemens summus pontifex fecit gratiam specialem preposito Sancte Katarine de canonia et prebenda Sancti Johannis maurianensis, tali modo quod de cetero quicumque erit prepositus Sancte Katarine sit canonicus Sancti Johannis, ita quod una prebenda Sancti Johannis sit semper unita prepositure predicte. Unde cum una prebenda vacaret in dicta ecclesia Sancti Johannis, petebat quod prepositus Sancte Katarine qui nunc est reciperetur in canonicatu Sancti Johannis et quod eidem conferetur dicta prebenda ut vacans. Tandem dicti domini comes et episcopus volentes et cupientes intendere ad reformationem status dicte ecclesie Sancte Katarine de omnibus et singulis litibus questionibus et rancunis [4] predictis ad bonam, firmam et perpetuam transactionem et pacem devenerunt nominibus quibus supra in modum qui sequitur. Videlicet quod dictus dominus episcopus maurianensis approbet ratificet et confirmet pro se et suis successoribus fundationem et constructionem ecclesie supradicte et ipsum jus patronatus cum omnibus suis pertinentiis ipsi domino comiti pro se et suis successoribus recipienti in quantum ipsum dominum episcopum tangit et in quantum ad ipsum pertinere potest. Ita quod dictus dominus comes et ejus successores habeant jus patronatus et jus presentandi in dictis personatibus et canoniis et prebendis quandocumque ipsos et ipsas vacare contingerit in ecclesia antedicta, et presentandos per ipsos idem dominus episcopus et ejus successores instituere legitime debeant et installare. Item quod omnes canonici dicte ecclesie Sancte Katarine fidelitates faciant dicto domino comiti et ejus successoribus pro temporalibus, prout hactenus aliis patronis facere consueverunt, pro spiritualibus vero ipsi canonici et alii ibi servientes ipsi domino episcopo et ejus successoribus teneantur facere obedientias manuales. Item quod quicumque erit in dicta ecclesia prepositus, sit canonicus Sancti Johannis et ibi unam prebendam habeat unitam preposilure predicte. Dictus vero episcopus mauria- nensis et ejus successores habeant et habere debeant perpetuo in dicta ecclesia et in personis omnibus ibidem servientibus visitationem et correctionem et destitutionem et alia omnia jura episcopalia sicut ordinarius dicti loci. Item quod ipse dominus episcopus qui nunc est et omnes ejus successores in dicto episcopatu ipsi possint quilibet episcopus dare et con- ferre in dicta ecclesia Sancte Katarine unam canoniam et pre- bendam tantum et non plures sed quilibet episcopus unam toto tempore vite sue, etiam si ibi plures prebende vacare contingeret in vita ipsius episcopi vel alicujus successorum ejus. Item fuit actum inter dictos dominos comitem et episco- pum, nominibus quibus supra, quod dicti prepositus et capi- tulum Sancte Katarine conferant et conferre possint vicarias perpetuas dicte ecclesie quumcumque ipsas vacare contingerit, auctoritate tamen et consensu ipsius domini episcopi et suc- cessorum suorum intervenientibus. Item quod si questio vel causa civilis verteretur ad invicem inter canonicos vel cleri- cos dicte ecclesie quod dicti prepositus et capitulum possint ipsas ad invicem concordare. Que omnia universa et singula supradicta et omnia infrascripta quelibet pars fecit, appro- bavit, ratificavit et confirmavit ad requisitionem partis alte- rius requirentis et sollempniter stipulantis. Promittentes sibi vicissim partes predicte per mutuas stipulationes omnia et singula supradicta, rata et firma habere perpetuo et tenere et non contra facere vel venire nec contra venienti consentire et facere et curare cum effectu quod ipsa capitula omnia et singula supradicta capitula approbabunt ratificabunt et emologabunt et facient et complebunt. Et presens instrumentum suis sigillis una cum sigillis nostrorum comitis et episcopi sigillabunt, precipientes ex nunc nos dictus comes per hoc presens instrumentum preposito Sancte Katarine et omnibus canonicis personatus habentibus ibi vel non et aliis servitoribus dicti loci, ut de cetero ipsi domino episcopo in predictis ad ipsum pertinentibus secundum formam predictam faciant, respondeant, obediant semper juribus nostris predictis nobis semper et successoribus nostris salvis et retentis, hoc acto specialiter et per pactum quod presens instrumentum semper valeat et firmitatem habeat sive fuerit sigillatum sive non. Inde preceptum fuit michi notario infrascripto de predictis plura ejusdem tenoris fieri publica instrumenta. Hoc actum fuit apud Chamberiacum in domo sororum de ordine Sancti Francisci[3], ubi testes ad hec vocati fuerunt et rogati magister Petrus de Cella nova Chamberii, Guigonetus de Seisello, dominus de Bordellis, dominus Petrus de Sancto Desiderio presbyter, Johannes Bonivardi et Guillelmus boni burgensis Chamberii. Et ego Petrus Ducis maurianensis civitatis, auctoritate imperiali et domus maurianensis episcopalis notarius publicus hanc cartam receptam manu Richardi de Cruveto notarii quondam, levatam per manum Guillelmi Fabri notarii auctoritate domini Johannis Malabali olim maurianensis episcopi, michi concessa, signo meo signavi et in ea me subscripsi.

[1] La collégiale d'Aiguebelle avait été fondée en 1254 par Pierre d'Aigueblanche, évêque d'Herford en Angleterre.

[2] *Canonia*, *æ*, pour *canonicatus*, *ûs*, canonicat.

[3] *Installavit*. — *Stallum*, *i*, syncope de *stabulum*, habitation, salle, cellule, appartement, étage; *stalla*, *æ*, ou *stallum*, *i*, place que les chanoines et les religieux occupent au chœur pendant les offices, stalle. De là est dérivé le mot installer. — *Stallum*, *i*, place du marché acensée a un marchand; *stallagium*, *ii*, ou *estallagium*, *ii*, droit à payer pour l'occuper. De là on a dit : étalage, étaler.

⁴ *Rancuna*, æ, rancune, haine, querelle, du mot latin *rancor, oris*.

⁵ On voit que pour passer cet acte le comte Amédée et l'évêque Amblard d'Entremont se sont trouvés réunis à Chambéry, dans le monastère des Sœurs de l'ordre de St-François. Saint François d'Assise est mort en 1226. Il y avait déjà des religieuses de son ordre à Chambéry en 1306.

81

Donation de l'évêque Aimon de Miolans au chapitre de la cathédrale de St-Jean de Maurienne.

(25 Avril 1312.)

Anno Domini millesimo trecentesimo duodecimo, indictione decima, nono kalendas maii, venerabili patre domino Aymone existente episcopo maurianensi, coram testibus infrascriptis per hoc presens publicum instrumentum cunctis evidenter appareat presentibus et futuris quod reverendus in Christo pater dominus Aymo Dei gratia maurianensis episcopus recolens et in mente habens ac etiam tenens dona gratiosa et quam plurima beneficia sibi a Domino Deo summo largitore collata, ipsi suo largitori saltem in aliquo reddere volens, ad ipsius honorem et beate Marie Virginis gloriose matris ejus et beati Johannis Baptiste atque beatorum Urbani et Theobaldi tociusque curie supernorum, et pro suorum remissione peccatorum dedit et concessit et donavit donatione pura et irrevocabili et etiam Alaysie quondam ejus matris et Mabilie uxoris quondam Johannis fratris sui. venerabilibus viris dominis Hugoni de Cluniaco canonico et sacriste maurianensi, Guillelmo Aymarii, Hugoni Molario, Johanni de Rupecula, Guillelmo Richardi, Johanni de Herbesio¹ Johanni de Ponte et domino Stephano de Cuveriaco canonicis

maurianensibus presentibus ad sonum campane in sacrario
maurianensis ecclesie pro tenendo capitulo more solito congregatis totum capitulum ejusdem loci representantibus et
mihi Johanni de Tygniaco notario publico sollempniter sti-
pulante et recipiente more publice persone vice nomine et ad
opus dicti capituli et tocius conventus ecclesie Sancti Johannis
maurianensis viginti quinque secaturatas[2] prati cum uno chosali domus[3] site in Tigne in parrochia Albiaci veteris loco
dicto in prato Marez juxta pratum Anselmi Reybaudi quondam et juxta pratum Bosonellorum de Cocheta et juxta...
communem superius quas prefatus dominus episcopus emerat a Johanne Burse precio centum librarum viennensium de
quarum emptione constabat ad plenum per quoddam publicum
instrumentum factum manu Petri de Capella notarii publici
sub anno Domini millesimo trecentesimo undecimo, inditione
nona kalendis maii, etc. quod quidem instrumentum prefatus
dominus episcopus in signum predicte donationis dedit, donavit, reddidit et dimisit dictis dominis canonicis et capitulo
maurianensi dedit, inquam, dictum pratum prefatus dominus episcopus dicto capitulo, ea conditione quod ipsum
teneatur videlicet ipsum capitulum exinde... et in perpetuum
facere duo convivia et elemosinas consuetas cum duabus carnibus et veruto, in refectorio, ut est moris, et etiam lumi-
naria consueta scilicet unum in festo sancti Urbani martyris
et aliud in festo sancti Theobaldi quibus elegit dupliciter
festivari in dicta ecclesia. rogans insuper prefatus dominus
episcopus antedictum capitulum ut predictis diebus festorum
sanctorum Urbani Theobaldi ipsum capitulum... dupliciter
festivare secundum usum modum et consuetudinem ecclesie
prelibate. Quod idem prefati domini canonici nomine suo et
totius capituli et successorum suorum ad preces benignas ipsius
domini episcopi facere promiserunt duobus dictis diebus festorum sancti Urbani et sancti Theobaldi bene et attente officium
in dicta ecclesia et dupliciter festivare in dicta ecclesia cum

duobus cantoribus, more solito super hiis et aliis in dicta ecclesia observato. Et eciam in crastino cujuslibet festi predictorum sanctorum Urbani et Theobaldi vel aliqua die congrua sequenti post dicta festa facere processionem unam super tumulum domini Aymonis bone memorie quondam maurianensis episcopi[4], videlicet sancti Urbani, dum idem dominus episcopus vixerit, et aliam super tumulum bone memorie nobilis domine Mabilie uxoris quondam Johannis de Urteriis fratris ipsius domini episcopi[5], videlicet in crastino festi sancti Theobaldi et post decessum ipsius domini episcopi super tumulum ipsius processiones ambas cum missa conventuali et aliis sollempnitatibus actenus obtentis et consuetis in anniversario facere promiserunt. Quequidem dominus episcopus dictis canonicis et capitulo predicto promisit bona fide quod si dictum pratum non sufficeret communi estimatione ad facienda annuatim omnia supradicta quod omnia que desint sive deerunt suplebit eidem capitulo et resarciet suis propriis sumptibus et expensis ad requisitionem capituli memorati vel ejus certi judicii. Ita acto inter prefatum dominum episcopum et capitulum quod quoddam aliud instrumentum factum manu Richardi de Croseto notario publico quondam super sexaginta tribus libris vianensibus alias datis eidem capitulo tunc temporis electum et confirmatum maurianensem de cetero sit cassum, vanum, irritum et inane tam pro dicto capitulo quam dicto festo sancti Urbani dupliciter festivando. Item prefatus dominus episcopus dedit donavit pura donatione dictis dominis canonicis et capitulo memorato triginta libras viannenses semel super omnibus bonis suis... triginta solidis annualibus pro libra facienda annuatim omnibus dictis canonicis capellanis et clericis eorum dicte ecclesie intrantibus pro remedio anime sue et domini Johannis Vilarii dicti de Bituneto quondam capellani sui. Quas triginta libras vianenses promisit bona fide prefatus dominus episcopus dare et solvere in pace ex inde in antea dicto capitulo ad ejus misericordiam et requisitionem vel annuatim solvere eidem capitulo triginta solidos vianenses annuales... in crastino carniprivii annuatim, existente. Qui quidem canonici et capitulum memoratum teneantur in perpetuum facere processionem dicta die Jovis, annis singulis super tumulum dicti domini Aymonis quondam et in eadem celebrare missam conventualem faciendo comemorationem pro anima dicti donatoris et dicti domini Johannis quondam ut actenus extitit consuetudine facere in aliis aniversariis in ecclesia memorata. Ita acto inter eos quod dum dictos triginta solidos vianenses solvere annuatim voluerint, ad solutionem dictarum triginta librarum faciendam minime teneantur capitulo memorato... firmiter attendendis prefatus dominus episcopus omnia bona sua obligavit dicto capitulo et de... duo vel plura fieri publica instrumenta. Hoc actum fuit apud Sanctum Johannem maurianensem in sacrario maurianensis ecclesie ubi testes ad hoc vocati fuerunt et rogati, dominus Guillelmus Symilie presbiter, Jacobus de Bono Vilario notarius et dominus Johannes Bartholomei presbiter. Et ego Johannes de Tygniaco notarius auctoritate imperiali et domus maurianensis episcopalis hanc cartam vocatus et rogatus scripsi et tradidi.

[1] *Joannes de Rupecula, Joannes de Herbesio*, Jean de la Rochette, Jean de Gerbaix.

[2] *Viginti quinque secaturatas prati.* — Secatura, æ, et *secaturata*, æ, un journal de pré, ce qu'un ouvrier peut faucher en un jour.

[3] *Cum uno chosali domus.* — Le mot *casale, is*, qui signifie plus ordinairement une réunion de maisons à la campagne, un village, signifie aussi quelquefois une seule maison; de *casale* on a fait *chasale* et *chosale*. On dit encore aujourd'hui quelquefois un chosal.

[4] Aimon Ier de Miolans, évêque de Maurienne en 1273.

[5] L'évêque Aimon II de Miolans était frere de Jean des Hurtières. C'est une preuve que la famille des Hurtières s'était confondue avec celle de Miolans.

82

Le comte Amédée V ordonne au bailli de Savoie, ainsi qu'au juge et au châtelain de Maurienne, de respecter les franchises de la commune de St-Julien.

(10 Novembre 1314.)

Amedeus comes Sabaudie dilectis ballivo Sabaudie judici et castellano nostro Mauriane qui nunc sunt et pro tempore fuerint, salutem et dilectionem. Quidam conquesti sunt nobis viri et burgenses nostri Sancti Juliani quod nonnulli ex vobis seu familiaribus vestris vobis consentientibus contra eorum franchesiam atque libertatem attentando saisitis[1] bona defunctorum hostia eorum firmando[2] aliaque gravamina eisdem burgensibus inferendo actionibus quibuscumque. Quocirca vobis et vestrum cuilibet in solidum precipimus et mandamus quatenus hujusmodi gravamina, et alia quecumque duntaxat indebita ulterius inferre dictis burgensibus aut eorum alicui seu posteritati nullatenus presumatis, quia predictas eorum franchesias seu libertates quas perpetuo prout jacent, robur habere volumus, eisdem manuteneatis et defendatis et firmiter observetis. Item conquesti sunt nobis dicti burgenses quod in talliis seu collectis et levis[3] quas per eos super semetipsos levare et talliare quandoque contingit pro necessariis dicti communis, quidam ex ipsis contribuere contradicunt, quod non equum neque justum. Quocirca vobis ut supra mandamus quatenus omnes illos qui de franchesiis dicte ville gaudent aliquo casu, ad hujusmodi tallias et collectas quemlibet eorum prout equitas suadebit contribuere et conferre compellatis, taliter super hoc vos habentes quatenus ob vestram negligentiam dictos burgenses nostros ad nos alias recurrere non contingat. Datum cum appositione sigilli nostri apud Lanceumburgum decima die mensis novembris anno Domini millesimo ccc quatuordecimo.

[1] *Saisire*, prendre, saisir.
[2] *Hostia firmare*, fermer les portes, mettre les scellés.
[3] *Leva, e*, imposition, contribution.

Nota. — On voit par une pièce annexée à la charte qui précède que le 29 mai 1326, *Petrus de Montegelaco, miles, castellanus Mauriane*, a recommandé au mistral de St-Michel de faire observer exactement les ordres donnés par le comte Amédée V en faveur des habitants de Saint-Julien. C'est une preuve qu'il y avait alors en Savoie une famille noble de Montgelaz.

83.

Le comte Amédée V ordonne au juge de Tarentaise et de Maurienne de faire observer les conventions existantes entre le chapitre de St-Jean et le seigneur de La Chambre.

(31 Août 1317.)

Amedeus comes Sabaudie, dilecto nostro domino Johanni Tornu judici nostro maurianensi et tharentasiensi salutem et dilectionem sinceram [1]. Ex parte maurianensis capituli nobis extitit conquirendo monstratum quod cum dictum capitulum habeat et habere debeat, ut asserit, omnimodam juriditionem in hominibus suis quos habet in villis et locis Tigniaci Sancti Remigii Sancti Stephani de Cuyna Villarii supra Cuynam [2]... exceptis tamen quinque bannis regalibus videlicet proditionis, sanguinis effusionis facte cum gladio, furti, perjurii et adulterii, que quinque banna ad dominum Richardum dominum Camere cum cause tamen cognitione dicit dictum capitulum pertinere ratione cujusdam compositionis et diffinitionis olim facte per bone memorie dominum Amedeum comitem quondam Sabaudie predecessorem nostrum inter dictum capitulum ex parte una et dictum dominum Petrum dominum quondam Camere avum dicti domini Richardi ex altera, una cum aliis quibusdam in dicta compositione et diffinitione contentis et expressis. de qua quidem juriditione ipsum capitulum est et fuit, ut asserit, in quasi possessione spacio decem viginti triginta quadraginta annorum et ulterius tanto tempore de cujus contraria memoria non existit. prefatus dominus Richardus, dominus Camere et ejus familiares et nuntii dictum capitulum turbant et impediunt in predictis nitendo uti in dictis hominibus juriditione omnimoda et a dictis hominibus exigendo tayllias et complayntas et alias exactiones quam plures aliaque gravamina ipsi capitulo et ejus hominibus contra tenorem ipsius compositionis et diffinitionis quam plurima inferendo in qua quidem compositione et diffinitione de voluntate partium ordinatum et concessum fuit quod si qua discordia oriretur inter partes predictas vel subcessores earum super contentis in dicta compositione et diffinitione quod ipse partes et subcessores earum ad prefatum dominum Amedeum comitem et ejus subcessores recurrere deberent et super ipsis stare interpretationi et declarationi ipsius domini comitis et successorum suorum. que compositio vallata fuit pro se et suis successoribus dictarum partium juramentis sigilloque prefati domini Amedei comitis sigillata. Quare nobis supplicavit ipsum capitulum quatenus dictam compositionem et diffinitionem faciamus per dictum dominum Camere attendi et observari. Et ea que contra tenorem ipsius per dictum dominum de Camora et ejus nuntios attentata sunt dicto capitulo et predictis suis hominibus facere emendari. quare vobis mandamus quatenus dictam compositionem et diffinitionem prout in ea videbitis contineri faciatis attendi, et nichil contra tenorem ipsius compositionis et diffinitionis in prejudicium dicti capituli ét hominum suorum attemptari permittatis. Et ea que contra dictam compositionem et diffinitionem actenus sunt illicite attemptate per dictum dominum de Camera et gentes suas prout vobis videbitur de jure dictis capitulo et hominibus suis emendari faciatis nisi prefatus dominus de Camera aliquam justam causam ostenderit quare ad ipsam servandam minime teneatur et super premissis decernatis et cognoscatis prout vobis de jure videbitur faciendum. Datum Chamberii cum appositione sigilli nostri die mercurii post festum decollationis beati Johannis Baptiste, anno Domini millesimo trecentesimo decimo septimo.

Amedeus comes Sabaudie dilecto nostro domino Petro de Sancto Jorio legum professori, judici nostro maurianensi et tharentasiensi salutem et dilectionem sinceram. Mandamus vobis quatenus mandatum nostrum et contenta in nostra littera cui hec nostra presens littera est anexa executioni debite demandetis et ea faciatis ut domino Tornu predecessori vestro fieri mandabatur. Datum Camberiaci die lune in vigilia assumptionis beate Marie virginis anno Domini millesimo trecentesimo decimo octavo (le lundi 14 août 1318).

[1] Il y avait alors un même juge pour la province de Maurienne et pour celle de Tarentaise.

[2] *Tigniaci*, etc., à Tigny, village de la Chapelle, à St-Rémi, à St-Etienne de Cuines, à St-Alban et à St-Colomban des Villards.

84

Le comte Aimon ordonne au châtelain de Maurienne d'obliger le seigneur de La Chambre à observer les conventions faites par ses ancêtres avec les chanoines de Maurienne.

(15 Juillet 1338.)

Aymo comes Sabaudie dilecto castellano nostro maurianensi

aut ejus locum tenenti salutem et dilectionem. Querelam dilectorum nostrorum canonicorum et capituli Sancti Johannis maurianensis recepimus quod dilectus fidelis noster Johannes dominus Camere contra compositionem factam per inclite recordationis dominum Amedeum olim comitem Sabaudie de qua in mandatis patris et domini nostri carissimi comitis Amedei presentibus annexis fit mentio per se et familiares suos ac officiarios veniens compositionem eamdem in presentibus non observat, supra quibus ex parte dicti capituli nobis extitit supplicatum sibi de competenti remedio provideri, quocirca vobis precipimus et mandamus quatenus compositionem eamdem et mandata per dictum dominum Camere ejus familiares et officiarios debite faciatis observare, juxta ipsorum compositionis et mandatorum seriem et tenorem. Datum Voyroni die decima tertia mensis julii, anno Domini millesimo trecentesimo trigesimo octavo.

85

Monitoire publié par les chanoines de Maurienne contre quelques individus qui avaient commis des vols au préjudice des hommes du chapitre.

(27 Septembre 1522.)

Capitulum maurianense, dilectis cunctis suis capellanis de Camera, Sancti Columbani de Vilariorum, Sancti Martini, beate Marie de Groso, Sancti Stephani et beate Marie de Cuyna, Sancti Remigii et Sancti Apri et aliis curatis vel eorum vicariis maurianensis diocesis ad quos presentes littere pervenerint salutem in Domino sempiternam, cum per statuta in concilio viennensi... quod si contingat per aliquas personas capi homines vel animalia vel quecumque alia bona mobilia ecclesiarum sive personarum ecclesiasticarum seu hominum aut locorum suorum quorumlibet vel adduci in predam sive pignerationem vel alio quoquomodo eis invitis adductores hujusmodi et eorum fautores excommunicationi subjaceant ipso facto et tamdiu per capellanos ecclesiarum civitatis et dyocesis ubi premissa fuerint excommunicati nuntientur auctoritate dicti concilii diebus singulis dominicis et festivis donec de dampnis et injuriis irrogatis et passis fuerit plenarie satisfactum, et nichilominus civitates, castra ville et loca in quibus hujusmodi predicta recepta fuerint vel reducta dum ibi fuerint predo vel preda ecclesiastico subjaceant interdicto et etiam postquam inde recesserint, si dominus loci vel ejus vices gerens cum sciverat et poterat noluerit restituere spoliato, nec hujusmodi pigneratores aliquatenus audiantur si dixerint quod rem propriam acceperunt vel usi sunt jure suo, nisi ostenderint quod eis per ordinarium episcopum sit concessum prout predicta omnia cum quibusdam aliis in statutis predicti concilii plenius continentur, et ea in ipso concilio poteritis intueri. Et Johannes de Petra, Villelmus Bocheti et Petrus Vilarii contra voluntatem nostri dicti capituli et canonicorum tenentium prebendas de Vilariis et hominum dictarum prebendarum et ipsis capitulo et canonicis et hominibus invitis ceperint in pignerationem animalia et quedam alia bona mobilia infrascripta ab hominibus ecclesie maurianensis et capituli predicti infrascriptis et aduxerint, videlicet a Johanne Blanchardi unam patellam[1] et unum ligonem et unam vacam rubeam, item a Petro Granerii unam patellam et unam vacam rubeam, item a Petro Bado unum ligonem et unum cacabum et duas secures[2], item a Johanne Bado unum cacabum, unum ligonem et unam vacam rubeam, item a Johanne Bosonis unam grossam taravellam[5] et unam vacam albam bocham, item a Johanne Martini unum cacabum et unam patellam et unam vacam rubeam, item a Johanne de Arva unum ligonem, item a liberis Johannis Rufini duas patellas unum cacabum et unam caciam [4], item a Bernardo Falconis unum cacabum, unam patellam, unum ligonem et unam vacam borellam [5] et ipsa animalia aduxerunt et reducta fuerunt in parrochia de Camera penès Johannem Mallieti, et alique res alie de predictis reducte fuerunt in parrochia Sancti Albani de Vilariis in domo Hugonis Rosati et alique alie res reducte fuerunt in parrochia Sancti Stephani de Cuyna, in domo Petri Brutini et Johannis fratris sui ob quam causam prefati Johannes Mallieti Hugo Rosati, Petrus Brutini et Johannes frater suus, cum sint fautores et adductores predictorum pignerantium sententiam excommunicationi incurrerunt ipso facto et etiam omnes alie persone que fautores seu adductores extiterunt dictarum pignerationum in premissis. Idcirco vos et vestrum quemlibet vigore dicti concilii requirimus quatenus prenominatos pigneratores et eorum fautores juxta formam dicti concilii excommunicatos in vestris ecclesiis, singulis diebus dominicis et festivis... nuntietis donec de dampnis et injuriis per eos irrogatis plenius satisfecerint ea passis, et nichilominus dum dictos pigneratores vel eorum alterum vel res predictas per eos captas, seu animalia vel aliqua seu aliquod ipsorum in vestris parrochiis esse sciveritis cessetis a divinis juxta formam concilii antedicti. Et contenta in presenti littera secreta teneatis et nemini reveletis usque in diem crastinam, postquam presentes litteras receperitis. Datum die lune ante festum beati Michaelis, anno Domini millesimo trecentesimo vigesimo secundo (22 septembre 1322).

[1] *Unam patellam.* — Le mot *patella* paraît signifier ici une pelle.
[2] *Unum cacabum et duas secures*, une marmite et deux haches.
[5] *Unam grossam taravellam*, une grosse tarière.

⁴ *Unam caciam*, une grande cuillère à pot pour puiser de l'eau; on dit encore en patois une casse.

⁵ *Unam vacam bocham, unam vacam borellam.* — *Bocha*, bochard, bocharde, un bœuf ou une vache qui a le museau noirâtre; *borella*, une vache dont la peau est marquée de raies noires.

86.

Supplique du chapitre de la cathédrale de Maurienne au comte Edouard, et réponse du comte.

(12 Avril 1325.)

Vobis illustri et magnifico viro domino Eduardo comiti Sabaudie humiliter et pietatis intuitu, supplicant vestri canonici maurianensis ecclesie et totum capitulum ecclesie prelibate quod cum per dominos comites predecessores vestros largitiones et helemosine in remedium animarum suarum et predecessorum eorumdem dictis maurianensi ecclesie et canonicis olim facte fuerint et impense, potissime de omnibus et singulis que ipsi domini predecessores vestri in Monteberengerio possidebant inter duos rivos a rupe superius et in Vilario Bernonis et Traversia, et omne jus omnem injusticiam et omnem casum exactionum vel oppressionum, que ibidem ipsi domini comites usque tunc habuerant, vel deinceps a suis officialibus exagitari possent ipsis canonicis et ecclesie dederint et relinquerint se et potestatem suam de predictis omnino exuendo investituram perhempnem et plenum dominium rerum predictarum dicte maurianensis ecclesie sine ulla retentione penitus concedendo, salvo quod si forte in jam dictis donationibus proditio vel duellum contingeret, ea in manu sua retinuerunt ipsi domini comites ulciscenda, si vellent, reliqua omnia penitus concedendo ut supra, que quidem ecclesia et dicti viri canonici in locis predictis de ipsa omnimoda juridictione quando et quociens casus occurrerunt et venerunt ad eorum noticiam plene et libere usi fuerunt per longissima tempora et per tanta scilicet quod memoria hominum non existit, et de hiis steterunt in possessione pacifica et quieta per dicta tempora usque nunc, sic est quod castellanus et alie gentes vestre in Mauriana ipsos canonicos in predicta juridictione et ejus exercitio in pluribus impedire et perturbare nituntur. et etiam impediunt et perturbant injuste et indebite contra tenorem largitionum ipsarum. unde vos suum dominum ligium humiliter deprecantur quatenus ipsis castellano et aliis vestris gentibus prohibere velitis ne ipsos canonicos et ecclesiam in predictis perturbent, vel impediant contra tenorem et formam dictarum donationum et helemosinarum.

Qui canonici quando vestre dominationi placuerit, vos parati sunt informare de ipsis largitionibus et helemosinis et de usu et exercitio supradictis.

Edduardus comes Sabaudie dilecto fideli nostro domino Johanni de Megier judici maurianensi et tharentasiensi salutem et dilectionem sinceram. supplicationem annexam presentibus vobis remittimus, mandantes vobis quatenus quod super contentis in supplicatione predicta vocatis castellano nostro et procuratori maurianensi faciatis, cognoscatis et decernatis quod fuerit rationis remittentes vobis ipsius cause diffinitionem. Datum Chamberii cum appositione sigilli nostri, die veneris, duodecima die mensis aprilis, anno Domini millesimo trecentesimo vigesimo quinto.

86

Fondation de quatre services annuels, aux quatre-temps, par le comte Edouard.

(1ᵉʳ Décembre 1525.)

Nos Edduardus comes Sabaudie notum facimus universis presentes litteras inspecturis quod nos considerantes affectionem quam habemus erga capitulum Sancti Johannis Mauriane in remedium animarum carissimi genitoris nostri predecessoris nostri ac nostre damus et donacione perpetua et simplici concedimus eidem capitulo de quindecim libris grossorum turonensium argenti pro acquirendis quindecim solidis grossorum turonensium de redditu per annum per ipsum capitulum perpetuo possidendis. Et quousque dictas quindecim libras grossorum turonensium eidem capitulo solverimus. volumus et presencium tenore mandamus castellano nostro Mauriane qui nunc est et qui pro tempore fuerit quathinus dictos quindecim solidos grossorum turonensium dicto capitulo singulis annis in festo nativitatis beati Johannis Baptiste cum integritate persolvat super exitibus et obventionibus dicte castellanie quousque dicte quindecim libre sint eidem persolute pro dictis quindecim solidis annui redditus acquirendis. et recipiat ab ipso capitulo litteram de recepta et nos ipsos quindecim solidos grossorum turonensium in suis singulis computis precipimus allocari. dictum vero capitulum nobis graciose concessit quod ipsum perpetuo debeat et sit astrictum celebrare singulis annis quatuor temporibus anni quatuor missas videlicet dum vixerimus de sancto spiritu cum commemoratione defunctorum et post decessum nostrum de defunctis quas quatuor missas dictis quatuor temporibus anni singulis annis celebrare perpetuo teneantur. in quorum omnium premissorum robur et testimonium sigillum nostrum jussimus presentibus apponendum. datas Chamberiaci die prima mensis decembris anno Domini millesimo trecentesimo vicesimo quinto.

87

Les confrères de la confrérie du St-Esprit demandent aux chanoines de Maurienne l'usage d'une cloche pour réunir les membres de ladite confrérie.

(10 Mai 1326.)

Anno Domini millesimo trecentesimo vigesimo sexto, indictione nona, decima die mensis maii, venerabili patre domino Aymone existente episcopo maurianensi, coram testibus infrascriptis, Thomas Andree Faber Prior confratrie Sancti Spiritus civitatis maurianensis una cum Bosone Aymarii domicello, Johanne de Collumpnis, Guillelmo Fabri, Anthonio Bosonis, Guillelmeto Jordani, Aymone Mugnerii et Guigone Boterie confratribus dicte confratrie adcessit ad dominos canonicos maurianenses quorum nomina infra continentur et eos humiliter requisivit ut sibi concedere vellent de gratia speciali clochiam pro confratribus dicte confratrie convocandis[1], qui quidem canonici videlicet Johannes Vellencii prepositus Sancte Katarine, Viffredus de Columpnis, sacrista, Stephanus de Emeriaco cantor, Guillelmus Richardus, Hugo Cuterays et Johannes de Herbesio canonici maurianenses eidem Priori, de gratia speciali dictam clochiam concessit et de predictis per me notarium fieri preceperunt publicum instrumentum. Hoc actum fuit apud Sanctum Johannem maurianensem in ecclesia beati Johannis Baptiste, ubi ad hoc fuerunt testes vocati et rogati dominus Jacobus Vilarii presbyter maurianensis Dragueti et Urthaudus ryalii clerici. Ego autem Bertetus domicelli, auctoritate imperiali et domus maurianensis episcopalis notarius publicus, hanc cartam de prothocolis Petri de Capella notarii ad me commissis extraxi et signo meo signavi.

[1] *Clochia, æ,* cloche.

88

Le comte Edouard accorde aux habitants de la mistralie de Modane la propriété de tout ce qu'ils pourraient enlever à l'ennemi pendant la guerre[1].

(30 Mars 1328.)

Nos Edduardus comes Sabaudie notum facimus universis presentes litteras inspecturis quod nos considerantes, expensas gravamina et labores quas et que hactenus fecerunt, faciunt et sustinent pro facto guerre nostre dilecti nostri homines et universitates parrochiarum Amondane, Burgeti et aliarum parrochiarum mistralie Amondane in Maurianna. Volentes ipsos homines de expensis gravaminibus et laboribus hujusmodi relevationem et premium seu commodum reportare ut ferventius continuo perseverent expensas hujusmodi facere, gravamina et labores subire, tam ad deffensionem terre nostre quam ad offensionem inimicorum nostrorum, considerantes etiam affectionem quam habemus ad ipsos volumus et eisdem concedimus per presentes quod quicquid tam offendendo inimicos nostros quam deffendendo terram nostram, ipsi vel aliquis ex ipsis occupare, capere, habere et retinere poterunt de bonis et rebus inimicorum nostrorum, sive sit in personis captis vel rebus, sive bonis ipsorum adversariorum nostrorum que tamen ceperint tempore guerre sit ipsorum hominum et universitatis quorum videlicet esse debebit et ad eos libere et pure pertineat, absque eo quod nos seu castellanus noster Maurianne vel alii officiales nostri ab ipsis de predictis personis rebus vel bonis adversariorum nostrorum captis tempore guerre, aliquid petere vel habere possimus, dum tamen baillivus noster seu castellanus noster Maurianne non interfuerint vel auxilium dederint ad predicta faciendo. et dum tamen vexillum nostrum secum non deportatum fuerit ad faciendum predicta. Volumus tamen et eisdem injungimus ut ipsi treugas que pro tempore fuerint inter nos et delphinum, debeant inviolabiliter observare mandantes et precipientes, tenore presentium, castellano ceterisque officialibus et subditis, in castellania maurianensi constitutis, qui nunc sunt et qui pro tempore fuerint quatenus hanc nostram concessionem inviolabiliter observent et in nullo contrafaciant vel opponant. et pro predictis confitemur nos habuisse et recepisse a predictis hominibus triginta solidos grossorum turonensium argenti, per manum dilecti clerici et famuli nostri Aymonis Lupi de Castellario in pecunia numerata. In cujus rei testimonium sigillum nostrum presentibus duximus apponendum. Datum apud Sanctum Michaelem in Maurianna, die penultima mensis marcii, anno a nativitate Domini millesimo trecentesimo vigesimo octavo.

¹ En 1328, le comte Edouard était en guerre avec le dauphin. Par cette charte il autorise tous les habitants de la mistralie de Modane à faire des excursions dans la vallée de Briançon et leur accorde la propriété de tout ce qu'ils pourront enlever. Pour obtenir ce privilége, les habitants de la mistralie lui ont payé la somme de trente sols tournois.

89

Ordonnance d'Anthelme de Clermont, évêque de Maurienne, relative au clergé de la cathédrale.

(21 Avril 1357.)

Quod secundum apostolum qui altario servit vivere debeat de altari. et qui ad honus eligitur repelli non debeat a mercede. E contrario ferendus non est is qui lucrum amplectitur, honus autem subire recusat. Igitur nos Antelmus miseratione divina regimini maurianensis ecclesie presidentes, curis sollicitamur continuis et assidua meditatione urgemur ut juxta credite nobis dispensationis officium divini cultus augmento jugi quantum nobis ex alto concessum fuerit sollicitudinis studio in hiis precipue quibus animarum saluti consulitur intendamus. Ea propter ad nostram quod dolentes referimus pervenit noticiam quod servitores dicte nostre ecclesie, videlicet canonici, capellani et clerici in divini cultus officio in multis et diversis secundum statum gradus et eorum officia juxta antiquam regulam ordinarii et statutorum antiquorum per quam plures predecessores nostros et capitulum nostrum rationabiliter et salubriter editorum, se negligentes exhibent ac rebelles, Deum primo et penas in ipsis ordinario et statutis positas minime reverentes.

Primo enim ad nos perlatum est quod aliqui nostri canonici quam plures deffectus faciunt in missis, evangeliis, epistolis et aliis ad que tenentur prout gradus et ordo eorum secundum ipsius ordinarii et dictorum statutorum tenorem exigit et requirit. unde per nos et dictum nostrum capitulum unanimiter statutum et ordinatum est quod dicti deffectus si fiant quod absit per dictos canonicos, prout in dictis ordinario et statutis scriptum est puniantur.

Item nobis relatum extitit, et nos etiam occulata fide didicimus nonnullos vicarios seu capellanos capellarum dicte ecclesie et chorum intrantes, missas suas in suis capellis seu altaribus, temporibus et horis ordinatis, juxta fundationem et institutionem ipsarum capellarum et secundum ordinationem statutorum in dicto ordinario contentorum necnon contra promissionem et juramentum in suis creationibus prestitum curant minime celebrare. Item quod nonnulli ex ipsis indifferenter absque licentia petita et obtenta, licet ex institutionibus et ordinationibus ipsarum capellarum ipsi ecclesie continue debeant deservire et horis canonicis interesse secundum dicti ordinarii statutorum ipsorum et ipsarum capellarum institutionem et ordinationem, ab ipsa ecclesia et civitate nostris se absentant. Sunt etiam nonnulli de ipsis, qui dum hore canonice in dicta ecclesia dicuntur et misse celebrantur, licet non sint absentes tamen dictis horis et missis huc et illuc vagando aut statim chorum exeundo contra dictum ordinarium et statuta negligunt interesse. Unde super hiis omnibus volumus unanimes nos dicti episcopus et capitulum penas in ipsis ordinare et statutis antiquis adjectas penitus observari et ab offendentibus exigi et levari.

Item cum nonnulli capellani et clerici dicte ecclesie vestes deferant inhonestas utpote curtas seu breves strictas et nimium decollatas et manicas super tunicalium longas nimium et pendentes. zonas et cultellos desuper et in apperto portando, coronas clericales modice rotunditatis coronam seu capillos longos defferentes rigotos et buffetos ad modum laycorum[1]. cum secundum predictum ordinarium cuncti chorum intrantes tonsuras secundum suum ordinem congrue latas habere debeant, sed et capillos decenter rotundatos. Ita quod nec ab anteriori vel posteriori parte laycalis incisionis formam seu lasciviam representent. cum et secundum jura eciam hec prohibeantur, volumus et statuimus predicta non fieri per eosdem, sed ea in statum debitum et formam decentem reduci. Et qui post hujus statuti insinuationem et publicationem a predictis et eorum quolibet non resipuerit et quo ad vestes, coronam et tonsuram ad formam et statum decentem secundum dictum ordinarium non se transtulerit, ab omni commodo libre et refectorii tamdiu penitus sit exclusus Quod si forte quisquam talium presumptione dampnabili vel temeraria ad perceptionem librarum chori et refectorii per se seu per alium se ingesserit a dictis choro et refectorio eorumque omnium honore et comodo sit exclusus. Si verò aliqui de dictis capellanis vel clericis, ludis ad aleas vel taxillos se immiscuerint, aut tabernas secuti fuerint aut arma de die seu de nocte portaverint vel societates inhonestas frequentaverint penis similibus arceantur.

Item cum nonnulli prout nobis datum fuit intelligi. comedentes in refectorio panem, carnes et cybaria alia extra dictum refectorium mittant seu portent, Christi pauperes quibus est id quod super est erogandum, contra Deum et contra conscientiam defraudando. Statuimus ne predicta fiant de cetero seu fieri concedantur. Statuimus eciam quod diebus et horis quibus libra in choro non distribuitur[2] seu non comeditur in refectorio, ipsi chorum intrantes horis canonicis et divino officio et sub penis in ordinario et antiquis statutis comprehensis debeant interesse cum prout jura volunt, commoda qui sentis, jungas honus emolumentis.

Sunt nonnulli eciam capellani qui calices et patenas suarum capellarum et ornamenta alia suorum altarium se perdidisse dicunt, propter quod nequeunt in suis altaribus celebrare, capellas ipsas ymo animas defunctorum debitis obsequiis defraudantes. Unde statuimus quod predicti infra proximum festum beate Marie Magdalene, predicta una cum missalibus ipsarum capellarum supra majus altare ecclesie nostre predicte coram capitulo, presente sacrista et cantore nostre maurianensis ecclesie restaurare procurent ad opus ipsarum capellarum. Alioquin bona et redditus eorumdem et alia ipsorum comoda chori et refectorii per capitulum volumus detineri donec et usquequo de predictis satisfactionem fecerint competentem. Ita tamen quod interim si capellani predicti recusant celebrare in dictis capellis, ipsum capitulum dum fructus ipsarum capellarum percipiet, per ydoneos capellanos in ipsis capellis faciat celebrare. Et de perditione rerum inquiratur per curiam officialis nostri. taliter quod illi qui culpabiles reperientur, puniantur prout justitia suadebit.

Statuimus etiam quod prout olim solitum extitit et ex causa rationabili pro honore et comodo dicte ecclesie salubriter ordinatum quod omnes et singuli capellani ecclesiarum beate Marie et Sancti Johannis et capellarum circumstantium dictis ecclesiis per se vel per alios, sive presentes sint vel absentes omni anno diebus pasche et penthecostes, suos calices cum pathenis et missalibus supra majus altare beati Johannis, cum alio thesauro dicte ecclesie in vesperis representent. Quod si quisquam ipsorum in hoc defecerit, pro vice qualibet decem solidos bonorum viennensium, applicandos operi seu fabrice dicte ecclesie solvere teneatur. Et nichilominus ipsos calices cum pathenis et missalibus sequenti die ut supra exhibere teneantur, vocatis et presentibus ad premissa sacrista et cantore predictis, sub pena dupli pene predicte.

Has autem nostras constitutiones et hec nostra statuta volumus per dominum cantorem dicte ecclesie vel ebdomadarium in choro et refectorio una cum dictis statutis loquentibus de premissis, semel die aliqua congruenti nulla persona chori die predicta libram percipiente, nisi ipsam evidens corporalis infirmitas excusaret, publice legi, et divulgatis in choro et refectorio ne pretextu vel occasione alicujus crasse seu suppine ignorantie super premissis vel eorum aliquibus se possit aliquis excusare. Ea vero que pro et super premissis legi volumus sunt. Primo cauda seu finis tercii decimi capituli ibi ubi dicitur *tonsuras autem* usque ad finem. Item et illa statuta scripta in principio predicti ordinarii que incipiunt *ordinatum est*, et aliud sequens statutum quod incipit *anno Domini millesemo* cc.lxxxv usque in finem ipsius statuti. Item et aliud statutum quod incipit *in nomine Domini millesimo ducentesimo* lxvii *in crastino purificationis cum secundum apostolum*, etc., quod finit *et vespertini officii defunctorum*. Item et illa statuta que incipiunt *licet os bovis* usque in finem.

Quibus quidem ordinario et statutis tanquam salubribus et honestis per hec nostra statuta nolumus nec intelligimus in aliquo derogare, sed hec et ipsa pro honore, statu et reformatione divini cultus quem semper augeri cupimus in suo robore permanere. Acta fuerunt statuta predicta et ordinata per nos dictum episcopum, singulis de dicto nostro capitulo ad sonum campane in talibus consuete in unum congregatis infra sacrarium nostre maurianensis ecclesie, die vigesima prima mensis aprilis, videlicet die lune pasche. Anno Domini millesimo trecentesimo trigesimo septimo, cum appositione nostrorum episcopi et capituli sigillorum in testimonium omnium premissorum et ut premissa perpetuam roboris habeant firmitatem.

[1] *Rigotos et buffetos.* — *Rigotus*, boucle de cheveux, frisure. Ducange dit qu'en provençal le fer à friser s'appelle *rigotiar*. — *Buffetus*, toupet; en quelques provinces de la Savoie on dit encore aujourd'hui le *bufet* pour désigner les cheveux du front qui forment le toupet.

[2] *Libra, æ,* distribution qui se faisait à l'église ou au réfectoire commun.

90

Le comte Aimon ordonne au châtelain de Maurienne de payer annuellement au chapitre de la cathédrale de St-Jean les quinze sols légués par le comte Edouard.

(15 Juillet 1338.)

Aymo comes Sabaudie dilecto castellano nostro maurianensi salutem et dilectionem, conquesti sunt nobis dilecti nostri canonici et capitulum Sancti Johannis maurianensis quod cum inclite recordationis dominus et frater noster carissimus dominus Edduardus comes Sabaudie quindecim solidos grossorum turonensium argenti annuatim donaverit eisdem, solvendos de et super exitibus et obventionibus castellanie nostre maurianensis quolibet anno in festo beati Johannis Baptiste super quorum solutione plena mandata a nobis et nostro consilio recepistis, ipsos tamen quindecim solidos solvere recusatis eisdem, excusationem pretendentes occasione pensionis quam pro dicta castellania singulis mensibus nobis dare debetis, licet dicti exitus de dictis quindecim solidis obligati forent, ante constitutionem pensionis ejusdem et super ipsis exitibus de dictis quindecim solidis sit satisfieri consuetum et vobis que ultra recepta libratis in vestris computis allocantur, igitur visis litteris donationis predicte et mandatis factis super solutione predicta, eorumque tenoribus attentis vobis expresse precipimus et mandamus omnino volentes quatenus dicta pensione nonobstante omnibusque dilationibus et exceptionibus remotis dictos quindecim solidos debitos pro termino festi nativitatis beati Johannis Baptiste nuper lapsi sine dilatione seu mora qualibet et ab inde annis singulis dicto termino solvatis et expediatis eisdem in quantum nostram indignationem cupitis evitare, taliter quod ob solutionis deffectum ad nos ulterius non habeatur recursus, recipientes ab ipsis litteram de recepta cum copia presentium, et nos que pro predictis solveritis in vestris computis volumus et mandamus alloquari[1]. Datum Voyrone die decima tertia mensis julii, anno Domini millesimo trecentesimo trigesimo octavo.

[1] *Alloquari* pour *allocari*, être alloué.

91

Le comte Amédée VI s'engage à faire payer annuellement au chapitre de la cathédrale de Maurienne cinq sols gros de Tours pour l'anniversaire du comte Aimon, son père.

(20 Juin 1345.)

Nos Amedeus comes Sabaudie notum facimus universis presentes litteras inspecturis quod cum per reverendos dominos executores ultime voluntatis domini genitoris nostri carissimi domini Aymonis comitis Sabaudie quondam nuper fuerit ordinatum per nos donari capitulo, canonicis capellanis et clericis ecclesie Sancti Johannis maurianensis pro uno anniversario pro anima dicti domini genitoris nostri, annis singulis die obitus ipsius in dicta ecclesia perpetuo faciendo, in quo pro ejus anima commemorationem faciant specialem centum solidos grossos turonenses o rotundi semel solvendos eisdem vel quinque solidos grossos turonenses eorumdem perpetuo annuales usquequo de ipsis centum solidis semel eis fuerit satisfactum. Auctoritate pariter et consensu tutorum nostrorum dominorum Ludovici de Sabaudia domini Ubaudi et Amedei comitis gebennensis dictam volentes ordinationem observare, volentes dictos quinque solidos grossos turonenses annuales quolibet anno in die obitus domini nostri predicti solvere, promittimus bona fide sub bonorum nostrorum omnium ypotheca dictis capitulo, canonicis, capellanis et clericis donec de dictis centum solidis grossis turonensibus semel eis fuerit satisfactum. Quos quinque solidos grossos turonenses annuales eisdem, auctoritate qua supra super exitibus nostris mistralie de Camera in Maurianna specialiter assignamus et de ipsis eosdem solvi volumus annuatim dicto termino ex causa predicta. Tenore presentium eadem auctoritate precipiendo mandantes, mistrali nostro Camere qui nunc est et pro tempore fuerit quatenus de dictis exitibus mistralie supradicte eisdem capitulo, canonicis, capellanis et clericis solvat et expediat anno quolibet, termino supradicto, dictos quinque solidos grossos turonenses predictorum vel ipsorum certo mandato pacifice et absque diminutione quacumque, necnon precipientes castellano nostro maurianensi qui nunc est et pro tempore fuerit quatenus dictam solutionem eis fieri faciat anno quolibet dicto termino de dicta pecunie quantitate annuali et ad solvendum eisdem dictum mistralem compellat, ut premittitur, cum effectu recipiendo copiam presentium sub forma publici instrumenti in prima solutione, et tam in ipsa quam in aliis solutionibus sequentibus a dictis capitulo, canonicis, capellanis et clericis vel procuratoribus retineant instrumentum publicum vel litteram de recepto de quibus in suis computis fides fieri valeat. Et nos auctoritate premissa dictam annuam quantitatem eisdem castellano maurianensi et mistrali Camere presentibus et futuris in eorum rationibus eis volumus et jubemus singulis computis alloquari donec solutio facta fuerit de centum solidis grossis turonensibus supradictis sub harum nostrarum testimonio litterarum. Datum Chamberii die vigesima mensis junii anno Domini millesimo trecentesimo quadragesimo tertio.

92

Amédée VI confirme l'ordre donné par le comte Aimon, son frère.

(1ᵉʳ Mars 1344.)

Amedeus comes Sabaudie castellano nostro Maurianne qui nunc est et pro tempore fuerit aut ejus locum tenenti salutem et dilectionem de auctoritate et consilio dominorum Ludovici de Sabaudia patrui et Amedei comitis gebennensis fratris carissimorum tutorum nostrorum, vobis precipimus et mandamus quatenus quantitatem contentam in litteris hic annexis termino ibidem contento ex nunc in antea integraliter sine difficultate qualibet persolvatis, viris venerabilibus canonicis et capitulo ecclesie Sancti Johannis Mauriane vel certo mandato eorum omnibus exceptionibus procul jectis sicut et quemadmodum in litteris hic annexis per bone memorie dominum comitem Aymonem quondam progenitorem nostrum concessis videbitis contineri, taliter quod ob solutionis deffectum ad nos de cetero non habeatur recursus, recipientes ab ipsis litteram de recepta cum copia presentium et nos que pro predictis solveritis volumus et precipimus de auctoritate predicta in vestris computis alloquari. Datum Chamberii prima die mensis marcii, anno Domini millesimo trecentesimo quadragesimo quarto.

93

Confirmation de la donation du Montbérenger faite aux chanoines de Maurienne par le comte Thomas en 1189, et de plusieurs autres donations faites aux mêmes chanoines par les prédécesseurs du comte Thomas.

(14 Mars 1344.)

Nos Amedeus comes Sabaudie notum fieri tenore presentium volumus universis quod audita querimonia dilectorum nostrorum capituli et canonicorum ecclesie Sancti Johannis maurianensis nobis, et carissimis patruo domino Ludovico de Sabaudia, domino Vibaudi, fratrique domino Amedeo comiti gebennensi, nostris tutoribus, facta, super eo videlicet quod cum iidem capitulum et canonici asserant se habere merum ac mixtum imperium ac jurisdictionem omnimodam[1] ex largitionibus predecessorum nostrorum comitum Sabaudie eis factis in villis et territoriis de Monte Berengerio a rupe superius inter duos rivos, Vilarii Bernonis[2] et de Traversia[3], in suis dictorum locorum hominibus et in hominibus quos dicti capitulum et canonici apud Cuynam, in Vilariis super Cuynam, apud Sanctum Remigium et Tigniacum[4], exceptis proditione duntaxat et duello, qui casus eisdem comitibus nostris predecessoribus reservati fuerunt, ex largitionibus antedictis et in eorumdem exercitii possessione vel quasi semper postea, salva compositione per ipsos capitulum et canonicos cum domino Camere olim facta, in qua in dictis eorum hominibus de Cuyna, de Vilariis supra Cuynam, Sancti Remigii et Tigniaci, certi casus dicto domino Camere fuerunt reservati, fuisse, donec olim maxime vite tempore recordationis inclyti domini Aymonis Sabaudie comitis domini et genitoris nostri carissimi, quo fuerunt, ut asseritur, per castellanos et alios officiarios nostros in Mauriana turbati et indebite impediti. Visis eorum capituli et canonicorum monumentis et juribus ne super hiis inter nos seu gentes nostras et ipsos capitulum et canonicos excitetur questionis materia, de dictorum nostrorum auctoritate tutorum pervenimus cum eisdem ad compositionem et concordiam infrascriptam, videlicet quod in dictis villis locis et territoriis Montis Berenger, Vilarii Bernonis et Traversie, etiam in hominibus dictorum capituli et canonicorum omnimoda cohercitio delictorum ex quibus mors naturalis seu membri mutilatio sequi vel inferri deberet, et si in condemnationem pecuniarum convertatur, ad nos debeat integre pertinere, ceteris autem omnibus omnimode jurisdictionis actibus etiam ad merum et mixtum imperium pertinentibus ad dictos capitulum et canonicos in ipsorum hominibus et ex ipsis descendentibus tantum in dictis villis Montis Berengerii, Vilarii Bernonis et Traversie, etiam si iidem homines vel eorum aliquid ad alia loca, quam ea in quibus nunc inhabitant, infra tamen parrochias de quibus sunt ipsa loca se transtulerint vel transferrent pertinere debentibus pleno jure. Judices quoque mistrales et alios jus reddentes habere valeant dictis locis quo ad sibi pertinentia et eisdem superius declarata capitulum et canonici memorati suas tenere assisiás [5] cridas [6] et edicta sua per ecclesias facere et dictis locis etiam publicare, via ordinaria et extraordinaria procedere, suas sententias exequi, delinquentes dictos suos homines capere et punire pro suis demeritis, et que committent excessibus et delictis in locis predictis, captosque ducere et tenere, tutelas et curas dare, datas confirmare et cetera omnia ad usum et exercitium meri et mixti imperii ac jurisdictionis omnimode spectantia, salvis nobis superius reservatis, cum integro statu facere et etiam exercere. Ceterum homines predicti presentes et futuri capituli et canonicorum dictorum locorum nos seu gentem nostram ad deffensionem patrie seu succursum quod ovalia [7] vulgariter nuncupatur, aut si nos aliquem locum vel castrum obsidere contingat, sequi juvareque teneantur et dicti capitulum et canonici seu mistrales eorum dictos homines ad eumdem sequendum et juvandum ad requisitionem nostrorum officiariorum vel gentium per penarum, ad talia solitarum, impositionem ab eorum mistralibus, vel si recusarent, a nostris officiariis faciendam, et alias compellere teneantur. Quod si forsan homines predicti, ut premittitur, in dictis casibus vel eorum alteri non irent in penas impositas incidendo omnes vel aliqui, pene seu banni non eunti vel non euntibus infligendi pecuniarii due partes ad nos et tertia ad dictos capitulum et canonicos debeant pertinere et per nostros officiarios, nostra pars exigi cum effectu et cognosci etiam de eadem. Et si dubitatio super hiis in posterum oriretur, volumus quod de plano simpliciter et sine judicii strepitu et figura, prout eque fieri poterit, terminetur. promittentes auctoritate predicta, pro nobis et nostris, bona fide, contra aliqua de predictis in posterum non venire, sed ea firmiter attendere et inviolabiliter observare, mandantes tenore presentium universis et singulis ballivis, judicibus, castellanis, mistralibus et aliis officiariis nostris, presentibus et futuris, seu loca tenentibus eorumdem quatenus predicta universa et singula attendant, firmiter et observent nec presumant ullatenus contra facere quomodo libet vel venire. pro quibus confitemur nos habuisse et recepisse a capitulo et canonicis memoratis centum florenos auri per manum domini Georgii de Sollio cancellarii nostri dilecti. In quorum testimonium pro utraque parte binas fieri litteras tenoris ejusdem quibus sigilla nostra ac dictorum tutorum nostrorum, una cum sigillo dicti capituli jussimus apponenda. Datum Chamberiaci die decima quarta mensis martii, anno Domini millesimo trecentesimo quadragesimo quarto.

Nos vero prenominati tutores predicta universa et singula auctorisata confirmantes, auctorisantes [8] et fore vera pariter confitentes, sigillum nostrum commune quo utimur in negotiis Sabaudie comitatus, una cum sigillis dicti domini nostri comitis et capituli apponi fecimus litteris presentibus in eorum testimonium et ad majorem roboris firmitatem. Datum

Chamberiaci die decima quarta mensis martii, anno Domini millesimo trecentesimo quadragesimo quarto.

Per duos tutores in concilio presentibus dominis		decano maurianensi priore Intermontis p. dno de Hurteriis
Raymondo de Sollio Bartholomeo Taberne Guillelmo de Sollio	militibus	p. de Muris p. Ravaisii Andrea Trovati

Nos autem dicti capitulum et canonici, nostro specialiter propter ea convocato et congregato capitulo, more solito et loco consueto, considerantes et attendentes predicta omnia et singula in nostre ecclesie capitulique ac nostrorum hominum utilitatem et commodum fore gesta, eis tenore presentium, consentimus eaque concedimus et volumus pro nobis et nostris successoribus perpetuo duratura et ad eorum robur et certitudinem sigillum dicti nostri capituli una cum sigillis dictorum dominorum comitis et tutorum presentibus duximus apponendum. Datum in dicto nostro capitulo in ecclesia Sancti Johannis predicta, die ultima mensis martii, anno Domini millesimo trecentesimo quadragesimo quarto, propterque ad ea de quibus supra de cavalcatis et exercitibus habetur mentio, ad nichil contra nos de jure possibile in foro conscientie astringi volumus vel teneri. Nichilominus tamen idem dominus comes et sui in perpetuum successores possint, in dictis casibus, nostris uti hominibus sine nostrarum vel successorum nostrorum conscientiarum prejudicio vel jactura, incursuque irregularitatis quam proponimus evitare. Et quod nos non teneamur ad cavalcatas et exercitus ire[9], nostros homines cogere cum effectu ut ipsius irregularitatis incursus periculum certius evitemus. Jus tamen ipsi domino comiti et suis successoribus in futurum plene pertineat cogendi memoratos homines ad predicta, juris remediis et inhobedientes punire, parte tertia bannorum predictorum prout superius nobis salva.

¹ *Merum ac mixtum imperium.* — Pouvoir souverain, haute et basse justice, droit de vie et de mort; cependant le comte s'était réservé la connaissance des cas d'homicide, de trahison et de duel.

² *Villard Bernon*, village de la paroisse de St-Michel.

³ *Traversia*, la Traverse, village du Thyl.

⁴ *Tigniacum*, Tigny, village de la Chapelle.

⁵ *Assisia*, conseil d'hommes réunis pour rendre la justice.

⁶ *Crida*, criée, proclamation faite par un huissier.

⁷ *Ovalia*, ce mot ne se trouve pas dans Ducange; il paraît signifier un danger imprévu et pressant. C'est ce qu'on appelle encore aujourd'hui en quelques provinces de la Savoie un cas d'ovaille.

⁸ *Auctorisare*, autoriser, approuver, confirmer.

⁹ Les chanoines de Maurienne consentent à ce que les hommes de leurs fiefs soient forcés de faire la guerre pour secourir le comte, mais ils ne veulent pas les y obliger eux-mêmes, de peur d'encourir l'irrégularité portée par les saints canons.

94

Reconnaissance passée en faveur du comte Amédée VI, par plusieurs habitants d'Hermillon pour la chavannerie de l'Echaillon.

(17 Juin 1344.)

Anno Domini millesimo trecentesimo quadragesimo quarto, indictione duodecima, die decima septima mensis junii, coram testibus infrascriptis, per hoc presens publicum instrumentum cunctis appareat evidenter quod ad instantiam et requisitionem mei notarii infrascripti stipulantis, requirentis et recipientis more publice persone vice nomine et ad opus illustris et magnifici principis Amedei comitis Sabaudie et successorum suorum confessi fuerunt et publice recognoverunt Ysabellona relicta Petri de Monte Andrea¹ tutorio nomine Petri et Villelmeti liberorum suorum et dicti Petri quondam,

Margarita relicta Peroneti Viberti tutorio nomine Peroneti filii sui et dicti Petri quondam, Johannes Viberti, Johannes Sarpol, Thomas Johannis, Johannes Stephani, Benedictus Mabilie et Fratrisia uxor Villelmeti de Monte Andrea tutorio nomine Johanneti, Petri et Thome, liberorum suorum et dicti Villelmeti quondam, Johannes Jacos, Johannes de Monte Andrea, presentes pro se et pluribus eorum pareriis absentibus se tenere, tenere velle et debere et se tenere constituerunt in feudum et de feudo et directo dominio prefati domini comitis et successorum suorum chavanneriam[2] de Eschallyone[3] sitam in parrochia Hermelionis a balneis de Eschallyone usque ad balmam de Vilario Clementis. Pro qua quidem chavannaria predicti superius nominati ex nominibus quibus supra confitentur per se et suos heredes et successores debere dicto dno comiti et successoribus suis laudes et vendas[4] clamam[5] escheytam[6] totum dominium feudi et cavalcatam[7]. Quam confessionem et omnia et singula suprascripta in presenti instrumento contenta promiserunt singuli suprascripti, et corporaliter supra sancta Dei evangelia juraverunt et sub obligatione omnium bonorum suorum firmam et firma ratam et rata habere perpetuo et tenere nec contradicere facere vel venire per se vel per alium aliqua causa vel ingenio de jure vel de facto, renunciantes exceptioni dicte confessionis non facte, juri dicenti confessionem factam extra judicium non valere et omni alii juri etc. Actum apud Hermelionem in domo Anthonie filie quondam Villelmi de rivo ubi testes fuerunt vocati Petrus Musisii, Villelmus Amalfredi et Aymonetus Chrastronis de Camera notarius. Et ego Petrus de Pynairol auctoritate imperiali et domini comitis Sabaudie publicus notarius hanc cartam per me receptam scribi feci manu Petri Balay notarii coadjutoris mei, et me subscripsi et signo meo signavi.

[1] *De Monte Andrea*, Montandré, village d'Hermillon.
[2] *Chavanneria, e*, domaine rustique, métairie. Puisque cette chavan-

nerie s'étendait depuis les bains jusqu'à la *balme* de Villardclément, elle comprenait tout le territoire dit de l'Echaillon.

³ *De Eschallyone*, ce mot est dérivé de *scala*, parce que ce petit territoire est situé entre la montagne et la rivière d'Arc; on n'y arrivait autrefois que par un escalier taillé dans le roc.

⁴ *Laudes et vendœ*, les lods et vends, droit à payer au seigneur direct chaque fois qu'un fief se vendait.

⁵ *Clama, e*, clame, claim ou clain, appel en justice, citation, droits qu'un créancier devait payer au seigneur pour être autorisé à poursuivre ses débiteurs. Ce droit tenait lieu de ce qu'on paye aujourd'hui au fisc dans les procédures.

⁶ *Escheyta, e*, échute. Lorsque le vassal manquait à ses obligations essentielles, il y avait échute; il était *déchu* de son droit; le fief revenait au seigneur.

⁷ *Cavalcata, e*, obligation imposée au vassal de suivre son seigneur à la guerre ou de fournir un certain nombre de soldats.

95

Convocation des chanoines de la cathédrale de Maurienne pour délibérer sur la malheureuse position dans laquelle le chapitre se trouvait alors.

(28 Juillet 1346.)

Venerabilibus honestis et circumspectis viris dominis sociis et amicis suis carissimis, Francisco prepositi decano, Amedeo de Montebello, Petro Marescalci preposito Sancte Catharine, Roberto Ramusci cantori, Petro de Sayssello officiali, Petro ejus fratri, Guillelmo de Poypia, Viffredo de Columpnis sacriste, Johanni de Herbeysio, Guigoni Aymarii, Anthonio Chaboudi, Aymoni Alamandi, Henrico Bertrandi, Aymoni et Viffredo Grangie, Bartholomeo de Megiez, Petro de Ravoyria¹ et Anthonio Bernardi, canonicis maurianensibus omnibusque aliis maurianensis ecclesie canonicis ac singulis eorumdem ad quos presentes pervenerint, capitulum ecclesie beati Johannis Baptiste maurianensis salutem et se totum in illo qui est omnium vera salus. Quoniam prout in jure scribitur, ea que de novo emergunt novo indigent auxilio et quod a pluribus sapientibus queritur facilius invenitur, et dicit sapiens, omnia fac cum consilio et non penitebis et alibi etiam, quod omnes tangit est ab omnibus approbandum, hinc est quod vobis et vestrum singulis dolentes refferimus, et cum magna cordis contritione nos et ecclesiam nostram hodie et forte nostris peccatis exigentibus seu demeritis, multis et diversis angustiis et oppressionibus multipliciter pergravatam, in tantum quod nisi predictis per vos et alios ejusdem ecclesie deffensores, breviter occuratur in juribus suis non solum maximum detrimentum, sed omnino exheredationem et penuriam patietur, cause et rationes hujusmodi vobis nequeunt commode per litteras explicari, cum colloquium et maturum tractatum requirant et exigant personale. Ea propter ad vos et vestrum singulos has presentes litteras publicas sub nostro sigillo dirigimus vobis et vestrum singulis intimantes vos et vestrum singulos rogantes eo affectu quo possimus fortiori, nichilominus que vestrum quemlibet sub fide et promissione qua tenemini dicte ecclesie et qua thesaurum [honorem et jura ejusdem servare, perquirere et deffendere vestro posse debetis ac etiam promisistis quod vos et vestrum quilibet apud Sanctum Johannem maurianensem, omni occasione cessante, personaliter intersitis die martis, in proxima octava assumptionis beate Marie virginis, ut superdictis ecclesie et capituli necessitatibus et angustiis vos et alii de capitulo tractatum et consilium prout salubrius videbitur quantum in vobis et nobis fuerit, auctore domino disponatur ac etiam ordinetur. Et vobis et vestrum singulis placeat has litteras quas penes nos ad cautelam retinuimus registratas et super quarum exhibitione portitori dabimus plenam fidem, ne vos possitis pretextu ignorantie excusare, vestris sigillis propriis sigillare. Valete bene in Domino qui vos custodiat et augeat gressus vestros. Datum apud Sanctum Johannem maurianensem in sacrario dicte maurianensis ecclesie, die vigesima octava mensis julii, anno Domini millesimo trecentesimo quadragesimo sexto, cum appositione sigilli nostri in testimonium premissorum.

[1] On voit par ce titre qu'en 1546 la plupart des chanoines de Maurienne appartenaient à des familles nobles : Amédée de Montbel, Pierre de Mareschal, Pierre de Seyssel, Guillaume de la Poype, Guiffrey des Colonnes, Jean de Gerbais, Aimon Allamand, Henri de Bertrand de la Pérouse, Aimon et Guiffrey de la Grange, Barthélemi de Migieux.

96

Jean Galliandi, curé de St-Michel, reconnaît devoir annuellement cent sols de Vienne au chapitre de la cathédrale de Maurienne.

(6 Février 1547.)

Anno Domini millesimo trecentesimo quadragesimo septimo, indictione decima quinta, die sexta mensis februarii, venerabili patre domino Antelmo existente episcopo maurianensi, coram testibus infrascriptis per hoc presens publicum instrumentum cunctis appareat evidenter presentibus et futuris, quod ad instantiam et requisitionem mei Petri de Capella, jurati notarii, stipulantis et recipientis more publice persone, vice nomine et ad opus capituli maurianensis et omnium aliorum quorum interest et interesse poterit in futurum confessus fuit publice, sollempniter, et in veritate recognovit dominus Johannes Gallyandi curatus, seu vicarius perpetuus ecclesie Sancti Mychaelis in Mauriana, facta sibi primitus informatione de quadam recognitione facta eidem capitulo per dominum Petrum de Petra Castri predecessoris domini Johannis Gallyandi predicti, per quoddam publicum instrumentum factum manu mei notarii infrascripti, ab anno Domini millesimo trecentesimo vigesimo secundo, indictione quinta, die vigesima tertia mensis octobris, se tenere a dicto capitulo ad censam omnes proventus et exitus ad dictam ecclesiam Sancti Mychaelis et omnia ipsius pertinentia ad vitam ipsius curati seu vicarii perpetui, exceptis decimis, que percipiuntur in dicta parrochia Sancti Mychaelis per dictum capitulum, seu nomine ipsius et per ipsam ecclesiam, nomine ipsius ecclesie, pro quibus proventibus et exitibus idem dictus Johannes Gallyandi confessus fuit ad instantiam mei predicti notarii ut supra stipulantis et recipientis, se debere dicto capitulo quolibet anno centum solidos viennenses experonatos de censa annuali ultra triginta solidos annuales quos dictum capitulum consuevit percipere in dicta ecclesia ab antiquo. Quos centum solidos una cum dictis triginta solidis predictus dominus Johannes Gallyandi promisit bona fide sub obligatione bonorum suorum et dicte ecclesie Sancti Mychaelis et juravit se dare et solvere singulis annis dicto capitulo, vel ejus mandato videlicet dictos centum solidos dicto capitulo, et dictos triginta solidos in manu clavigeri dicti capituli, medietatem in synodo pascali et aliam medietatem in synodo autumnali. promisit insuper et juravit dictus dominus Johannes michi dicto notario quo supra nomine stipulanti et recipienti omnia onera ad dictam ecclesiam Sancti Mychaelis pertinencia facere, solvere et suis expensis propriis sumptare ultra dictam censam, dum tamen dictam ecclesiam tenebit. Et protestatus fuit idem curatus quod si plus vel minus deberet revichire[1] quod ea posset emendare quousque ad ejus noticiam pervenerit. Et quod inde fiant tot instrumenta quot inde partes habere voluerint. Hoc actum fuit apud

Sanctum Johannem maurianensem in sacrario maurianensis ecclesie ubi ad hoc fuerunt testes vocati et rogati dominus Petrus Gallyandi curatus ecclesie beate Marie de Cuyna, frater dicti domini Johannis Gallyandi et Guigo Gallyandi eorum frater et Martinus de Ollis parrochie Villarii Gondrant clericus. Et ego Jacobus abbatis de Alonziaco, auctoritate imperiali et domus maurianensis episcopalis notarius publicus, hanc cartam notatam et abreviatam manu Petri de Capella notarii publici ex commissione mihi facta per venerabilem virum dominum Petrum de Sayssi officialem curie maurianensis, levavi et in formam publicam redegi. Et ego dictus Petrus de Capella signo meo signavi et in ea me subscripsi.

¹ *Revichire*. — Le mot *revichire* ou *regichire*, qui ne se trouve pas dans le dictionnaire de Ducange, est employé ici dans le sens de *solvere, persolvere*, payer, acquitter.

97

Amédée de Savoie, évêque de Maurienne, ordonne à Guigues Eymar, chanoine et sacristain, de nommer un recteur à la paroisse de St-Colomban des Villards.

(25 Décembre 1351.)

Amedeus de Sabaudia miseratione divina maurianensis electus, dilecto vicario nostro in spiritualibus domino Guigoni Eymarii nostro maurianensi canonico et sacriste, salutem in Domino sempiternam, quia collatio ecclesie seu vicariatus perpetui Sancti Columbani de Villariis nostre diocesis cujus presentatio et jus patronatus alias ad nostrum maurianense capitulum dignoscitur pertinere ad nos pro eo quia vacavit ultra sex menses continuos ista vice de jure extitit devoluta vobis committimus et mandamus quatenus eidem ecclesie et vicariatui provideatis de ydoneo rectore vice nostra, et eamdem ecclesiam cum ejus juribus hac vice nostro nomine prout vobis expedire videbitur conferatis, nolumus tamen nos ad presentationem futuri temporis et alia jura quecumque corporalia et incorporalia dicto nostro capitulo spectantia eidem nostro capitulo in aliquo deregare. Datum die vigesima tertia decembris, anno Domini millesimo trecentesimo quinquagesimo primo.

98

Reconnaissance en faveur du chapitre de la cathédrale de Maurienne par Jacques Favre, curé de St-Alban des Villards.

(20 Octobre 1360.)

Anno Domini millesimo trecentesimo sexagesimo, inditione tertia, die vigesima mensis octobris, venerabili patre domino Amedeo de Sabaudia Dei gratia maurianensi episcopo existente coram testibus infrascriptis. ad instantiam et requisitionem magistri Petri Daval de civitate Sancti Johannis Mauriane notarii publici sollempniter stipulantis et recipientis more publice persone, vice nomine et ad opus ecclesie cathedralis dicte civitatis et capituli ejusdem, dominus Jacobus Fabri curatus ecclesie parrochialis Sancti Albani de Villariis supra Cuynam juratus super sancta Dei evangelia dixit et confessus fuit ac in veritate recognovit quod dicta sua ecclesia est de collatione, patronatu et donatione dicti capituli, et pro ipsa ecclesia confitetur pro se et suis successoribus in eadem ecclesia debere in perpetuum de servicio annuali in synodo autumpnali dicto capitulo decem solidos et sex denarios bonos viennenses quos promisit idem dominus Jacobus per juramentum suum predictum et sub obligatione omnium bonorum dicte sue ecclesie mihi dicto notario vice qua supra stipulanti solvere ipso capitulo vel ejus clavigero aut procuratori annis singulis dum fuerit curatus dicte ecclesie termino supradicto una cum reffectione et restitutione omnium dampnorum quorumcumque et expensarum litis et expresse renuntiavit exceptioni dicte confessionis non facte, doli mali, metus et omni alii juri canonico et civili sibi in hoc facto competenti. Et fuit protestatus idem dominus Jacobus quod si regichiret plus aut minus quam deberet, non noceat ei, cum sit paratus regichire[1] et solvere ea que pro dicta sua ecclesia ipsi capitulo deberet. Hec acta fuerunt in civitate Mauriane in operatorio mei Petri Daval notarii antedicti sito juxta domum episcopalem ubi testes ad hec vocati fuerunt et rogati, dominus Franciscus Ruffini de Sancta Catarina capellanus, dominus Humbertus Chivillardi curatus Sancti Albani de Urteriis et Johannes Jordani de civitate predicta appothecarius. Et ego dictus Petrus Daval auctoritate imperiali et domus maurianensis episcopalis notarius publicus hanc cartam rogatus scripsi signoque meo proprio signavi.

[1] *Revichire* et *regichire*, *solvere*, payer, acquitter, satisfaire son créancier.

99

Le prieur du prieuré de La Chambre confesse devoir au chapitre de la cathédrale de Maurienne une livre d'encens annuellement.

(12 Décembre 1360.)

Anno Domini millesimo trecentesimo sexagesimo, indictione tertia decima, die duodecima mensis decembris, venerabili in Christo patre domino Amedeo de Sabaudia, Dei gratia episcopo maurianensi existente, coram testibus infrascriptis, per hoc presens publicum instrumentum cunctis evidenter appareat presentibus et futuris quod ad instantiam et ad requisitionem mei Petri Daval de civitate Mauriane notarii publici sollempniter stipulantis et recipientis, more publice persone, vice nomine et ad opus ecclesie beati Johannis Baptiste civitatis Maurianensis necnon venerabilis capituli dicte maurianensis ecclesie et omnium aliorum quorum interest et interesse poterit in futurum venerabilis dominus Franciscus Forrerii prior prioratus Camere maurianensis dyocesis confessus fuit, juratus ad sancta Dei evangelia, se debere ratione dicti sui prioratus dictis ecclesie et capitulo unam libram thuris, annis singulis, in perpetuum de censa seu redditu annuali. quam libram predecessores dicti domini prioris consueverunt solvere dictis ecclesie et capitulo maurianensi antedicto sacriste dicte ecclesie. quam confessionem promisit dictus dominus prior, sub juramento predicto, ratam, gratam, firmam, validam et irrevocabilem habere perpetuo et tenere et non contrafacere vel venire sed dictam libram thuris, annis singulis dicto capitulo vel ejus procuratori aut dicto domino sacriste solvere per terminos infrascriptos, videlicet medietatem dicte libre thuris, in sancta synodo autompnali, et aliam medietatem ipsius libre thuris in sancta synodo paschali, dum fuerit prior dicti prioratus Camere, sub obligatione omnium bonorum dicti sui prioratus. Renuntians dictus dominus prior, per juramentum suum predictum, exceptioni dicte confessionis non facte, doli mali, metus et juri dicenti confessionem extra judicium factam non valere et omni alii juri canonico et civili in hoc facto competenti. Hoc actum fuit in civitate maurianensi ante operatorium mei Petri Daval notarii situm in platea mali consilii, ubi testes vocati fuerunt et rogati Jacobus Garde, de Camera notarius, Johannes filius quondam Petri de Croso de Albiaco

Juveni, Petrus Butardi et Johannes Balay de Sancto Juliano. Et ego Petrus Daval de dicta civitate Mauriane, auctoritate imperiali et domus maurianensis episcopalis notarius publicus, hanc cartam per me receptam de mandato et auctoritate prefati domini episcopi, manu Aymonis Rubei notarii levatam, signo meo proprio signavi.

100

Testament de Pierre Dupont.

(2 Mars 1365.)

Anno Domini millesimo trecentesimo sexagesimo quinto, indictione tertia, die secunda mensis martii, coram testibus infrascripis. cum nichil sit certius morte etc. Idcirco Petrus de Ponte, filius quondam Guigonis de Ponte, domicellus sanus etc. rerum suarum per presens testamentum ordinavit in hunc modum in primis, etc. Item clamores suos, etc. Item suam sepulturam elegit in ecclesia beate Marie castri Hermelionis[1] in qua sepultura interesse voluit quadraginta capellanos[2] et offerri cuilibet ipsorum tres denarios turonensium grossorum[3] et cuilibet clerico unum denarium turonensem et fieri convivium die sui obitus per consuetudinem temporis secundum statum et nobilitatem suam. Item voluit poni in suo luminario unum quintale de cere. de residuo vero sue sepulture per consuetudinem dicte ecclesie. Item processionem et absolutionem perpetuam qualibet die dominica ut est moris. et anniversarium perpetuo, die sui obitus. pro quo anniversario legavit servitoribus dicte ecclesie octo solidos fortes solvendos anno quolibet in perpetuum in nativitate

Sancti Johannis Baptiste... Si prior dicte ecclesie ad se appropriare vellet nunc pro ex tunc dictum legatum, illud revocatum et annullatum esset. Item voluit celebrari... missam in dicta octava, pro anima sua, et semel in eddomada per unum annum proximum post ejus obitum... In fine autem et circa finem dicti testamenti hec sequuntur. Item sibi heredes instituit universales ut predicta omnia compleant et attendant Johannem et Jacobum de Ponte filios quondam Villelmi de Ponte et eos ad invicem substituit. Et si de dictis ambobus decedere contingat sine liberis masculis legitimis, sibi heredem substituit Johannem quondam filium Martini de Ponte. Et si de dicto Johanne item decedere contingeret sine liberis masculis ut supra sibi heredes instituit dominos Johannem Hugonem et Petrum de Ruppe... milites fratres vulgariter pupillariter et pro fidei commisso in stirpes et non in capita. Et hanc suam ultimam voluntatem asseritur esse velle, etc. Actum apud Villaretum in dicta domo forti[4], testes Franciscus Falqueti, Johannes Durandi, Thomas Boyssonis, Petrus Taluchii, Johannes Falqueti de Grangiis de Villareto, Hugoninus de Sancto Glaudio habitator Pontis, Codurerius et Nycolaus de Vaudis minister dicti Petri testatoris. Et ego Johannes Gardonis de Hermelione auctoritate imperiali et curie illustris et magnifici principis domini Amedei comitis Sabaudie notarius publicus hanc cartam receptam manu Hugonis de Plathea notarii publici quondam ex commissione michi facta de presenti carta per virum venerabilem et discretum dominum Johannem Mistralis judicem maurianensem et tharentasiensem pro prefato domino comite prout in recepta dicti Hugonis inveni, levavi, signavi, scripsi et tradidi et in ea me subscripsi.

[1] *Beata Maria castri Hermelionis*, Notre-Dame du Châtel.
[2] *Quadraginta capellanos*, quarante curés.
[3] Trois deniers gros tournois. Le denier gros tournois valait alors environ 95 cent. et représentait en blé une valeur de 1 fr. 65 cent.

⁴ *Apud Villaretum in dicta domo forti.* — La maison du Pont avait son château au hameau du Villaret, qui fait partie de la paroisse de Notre-Dame du Châtel.

101

Les habitants de St-André protestent au vice-châtelain que s'il ne recevait pas ce jour-là la dîme des agneaux, ils en disposeraient autrement.

(20 Avril 1365.)

Anno Domini millesimo trecentesimo sexagesimo quinto, indictione tertia, die vigesima mensis aprilis, coram testibus infrascriptis, per hoc presens publicum instrumentum cunctis fiat manifestum presentibus pariter et futuris, quod hodie que est dies dominica, gentibus et parochianis Sancti Andree in ecclesia dicti loci congregatis ad divina, ut moris est, modicum ante cantationem prefacie, tamen post offertorium ac etiam in ipsa ecclesia ad divina, stante Jacobo Varcini vice castellano seu mistrali dicti loci Sancti Andree, pro reverendo in Christo patre domino Amedeo de Sabaudia, divina gratia maurianensi episcopo. Ipsi quidem parrochiani communitatis dicti loci Sancti Andree reputantes quasi omnes parrochiani et etiam major pars ipsorum, ut asserunt vicissim decimas agnorum debentes ipsas decimas presentaverunt cum instancia nominibus ipsorum presentium et nominibus aliorum absentium, videlicet dicto Jacobo vice castellano seu mistrali ibidem presenti, quamvis decimare consueverint ipsi parrochiani in vigilia ramis palmarum, ipsas decimas presentaverunt ac die prout supra et nisi decimaret dictus vice castellanus seu alius decimator si fuerit per totam hanc diem si dicti homines et parrochiani de dictis suis agnis et bestiis ab inde se juvarent prout consueverunt, videlicet ad vendendum, locandum seu aliter alienandum et maxime omnes infrascripte persone ibidem presentes nomine eorum presentium et aliorum absentium debentium decimas agnorum dictas presentationes fecerunt[1]. Et primo Jacobus Mercerii, Petrus Varcini Escoferius, Anthonius ejus frater, Michael Claperii, Girardus Chaberti, Johannes Solieti, Johannes Rolandi Faber, Jacobus Sapieti, Petrus Varcineti notarius, Jacobus et Johannes Varcineti fratres Jacobi, Petrus Hugo et Franciscus Boreli fratres, Benedictus Bertrandi, Johannes Losaci, Johannes Audeardi, Johannes Boreli de Para, Franciscus de Chomaz, Matheus Paluelli de Veyca et Petrus ejus frater, Andreas Claperii, Anthonius Mercerii, Jacobus de Chomaz, Johannes Villeti, Stephanus Belleti, Johannes Villarii, Jacobus Varcini de Tura, Johannes Cocini, Ansermus Joberti, Petrus Bues, Anthonia uxor quondam Johannis Sollieti, Johannes et Ansermus de Prato Longo fratres, Johannes de Pineto, Petrus Boverii, Johannes Belleti de Pereriis et Guigona Sapieti et Jacobus de Chomaz, de quibus predictis omnibus prenominate persone et parochiani ibidem astantes requisierunt me notarium ex auctoritate mei officii sibi fieri plura publica instrumenta ad opus dictarum personarum et tocius communitatis dicte parrochie Sancti Andree que dictari reffici et reborari possint levata vel non producta vel non per me notarium infrascriptum consilio et dictamine unius aut plurium jurisperitorum. Hoc actum fuit apud Sanctum Andream intus dictam ecclesiam, presentibus dogno Aymone Bernardi capellano, Andrea Armirati Johanne filio Johannis Sibordi, Antermeto Beceti et Petro Sibordi de Freyneto vocatis pro testibus et rogatis. Et ego Petrus Paluelli de Sancto Andrea auctoritate imperiali et domus maurianensis episcopalis notarius publicus hanc cartam per me receptam et imbreviatam levatamque manu Johannis de Rivo notarii coadjutoris mei signo meo signavi et in ea me subscripsi.

¹ On voit par cet acte qu'un jour de dimanche, 20 avril 1365, les gens et paroissiens de St-André, tous réunis à l'église, selon la coutume, pour assister à l'office divin, après l'offertoire, un peu avant le chant de la préface, se sont levés et ont déclaré à Jacques Varsini, vice-châtelain dudit lieu pour l'évêque de Maurienne, que s'il ne recevait pas ce jour-là même la dîme des agneaux qu'ils étaient en usage de payer chaque année la veille du dimanche des Rameaux, ils en disposeraient autrement pour les vendre ou les louer. Ils firent dresser un acte notarié de leur déclaration.

102

Grégoire XI confirme les priviléges accordés aux chanoines de la cathédrale de Maurienne par le St-Siége, par les rois ou par toute autre personne.

(11 Décembre 1372.)

Gregorius episcopus servus servorum Dei, dilectis filiis capitulo ecclesie maurianensis salutem et apostolicam benedictionem. Solet annuere sedes apostolica piis votis et honestis petentium precibus favorem benivolum impertiri. Ea propter dilecti in Domino filii, vestris justis postulationibus grato concurrentes assensu, omnes libertates et immunitates a predecessoribus nostris romanis pontificibus sive privilegia seu alias indulgencias vobis et ecclesie vestre concessas, necnon libertates et exemptiones secularium exactionum a regibus et principibus et aliis episcopi fidelibus rationabiliter vobis et ecclesie predicte indultas, sicut eas juste et pacifice obtinetis, vobis et per vos eidem ecclesie, auctoritate apostolica confirmamus, et presentis scripti patrocinio communimus. Nulli ergo omnino hominum liceat hanc paginam nostre confirmationis infringere vel ei ausu temerario contraire. Si quis autem hoc attemptare presumpserit indignationem omnipotentis et beatorum Petri et Pauli apostolorum ejus, se noverit incursurum. Datum Avinione III nonas decembris pontificatus nostri anno secundo.

103

Jean de Malabaila, évêque de Maurienne, confirme et ratifie tous les priviléges que ses prédécesseurs avaient accordés au chapitre de St-Jean-Baptiste.

(10 Novembre 1378.)

Anno Domini millesimo trecentesimo septuagesimo nono, indictione secunda, die decima mensis novembris, venerabili patre domino Johanne Malabaylla, divina providentia maurianensi episcopo existente coram testibus infrascriptis per hoc presens publicum instrumentum cunctis presentibus et futuris appareat evidenter, quod ad instantiam et requisitionem venerabilis capituli maurianensis ad sonum campane, more solito congregati, pro negotiis sue maurianensis ecclesie pertractandis, in melius reformandis maxime pro negotiis infrascriptis. In quo quidem capitulo inter ceteros presentes erant venerabiles viri domini Aymo de Albiaco, Amedeus de Arva operarius, Petrus de Solimno, Johannes Durandi, Johannes de Platea, Johannes Bongerii, Jordanus Eymondi, Martinus Daval, Largus Porralli decanus, Jacobus Salse sacrista, et Petrus Eymarii canonici maurianenses majorem seu saniorem partem prefati capituli representantes, capitulantes et capitulum facientes et tenentes nominibus suis et aliorum dominorum canonicorum dicti loci absentium et tocius capituli memorati stipulantes sollempniter et recipientes nominibus antedictis, et mei Aymonis Daval notarii publici stipulantis sollempniter et recipientis more persone publice, vice nomine et ad opus prefati capituli et ecclesie prelibate omniumque et singulorum quorum interest et in futurum poterit interesse, prefatus reverendus in Christo pater et dominus Johannes Malabaylla miseratione divina maurianensis episcopus sciens prudens et spontaneus motu affectionis quam habet erga ecclesiam prelibatam per se et successores suos in domo sua episcopali maurianensi, confirmavit, ratifficavit, approbavit et homologavit perpetuo prout melius et sanius fieri et intelligi potest et debet prefatis capitulo et dominis canonicis superius nominatis michique notario prefato stipulanti ut supra omnes et singulas libertates compositiones et constitutiones omniaque et singula privilegia et statuta usus etiam et consuetudines quas et quos prefati capitulum et domini canonici et eorum ecclesia memorata huc et hacthenus habuerunt tam contentos, et contenta in instrumentis, litteris et scripturis ac in ordinario ecclesie prelibate quam extra et quibus usi fuerunt et utuntur in capitulo, ecclesia memoratis, et specialiter quamdam compositionem dudum factam inter bone memorie dominum Amedeum tunc episcopum maurianensem ex una parte et dictum capitulum tunc regnans ex altera contentam et declaratam in quodam publico instrumento inde facto, manu Petri de Albiaco, notarii publici sub anno Domini millesimo ducentesimo quadragesimo septimo, indictione quinta, prima die mensis junii, in qua compositione seu instrumento ipsius, inter cetera continetur quod dictum capitulum possit acquirere in terra episcopali, feuda militaria seu nobilia, decimas et possessiones ac homines generaliterque confirmavit, ratificavit et approbavit ut supra omnia et singula suprascripta tam contenta in instrumento predicto hic supra quam annotata vel in aliis instrumentis litteris et scripturis. Item in ordinario predicto, per modum et formam in et eorum quolibet declaratos quam extra prout jam est superius, ut premittitur, declaratum et expressum. Que omnia universa et singula supra et infra scripta promisit prefatus dominus episcopus pro se et successoribus suis predictis stipulans sollempniter bona fide et in verbo episcopi ponendo manum ad pectus more pontificum prefatis capitulo et dominis canonicis michique notario stipulanti ut supra, rata, grata, firma, valida, irrevocabiliaque habere perpetuo et tenere et nunquam per se vel per alium clam vel palam, aliqua causa, vel ingenio de jure vel de facto contra facere de cetero, vel venire, nec alicui contra venire volenti modo aliquo consentire, sed ea omnia universa et singula attendere et complere ac inviolabiliter observare, renuntians idem dominus episcopus exceptioni dictarum confirmationis, garantationis, ratifficationis, approbationis, homologationis et promisit non factam vimque et singulorum premissorum non factorum et non sic vel rite seu legitime factorum doli mali metus et in factum actioni conditioni sine causa ob causam et ex injusta causa juri dicenti generalem renuntiationem non valere nisi precesserit specialis, et omni alii juri canonico et civili sibi in hoc facto competenti. Et de predictis preceperunt prefati dominus episcopus, capitulum et domini canonici plura fieri instrumenta per me notarium infrascriptum, que dictari, corrigi, reffici, emendari valeant ad opus et utilitatem prefati capituli semel et pluries si necesse fuerit levata vel non levata predicta in judicio vel non predicta dictamine et consilio unius vel plurium peritorum, facti tamen substantia non immutata, que instrumenta sigillentur et sigillari debeant sigillis prefatorum domini episcopi et capituli et cujuslibet eorumdem, ad majoris roboris firmitatem. Quibus tamen sigillis et eorum quolibet appositis vel non appositis et ipsis et eorum aliquo fractis, vel non fractis, nichilominus ipsa instrumenta omnia et singula plenam obtineant et obtinere debeant in futuro valoris firmitatem. Acta fuerunt hec apud Sanctum Johannem maurianensem in sacrario maurianensis ecclesie prelibate ubi testes ad hec vocati fuerunt specialiter et rogati viri nobiles et prudentes dominus Johannes Salerie legum doctor, Petrus de ultra Arcum doctor, Johannes filius quondam Amblardi Placentie, Viffredus Placentie et Petrus Bouverii clerici et Johannes Jordani appothecarius de civitate maurianensi. Et ego Aymo Daval de Albiaco veteri auctoritate imperiali et domus episcopalis maurianensis notarius publicus hanc cartam vocatus et rogatus recepi et notavi, levavique et in hanc publicam formam redigi feci manu Johannis Boneti notarii publici et adjutoris mei et de mandato et auctoritate domini maurianensis episcopi signo meo proprio signavi in ea me subscripsi et tradidi.

104

Le comte Amédée VI ordonne qu'il soit dressé un état de tous les biens meubles et immeubles de la commune de St-Julien, pour servir de base à l'assiette des impôts.

(24 Avril 1381.)

Nos Amedeus comes Sabaudie, dux Chablaysii et Auguste, in Ithalia marchio et princeps, notum facimus universis, quod dilectorum fidelium nostrorum hominum communitatis et parochie loci nostri Sancti Juliani maurianensis nobis exhibita supplicatio continebat quod quotienscumque aliquas taillias, levas, fogagia[1] vel impositiones alias quavis ratione indictas fieri contingit ibidem, non pro modo facultatum suarum imponuntur ipsis hominibus, sed de facto potentiores portiones excessivas angariant minoribus ultra vires patrimoniorum suorum et contra debitum rationis, occasione quorum majoribus excusatis pro modico, inferiores premuntur, graves et intollerabiles lesiones recipiunt, et patriam nostram persepe facti pauperes deserere coguntur, poscentes per nos super hiis sibi de salubri remedio subveniri. Quapropter nos dictorum hominum supplicationi velut juri consone, sicut et convenit, annuentes, pro nobis et successoribus nostris deliberato proposito ordinamus et dictis hominibus et posteritatibus ipsorum gratiose concedimus per presentes quod abinde in antea omnes et singuli homines et persone bona aliqua per se vel alium possidentes infra terminos parochie supradicte sub vinculo juramenti teneantur res et bona in eadem parochia consistentia in manibus trium proborum eligendorum ab eis super hiis consignationem conficere et etiam declarare, et de ipsis rebus et bonis, sint mobilia vel immobilia, registrum fiat per tres probos ut supra eligendos, quod registrum renovetur et reparetur quotiens dictis supplicantibus videbitur opportunum, per formam cujus registri omnes et singule taillie, leve, impositiones, fogagia, subsidia et quelibet alia onera que dictos homines vel successores ipsorum pro necessitatibus communitatis predicte, aut pro confaciendis subventionibus, subire continget in futurum, dividantur et distribuantur inter homines et personas parochie et communitatis predicte, ac etiam inter omnes et alios singulos qui et que infra dictam parochiam bona quevis mobilia vel immobilia per se vel alium pro tempore possidebunt et successorum ipsorum pro modo facultatum suarum consistentium infra parochiam memoratam et secundum rectum ordinem et legitimam rationem et juxta facultatem bonorum mobilium et immobilium ut supra cujuslibet eorumdem. Mandantes et precipientes expresse judici, castellano, procuratori nostris maurianensibus, mistrali Sancti Michaelis maurianensis et ceteris officiariis nostris presentibus et futuris vel eorum loca tenentibus quatenus predictum modum et ordinem nostrum attendant et observent, in nullo contra faciant vel opponant, nec predictos aliter nec alio modo solvere talia seu consimilia munera coherceant vel compellant nisi per modum registri superius declarati, et si secus fieret, illud irritum ex nunc fore decernimus penitus et inane, sed dictum registrum modo predicto fieri, refici et reparari faciant semel et pluries et sicut dictis hominibus videbitur opportunum, et eosdem homines fortes faciant in predictis et singulis predictorum. Datum in Lanceo Burgo die 24 aprilis, anno 1381 [2].

[1] *Fogagium*, ou *focagium*, ou *foagium*, redevance due par tous les feux, ou par toutes les familles d'une même localité.
[2] Ces lettres d'Amédée VI ont été confirmées par d'autres lettres obtenues successivement et datées des années 1391, 1454 et 1501. Cela prouve que durant tout ce temps au moins on a continué de mettre en usage les dispositions qui y sont contenues.

105

Le chapitre de St-Jean de Maurienne donne procuration à Pierre de la Palud pour administrer trois prébendes qui avaient été abandonnées, en recevoir les revenus et en rendre compte.

(18 Décembre 1382.)

Anno Domini millesimo trecentesimo octuagesimo secundo, indictione decima quarta, die decima octava mensis decembris, venerabili patre domino Henrico, Dei gratia maurianensi episcopo existente, coram testibus infrascriptis, per hoc presens publicum instrumentum, cunctis fiat manifestum quod venerabile capitulum maurianensis ecclesie ad sonum campane, more solito ad invicem congregatum, in quo capitulo inter ceteros presentes erant venerabiles viri domini Aymo de Albiaco, Johannes de Platea, Petrus de Sancto Remigio, Johannes Bouverii, Humbertus Bonyvardi, Stephanus de Laniaco, Largus Porralli, Guido de pede aye, Martinus Daval et Petrus Aymarii canonici maurianenses nominibus suis et aliorum dominorum canonicorum dicte maurianensis ecclesie absentium pro eo quod prebendarii prebendarum infrascriptarum scilicet unius trium prebendarum Sancti Remigii et Tygniaci, videlicet illius que collata fuerit domino Petro Villareti, prebende Clugniaci et prebende de Traversia et rector capelle Sancte Anne non serviunt nec servire faciunt, prout decet in dicta ecclesia beati Johannis Baptiste predictis prebendis nec in dicta capella, nec supportant alia onera incombentia ut tenentur, sicut pro parte dicti capituli asseritur, posuerunt ad manum dicti capituli dictas prebendas et capellam cum suis juribus et pertinentiis et cum fructibus, redditibus et exitibus eorumdem et ipsarum cujuslibet, precipiunt Petro Paludis, notario clavigero ipsorum, quatenus fructus, redditus, exitus et proventus dictarum prebendarum et capelle et ipsarum cujuslibet nomine dicti capituli retineat et exigat, et omnia predicta supportet et faciat deserviri, et in premissis et eorum singulis ipsum Petrum presentem constituunt procuratorem suum in premissis et cetera eadem. Quam quidem constitutionem et omnia alia in presenti instrumento contenta promiserunt dicti capitulum et canonici bona fide rata, grata et firma habere perpetuo et tenere et non contra facere dicere vel venire. nec alicui contravenire volenti in aliquo consentire. Et dictus Petrus promisit et ad sancta Dei evangelia corporaliter juravit, et sub obligatione omnium bonorum suorum in premissis diligenter et fideliter se habere et de hiis que recipiet bonum computum reddere et legitimam rationem. Hoc actum fuit in sacrario dicte maurianensis ecclesie ubi testes ad hoc vocati fuerunt et rogati dominus Johannes de Costis jurisperitus ; dogni Andreas de Naves et Bernardus Galiardi capellani. Et ego Jacobus Daval de civitate maurianensi, auctoritate imperiali et domus maurianensis episcopalis notarius publicus hanc cartam de prothocollis Aymonis Daval notarii publici levatam manu Jacobi Fabri notarii publici, signo meo signavi et subscripsi.

106

L'évêque Henri de Severy confirme les accords faits le 1ᵉʳ juin 1247 par l'évêque Amédée III et le chapitre de St-Jean de Maurienne.

(29 Janvier 1585.)

In nomine Domini, amen, anno ejusdem circoncisionis sumpto, millesimo trecentesimo octuagesimo tertio, indictione sexta, die vicesima nona mensis januarii, reverendo patre in Christo domino ac domino Henrico de Submiriaco Dei gratia maurianensi episcopo existente, coram testibus infrascriptis, per hoc presens publicum instrumentum cunctis appareat evidenter presentibus et futuris, quod prefatus reverendus in Christo pater et dominus episcopus sciens, prudens et spontaneus ad instantiam et requisitionem venerabilium dominorum Humberti Bonivardi, Johannis Ramazzotti aliter de montibus Ansermi Pinzotti, Guidonis de pede aye, canonicorum maurianensium, nominibus suis et aliorum dominorum canonicorum absentium et capituli maurianensis et mei notarii infrascripti nomine ipsius capituli et canonicorum ecclesie cathedralis maurianensis civitatis, absentium et omnium aliorum et singulorum quorum interest, intererit et interesse poterit in futurum stipulantium sollempniter et recipientium, viso prius per ipsum dominum episcopum et inspecto ut asseritur, quodam publico instrumento facto manu Petri de Albiaco, notarii publici quondam, sub anno Domini millesimo ducentesimo quadragesimo septimo, indictione quinta, prima die mensis junii, super quibusdam compositionibus et declaratinnibus factis, inhitis inter dominum Amedeum quondam maurianensem episcopum et capitulum ecclesie predicte et quinque sigillis in cordis seu tissuris sericis impendentibus sigillatis, habita supra contentis in dicto instrumento matura deliberatione, ut asseritur, tam secum quam cum aliis peritis, ipsa omnia singula et universa in dicto instrumento contenta et declarata sicuti rite et legitime precesserunt, et facta et inhibita fuerunt, et ratifficavit confirmavit et approbavit dictis dominis canonicis et michi notario nominibus quibus supra stipulanti et recipienti et plenam voluit et precepit perpetuo obtinendam roboris firmitatem et ad majorem rei geste firmitatem prefatus dominus episcopus ex una parte et prefati domini canonici nominibus quibus supra voluerunt et preceperunt per me notarium infrascriptum dictum instrumentum et tenorem ejusdem de verbo ad verbum prout jacet ad eternam rei memoriam huic presenti confirmationis instrumento inseri et in presenti pagina, prout jacet, registrari, exemplari, transcribi et autenticari, cujus tenor de verbo ad verbum sequitur, et est talis [1]...

Quo quidem instrumento exemplato per me Johannem Porterii notarium publicum, instrumentum prefati domini episcopus et canonici nominibus quibus supra de predictis omnibus preceperunt sibi plura fieri publica instrumenta ejusdem tenoris. Hoc actum fuit in civitate maurianensi in domo episcopali predicta in camera posteriori dicti domini episcopi sita juxta voutam [2] ubi ad premissa interfuerunt testes vocati specialiter et rogati viri venerabiles domini Anthonius de Sancto Martino prior de Talussiaco, Villelmus Sibue, Johannes Salerie et Johannes Testuti notarii. Et ego Stephanus Barberii de valle Sancti Stephani clericus, imperiali auctoritate, notarius publicus, hanc cartam de prothocollis Johannis Porterii, notarii publici quondam, ex concessione michi facta per dominum maurianensem episcopum[1] vocatus et rogatus levavi scripsi signavi subscripsi fideliterque tradidi.

[1] Cet acte, passé le 1er juin 1247 entre l'évêque Amédée III et le chapitre de St-Jean de Maurienne, se trouve en entier ci-devant, pag. 78, n° 52.
[2] *Vouta*, æ, voûte, du mot italien *volta*.

107

Le juge de Valloires décide que les impôts établis pour faire face aux frais de la consécration de l'évêque Henri de Severy, ne doivent être payés que par les feudataires de l'évêque et non par ceux du chapitre.

(22 Mai 1585.)

In nomine Domini amen, anno ejusdem Domini millesimo trecentesimo octuagesimo tertio, indictione sexta, die vicesima secunda mensis maii ad quam citati erant, coram nobis Johanne de Costis, judice Volovii, commissario in hac parte a venerabili viro domino Othone de Sancto Martino priore Garde[1], vicario generali reverendi in Christo patris domini domini Henrici Dei et sedis apostolice gratia maurianensis episcopi specialiter deputato, omnes et singuli persone de castellania Volovii, que sua crederent interesse ad comparendum coram nobis, apud Sanctum Johannem maurianensem et videndum et audiendum ordinationem nostram super hiis de quibus agitur in supplicatione et litteris quarum tenores sequuntur et sunt tales, vobis nobili venerabili et religioso viro domino Othoni de Sancto Martino priori Garde, vicario generali, reverendi in Christo patris et domini domini Henrici, miseratione divina maurianensis episcopi exponitur pro parte capituli et canonicorum ecclesie maurianensis, quod castellanus Volovii pro prefato domino episcopo maurianensi, seu ejus locum tenens, homines prefati capituli in prebendis et de parrochia Montis Richerii a rivo Bocheti ultra[2], quamvis non de jure sed de facto cogit et compellit tam per pignerationes[5] quam aliis modis fortioribus quibus potest ad solvendum sibi certas pecuniarum quantitates que eisdem hominibus, licet indebite, fuerunt ut dicitur imposite et taxate pro expensis consecrationis prefati domini episcopi. Ad quas tamen quantitates prefati homines dicunt minime se teneri, et etiam dicti supplicantes eosdem homines ad eas non teneri, ex causa premissa, maxime cum prefati homines sint homines ligii prefati capituli et non prefati domini episcopi, nec sunt etiam situati in feudo domini episcopi prelibati sed in feudo prefati capituli duntaxat. Quapropter venerande circumspectioni et excellentie vestre humiliter supplicant prefati capitulum et canonici quatenus vobis placeat, intuitu justitie, eisdem supplicantibus super hiis providere de remedio condecenti potissime dare in mandatis dicto castellano vel ejus locum tenenti ne ipsos homines capituli memorati ulterius premissorum occasione compellat nisi duntaxat illos homines qui reperirentur tenere de feudo prefati domini episcopi secundum facultatem dicti feudi et secundum recognitiones inde factas adeo maxime ne dicti homines super premissis de quibus non tenentur, ut predicitur, ulterius indebite fatigentur.

Igitur nos dictus judex et commissarius, visis dictis supplicatione et litteris habitaque matura deliberatione super ipsis et contentis in eisdem, quia tam fide dignorum testimonio quam per computos et recognitiones domus episcopalis maurianensis et alias summarias informationes sumus plenarie informati quod expense consecrationis domini episcopi debentur duntaxat pro et super rebus feudalibus manentibus de feudo domus episcopalis super quibus sunt deberi recognite, attendentes etiam quod dicti pro quibus supplicati sunt homines dicti capituli et domus episcopalis in hiis scripti declaramus juxta tenorem supplicationis et commissionis nobis traditarum homines predictorum supplicantium de quibus in dictis litteris mentio habetur non teneri nec debere contravenire in predictis expensis consecrationis nisi si et in quantum res quas tenent de feudo dicte domus episcopalis reperirentur ascritte, precipientes dicto vice castellano ut pignora pro predictis contra homines dictorum supplicantium levata reddat et restituat, mandantes etiam castellano Volovii et omnibus aliis officiariis dicti loci presentibus et futuris quod nostram presentem declarationem teneant et attendant ac inviolabiliter observent. Datum sub sigillo nostro proprio, sigillo judicature predicte carente, anno et die quibus supra.

[1] Jean Descôtes, juge de Valloires, avait été nommé commissaire en cette partie par révérend Othon de St-Martin, prieur de la Garde. Le château de la Garde, situé sur la paroisse de Villardgondran, appartenait à l'évêque de Maurienne; on en voit encore aujourd'hui les ruines. Il paraît que le prieuré de la Garde était annexé au château.

[2] Le ruisseau du Bochet, entre Villardgondran et Montricher.

[3] *Pignerationes.* — Le châtelain de Valloires faisait donner des gages à ceux qui ne pouvaient pas payer de suite.

108

L'antipape Clément VII approuve un statut du chapitre de la cathédrale de Maurienne, portant qu'on ne recevrait plus à l'avenir de chanoines honoraires.

(23 Mai 1389.)

Clemens episcopus servus servorum Dei ad perpetuam rei memoriam. hiisque pro statu prospero ecclesiarum et presertim cathedralium ac personarum in eis degentium provide facta sunt ut illibata persistant libenter adjicimus apostolici muniminis firmitatem. Sane peticio pro parte dilectorum filiorum capituli ecclesie maurianensis nobis nuper exhibita continebat quod olim ipsi ad sonum campane more solito convocati attendentes quod redditus exitus et proventus prebendarum dicte ecclesie adeo erant diminuti quod canonici ipsas prebendas tenentes auctoritate apostolica instituti expensas secundum statum ipsorum supportare nequibant ut deceret, de consensu venerabilis fratris nostri Johannis episcopi maurianensis statuerunt et ordinarunt quod ex tunc in antea in eadem ecclesia canonici forenses qui prebendas seu officia in eadem ecclesia non obtinerent non reciperentur, quodque postmodum nonnulli canonici ipsius ecclesie statutum et ordinationem hujusmodi confirmarunt et emologarunt prout in quibusdam patentibus litteris inde confectis ipsorum episcopi et capituli sigillis munitis in quibus nonnulla alia statuta ipsius ecclesie continentur et ex quarum tenore illa duntaxat que statutum et ordinationem predicta concernunt presentibus inseri fecimus, plenius continetur. Quare pro parte dictorum capituli nobis fuit humiliter supplicatum ut statutum et ordinationem predicta apostolico munimine roborare de apostolica benignitate dignaremur. Nos igitur hujusmodi supplicationibus inclinati statutum et ordinationem predicta rata et grata habentes illa ex certa scientia auctoritate apostolica confirmamus et presentis scripti patrocinio communimus. Tenor autem eorum que ut premittitur ipsa concernunt talis est. In nomine sancte et individue Trinitatis amen. Nos capitulum maurianense ad sonum campane in aula reffectorii ecclesie nostre more solito die presenti convocati de consensu reverendi in Christo patris et domini nostri Johannis divina gratia episcopi nostri maurianensis [1] pro negotiis dicte ecclesie nostre ibidem pertractandis et in melius prout Deus annuerit reformandis et ibidem nominibus nostris et aliorum canonicorum predicte ecclesie absentium capitulantes et capitulum generale tenentes de consensu dicti reverendi in Christo patris statuimus quia fide digna relatione percepimus redditus exitus et proventus prebendarum dicte nostre ecclesie adeo fuisse diminutos quod canonici easdem prebendas tenentes auctoritate apostolica statuti [2] expensas secundum statum ipsorum supportare nequeunt ut deceret. volentes super premissis de opportuno remedio providere ea propter statuimus et ordinamus quod de cetero canonici forenses non recipiantur sub quacumque verborum forma reservata ad eorum vitam debita consueta portione cum nullas habeant prebendas nec officia in ipsa ecclesia. imo contra statuta antiqua summi pontificis ibidem fuerunt positi alios canonicos enervando. Acta fuerunt hec in dicto capitulo de mandato prefati reverendi patris in Christo domini episcopi prelibati presentibus dominis canonicis suprascriptis et unanimiter consentientibus die sexta decima mensis januarii anno Domini millesimo trecentesimo octuagesimo in cujus rei testimonium statuta nostra hujusmodi per notarium infrascriptum scribi et publicari mandavimus ac nostri sigilli una cum sigillo dicti reverendi in Christo patris mandavimus appensione muniri. Postque anno Domini millesimo trecentesimo octuagesimo III nonis maii predicto in sacrario predicte ecclesie maurianensis ad sonum campane more solito congregati predicti Amedeus de Arva, Petrus de Sancto Remigio, Johannes de Plathea, Jordanus Reymondi, Martinus Daval, Jacobus Salse, Largus Porralli et Petrus Aymarii una cum venerabilibus viris dominis Petro de Soturno, Humberto Bonyvardi et Anthonio Bertrandi canonicis maurianensibus predicta statuta suprascripta confirmarunt ratifficarunt et emologarunt promiseruntque et jurarunt corporaliter ipsa omnia et singula habere rata grata et firma et perpetuo pro se et suis inviolabiliter observare. De quibus omnibus et singulis requisierunt predicti domini canonici suis et nominibus aliorum dominorum canonicorum absentium sibi fieri per Aymonem Daval notarium publicum instrumentum presentibus discreto et sapienti viro domino Johanne de Costis jurisperito, Johanne Testuti notario et Johanne filio quondam Hugonis Placentie clerico maurianensi pro testibus vocatis specialiter et rogatis. Sic est per me dictum Aymonem Daval notarium et clericum capituli prelibati. Licet sit alia manu scriptum quia eram aliis negotiis occupatus, et constat mihi de rasura in antepenultima linea, a capite dicte linee sub signo meo solito in testimonium premissorum. Nulli ergo omnino homini liceat hanc paginam nostre confirmationis infringere vel ei ausu temerario contraire. Si quis autem hoc attemptare presumpserit indignationem omnipotentis Dei et beatorum Petri et Pauli apostolorum ejus se noverit incursurum. Datum Avenione x kalendas junii pontificatus nostri, anno undecimo[3].

[1] Jean de Malabaila, évêque de Maurienne, mort cette même année 1380.

[2] Il paraît, par ces paroles, qu'à l'époque dont il s'agit tous les chanoines de la cathédrale de Maurienne étaient de la nomination du St-Siége.

[3] Clément VII ayant été élu à Fondi le 27 août 1378, la onzième année de son pontificat répond à l'année 1389.

102

Compromis entre les chanoines de Maurienne et le prieur des Bénédictins de La Chambre.

(22 Août 1390.)

Anno Domini millesimo trecentesimo nonagesimo, indictione tertia decima, die vicesima secunda mensis augusti, venerabili patre domino Savino, Dei gratia maurianensi episcopo existente, coram testibus infrascriptis, per hoc presens publicum instrumentum cunctis evidenter appareat presentibus et futuris, quod venerabile capitulum Mauriane ad sonum campane, more solito, ad invicem congregatum, in quo capitulo, inter ceteros presentes erant venerabiles viri domini Aymo de Albiaco, Petrus de Sancto Remigio, Guido de Pedeaye, Johannes de Monte et Martinus Ruffi, canonici maurianenses, nominibus suis et aliorum duorum canonicorum maurianensis ecclesie absentium et totius capituli memorati, ex una parte. et vir venerabilis et religiosus dominus Anthonius de Lorasio, prior prioratus Camere, ordinis Sancti Benedicti, maurianensis dyocesis, nomine suo et dicti sui prioratus, presente etiam religioso viro domino Jacobo Porterii[1], monacho dicti prioratus, ex altera, se compromiserunt et compromissum fecerunt super omnibus et singulis que dictum capitulum habet agere cum eodem domino priore et petere ab eodem quoquomodo et ex quacumque causa in nobiles, venerabiles et circumspectos viros dominos Johannem Salerie legum doctorem et Johannem de Costis, juris utriusque peritum tanquam in arbitros et amicabiles compositores electos communiter a partibus antedictis, nominibus quibus supra, dantes et concedentes dicte partes, quibus supra nominibus, dictis suis arbitris, arbitratoribus et amicabilibus compositoribus hujus instrumenti serie licentiam, auctoritatem et generale ac speciale mandatum, liberamque et omnimodam potestatem super omnibus et singulis, una cum dependentiis et emergentibus ex iisdem cognoscendi, pronuntiandi, ordinandi, arbitrandi, terminandi et diffiniendi, jure vel concordia aut eorum arbitraria et voluntaria ordinatione et alio quoque modo, diebus feriatis vel non feriatis, stando vel sedendo, partibus presentibus vel absentibus, ipsis tamen prius vocatis vel assignatis dando de jure unius partis alteri et extra, juris ordine servato vel etiam pretermisso et alias prout eorum fuerit voluntatis et eis videbitur expedire, promittentes ipse partes suis et nominibus quibus supra hinc inde vicissim mutuis validisque ac solempni stipulatione interveniente hinc et inde, et michi notario infrascripto stipulanti sollempniter et recipienti more persone publice vice nomine ac ad opus omnium et singulorum quorum interest et interesse poterit in futuro per stipulationem sollempnem et sub voto et virtute religionum suarum hinc inde, et etiam dicti capitulum et domini canonici sub obligatione omnium bonorum dicti capituli. Et dictus dominus prior sub obligatione omnium bonorum dicti sui prioratus se ratum, gratum ac firmum perpetuo hactenus tenere servare, attendere et complere quidquid per dictos arbitros, arbitratores et amicabiles compositores dictum, cognitum, pronuntiatum, arbitratum, ordinatum, terminatum et diffinitum fuerit, prout supra, sub pena centum librarum forcium a parte parti stipulata et promissa, comittenda per quamlibet partium predictarum, si contrarium fecerit et nisi paruerit ordinationi, terminationi et diffinitioni dictorum arbitrorum arbitratorum et amicabilium compositorum applicanda ad dispositionem dictorum arbitrorum et venire ac parere diebus et locis, ipsis partibus per dictos arbitros, seu eorum alterum assignatis, sub pena predicta comittenda et applicanda ut supra qua tamen pena commissa vel non et ipsa soluta vel non nichilominus presens compromissum et arbitratio, cognitio, ordinatio, terminatio et diffinitio predicte plenam obtineant roboris firmitatem et duret presens compromissum per quindecim dies et non ultra. Renuntiantes hinc inde dicte partes exceptioni dicti compromissi non facti dictarumque promissionum et obligationum non factarum omniumque et singulorum premissorum et infrascriptorum contentorum in presenti instrumento non factorum et non sit vel rite seu legitime factorum doli mali metus et... actioni, conditioni sine causa justa et injusta et ob causam omni beneficio restitutionis in integrum tam majorum quam minorum omnibus privilegiis et statutis ordinum et religionum suarum et cujuslibet ipsarum partium omni reclamationi, contradictioni, provocationi et appellationi quas quelibet partium earumdem facere posset contra premissa et aliqua de premissis, omni privilegio dignitatis et omni strepitui judicum et figure omnium errori et deceptioni juris et facti pariter et cautele, omnibus privilegiis et statutis apostolicis imperialibus atque regiis juri dicenti generalem renuntiationem non valere nisi specialis precesserit, et omni alii juri et canonico et civili sibi et eorum cujuslibet facto competenti et quibus mediantibus possent ipse partes, et eorum aliqua seu quelibet contra predicta et eorum singula aliqualiter facere dicere vel venire et ea infringere aut aliquatenus impugnare seu in aliquo se tueri, et de predictis precipiunt dicte partes duo et plura, si petantur, fieri publica instrumenta per me notarium infrascriptum que dictari, corrigi, reffici et emendari possint si necesse fuerit semel et pluries, levata vel non levata in judiciove perducta aut non, facti tamen substantia in aliquo non mutata. Hoc actum fuit apud Sanctum Johannem maurianensem ante ecclesias beate Marie et beati Johannis Baptiste dicti loci, scilicet prope januam beate Marie de Porta, ubi testes ad hoc vocati fuerunt et rogati dognus Petrus Turbiliati, curatus Sancti Apri, Martinus de Molario et Martinus Diderii de Monte Lineto. Et ego Franciscus Daval clericus auctoritate imperiali et domus maurianensis episcopalis notarius publicus hanc cartam de prothocollis Francisci Daval notarii quondam patris mei levatam manu Jacobi Ferrandi aliter Boneti notarii, de mandato officialis maurianensis ad opus capituli prefati signo meo signavi et subscripsi.

[1] On voit par ce compromis qu'il y avait alors à La Chambre un prieuré de Bénédictins; Jacques Portier était l'un des moines de ce prieuré et Antoine de Loras en était prieur.

110

Franchises accordées a la paroisse de St-Julien par le comte Amédée VII [1].

(10 Août 1391.)

Nos Amedeus comes Sabaudie notum facimus tenore presentium universis quod nos attendentes oppressiones immensas multifariaque damna lesiones et jacturas, quibus homines et subditi nostri habitatores et burgenses ville et parrochie Sancti Julliani quotidie subjiciuntur, occasione pecunie quam debemus castellanis nostris, pro qua pecunia dicta nostra officia sunt eisdem obligata, quod cedit in nostri et subditorum nostrorum detrimentum multis modis, cupientes igitur totis affectibus dictos homines burgenses et habitatores dicte ville Sancti Julliani, ab oppressionibus et jacturis hujusmodi feliciter eripere, ut in futurum nobiscum et cum dictis officiariis nostris tranquillitate sincera quiescant, et ne expensis et laboribus indebite pergraventur, ex nostra certa scientia, deliberatione matura super infrascriptis prehabita, participato consilio cum nostris proceris et peritis, pro nobis et nostris heredibus et successoribus quibuscumque, damus, largimur et concedimus dictis hominibus burgensibus et habitatoribus dicte ville, et parrochie Sancti Julliani, suis heredibus et successoribus quibuscumque, citra revocationem aliarum libertatum, franchesiarum et immunitatum eisdem, seu eorum predecessoribus hactenus per nos et predecessores nostros concessarum, libertates, franchesias, immunitates et privilegia infrascripta. Primo quod nos, judex, castellanus, procurator, commissarius, mistralis, clericus curie aut quicumque alii officiarii nostri, presentes et futuri, non possint aliqua bona usurariorum dicte parrochie Sancti Julliani, mobilia sive immobilia quecumque, occasione aliquorum contractuum usurarum, capere, saisire, sequestrare, occupare seu inventarium facere aut aliter impedire in vita vel post mortem talium personarum, quovis colore quesito, nisi tamen talis decedens dici debeat usurarius manifestus, aut de hujusmodi usurarum contractibus fuerit in vita sufficienter diffamatus, et in quovis alio casu, non possint nec debeant heredes sic decedentium per nos vel aliquem officiariorum nostrorum predictorum quomodolibet molestari. Item quod in bonis sive rebus hominum dicte parrochie Sancti Julliani, vel singularum personarum ejusdem, castellanus, mistralis, seu alii officiarii nostri, non possint nec debeant aliquam saisinam apponere ad nostri vel ipsorum officiariorum nostrorum instantiam, nisi judiciali cognitione premissa, et si que in futurum in bonis et rebus predictorum hominum dicte parrochie ad nostri instantiam vel nostrorum officiariorum apponatur citra judicialem cognitionem, nullius sit valoris et momenti, nisi ille contra quem fieret saisina, reputaretur fugitivus, seu immobilia non reperiretur possidere. Item quod castellanus noster Mauriane presens, et qui pro tempore fuerit, teneatur et debeat servicia nostra bladorum, vinorum et leguminum, annis singulis, et ab ea dependentibus exigere, recuperare et levare infra unum mensem proximum statim finito termino quo dicta servicia sunt consueta anno quolibet, nobis solvi inchoandum, alias pretium commune quo dicta blada infra unum mensem vendentur communiter in dictà castellania, et de pluri pretio et valore quibus dicta blada, vina et legumina infra annum vendi contigerit, idem castellanus, si recuperando dicta blada, vina et legumina terminis consuetis negligens fuerit, nobis et nostris successoribus teneatur. Item quod homines burgenses et habitatores dicte parrochie Sancti Julliani pro aliquo delicto, de quo pena sanguinis non fuerit infligenda, non ducantur, seu duci vel citari possint, cum penis vel sine penis, apud Cameram, seu aliqualibet arrestari casu quo talis delinquens paratus erit prestare idoneam cautionem, de stando juri in curia nostra et judicatum solvi, cum suis clausulis universis. Item quod quilibet officiarius noster qui pro tempore fuerit in dicta parrochia teneatur jurare ad evangelia Dei sancta suo corporali juramento antequam homines dicte parrochie dicto tali officiario teneantur obedire, servare predictas franchesias et alias hactenus concessas franchesias, libertates et immunitates eisdem hominibus, burgensibus et habitatoribus dicte parrochie Sancti Julliani, et contra ipsas franchesias non venire. Item quod homines dicte communitatis et parrochie Sancti Julliani simul vel divisim possint libere et impune constituere et creare sindicos et procuratores pro negotiis dicte communitatis peragendis quotienscumque eis fuerit necessarium et videbitur opportunum, vocatis tamen castellano vel ejus locum tenente seu mistrali Sancti Michaelis. Item quod durantibus septem annis proximis venturis per nos vel aliquos officiariorum nostrorum non possimus nec debeamus a dictis hominibus dicte parrochie Sancti Julliani aliqua subsidia, dona sive taillias, compleyntas, petere, imponere, vel peti seu imponi facere vel exigere quoquomodo. Item quod mater, amici et parentes liberorum pupillorum et adultorum dicte parrochie, post mortem patrum dictorum pupillorum, et finito tempore tutelari, possint et debeant abinde libere et impune bona, res et personas dictorum pupillorum et adultorum gubernare, administrare donec in adventu judicis maurianensis, dum tamen in adventu judicis recipiant litteras de eorum tutela sive cura, et ab alio inferiori litteras de ipsa administratione minime recipi patiantur. Item quod mistrales et clerici curiarum qui pro tempore fuerint in dicta parrochia Sancti Julliani, de concordiis fiendis super bannis aliquibus et contractibus usurarum nichil ulterius a dictis hominibus dicte parrochie, burgensibus et habitatoribus ejusdem petere nec exigere possint quomodolibet vel habere. Item quod aliqui officiarii nostri presentes vel futuri aliquas mensuras bladorum et vini aut aliorum quorumcumque, pondera etiam et libramina, que signata fuerint insigniis armorum nostrorum capere, levare vel saisire non possint vel debeant ab aliquibus mercatoribus aut personis aliis dicte parrochie Sancti Julliani, nisi in eis evidens falsitas appareat fraus atque dolus, et si dicte mensure, pondera et libramina sint levate, vel alique ipsarum fuerint de falsitatis vitio redargute. Unde ille vel illi quorum fuerint vel presignaverint, minus juste venirent puniendi, ipse tales mensure pondera et libramina justifficate, quoequate, et ad rationis debitum moderate per eligendos probos viros, infra octo dies proximos postquam levate fuerint, quibus pertinebunt per dictos nostros officiarios sine exactione aliqua, occasione restitutionis dictarum mensurarum, ponderum, libraminum, reddi realiter debeant et etiam expediri pro quibus omnibus, singulus focus dicte parrochie Sancti Julliani, exclusis tamen focis miserabilium personarum, nobis dare et realiter expedire atque solvere promisit et convenit, sub suorum quorumcumque bonorum mobilium et immobilium presentium et futurorum expressa obligatione et ypotheca, unum florenum auri ducatum ad rationem quindecim denariorum grossorum monete nostre, nobis solvendum per spatium septem annorum proxime futurorum, annis singulis per eosdem, dicto septennio durante, in quolibet festo nativitatis Domini, ita quod prima solutio in instanti festo nativitatis Domini incipiatur, in manibus commissarii super hiis deputandi nostra parte. Quas franchesias, libertates, immunitates et privilegia per nos, ut premittitur, concessas, nos comes predictus promittimus bona fide nostra pro nobis et nostris heredibus et successoribus quibuscumque, dictis hominibus, burgensibus et habitatoribus dicte parrochie Sancti Julliani et suis heredibus et successoribus universis, ratas, gratas, firmas et irrevocabiles habere perpetuo et tenere contra quas non facere, vel venire per nos seu alium nostro nomine, nec non contra venire volenti nullathenus in aliquo consentire. Mandantes serie presentium, judici, procuratori, castellano, mistralibus, clericis curiarum, commissariis et aliis officiariis nostris maurianensibus qui nunc sunt et pro tempore fuerint, quatenus dictis hominibus, burgensibus et habitatoribus dicte parrochie Sancti Julliani predictas franchesias, libertates et immunitates per nos concessas teneant et observent, in nullo que contra faciant vel opponant juxta ipsarum tenorem atque formam. Datum apud Conflentum die decima mensis augusti, anno Domini millesimo trecentesimo nonagesimo primo.

¹ Les franchises accordées à la communauté de St-Julien par cet acte portaient :

1° Qu'on ne pourrait exercer aucune poursuite ni faire aucune saisie pour cause d'usure, sauf contre les usuriers notoires ;

2° Qu'on ne pourrait faire aucune saisie qu'après une instruction judiciaire, excepté au préjudice des fugitifs et de ceux qui ne possédaient aucun immeuble ;

3° Que le châtelain de Maurienne devrait exiger toutes les redevances du comte dues en denrées dans le mois de leur échéance, et que quand elles ne seraient pas exigées dans le mois, on les payerait selon la valeur que les denrées avaient alors ;

4° Que les habitants de St-Julien ne pourraient point être emprisonnés lorsqu'ils offriraient une caution solvable, à moins qu'ils ne fussent accusés d'un crime capital ;

5° Qu'aucun officier du comte ne serait reconnu à St-Julien avant d'avoir juré de respecter les franchises de la paroisse ;

6° Que les habitants de St-Julien seraient toujours libres de nommer leurs syndics et procureurs, pourvu que ce fût en l'assistance du châtelain de Maurienne, ou de son lieutenant, ou du mistral de St-Michel ;

7° Que pendant les sept années suivantes les habitants de St-Julien ne pourraient être grevés d'aucun impôt, taille, ni subside en faveur du comte ;

8° Que la mère et les autres parents seront toujours en droit d'administrer les biens des pupilles, sauf à obtenir ensuite un acte de tutèle ;

9° Que les mistraux qui exerceraient des poursuites pour faire payer des amendes ne pourraient jamais rien exiger au delà des amendes encourues ;

10° Que les poids et mesures marqués des armes du comte ne pourraient jamais être saisis, à moins que la fraude ne fût évidente, et si, après examen, ces poids et mesures étaient trouvés justes, on devrait les rendre dans huit jours sans rien exiger des propriétaires.

Pour ces franchises, chaque faisant feu de ladite communauté, les pauvres exceptés, devait payer au comte chaque année, à la fête de Noel, pendant sept ans, un florin d'or à raison de quinze deniers gros. Le florin d'or devait valoir alors environ treize francs de notre monnaie.

———

En 1393, la commune de Montvernier et celle de St-Avre, en Maurienne, avaient un procès relatif aux limites de leur territoire et à la jouissance de quelques bois et pâturages. Le 30 juin 1393, les sieurs Guillaume Vincent, Jean Vincent, Jean Humile et Jean Costerg, syndic et conseillers de Montvernier, Jean Saturnin et Guillaume Lemoine, syndic et conseiller de St-Avre, firent une transaction pour y mettre fin. Cet acte a été solennellement ratifié par la communauté de Montvernier le 20 juillet et par celle de St-Avre le 27 juillet de la même année. Cette transaction et ces ratifications, passées il y a 467 ans, n'empêchent pas que le même procès ne soit encore ventilant aujourd'hui (1860) à la Cour d'appel de Chambéry. Ces deux ratifications nous ont paru dignes d'être insérées dans cette collection, à cause de la manière fort singulière dont elles ont été faites.

111

Ratification passée à Montvernier.

(20 Juillet 1393.)

Anno Domini millesimo trecentesimo nonagesimo tertio, die dominicâ, vicesimâ die mensis julii, coram testibus infra scriptis, per hoc presens instrumentum cunctis appareat evidenter presentibus et futuris quod hâc die, presenti populo congregato hominum universitatis parrochiæ Montis Varnerii in ecclesiâ dicti loci ad divinum officium, ut moris est, audiendum, post offertorium missæ et ante cantationem præfationis, inter quos homines inter alios intererant Johannes filius quondam Johannis Varnerii notarii, Johannes filius quondam Johanneti Varnerii, Hugo de Grangiaco, Richardus Tronelli, Petrus Clerici, Villelmus de Rivo, Johannes Tronelli de Curiis, Johannes Tronelli, Hugo de Graverio, Vincentius Martini, Johannes Coste, Johannes Durandi de Noireto, Petrus Humile, Andreas Graverii, Anthonius Montati, Petrus Costergii, Andreas de Pratis, Jacobus de Pratis, Andreas Saturni, Anthonius Salomonis, Petrus filius Johannis de Balma naturalis, Johannes Morardi, Johannes filius Johannis Varnerii de Monte Brunali, Anthonius Tronelli, Jacobus Durandi, Guigo Baronis et plures alii, lecto priùs dictis hominibus majorem partem universitatis dictæ parrochiæ representantibus, linguâ laycâ et intelligibili per me notarium, infra scriptum, tenore instrumenti supra scripti; dicti homines supra scripti, pacem, concordiam et cordis dilectionem cum hominibus universitatis parrochiæ Sancti Apri habere, ut asserunt, cupientes pacem, concordiam, transactionem, compositionem et omnia alia et singula in dicto instrumento compositionis contentas et contenta ad instantiam et requisitionem mei notarii infra scripti more publicæ personæ stipulantis, vice nomine et ad opus omnium et singulorum hominum universitatis parrochiæ Sancti Apri et omnium aliorum et singulorum quorum interest et interesse poterit in futurum, nominibus suis et nomine aliorum hominum dictæ parrochiæ Montis Varnerii, absentium et totius universitatis ejusdem parrochiæ per se et suos ratificaverunt, approbaverunt et confirmaverunt asserendo quod dictæ pax, concordia, transactio et compositio et alia contenta in dicto instrumento supra scripto, factæ et facta fuerunt de eorum propria voluntate; quas quidem pacem, concordiam, transactionem et compositionem et omnia universa et singula in dicto instrumento pacis contenta promiserunt dicti homines superius nominati nominibus suis et quibus supra, per se et suos bona fide, sub obligaione omnium suorum bonorum michi dicto notario, ut supra stipulanti, rata, grata et firma habere perpetuo et tenere et nunquam per se vel per alium contra facere, dicere vel venire, sed prædicta attendere, observare et complere, renunciantes exceptioni dictarum, ratificationis, approbationis et confirmationis non factarum et omni alii juri canonico et cuilibet, sibi et eorum cuilibet in hoc facto competenti et de prædictis preceptum fuit duo aut plura, si petantur fieri publica instrumenta. Presens vero levatum est ad opus illorum de Monte Varnerio. Hoc actum fuit apud Montem Varnerium in choro ecclesiæ dicti loci, ubi ad hoc testes vocati fuerunt et rogati dominus Petrus de Comba, curatus dicti loci Montis Varnerii, dominus Johannes Germani, curatus beatæ Mariæ castri Hermelionis, Laurentius de Monte Andrea, parrochiæ Hermellonis notarius, Jacobus de Fraxino et Johannes Barbuti, ambo de Monte paschali, etc.

112

Ratification passée à St-Avre.

(27 Juillet 1595.)

Item anno et indictione quibus supra die dominicâ, vicesimâ septimâ die mensis julii, coram testibus infra scriptis, per hoc presens publicum instrumentum cunctis appareat et evidenter presentibus et futuris quod hac die presenti congregato populo hominum universitatis Sancti Apri in choro ecclesiæ dicti loci ad divinum officium, ut moris est, audiendum, post offertorium missæ et ante cantationem præfationis, inter quos homines inter alios intererant Clemens Saturni, Johannes Vinioudi, Jacobus Refeti, Anthonius Varnerii, Anthonius Boissonis, Petrus Boissonis, Jacobus Matri, Jacobus Saturni de Riveto, Anthonius Ballieti, Petrus de Prato, Johannes Taliis, Johannes Grangerii, Jaquemetus et Anthonius de Rivo et plures alii, lecto priùs dictis hominibus majorem partem et universitatis dictæ parrochiæ representantibus linguâ laycâ et intelligibili per me notarium infra scriptum tenore instrumentorum supra scriptorum dicti homines supra scripti, pacem, concordiam et cordis dilectionem cum hominibus universitatis parrochiæ Montis Varnerii habere, ut asserunt, cupientes pacem, concordiam, transactionem, compositionem et omnia et singula alio in dicto instrumento compositionis contentas et contenta ad instantiam et requisitionem mei notarii infra scripti, more publicæ personæ stipulantis et recipientis vice nomine et ad opus omnium et singulorum hominum universitatis Montis Varnerii et omnium aliorum et singulorum quorum interest ac interesse poterit in futurum nominibus suis et nomine aliorum hominum dictæ parrochiæ Sancti Apri, absentium et totius universitatis dictæ parrochiæ Sancti Apri per se et suos ratificaverunt, approbaverunt et confirmaverunt, asserendo quod dictæ pax, concordia, transactio et compositio et alia contenta in dicto instrumento compositionis supra scriptæ, factæ et facta fuerunt de eorum propria voluntate. Quas quidem pacem, concordiam, compositionem et transactionem et omnia universa et singula in dicto instrumento pacis et in presenti contenta promiserunt dicti homines superius nominati nominibus suis et quibus supra, per se et suos bona fide, sub obligatione omnium bonorum suorum, mihi dicto notario, ut supra stipulanti, rata, grata et firma vel per alium clam vel palam contra facere, dicere vel venire, sed prædicta attendere, observare et complere, renuntiantes exceptioni dictarum ratificationis, approbationis et confirmationis non factarum et omni alii juri canonico et civili, sibi et eorum cuilibet in hoc facto competenti et de prædictis preceptum fuit unius substantiæ duo aut plura, si petantur, fieri publica instrumenta. Presens vero levatum est ad opus illorum de Monte Varnerio. Hoc actum fuit apud Sanctum Aprum in choro ecclesiæ dicti loci ubi ad hoc testes vocati fuerunt et rogati dominus Johannes Alpini, capellanus vicarius dicti loci, Johannes Barbuti de Monte Paschali, Guillelmus Costergii de Sancto Johanne de Bellavilla tharentasiensis diocesis, Johannes Arembert parrochiæ de Marsola, Franciscus de alteris gebennensis diocesis et ego Johannes Laurentii de Hermilione, auctoritate imperiali et curia illustris principis domini Amedei comitis Sabaudiæ, notarius publicus hanc cartam per me receptam de mandato domini judicis maurianensis et tharentasiensis levare feci manu Petri Laurentii filii et coadjutoris mei signoque meo signavi et in ea me subscripsi.

113

Le duc Amédée VIII confirme les franchises et immunités accordées par les évêques de Maurienne aux sujets dépendant de leur juridiction temporelle.

(12 Novembre 1407.)

Nos Amedeus comes Sabaudie, dux Chablaysii et Auguste, in Ytalia marchio comes gebennensis, princeps imperialis, vicarius generalis, notum fieri volumus serie presentium universis quod cum nostri dilecti videlicet homines et persone cujuscumque status sexus et conditionis existerent civitatis et districtus ecclesie Sancti Johannis maurianensis molestarentur et inquietarentur per dilectum fidelem secretarium nostrum Anthonium de Bellomonte commissarium tam a nobis quam a judice communi et ordinario ipsius civitatis et districtus Sancti Johannis pro reverendo patre in Christo carissimo consiliario et amico nostro domino Savino de Florano maurianensi episcopo specialiter deputato, super eo quod idem commissarius per processus inchoatos ibidem pretendebat et dicebat quam plures et diversas personas dicte civitatis et districtus emissis temporibus certos usurarios exercuisse contractus ob quod ipsi contrahentes veniebant puniendi prout et ceteri nostri Sabaudie comitatus ipsas usuras exercentes proinde molestati sunt et inquietantur per varios commissarios super eis a nobis deputatos, et similiter notarios et tabelliones quacumque auctoritate fungentes in dicta civitate et districtu residentes cogebat et molestabat idem commissarius per penarum impositiones vigore potestatis tam a nobis quam dicto judice communi sibi attribute ad exhibendum protocolla, notas et registra ipsorum nota riorum propria et commissa, ut exinde de et super ipsis usurariis contractibus facilius valeret informari, et nichilominus per testium attestationes processus assertos contra eosdem inculpatos super ipsis usuris formatos verifficare et probare nitebatur dictus commissarius, et ad premissa ex parte prefatorum hominum et personarum communitatis et terre opponebantur et dicebantur plures allegate rationes et cause per quas dicebant et asserebant minus juste et indebite fuisse et esse processum contra eosdem per dictum commissarium et dictas commissiones, de jure modo predicto procedere non debuisse, nec debere cum non processerint ex aliquo fundamento juris nullo previo denuntiatore vel accusatore de predictis conquerente, et quia nunquam fuimus per nos aut predecessores nostros in aliquo usu seu consuetudine sic procedendi in terra episcopatus maurianensis predicta in et pro dictis usuris, nec aliqua prothocolla notariorum taliter visitandi, videndi, capiendi seu de ipsis nos intromittendi, asserentes sufficere debere penas canonicas contra manifestos usurarios per sacros canones promulgatas. Proponebantur etiam et asserebantur pro parte dictorum hominum et personarum communitatis et universitatis terre ecclesie episcopatus maurianensis plures et multe alie oppressiones et gravamina eis fuisse illatas et illata per officiarios et gentes nostras tam judicem et correarium curie communis et ejusdem loci circa exercitium eorum officiorum et castellanum seu vice castellanum nostrum maurianensem in turbando nundinas et merchata terre episcopatus maurianensis quandoque prohibendo gentibus ne vadant ad nundinas et merchata. Quin etiam per nos et nostrum consilium homines dicte terre citando et trahendo coram nobis seu coram dicto nostro consilio etiam in casibus in quibus se non submiserunt, non observantes eis eorum franchesias et libertates, bonos usus et consuetudines, quos et quas habent tam in scriptis per reverendos in Christo patres dominos maurianenses episcopos, qui pro temporibus fuerunt, eis concessas et confirmatas, quam sine scriptis ex usu et consuetudine legitime obtentas. Tandem pro parte prefatorum hominum et personarum terre et communitatis ecclesie et episcopatus maurianensis super premissis omnibus et singulis dependentibus emergentibus et connexis ab eisdem querelam recepimus humiliter nobis supplicantium ut super ipsis de singulis eorumdem eisdem hominibus et personis et successoribus suis per nos et successores nostros providere et declarationem confirmationem et concessionem super ipsis pro futuro tempore et presente facere vellemus, et eorum franchesias, libertates et consuetudines atque bonos usus quas et quos habent tam scriptas quam non scriptas, et habuerunt tam ex usu et consuetudine quam ex largitione eis et predecessoribus eorum factis per dominos maurianenses episcopos, confirmare, innovare et approbare, observare et nullo tempore per nos seu gentes nostras infringere seu contra venire de cetero et in perpetuum dignaremur. Hinc est quod nos comes prefatus volentes ipsos supplicantes homines nobiles burgenses incolas et patriotas civitatis et districtus totius terre et patrie ecclesie memorate presentes et futuros prosequi favore benivolo et etiam gratioso, et insuper preattentis fructuosis obsequiis per ipsos nobis et nostris progenitoribus factis hactenus et impensis, ea propter ex nostra certa scientia, deliberato animo et consiliariorum nostrorum collatione et deliberatione prehabita in hac parte, pro nobis et nostris successoribus eorumdem supplicationibus inclinati, eisdem hominibus et personis communitatis et ipsi communitati civitatis et districtus totius terre et patrie Sancti Johannis maurianensis et eorum posteritatibus et successoribus quibuscumque, franchesias, libertates et immunitates eorumdem concessas per reverendos patres episcopos maurianenses hominibus dicte terre, ante et post assumptionem factam per tunc episcopum de terra predicta ipsius civitatis et districtus et vel per usum et consuetudinem obtentas amplificando, confirmando, laudando, declarando et approbando tenore presentium quantum nobis et nostris pertinet et pertinere potest, approbamus et confirmamus, ac de novo exinde in perpetuum concedimus, largimur et liberaliter annuimus pro nobis et successoribus nostris capitula, franchesias, libertates, immunitatesque et prout proxime subsequuntur¹. Et primo quod in et super bonis et rebus usurariorum dicte terre episcopalis maurianensis, nos comes prefatus pro tempore preterito et futuro nichil possimus petere, percipere vel habere prout hactenus extitit consuetudo, salvis tamen nobis et successoribus nostris omnibus nostris juribus que pretendere possemus in et super bonis et rebus dictorum usurariorum que haberemus penes nos in territorio nostro proprio. Item quod notarii et tabelliones dicte terre episcopalis maurianensis de eorum prothocollis instrumentis seu notis possint tam in eorum vita quam in morte disponere et ordinare pro libito voluntatis, ita quod emolumentum dictorum prothocollorum instrumentorum sive notarum ipsis notariis et tabellionibus eorumve heredibus et successoribus quibuscumque pertineat pleno jure, quemadmodum lapsis temporibus in dicta terra episcopali maurianensi extitit usitatum. Nosque comes jam dictus ipsos notarios et tabelliones pro predictis eorum prothocollis instrumentis seu notis eorumve heredes et successores non possimus aliqualiter molestare. Item concedimus et largimur ut supra quod abhinc in perpetuum nos et nostri heredes ac etiam successores aut causam habituri sive alius vel alii ex gentibus nostris vel officiariis aut delegatis seu subdelegatis aliquem commissarium vel commissarios unum vel plures ulterius ad dictum locum civitatis vel infra districtum terre et patrie ecclesie supradicte mittere non possimus pro quocumque casu vel causa, sed quecumque pertinentia ad merum et mixtum imperium seu juridictionem et cohercionem quamcumque contra subditos curie communis per officiarios curie communis civitatis Sancti Johannis maurianensis procedere, fiant et exerceantur per correarium² seu ejus locum tenentes judices et officiarios ipsius curie communis et in terra correariatus predicti duntaxat et non per alios nec extra seu alibi quovismodo. Et si de facto contrarium fieri contingeret exinde quicquid contra factum fuerit irritum sit et inane. Item quod nulla persona dicte terre episcopalis maurianensis cujuscumque status gradus sexus et conditionis existat, trahatur nec trahi possit per citationem vel alium modum de cetero aliqua causa vel occasione extra ipsam curiam communem Sancti Johannis maurianensis ad aliquam curiam secularem, nisi ex submissione in contrarium facta sponte et eorum libera voluntate, aut aliter jure superioritatis vel ressorti in casibus evenientibus ratione dicte superioritatis. Item quod nulla persona cujuscumque status vel conditionis existat de dicta terra et districtu maurianensis ecclesie pro quocumque seu aliquo debito vel occasione quacumque detineri possit vel arrestari quovismodo vel eorumdem res et bona per officiarios ejusdem curie communis, nisi tamen per contractum expressum se sponte in contrarium submisisset et aliis in casibus a jure permissis. Item concedimus et largimur ut supra, quod exinde in perpetuum non detur nec fiat aut dari seu concedi possit vel fieri aliqua marcha seu represalia³ contra subditos et districtuales dicte terre et districtus maurianensis ecclesie, nec aliquos ex eis seu ipsorum vel cujuscumque eorum res et bona. De et ipsa terra per officiarios ejusdem duntaxat et non per alios seu alibi tam criminaliter quam civiliter justitia ministretur. Et item attendentes ad bonum publicum, volumus, statuimus, concedimus et largimur maxime in favorem dictorum hominum terre episcopatus maurianensis et civitatis ejusdem quod de cetero per nos, castellanum seu etiam vice castellanum maurianensem, seu per alios officiarios nostros gentes res et merchandie⁴ non impediantur nec prohibeantur aliqua causa vel occasione ire volentes et suas res deportare et ducere et reducere ad forum et nundinas terre episcopatus maurianensis aliqua causa occasione vel colore quesito quominus licitum sit eis ire et redire ad predictas nundinas et forum impune solvendo leydas, pedagia[5] et alia tributa solvi solita et debita. Item quod de cetero non fiant inquisitiones in dicta terra episcopatus per judicem correarium, nostros communes dicti loci seu vices eorum gerentes aut commissarios et officiarios communes contra aliquas personas in singulari vel universo dicte terre episcopatus ex solo officio, nisi in casibus specialibus in quibus de jure procedi et inquiri potest ex solo officio magistratus sine accusatore vel denuntiatore. Et si secus fieret quod processus inde secutus irritus, inanis et nullus esset ipso jure. Item quod nemo dicte terre episcopatus, cujuscumque conditionis et sexus existat, per dictos nostros officiarios de cetero personaliter detineatur seu incarceretur pro aliquo delicto vel quasi, ubi prestare voluerit et poterit cautionem legitimam, nisi in casibus in quibus de jure vel consuetudine esset inculpato et delinquenti infligenda pena corporalis. Item quod judices et correarii curie communis dicti loci Sancti Johannis maurianensis et eorum loca tenentes et commissarii et eorum quilibet teneantur et debeant jurare et juramentum prestare ad sancta Dei evangelia in ingressu eorum officiorum aut saltem infra decem dies post ad requisitionem quatuor hominum et personarum dicte civitatis Sancti Johannis maurianensis requirentium nomine suorum aliorum hominum et personarum judicature et correariatus maurianensis, servare et custodire capitula predicta, franchesias et libertates episcopatus maurianensis tam scriptas quam non scriptas, et contra non venire per se vel per aliam personam. Quod si jurare recusarent post requisitionem factam, et dictas franchesias cum ceteris in presentibus locis et in scriptis inde conficiendis observare neglexerint quoquomodo, penam quinquaginta librarum fortium se noverint toties quoties requisiti jurare neglexerint seu pretermiserint irremissibiliter incursuros. Item quod si forte processu temporis nos vel aliquis successorum vel officiariorum nostrorum presentium vel futurorum vel quicumque alius ex nostris faceremus aliquem actum contra dictas franchesias et libertates tam confirmatas et approbatas quam etiam concessas et largitas seu aliquam vel aliquas earumdem quibuslibet modo occasione vel causa nichilominus omnia et singula supra et in eisdem contenta valeant et in pleno atque perpetuo et inviolabiliter observando semper perseverent robore firmitatis, neque possimus aut possint ipsi successores vel officiarii nostri presentes aut posteri dicere vel allegare ipsas franchesias et libertates fore fractas seu ruptas, vel in eisdem in aliquo derogatum, seu nobis vel successoribus nostris jus aliquod in contrarium acquisitum quominus easdem franchesias ut supra confirmatas et concessas observare in omnibus et singulis capitulis teneamur et a nobis et nostris facere inviolabiliter observari prout superius est expressum. Item quod si super predictis capitulis seu etiam aliquibus ex eisdem aut etiam super franchesiis, libertatibus et consuetudinibus alias concessis et inde per nos approbatis et confirmatis aliqua dubietas, obscuritas sive contrarietas emergeret seu etiam oriretur, quod talis dubietas, obscuritas seu etiam contrarietas interpretetur, interpretari et assumi debeat in meliorem et favorabiliorem partem facientem pro ipsis hominibus et personis terre episcopalis maurianensis. Item quia de jure sunt concesse ferie messium et videmiarum licet veniant secundum diversitatem locorum per judices diversis temporibus decernende, ideo nos comes antedictus pro nobis et successoribus nostris ferias messium et vindemiarum dictis hominibus terre episcopatus maurianensis et successoribus eorum quantum nostra interest et prout melius possumus, decernimus quolibet anno et in perpetuum damus a festo beate Marie Magdalene de mense julii usque ad quindenam beati Michaelis de mense octobris. Itaque dicto tempore sint ferie et cesset strepitus judiciorum in dicta terra quo ad judicia contentiosa nisi in casibus a jure ordinatis, et quod nullus invitus trahatur dicto tempore ad judicium nisi in casibus a jure permissis ut supra. Et si traheretur, judicium non valeat nisi in casibus ut supra a jure permissis. Et hec omnia sic facimus et concessimus, ut prefertur, prefatis hominibus et communitati terre episcopalis maurianensis et eorum posteris pro et mediantibus decies centum florenis auri parvi ponderis scilicet ad rationem duodecim denariorum grossorum turonensium pro singulo floreno [6], quos ab eisdem habuisse et recepisse confitemur manu dilecti fidelis thesaurarii nostri Sabaudie generalis Jacobi de Fistilliaco qui inde de ipsis nobis computare debebit. Promittentes nos comes prefatus bona fide nostra pro nobis et successoribus nostris universis prefatis hominibus et communitati terre et districtus Sancti Johannis maurianensis predicta omnia universa et singula rata et grata habere et tenere et nunquam contra facere vel venire quoquomodo. Mandantes harum serie universis et singulis judicibus correariis dicte terre civitatis et districtus Sancti Johannis maurianensis necnon castellano maurianensi et ceteris officiariis et justiciariis tam communibus dicte terre quam nostris propriis ubilibet constitutis et constituendis presentibus et futuris eorumve locum tenentibus et cuilibet ipsorum quantum ad eum spectabit vel pertinebit quatenus nostras presentes litteras et instrumenta inde conficienda et omnia et singula in eisdem contenta et comprehensa capitula, libertates et franchesias tam confirmatas quam et de novo largitas ut supra, observent et attendant dictis hominibus et communitati terre et districtus episcopalis maurianensis et eorumdem posteritatibus et nunquam contra faciant vel apponant quoquomodo tacite vel expresse, dictoque Anthonio de Bellomonte commissario et secretario nostro infrascripto, dantes sibi in mandatis quatinus omnes et singulos processus factos et formatos contra quoscumque homines et personas dicte terre Sancti Johannis maurianensis et districtus ac contra notarios et tabelliones molestatos ut superius, deleat et concesset sumptibus eorumdem moderatis et quos processus tenore presentium abolemus. De quibus omnibus et singulis supra scriptis ad opus et utilitatem dictorum hominum et personarum terre et districtus ecclesie episcopalis maurianensis et successorum suorum precipimus per dictum Anthonium de Bellomonte secretarium et juratum nostrum subscriptum fieri et scribi publica instrumenta ad opus et utilitatem omnium et singulorum quorum intererit et tot quot fuerint necessaria petita vel requisita. Que sigillo nostro sigillata vel non faciant plenam et perpetuam premissorum probationem. In quorum omnium premissorum robur et testimonium hoc presens instrumentum et has nostras presentes litteras ad perpetuam rei geste memoriam duximus nostro sigillo majori in pendenti appensione muniri. Datum et actum in castro Burgeti in camera paramenti, juxta tynelum[7], presentibus venerabili et egregio legum doctore et milite, domino Guichardo Marchiandi cancellario Sabaudie nobilibusque viris domino Humberto Saflandi de Sabaudia milite, Aimone domino Asperimontis et Petro Andreveti necnon venerabilibus legum doctoribus domino Justo de Florano et Johanne Burle ac Johanne Boutat de Dyvona secretario nostro, pro testibus astantibus ad premissa, die duodecima mensis novembris, anno Domini millesimo quatercentesimo septimo, indictione quindecima.

[1] L'évêque de Maurienne avait autrefois un droit de souveraineté absolue sur vingt des paroisses de son diocèse; c'est ce qu'on appelait les terres de l'évêché. Par un acte du 2 février 1327, l'évêque Aimon de Miolans céda une partie de sa juridiction temporelle au comte Edouard pour obtenir sa protection et son appui contre quelques-uns de ses sujets révoltés contre lui. C'est en vertu de cette juridiction communiquée que le duc Amédée VIII confirme ici les franchises et immunités accordées antérieurement par les évêques aux sujets dépendant de leur autorité temporelle.

² *Correarius.* — Le corrier était un juge commun, nommé par le duc et par l'évêque; il exerçait son autorité au nom de l'un et de l'autre.

³ *Marcha seu represalia.* — Quand un sujet se plaignait d'avoir été dépouillé par un étranger, le souverain lui permettait quelquefois de faire une excursion sur les propriétés du ravisseur pour se faire justice et se payer de ses mains. C'est ce qu'on appelait au moyen-âge *marcha* ou *represalia*. Le duc déclare ici qu'il ne permettra jamais à ses sujets de faire des *marches* de ce genre sur les terres de l'évêché. Il paraît que c'est dans ce sens qu'on dit lettres de marque, lettres par lesquelles un gouvernement permet à des pirates de poursuivre ses ennemis.

⁴ *Merchandiæ*, marchandises.

⁵ *Leyda, pedagia.* — *Leyda, leida* ou *leuda*, droit à payer pour les marchandises exposées aux foires et marchés; *pedagium*, péage.

⁶ *Mediantibus decies centum florenis auri parvi ponderis ad rationem duodecim denariorum grossorum turonensium.* — Le florin d'or petit poids valait alors environ 10 fr. 60 c. Les mille florins que les habitants des terres de l'évêché ont dû payer pour obtenir la confirmation de leurs franchises, feraient donc aujourd'hui la somme de 10,600 fr.

⁷ *Actum in castro Burgeti in camera paramenti juxta tynellum.* — Fait au château du Bourget, dans la salle de réception, à côté de la salle à manger des gens de la cour; *tynellum* ou *tinellum*, la salle à manger des gens de la cour; on dit encore en italien *tinello, stanza dove nelle corti mangiano i cortigiani*.

114

Testament de noble Martin d'Albiez, chanoine et chantre de l'église de Maurienne.

(7 Novembre 1409.)

In nomine Patris et Filii et Spiritus sancti amen. Anno ejusdem Domini millesimo quatercentesimo nono, indictione secunda, die vero septima mensis novembris. Reverendo in Christo patre et domino domino Savino Dei et sedis apostolice gratia maurianensi episcopo existente, coram testibus infrascriptis, per hoc presens publicum instrumentum, cunctis tam presentibus quam futuris fiat manifestum quod cum mors et vita in manibus Dei sint, nichilque sit certius morte, mortis vero hora omnimode sit incerta, et melius sit sub spe mortis vivere, condito testamento quam sub spe vite decedere ab intestato. Idcirco vir venerabilis dominus Martinus de Albiaco canonicus et cantor ecclesie maurianensis, sanus, per Jhesu Christi gratiam, mente, sensu et corpore premissa tamen considerans, volens periculis obviare, nolens decedere intestatus testamentum suum nuncupativum sine scriptis, licet in scriptis sit, per me notarium infrascriptum redactum per modum qui sequitur, facere procuravit. In primis animam suam recommendavit Deo omnipotenti gloriose beate Marie virgini ejus matri et toti curie supernorum. Item clamores suos, male ablata, si qua sint, per eum debita, que per ipsum legata et ordinata infrascripta voluit et precepit attendi, restitui, solvi et sedari per heredem suum universalem infrascriptum. Item sepulturam sui corporis elegit in cimiterio et ecclesia cathedrali beati Johannis Baptiste maurianensis civitatis. In qua quidem sepultura voluit et precepit fieri cum luminario dicte ecclesie duodecim faces ponderantes quelibet tres libras cere. Primo voluit et precepit corpus suum deportari in ecclesia beate Marie maurianensis civitatis et ibidem tot missas celebrari precepit quot sunt altaria et offerri in qualibet missa sex denarios fortium excutellatorum, excepto majori altari in quo voluit offerri prout est consuetum. Deinde ipsis missis celebratis, voluit et precepit ipsum corpus suum deportari in ecclesiam cathedralem beati Johannis Baptiste. Et ibidem celebrari tot missas precepit quot sunt altaria et erunt capellani missam celebrantes et in qualibet missa offerri sex denarios fortium excutellatorum, excepto majori altari in quo voluit et precepit offerri sicut est consuetum. Item voluit et precepit distribui die sue sepulture libram in choro dicte majoris ecclesie beati Johannis Baptiste, videlicet cuilibet domino canonico decem octo denarios fortes, et subsequenter capellanis et clericis gradatim ut est consuetum in eadem. Item voluit et precepit fieri novenam prout est consuetum, in cujusque novene fine, voluit et precepit fieri processionem hora tertie et libram distribui videlicet cuilibet domino canonico novem denarios fortes et subsequenter gradatim aliis servitoribus prout est consuetum. Item dedit et legavit dictus testator curato dicte ecclesie parrochialis beate Marie unum florenum semel, et dyacono ipsius ecclesie quatuor denarios grossos semel. Adeo et pro eo quod ipsi teneantur et debeant fundere preces ad Dominum nostrum Jhesum Christum, pro anima ipsius testatoris. Item dedit et legavit Johannette ancille sue viginti florenos parvi ponderis semel sibi solvendos post ipsius testatoris decessum in quatuor annis et quatuor solutionibus. Item dedit et legavit venerabili capitulo maurianensi pro duobus anniversariis fiendis, hora tertie supra tumulo ipsius testatoris, si corpus ejusdem existat, in ipso tumulo, vel non existat sexaginta florenos parvi ponderis semel, ita tamen quod dum heres suus universalis infrascriptus vellet solvere annualiter tres florenos parvi ponderis quod non possit compelli ad solvendos dictos sexaginta florenos, et si et quando solveret dictos sexaginta florenos semel quod a solutione ipsorum trium florenorum annualium sit quictus et immunis. Nichilominus dicta duo anniversaria ipsi capitulum et domini canonici et servitores facero annualia teneantur. Item dedit et legavit processionario dicte majoris ecclesie processionum que fiunt hora prime tres florenos parvi ponderis semel. Ita et taliter quod ipse processionarius teneatur et debeat celebrare unam missam de officio defunctorum in remedium anime ipsius testatoris qualibet die lune per spatium trium annorum. Item dedit et legavit capelle Sancte Margarite, fundate in ecclesia predicta beati Johannis baptiste, et capellano ejusdem seu rectori qui nunc est et qui pro tempore futuro fuerit breviarium ipsius testatoris, ita et taliter quod ipse capellanus seu rector ipsius capelle qui fuerit in eadem capella teneatur et debeat dicere seu celebrare unam missam de officio defunctorum singulis diebus lune in remedium anime ipsius testatoris. Et finita ipsa missa ipse capellanus teneatur et debeat ire super tumulum ubi jacebit corpus dicti testatoris et ibidem expargere de aqua benedicta, dicendo istum psalmum *De profundis clamavi*, etc. et finito ipso psalmo dicat illam orationem *Inclina, Domine, aurem tuam ad preces nostras*, etc. Et nisi dictus rector dicte capelle hoc vellet facere vult et precepit dictus testator dictum breviarium vendi per manum dicti capituli maurianensis, una cum suo herede universali infrascripto, et quidquid habebitur de eodem, ponatur in acquirendo redditus pro ipsa capella, ad faciendum dicere et celebrari ipsam missam prout supra. Item voluit et precepit se manuteneri in confratria Sancti Spiritus maurianensis civitatis per duos annos post ejus decessum, pro uno confratre defuncto, et solvi pro ipso confratre ut est consuetum. Item voluit et precepit ipse testator quod anniversarium quod solebat solvere pater prefati testatoris quod solvatur per suum heredem infrascriptum. Item dedit et legavit capitulo Sancte Catarine prope Aquambellam et servitoribus ipsius ecclesie viginti florenos parvi ponderis semel, ita et taliter quod teneatur facere duo anniversaria pro anima et in remedium anime ipsius testatoris. Item ordinavit ipse testator pro eo casu quo ipse testator decederet extra confines seu limites diocesis maurianensis, vult et jubet corpus suum deportari in civitatem Sancti Johannis maurianensis, ubi ordinavit sepulturam suam. Et quia heredis institutio est caput et fundamentum totius testamenti. Idcirco ipse testator, in omnibus aliis bonis suis mobilibus et immobilibus, juribus actionibus et rationibus quibuscumque, sibi suum heredem universalem fecit, instituit et nominavit nobilem virum Guigonetum de Albiaco fratrem suum carissimum, per quem voluit predicta omnia attendi, compleri et sedari. Et hoc est suum ultimum testamentum et sua ultima voluntas, quod et quam valere voluit, jure testamenti nuncupativi sine scriptis, et si eo jure non valeat, voluit valere jure codicillorum, et si jure codicillorum non valeat, voluit quod valeat jure donationis, causa mortis. Et eo et eis jure et juribus quo et quibus melius, fortius et sanius intelligi et fieri poterit et debebit, secundum leges et canonicas sanctiones. Revocans et annullans ipse testator omnia alia et singula testamenta et donationes acthenus facta et factas si que sint per dictum testatorem condita et conditas presenti suo testamento in sui roboris firmitate perpetuo permanente. Hec acta fuerunt apud Sanctam Catherinam prope Aquambellam ante januas predicte ecclesie Sancte Catherine, ubi ad hec testes vocati fuerunt specialiter et rogati ore proprio dicti testatoris, venerabiles viri domini Anthonius Macti, Jacobus Ruffini, canonici dicti loci Sancte Catherine, nobiles Guigo de Ponte, Jacobus Galerii, Fredericus Hateller, Petrus Chastroneti, Stephanus Gonterii, Petrus Joherii alias clerici, Humbertus Jarodi, Petrus Farodi et Jacobus Vitalis. Ego autem Petrus Fabri de civitate maurianensi clericus, auctoritate imperiali notarius publicus, hanc cartam per Jacobum Fabri patrem meum notarium quondam receptam levatamque manu Anthonii Varcini notarii coadjutoris mei ex commissione mihi data per venerabilem dominum officialem curie maurianensis manu mea propria signo meo signavi et in ea me subscripsi.

115

Félix V donne commission à l'official de Tarentaise et au prieur du prieuré de Lémenc de faire restituer à l'église de St-Jean de Maurienne tous ceux de ses biens qui auraient été aliénés d'une manière illicite.

(14 Mars 1441.)

Felix episcopus, servus servorum Dei, dilectis filiis, officiali tharentasiensi et priori prioratus Lemenci gratianopolitane diocesis, salutem et apostolicam benedictionem, dilectorum filiorum capituli ecclesie maurianensis precibus inclinati, discretioni vestre, per apostolica scripta mandamus, quatenus ea que de bonis ipsius ecclesie ad eos et dictam ecclesiam spectantibus alienata inveneritis illicite vel distracta ad jus et proprietatem ipsius ecclesie revocare procuretis, contradictores per censuram ecclesiasticam, appellatione post posita, compescendo. Testes autem, qui nominati fuerint, si se gratia, odio vel timore, subtraxerint, censura, simili appellatione cessante, compellatis veritati testimonium perhibere. Quod si non ambo hiis exequendis comode interesse potueritis, alter vestrum ea nichilominus exequatur. Datum Basilee, secundo idus martii, anno a nativitate Domini millesimo quadringentesimo quadragesimo primo, pontificatus nostri anno primo.

116

Convocation du chapitre de la cathédrale de St-Jean de Maurienne.

(13 Juin 1443.)

Venerabilibus et maxime circumspectionis viris dominis et cum canonicis sive carissimis sincerrime honorandis Petro et Anthonio de Lamgniaco, fratribus, Urbano Gerbeysii, decano aniciensi, Petro Mathei, Claudio Gerbeysii, Anthonio de Lamgniaco juniori, Thome Chesvelloti, Anthonio Mistralis, canonicis maurianensibus ac singulis eorum ad quos presentes pervenerint, capitulum ecclesie beati Johannis Baptiste maurianensis salutem et se totum in eo qui est omnium vera salus. Cum quanto occurrunt magis ardua nova, tanto maturiori deliberationi sunt tractanda, unde in canone legitur : seniores populi congrega et eos interroga, facilius namque invenitur quod a pluribus senioribus queritur, et tanto congruum quos tangit, convenit evocari. Hinc est quia nobis super statu ecclesie nostre de presenti ad futura tempora respicientia nova onerosa occurrunt deliberanda et non sine perplexitate que calamo non sunt committenda sed matura deliberatione et digestione tractanda. Ea propter ad vos et vestrum singulos has presentes litteras publico nostri capituli sigillo sigillatas dirigimus, vobis et vestrum singulis intimantes vosque et vestrum singulos rogantes eo affectu in Deo quo fortiori possumus et nichilominus vestrum quemlibet sub fide et promissione qua tenemini dicte ecclesie. Et quia thesaurum et jura ejusdem pro posse servare et deffendere promisistis, requirimus quathinus vos et vestrum quilibet apud Sanctum Johannem Mauriane, omni excusatione cessante, personaliter intersitis die vigesima octava presentis mensis junii ut super premissis occurrentibus per vos et nos omnes de capitulo invocata Sancti Spiritus gratia mature et consulte deliberetis et super exponendis concludetur pro justitia et conservatione jurium et honorum ecclesie nostre. Et vobis et vestrum singulis placeat has litteras quas penes nos ad cauthelam retinuimus registratas. Et super quarum exhibitione portitori dabimus plenam fidem ne vos possetis pretextu ignorantie excusare, vestris sigillis propriis sigillare. Valete in eo qui est omnium opifex et vera salus. Datum apud Sanctum Johannem maurianensem in capitulo more solito congregato dicte maurianensis ecclesie die decima tertia mensis junii, anno Domini millesimo quatercentesimo quadragesimo tertio.

117

Félix V accorde des indulgences à ceux qui s'aideraient à construire la digue de Bonrieux.

(28 Mais 1447.)

Felix episcopus servus servorum Dei[1] universis Christi fidelibus presentes litteras inspecturis, salutem et apostolicam benedictionem. Quoniam, ut ait apostolus, omnes stabimus ante tribunal Christi recepturi prout in corpore gessimus, sive bonum fuerit sive malum, oportet nos diem extreme messionis misericordie operibus prevenire, et eternorum intuitu id seminare in terris quod reddente Domino cum multiplicato fructu recolligere valeamus in celis, firma spe fiduciaque tenentes quoniam qui parce seminat parce et metet, et qui seminat in benedictionibus de benedictionibus metet vitam eternam. Cum itaque sicut exhibita nobis pro parte dilecti filii nostri Ludovici titulo Sancte Susanne, sancte romane ecclesie presbyteri, cardinalis de Varambone vulgariter nuncupati, episcopi maurianensis, peticio continebat ex impetuoso discursu cujusdam aque bonus rivus nuncupate juxta civitatem maurianensem ab alto labentis magna pars terrarum, pratorum et aliarum possessionum eidem civitati a parte dicti rivi adjacentium, a septem annis citra proxime effluxis, perierit[2], relique vero possessiones necnon civitas et ecclesia maurianensis in qua beatissimi precursoris Domini nostri Jhesu Christi Johannis Baptiste et aliorum quam plurimorum sanctorum reliquie venerabiliter et honorifice reconduntur, irreparabilis periclitationis subjaceant periculo, regales vie ac itinera publica hinc inde adeo destructa existunt, quod ad civitatem hujusmodi ingressus et ab illa egressus vix patere possunt. Et sicut eadem peticio subjungebat, licet idem cardinalis episcopus cui ex debito pastoralis incumbit officii ad defensionem et preservationem terrarum, pratorum, possessionum, domorum ecclesie et civitatis predictorum, operam volens dare efficacem certas impositiones sive taxas super singulis domibus dicte civitatis, terris, pratis et possessionibus ex parte rivi civitati hujusmodi adjacentibus seu illas obtinentibus, imponi fecerit, quarum una, ex qua pars turnarum[5] ipsarum facta extitit, propter inopiam civium et habitatorum ejusdem civitatis, sterilitatem quoque patrie ipsius vix colligi potuit, reliqua vero portio ex qua residuum turnarum hujusmodi perfici deberet, causantibus inopia et sterilitate hujusmodi, recuperari minime speratur, quin ymo etiam si tota taxa sive impositio recolligeretur ad turnarum complementum hujusmodi earumque manutentionem non sufficeret, nec ipse turne absque Christi fidelium suffragiis perfici et perfecte manuteneri possent. Nos igitur cupientes ut ecclesia, in qua nonnulli ex progenitoribus nostris Sabaudie comitibus sepulti existunt[4], necnon civitas, terre, prata et possessiones hujusmodi a quibuslibet damnis et incommoditatibus preserventur, turneque predicte reficiantur et perfecte manuteneantur, universitatem vestram monemus et hortamur in Domino, vobis in remissionem peccaminum injungentes quatenus de bonis vobis desuper ministratis pro constructione et manutentione turnarum hujusmodi pias elemosinas et grata caritatis subsidia erogetis, ut per hec et alia bona que altissimo inspirante feceretis ad eterne possitis felicitatis gaudia pervenire. Nos enim de omnipotentis Dei misericordia et beatorum Petri et Pauli apostolorum ejus, auctoritate confisi, ut confessor quem quilibet vestrum qui in vigilia et festivitate nativitatis beati Johannis Baptiste proxime futuris et duorum annorum ex tunc immediate secuturorum, ad complementum et manutentionem turnarum hujusmodi manus juxta cujuslibet facultates porrexerit adjutrices, duxerit eligendum, omnium peccatorum suorum de quibus corde contritus et ore confessus fuerit, plenariam in mortis articulo remissionem vobis in sinceritate fidei, unitate sancte romane ecclesie ac obedientia et devotione nostra et successorum nostrorum romanorum pontificum canonice intrantium persistentibus, concedere valeat vobis, auctoritate apostolica, tenore presentium indulgemus. Sic tamen quod idem confessor de hiis de quibus fuerit alteri satisfactio impendenda eam vobis per vos vel per alios, si tunc forte transieritis, faciendam injungat quam vos vel alii facere teneamini. Et ne, quod absit, propter gratiam hujusmodi reddamini procliviores ad illicita in posterum committenda, volumus quod si ex confidentia remissionis ipsius aliquod forte committeretis, quod illa predicta remissio vobis nullatenus suffragetur. Et insuper quod quilibet vestrum per unum annum a tempore quo presens nostra concessio ad vestram noticiam pervenerit computandum singulis sextis feriis, impedimento cessante legitimo, jejunet. Porro si eisdem diebus ex precepto ecclesie, regulari observantia, injuncta penitentia, voto, vel alias jejunare teneatur, una alia die singularum septimanarum ejusdem anni quo ad jejunandum non sit astrictus, jejunet. Et si in dicto anno vel aliqua ejus parte esset legitime impeditus anno sequenti vel alias quam primum potuerit modo simili supplere jejunium. Si vero in toto vel in parte jejunium hujusmodi adimplere non posset, confessor predictus, jejunium predictum in alia pietatis opera commutet, que ipse pari modo facere teneatur. Alioquin hujusmodi nostra presens concessio nullius sit roboris vel momenti. Preterea omnibus supradictis qui deinceps singulis mensibus eorumdem necnon duodecim aliorum ex tunc immediate secuturorum annorum, septem annos et totidem quadragenas, lapsis vero duodecim annis, singulis mensibus semel ad perfectionem et manutentionem turnarum hujusmodi manus porrexerint adjutrices pro vice qualibet unum annum et quadraginta dies de injunctis eis penitentiis misericorditer relaxamus; quas quidem indulgentias et remissiones etiam ad illos qui ecclesiam predictam commode visitare non valentes ubicumque fuerint et quandocumque etiam extra civitatem maurianensem ad opus predictum manus adjutrices porrexerint tribus primis durantibus annis extendi concedimus atque volumus. Et insuper quod si alias ad opus hujusmodi pias elemosinas erogantibus aut manus porrigentibus adjutrices aliqua indulgentia perpetuo vel ad certum tempus nondum elapsum duratura per nos concessa fuerit, presentes littere nullius existant roboris vel momenti, presentibus quo ad unum annum et quadraginta dies perpetuis temporibus duraturis. Datum apud Sanctum Dominicum extrà muros gebennenses, quinto kalendas aprilis, anno a nativitate Domini millesimo quadringentesimo quadragesimo septimo pontificatus nostri, anno septimo.

[1] Amédée VIII s'était retiré au prieuré de Ripaille en 1434, à l'âge de 51 ans. Il fut élu pape par les Pères du concile de Bâle en 1439, et couronné sous le nom de Félix V le 24 juillet 1440. En 1449 il déposa la tiare et retourna dans sa solitude, où il mourut le 7 janvier 1451.

[2] *A septem annis citra proxime effluxis.* — La grande inondation de St-Jean de Maurienne est arrivée durant l'hiver de 1439 à 1440.

[3] *Turnæ, arum*, digues.

[4] Les comtes de Maurienne qui ont été ensevelis dans l'église ou plutôt devant l'église de St-Jean, sont Humbert aux Blanches-Mains, Amé Ier et Boniface.

118

Tenor attestationis inundationis ecclesiæ et urbis, de anno Domini 1440.

(7 Novembre 1447.)

Universis et singulis utriusque sexus, gradus et præeminentiæ Christi fidelibus ubilibet in Domino constitutis. Hugo de Fabrica in decretis licentiatus[1], canonicus et officialis maurianensis vicariusque generalis in spiritualibus et temporalibus episcopatus maurianensis, et reverendissimi in Christo patris D. D. Ludovici miseratione divina titulo Sanctæ Susannæ, sanctæ romanæ ecclesiæ presbyteri cardinalis de Varambone vulgariter nuncupati[2], episcopi maurianensis, et capitulum venerabilis ecclesiæ maurianensis ad sonum campanæ more solito congregatum, sanctæ dilectionis et veræ charitatis affectum, tenore nostrarum presentium litterarum notum facimus et per presentes attestamur verum esse, sicut dolenter referimus, quod impetuosa aquæ torrentis boni rivi ruina omnes possessiones circumstantes, cum magna parte domorum civitatis maurianensis (in cujus ecclesia reliquiæ gloriosissimi precursoris beati Johannis Baptistæ existunt, videlicet proprii manus digiti qui Christum baptizando tetigerunt et quam plurimæ aliæ reliquiæ aliorum Sanctorum) in ruinam lamentabiliter deduxit, et unum pontem super torrente Arvani dictæ civitatis contiguo, in quo viginti duo arcus nemorei existunt, destruxit, et alium pontem super torrente Archus ibi prope vastavit. Cum igitur pro cohibitione et defensa hujusmodi indemnitatis et reparationis pontium et itinerum ne propterea impediantur accessus et visitationes liminum beatorum apostolorum Petri et Pauli, propriæ ipsius loci non sufficiant facultates, nisi piis Christi fidelium eleemosinis suffragentur, propterea reliquias presentes videlicet de vestibus precursoris Domini, et de binagio facto cum propria manu et digitis qui baptizando tetigerunt Christum, de cruce in qua beatus Andreas apostolus subiit martyrium cum propria cruce deaurata de super. Item brachium beatæ Anastasiæ cum custodia sua, videlicet brachio munito argento et lapidibus. Item de sancto Andrea apostolo, de pelle sancti Bartholomei apostoli, et de apostolis sequentibus, videlicet de sancto Timotheo, de sancto Jacobo, de sancto Paulo, de sancto Philippo, de sanctis Simone et Juda, de sancto Luca evangelista. Item de monte Calvario, de monte Sinaii, de monte Syon, de monumento Rachel, de linguis eorum qui clamabant Domino *Benedictus qui venit in nomine Domini*, de osse sancti Eligii, de pelle et carne sancti Laurentii martyris, de sancto Dionysio, de sancto Mauricio et sociis, de sancto Stephano, de sancto Cornelio et Cypriano, de sancto Pantaleone, de sancto Christophoro, de sanctis Cosma et Damiano et de sancto Blasio. Quas reliquias ab ecclesia maurianensi extraximus non cum quanta deberemus sed cum quanta potuimus reverentia, per venerabilem virum dominum Jacobum Marchandi canonicum et sacristam, attenta et legalitate et probitate et industria nobilis viri Petri de Borserio gebennensis diocesis, ac magistri in artibus et ipsius ecclesie clerici atque per alios legatos suos ad vos et loca vestra pro devota ipsarum venerabilium reliquiarum visitatione et pia elemosinarum vestrarum largitione juxta bullas non tantum felicis recordationis papæ Clementis, Eugenii quarti, sed et Felicis quinti duximus deferendas universis et singulis reverendissimis in Christo patribus, dominis, dominis archiepiscopis et episcopis aliisque ordinariis, ad quos presentes pervenient, vos qua possumus devotione humiliter supplicantes quatenus litteras suas passus et recommendationis concedere dignentur in forma ecclesie consueta.

Nos autem omnipotentis Dei pia auctoritate et gratia omnes et singulos benefactores cujuscumque sexus et conditionis existant qui propterea in auxilium hujusmodi secundum suarum competentium facultatum suas pias concesserint eleemosinas, eorumque antecessores et successores fideles in Domino vivos et mortuos participes facimus et consortes in omnibus missis, orationibus, jejuniis, vigiliis, confratriis que fiunt et auctore Domino fient et celebrabuntur in tota ecclesia maurianensi. In cujus rei testimonium has nostras litteras concessimus datas Mauriane die septima mensis novembris anno Domini 1447, ubi presentes fuerunt venerabiles viri D. Ludovicus de Cauda, Johannes Gunterii et Theobaldus Deschampus, presbyteri Mauriane et bisuntinensis diocesis ad premissa vocati et rogati sub sigillo venerabilis capituli Mauriane in testimonium premissarum. Nos capitulum in quo erant domini Petrus Meliandi, Hugo de Fabrica, Petrus Girolletti, Johannes Marchandi, Petrus de Balma, Catharinus de Mollario, Ludovicus de Laugino, canonici maurianenses. scripsit nobilis Gabriel Vallini notarius.

[1] *Hugo de Fabrica.* — Il ne faut pas confondre la famille de la Faverge avec celle de Faverges.

[2] Louis de la Palud, seigneur de Varembon, d'une illustre famille de la Bresse, a été d'abord abbé de Tournu et ensuite d'Ambronay; il assista au concile de Constance en 1417, il fut garde du conclave à l'élection de Martin V, il fut nommé évêque de Lausanne en 1432, il assista au concile de Bâle; Félix V l'a nommé évêque de Maurienne et cardinal.

119

Le duc Louis, fils d'Amédée VIII, confirme les franchises accordées par son père en 1407, avec quelques additions.

(20 Mai 1450.)

Ludovicus, dux Sabaudie, Chablaysii et Auguste, sacri romani imperii princeps, vicariusque perpetuus, marchio in Italia, Pedemontii princeps, Gebennarum et Baugiaci comes, baro Vaudi et Faucigniaci, Niceeque et Vercellarum dominus, universis serie presentium fiat manifestum, quod nos supplicationi humilime parte dilectorum fidelium hominum communitatum, burgensiumque habitatorum et incolarum totius castellanie nostre Mauriane, et mistraliarum ejusdem tam mediate quam immediate subditorum, super infra scriptis nobis facte favore benivolo, bonis moti considerationibus annuentes, et super eis matura nostri nobiscum residentis consilii deliberatione prehabita, ex nostra certa scientia, pro nobis et nostris heredibus et successoribus quibusvis universas et singulas franchesias, libertates, immunitates privilegiaque capitula, statuta et indulta, tam per nos quam per illustres felicum recordiorum nostros precessores[1], eisdem hominibus et communitatibus vel alteri ipsorum conjunctim aut divisim etiam suis antecessoribus acthenus concessas, largitas et confirmatas, concessaque, largita et confirmata, ratas habemus atque grata. Illasque et illa in omnibus suis punctis, passibus, capitulis et clausulis generaliter et spocialiter eisdem supplicantibus pro se ac suis successoribus et posteritatibus universis et ipsorum quolibet juxta illarum formas, continentias et veros effectus quantum opus est, confirmamus et approbamus per presentes. nisi tamen et quathenus eisdem franchesiis et libertatibus aut earum aliquibus per ipsos homines et communitates temporibus retroactis comperiretur fuisse specialiter expresse renuntiatum. Et insuper eosdem supplicantes ampliori gratia tractare volentes, ut quanto nostre munificentie dapsilitate ² se noverint uberius per tractatos, tanto fidelitatum incrementis apud nos et nostros suo bono more exhibeantur promptiores, eisdem hominibus et communitatibus et ipsarum cuilibet, quantum eas concernere potest, hasque posteritatibus ante mentionatis et successoribus, ultra alios, ut premittitur, sibi erogatas et confirmatas franchesias et libertates illasque ampliando et declarando privilegia, statuta, ordinationes libertatesque novas, franchesias et indulta concedimus et harum serie largimur que sequuntur. Primo videlicet quod, sicuti ex predictarum suarum franchesiarum antea concessarum tenore cavetur universos et singulos castellanos procuratores, mistrales submistrales, clericos, vice clericos et ceteros officiarios et servientes castellanie predicte et mistraliarum ejusdem ante suorum ingressum officiorum jurare debere et teneri sollempniter et publice in exercitio et regimine officiorum suorum de fideliter se habendo, etiam dictas franchesias cum suis bonis juribus inviolabiliter observando, volumus concedimusque et hoc edicto largimur ac jubemus ut expressum ipsas franchesias per predictos omnes et singulos officiarios nostros presentes et futuros antequam officiis suis preficiantur, illorumque possessionem adipiscantur de debita illarum observantia opportuna juramenta ad sancta Dei evangelia prestare efficaciter teneantur et debeant ad primam requestam ⁵ ipsorum hominum officiis predictis submissorum eorumve sindicorum fiendam, excusationibus contradictioneque et expositione quibuscumque cessantibus, et hoc sub pena viginti quinque librarum per quemlibet ipsorum officiariorum qualibet vice qua contrafecerit eo ipso computanda et erario nostro fiscali irremissibiliter applicanda, decernentes et insuper harum serie quod, casu quo et quotiescumque officiarii ipsi seu ipsorum alter modo premisso jurare recusaverint, quod eo casu talibus sic recusantibus memorati homines nec ipsorum aliquis parere obedireve minime teneantur vel debeant, aut ad hoc quovismodo arctari vel compelli non possint, ymo etiam verius quicumque actus curiales et exercitii juridictionis sui officii per ipsos officiarios seu eorum alterum fiendi et facti sint ipso facto et jure nulli, nullumque effectum consequantur, donec saltem et quousque per eos debite prestito in talibus juramento.

Item quia eosdem homines ab indebitis et illicitis processuum inviolationibus ac dispendiosis laboribus et expensis vitare affectantes nostram in capitulo suarum libertatum eisdem concessarum super hoc edicto mentem declarando et capitulum ipsum ampliando nolumus quemcumque ex hominibus et incolis dictarum castellanie et mistraliarum Maurianne processibus inquisitionalibus involvi seu ad respondendum quovismodo artari debere vel posse, nisi ad denuntiationem alterius partis, quam procuratoris nostri fiscalis vel aliorum nostrorum officiariorum, exceptis tamen in casibus falsi aut injurie manifeste juxta ipsius capituli formam, sub quibus quidem casibus intelligimus et declaramus subjacere proditionem, furtum, homicidium, adulterium, incendium, sanguinis effusionem et depredationem. Et hoc ideo capitulum ipsum aliter seu pro aliis casibus interpretari non liceat sicut nec volumus ipsos... vel eorum alterum alio casu inquietari veluti superius expressatur. Item ut plurimum contingit quod aliqui officiarii, cupiditate emulatione, ambitiosa malivolentia aut alias ex submissis officiorum suorum aliquos faciant carcerari et indebite detineri quod nequaquam tollerare volentes... libertates privilegium supplicantibus eisdem concedimus quod predicti castellani vel officiarii ad detentionem personalem alicujus supplicantium procedentes teneantur et debeant, infra tres dies post detentionem hujusmodi tali detento vel pro eodem prosequenti aut intercedenti casum pro quo captus vel detentus fuerit detegere et dicere, ut inde si casus ipse adeo gravis non sit pro quo pena corporalis seu membri mutilatio non veniat ipsi detento infligenda, talis captus vel detentus juxta libertatum suarum formam, mediante cautione idonea relaxetur et relaxari debeat, quod si forte castellanus vel alius officiarius non fecerit, contra eumdem castellanum vel officiarium indebite detinentem et non notificantem agi possit ad injuriam et interesse ipsius detenti actione justitie non ministrate juramentique et franchesiarum non observatarum, quotiescumque ipsi detento libuerit. Item et ut sepisper[4] evenit, nonnulli creditores populares et debitores suos expensis consumere satagentes se dedicant plures citationes defectus et alios actus coram judicibus castellanis vel officiariis ex importunitate aliasve inepte obtinere, propterea volumus et per presentes jubemus expresse quod nulli judicum, castellanorum vel aliorum officiariorum dicte castellanie cognitionem causarum habenti liceat ab inde in posterum contra aliquem ex hominibus et subditis nostris ad cujusvis instantiam citatum vel evocatum, licet non comparentem defectum aliquem ab ejus non comparentis contumaciam instanti dare vel concedere, nisi duntaxat litteram testimonialem sue comparitionis[5] sine aliqua expensarum condempnatione, nisi tamen idem actor vel instans suam in prima comparitione facere habeat in scriptis aut saltem verbalem petitionem. Et si secus fieri contigerit non prosit obtinenti, nec inde alique taxentur expense talium litterarum, et ita hoc edicto decernimus nostro. Item et ad evitandum sumptus et majores expensas et gravamina popularium tenore presentium decernimus et volumus quod quotiescumque quis evocatus fuerit coram judice vel castellano causarum cognitionem habente compariturus peticionibus alicujus sui creditoris responsurus sive compareat sive non citatus, dummodo actor ipse suam tunc faciet peticionem alicujus pecunie quantitatis vel alterius speciei aut rei mobilis seu se moventis, quod eo casu judex vel castellanus cause hujusmodi cognitionem habens sine ulteriori litterarum et scripturarum multiplicatione teneatur et debeat actori in dicta prima citatione et per eum facta petitione concedere litteras compulsorias... Nisi contra dictum reum citatum, id est, nisi dictus reus solutionem quittationemve instrumenti falsitatem aut pactum de non petendo allegare vel aliam perhemptoriam exceptionem opponere voluerit, quo casu remittatur coram ipso judice vel castellano qui in oppositionis causa celeriter et summarie habeat cognoscere juxta statutorum generalis nostre ditionis formam et dispositionem. Item similiter ad evitandum superfluas scripturas que interdum et sepe fiunt per scribas actorum curiarum judicature et castellanie predicte Mauriane super exequutionibus sententiarum et condempnationum volumus et in libertatis privilegium dictis supplicantibus et posteritatibus suis predictis erogamus quod quotiescumque aliquem in ejus absentia vel presentia condempnari contingetad dandum, solvendum vel restituendum aliquam rem mobilem de condempnatione hujusmodi illiusque injunctione et executione de capiendo personam et bona levando et expediendo secundum condempnationem una duntaxat littera fiat que omnem exequutionem importet, juxta et secundam predictorum nostrorum statutorum seriem ut actor justitiam suam celerius assequi possit et reus expensis non fatigetur litterarum et aliorum dependentium varia multiplicatione insolutioneve.

Item de gratia speciali et ex potestatis plenitudine eisdem hominibus concedimus et largimur quod nullus reus condempnatus ad solvendum debitum aut restituendum aliam rem, habens in castellania Mauriane bona mobilia vel immobilia in sufficientia satisfactionis rei ad quam condempnatus extiterit pro exequutione rei judicate facienda, personaliter capi, detineri, arrestari aut incarcerari non possit nec debeat, sed fiat exequutio ipsa in et super bonis dicte rei primitus et que personam habeat excusare, dummodo tamen actor querens talem exequutionem de castellania ipsa Mauriane extet et in ea degat, ubi autem forensis ipsius castellanie comperiretur super hoc servanda sit statutorum predictorum generalis reformationis nostre ditionis forma, nisi etiam predicta bona sua essent pro non solvendo aut verisimiliter de fuga suspicaretur reus ipse condempnatus. Item eisdem hominibus et communitatibus judicature et castellanie predicte Mauriane concedimus et in privilegium largimur ut supra, volumusque quod si contingat aliquem ex hominibus predictis vigore submissionis per eum forte facte vel in posterum fiende ad instantiam creditoris vel hujus pro quo submissio ipsa faciet capi et carceribus detineri, quod ubi et quotiescumque tales debitores vel detenti paratos se obtulerint et offerrent ydoneam prestare cautionem de non aufugiendo nec villam et locum ubi detenti forent separando sine licentia domini vel curie loci in quo detinebuntur aut creditorum consensu, aut de solvendo et adimplendo promissa per eumdem detentum una cum expensis legitimis, quod eo casu sub et mediante cautione ipsa, tales ex hominibus et incolis dictarum judicature et castellanie sic detenti per officiarios penes quos detenti vel arrestati fuerint per villam, aut saltem si villa non sit ibi propinque per castrum in quo detenti fuerint, relaxari debeant et relaxentur, dummodo etiam creditor et debitor de judicatura et castellania predictis existant, et in eisdem moram trahant, judeique et ceteri usurarii creditores licet forenses extiterint sub hoc nostro privilegio intelligi debeant ac si in eisdem judicatura et castellania degerent, alios autem creditores forenses et extraneos in hiis quomodolibet includi non intendentes, et hoc non obstantibus quibuscumque submissionibus, promissionibus et renuntiationibus per tales debitores forsitan factis aut fiendis. Hoc autem extendi nolumus ad detentiones que fiunt pro exequutione rei judicate.

Item concedimus et largimur ut supra quod nullus commissarius generalis vel alius officiarius extraordinarius generalis tamen in dicta judicatura et castellania per nos neque nostros officiarios mitti, decerni seu deputari possit vel debeat ut puta ad inquirendum seu informationes sumendum inquisitionesque et processus formandum generaliter contra mercatores, hospites notarios aliosve incolas ipsarum judicature et castellanie, quod si forte fieri contingeret in posterum ipsi homines et incole ad parendum seu respondendum in manibus talium extraordinariorum commissariorum generalium minime artari possint aut debeant, nisi duntaxat officiariis ordinariis ipsarum judicature et castellanie, aut commissariis specialibus contra speciales personas in suis commissionibus nominatas qui informationes recipiant, processus forment et justitiam faciant juxta qualitatem et merita debitorum, servatisque semper statutorum nostrorum predictorum forma necnon franchesiis et libertatibus castellanie predictis. Item volumus et hujus edicti serie in privilegium concedimus quod a modo in antea judices nostri Maurianne et Tharentesie in dicta castellania Maurianne et infra limites ejusdem residentiam facere debeant personalem, aut saltem ibidem aliquem ydoneum et peritum loco sui constituere, subrogare et tenere ad quem habeatur recursus et coram quo omnes cause tam civiles quam criminales patrie Maurianne et Aquebelle agitentur, et terminentur usque ad sententiam diffinitivam inclusive et super illis exequutoriales litteras debite concedat a quibusquidem sententiis ordinationibus et actibus per talem sic subrogatum locum tenentem ad judicem qui illum constituerit inde non liceat appellare, seu alias recurrere, sed valide habeantur ac si per ipsummet judicem late, decrete, et promulgate forent ut partium parcatur laboribus et expensis, viarumque discrimina et montium in medio patrie Tharentesie et Maurianne existentium pericula evitentur. Item eisdem hominibus et incolis dicte castellanie

Maurianne et suis posteritatibus in libertatis privilegium concedimus volumusque quod nulli clavariorum et exactorum jurium nostrorum annualium et extraordinariorum ac etiam emolumentorum judicaturarum liceat aliquos ex ipsis hominibus castellanie predicte quoquomodo molestare ultra formam statutorum nostrorum predictorum, et nisi omnes debitores ipsius castellanie per unicam litteram si opus sit obtinendam. Et si forte contingeret plures quam unam emanari, omnes ipsi debitores ad aliquas expensas persolvendas eisdem officiariis et exactoribus presentibus et futuris nequaquam teneantur. Item quod mistralis Sancti Michaelis in Maurianna qui nunc est et pro tempore fuerit seu ipsius vices gerens deinceps non debeat seu possit exigere ab incolis et hominibus ipsius mistralie usagia nobis debentibus ante vel post terminum solutionis eorumdem usagiorum nisi duntaxat usagia [6] debita simpliciter una cum quarto pluris et intra dies quindecim post terminum non solverint, quodque exactio dupli post lapsum temporis solutionis solita pretermittatur quam penitus abolemus et abolitam harum serie esse volumus in perpetuum et ad quartum pluris reducimus atque moderamus. Item volumus et in libertatem concedimus ampliorem quod prefati subditi nostri supplicantes seu etiam communitates castellanie predicte et posteritates eorumdem non possint nec debeant per aliquos ex officiariis nostris ordinariis sive extraordinariis cogi, artari, inquietari compellive ad solvendum de premissis usagiis, nisi duntaxat ratas eisdem et eorum cuilibet debite contingentes quas dum solvisse legentur pro aliis ad solvendum restantibus, compelli eos nolumus et ne fiat hoc edicto prohibemus expresse. Item quia propter nivium grandem multitudinem et frigoris intemperiem que dum viget in patria nostra predicta Maurianne fructus et alia in dicta patria excreta minime recolligi possunt, nisi aliquo brevi tempore [7], hoc ideo nolumus ipsos incolas et homines dicte castellanie extrahi posse neque debere ad cujusvis instantiam pro quacumque causa, seu quovis quesito colore extra tamen parrochiam sub qua degent et hoc videlicet de mensibus julii augusti et septembris illisque durantibus, et ut in toto territorio episcopatus maurianensis usitatur nisi tamen pro casibus criminalibus superius specificatis. Item volumus quod omnes et singuli homines commorantes in mistraliis Termegnionis et Amondane teneantur et debeant tenere et observare omnes et singulas ordinaciones tam factas quam faciendas in posterum per majorem partem cujuslibet communitatum dictarum mistraliarum singula singulis debite referendo vel veluti super communibus pascuis, nemoribus, montibus in quibus communitates ipse contribuerunt[8]. Item concedimus ut supra in dictarum franchesiarum jam largitarum observationem et ampliationem quod mistrales et submistrales predictarum mistraliarum Termegnionis et Amondane presentes et futuri non possint nec valeant constitui reverti seu reassumi, in aliquo dictorum officiorum mistraliarum et submistraliarum sub quovis colore donec prius decem annis a tempore sue prime constitutionis computandis elapsis. Item volumus et in libertatis privilegium ut supra concedimus quod exactores bladorum, vinorum et aliorum victualium tam nobis quam alteri persone debitorum ac etiam tam nobiles quam innobiles quibus annualia servicia seu pensiones debentur, teneantur et debeant blada, vina et victualia ipsa ab hominibus dicte castellanie debentibus recipere infra unum mensem post lapsum terminum solutionis debite in locis in quibus exsolvi debebunt. Alioquin hoc nostro statuimus edicto quod tales debentes per ipsos exactores et alios quibus debebantur, compelli non possint post lapsum et preteritionem dicti mensis, nisi duntaxat ad solvendum pretium talium victualium ut premittitur debitorum quo communiter venderentur ipso mense. Que premissa sic egimus tam liberaliter et de gratia speciali attentis signanter ipsorum supplicantium antiquissimis constantie intemeratis fidelitatibus qui precipui per felicum recordiorum illustres progenitores nostros dominiis nostris Sabaudie adepti fuere et submissi quam pro et mediantibus tercentum florenis parvi ponderis [9] per nos ab eisdem supplicantibus premissorum causa habitis et receptis manibus dilecti fidelis consiliarii nostri Jacobi Meynerii thesaurarii Sabaudie generalis, qui de illis nobis legitime tenebitur computare, promittentes et insuper nos dux prefatus pro nobis et nostris predictis bona fide in verbo principis, predictas libertates indulta franchesias et immunitates tam de novo quam acthenus ut supra concessas et confirmatas in omnibus et per omnia sua puncta clausulas atque capitula nichil de contingentibus in illis obtinendo tenere, attendere inconcusseque et inviolabiliter observare tenerique attendi et observari facere per quoscumque et nunquam contra illas seu ipsarum aliquam ullo unquam tempore facere dicere vel venire, contraque fieri permittere quovis quesito colore vel alias etiam sub et cum omni alia sollempnitate jurisque et facti renuntiatione ad hec necessaria pariter et cauthela. Mandantes hoc ideo consiliis nobiscum et Chamberiaci residentibus, necnon judici et procuratori ac castellano Maurianne et Tharentesie mistralibus quoque mistraliarum predictarum, ac ceteris universis et singulis aliis officiariis fidelibus et subditis nostris mediatis et immediatis presentibus et futuris ad quos spectabit et presentes pervenerint ipsorumque loca tenentibus et cuilibet eorumdem quathenus hujusmodi confirmationis et denuo libertatis ac franchesiarum concessionis litteras nostras aliasque franchesias per has confirmatas, juxta illarum etiam presentium mentes continentias, declarationes, ampliationes et veros effectus prefatis omnibus incolis, burgensibus, habitatoribus et communitatibus ac eorum cuilibet... ad quemlibet spectat, suisque posteritatibus memoratis teneant, attendant et inconcusse observent, tenerique attendi et illibate faciant observari in nulloque contrafaciant, quomodolibet... sed eos et eas illis et earum qualibet plene frui faciant et gaudere, statutis ab usibus seu non usibus earumdem franchesiarum oppositionibus exceptionibus et aliis exquisitis modis ac ceteris in contrarium nonobstantibus. Que omnia eisdem liberlatibus et franchesiis in nullo habeant seu possint derogare seu aliud prejudicium generare vel inferre nunc vel in posterum quandocumque. Datum Querii, die vicesima maii anno millesimo quatercentesimo quinquagesimo.

[1] *Recordium, ii,* pour *recordatio,* mémoire, souvenir.
[2] *Dapsilitas, atis,* libéralité, générosité, abondance.
[3] *Requesta,* réquisition, requête.
[4] *Sepisper* pour *sœpe,* souvent.
[5] *Comparitio,* comparution.
[6] *Usagia,* redevances fondées sur un ancien usage. — *Usagia cum quarto pluris,* usages avec le quart en sus. — Ceux qui ne payaient que quinze jours après l'échéance devaient payer le quart en sus. Dans ce cas, les mistraux prenaient quelquefois le double. Le duc Louis leur défend de l'exiger à l'avenir.
[7] Défense de faire emprisonner ou de faire paraître devant les tribunaux hors du lieu de leur habitation les sujets de la châtellenie de Maurienne, sauf pour des crimes graves, durant les mois de juillet, août et septembre, pour leur laisser le temps de moissonner.
[8] Le duc accorde aux communes situées dans les mistralies de Termignon et de Modane le droit de se faire des règlements particuliers relatifs aux pâturages et à la conservation des forêts.
[9] Trois cents florins petit poids, valant environ 10 fr. 50 c. chacun. Les habitants de la châtellenie de Maurienne avaient déjà payé 10,600 fr. en 1407 pour les franchises obtenues d'Amédée VIII, ils ont encore payé 3,000 fr. en 1450 pour en obtenir la confirmation avec quelques additions.

120

Le pape Nicolas V annonce au clergé de Maurienne la nomination du cardinal Guillaume d'Estouteville à l'évêché de Maurienne.

(26 Janvier 1452.)

Nicolaus episcopus servus servorum Dei, dilectis filiis clero civitatis et diocesis maurianensis salutem et apostolicam benedictionem. Hodie de persona dilecti filii nostri Guillermi titulo Sancti Martini in montibus presbyteri cardinalis ecclesie maurianensis tunc vacanti duximus, auctoritate apostolica providendum, preficiendo ipsum illi in episcopum et pastorem, prout in nostris inde confectis litteris plenius continetur. Quocirca discretioni vestre per apostolica scripta mandamus quatinus eumdem cardinalem tanquam patrem et pastorem animarum vestrarum grato admittentes honore ac exhibentes sibi obedientiam et reverentiam debitas ac devotas, ejus salubria monita et mandata suscipiatis humiliter et efficaciter adimplere curetis, alioquin sententiam quam idem cardinalis rite tulerit in rebelles ratam habebimus et faciemus, auctore Domino, usque ad satisfactionem condignam inviolabiliter observari.

Datum Rome apud Sanctum Petrum, anno incarnationis dominice millesimo quadringentesimo quinquagesimo secundo, septimo kalendas februarii pontificatus nostri anno sexto.

121

Les chanoines de Maurienne prient le duc Louis d'obliger le juge corrier de St Jean à promettre avec serment de respecter la juridiction de l'église et du chapitre de Maurienne.

(2 Juin 1452.)

Vobis illustrissimo principi, Domino nostro, domino Ludovico Sabaudie duci supplicant humiles vestri capitulum et canonici Maurianne quatenus inherendo predecessorum vestrorum vestigiis et observando contenta in associatione juriditionis terre episcopatus Maurienne ultra Arcum a parte Sancti Johannis, placeat dominationi vestre ordinare et in mandatis dare correario vestro Sancti Johannis, qui nunc est et pro tempore fuerit, et ejus locum tenenti ut jurent ad sancta Dei evangelia juriditionem ecclesie et capituli memorati fideliter custodire et revelare sicut cavetur in associatione predicta. Mandando etiam, si placet, castellano vestro Maurianne et aliis officiariis vestris ut juriditionem ipsorum capituli et canonicorum quam habent in prebendis suis ex largitione per predecessores vestros eisdem concessa et hactenus observata plenarie observent nec quidquid in prejudicium ipsorum facere aliqualiter attemptent prelibatam dominationem vestram in premissis humiliter implorando.

122

Réponse du duc Louis à la requête précédente.

(27 Juin 1452.)

Ludovicus dux Sabaudie, Chablaysii et Auguste, sacri romani imperii princeps vicariusque perpetuus, marchio in Italia et Pedemontii princeps, gebennensis et Baugiaci comes, baro Vuaudi ac Faucigniaci Nyceeque et Vercellarum dominus, dilectis correario et judici nostris Sancti Johannis Maurianne presentibus et futuris, seu eorum loca tenentibus salutem. Viso tenore supplicationis hic annexe, vobis precipimus et mandamus quatenus juramentum per predecessores vestros dari et prestari solitum de quo in dicta supplicatione fit mentio prout et quemadmodum juxta formam associationis de qua in dicta supplicatione agitur jurare curetis, juretis juramentumque prestetis prout et quemadmodum tenemini et in dicta associatione cavetur, omni deffectu et contradictione cessante, mandantesque tenore presentium consilio nostro Camberiaci residenti castellanisque Maurianne et Aquebelle ac ceteris officiariis nostris nobisque tam mediate quam immediate submissis ad quos spectat et presentes pervenerint ipsorumque loca tenentibus et cuilibet eorumdem quatenus capitulum et canonicos in ipsorum juriditione et juriditionibus debite manuteneant et deffendant nec eisdem inferant vel impendant in personis vel bonis aliquam indebitam novitatem, sed si quid in contrarium indebite attemptatum fuerit illud ad statum pristinum et debitum faciant indilate reduci nulloque alio a nobis super hoc expectato mandato. Datum Seysselli die vicesima septima junii, anno Domini millesimo quatercentesimo quinquagesimo secundo.

Signé : Loys.

123

Le vicaire général de Maurienne enjoint au vice-corrier de remettre au chapitre deux hommes qu'il avait fait emprisonner.

(18 Octobre 1452.)

In nomine Domini amen. Anno ejusdem Domini m.cccc.lii, die vero xviii mensis octobris coram testibus infra scriptis per hoc instrumentum publicum universis fiat manifestum quod ven. et religiosus vir frater Barthol. de Castagnolis ex comitibus Plozasci canonum professor vicarius curie episcopalis maurianensis, audita super hiis pridem querela pro parte ven. capituli maurianensis, injunxit nobili Glaudio Manuelli vice correario maur. sub pena xxv marcharum argenti quatenus hodie infra solis occasum restitueret et deliberaret dicto ven. capitulo et officiariis suis Odomarium de Clugniaco et Urbanum de Clugniaco homines ipsius capituli quos in carceribus et arrestis curie communis detinebat. Qui quidem nobilis vice correarius, habita pridem infra sibi prefixum tempus deliberatione, obtulit quod inde juris faceret super premissis. De quibus fuit preceptum ad opus dicti ven. capituli fieri instrumentum publicum et tot quot inde fuerint petita per me notarium subscriptum. Actum fuit hoc in platea bassa palatii episcopalis maur. ubi testes fuerunt Glaudius Revoleti et Jacobus Joliti, habitatores civitatis maurianensis.

124

Jean Marchiandi et Catherin du Mollard, chanoines et procureurs du chapitre, obligent le vice-corrier de Maurienne à remettre à la disposition du chapitre Odomer et Urbain de Clugny qu'il avait fait emprisonner.

(18 Octobre 1452.)

In nomine Domini amen. Anno ejusdem Domini m.cccc.lii, die vero xviii mensis octobris, coram testibus infra scriptis, per hoc publicum instrumentum universis fiat manifestum quod vener. viri domini Johannes Marchiandi sacrista et Caterinus de Molario cantor et canonici atque procuratores ven. ecclesie et capituli maur. requisierunt nobilem Glaudium Manuelli vice correarium maur. quatinus eis et dicto capitulo atque ipsius officiariis remitteret Odomarium de Clugniaco quem detinet carceribus mancipatum, et deliberaret Urbanum de Clugniaeo sub arresto curie communis, positum homines ipsius capituli, atque deliberaret Johannem Tiberii hominem domus episcopalis maurianensis ipsorum Odomarii et Urbani fideiussorem offerentes se paratos facere fieri per officiarios dicti capituli de dictis hominibus debitam justitiam cuilibet conquerenti. Qui nobilis vice correarius conscius quod ipsi Odomarius et Urbanus de Clugniaco homines sunt ipsius capituli, insequendo morem suorum predecessorum, qui homines dicti capituli consueverunt remittere, dictum Odomarium de Clugniaco una cum pecuniis suis quas ab eo in ingressu carceris, more in talibus solito, receperat, dictis procuratoribus capituli, pro justitia de ipso facienda remisit. Pariter et Urbanum de Clugniaco etiam hominem ipsius capituli sub arresto dicte curie communis positum ab eodem arresto, et Johannem Tiberii hominem dominii maurianensis episcopi, ipsorum hominum capituli fideiussorem a fideiussione ipsa liberavit, penitus et absolvit. De quibus fuit preceptum inde fieri publicum instrumentum per me notarium subscriptum. Acta fuerunt hec premissa ante bancham dicte curie communis ubi testes fuerunt nobiles viri Urbanus de

Molario, Ludovicus Trucheti, etc., Johannes Fornerii de Fontecooperto, notarius, etc.

125

Les procureurs du chapitre de St-Jean demandent que le vice-corrier, juge commun du duc et de l'évêque, remette à la disposition du chapitre Jean Bernardi et Guigue Sibué.

(18 Décembre 1453.)

In nomine Domini amen, anno eiusdem Domini m.cccc.liii, die xviii mensis decembris, reverendissimo in Christo patre et dno Guillelmo sancte romane ecclesie presbytero cardinali de Estotevilla episcopo maur. coram testibus infra scriptis per hoc instrumentum publicum universis fiat manifestum quod ven. vir dominus Caterinus de Molario canonicus maur. procurator ven. capituli, et providus vir Petrus Oppinelli castellanus dicti capituli constituti coram nobili Janino de Costis vice correario maur. proposuerunt et dixerunt eidem vice correario quod ad ipsorum pervenerit notitiam quod ipse vice correarius personaliter carceratum detinuit Johannem Bernardi de Villario hominem dicti capituli sicuti eidem vice correario de homagio fuerat ostensum per publicum instrumentum receptum manu Johannis Rembaudi notarii anno m.cccc.viii die viii decemb. et de ostensione et fide sibi facta constat instrumentum manu mei subscripti notarii receptum anno presenti et die xix mensis novemb. ipseque vice correarius dictum hominem capituli pro casu ad ipsum non pertinente detinens, licet requisitus et iteratis vicibus exhortatus dicto capitulo et officiariis ipsius remittere distulit, ymo

eumdem Johannem Bernardi hominem capituli fecit cavere
et componere secum ad certam pecunie quantitatem et in
grande prejudicium dicti ven. capituli et jurisdictionis sue ac
ultra et preter mentem transactionis et sententie arbitrarie
per arbitros inter dnum episcopum et capitulum maur. late,
in qua dominus episcopus nichil aliud jurisdictionis habet in
homines capituli preter quam fuerit reservatum in dicta tran-
sactione cujus clausula sequitur in hec verba. Item dicimus
sic ordinando et pronunciando quod dominus episcopus
maur. banna et justitias in proditoribus ac homicidis et bonorum eorumdem mobilium confiscationes in hominibus capituli maur. habeat, de cetero exerceat et levet, nisi dicti
homicide probarent se inculpabiles legitimis documentis, in
hominibus dicti capituli, si pena corporalis fuerit infligenda,
per officiales episcopi infligatur, hoc addito quod de bonis
ipsorum mobilibus seu immobilibus, episcopus vel aliquis
nomine suo quicquam nullathenus accipiat, sed capitulum
de ipsorum rebus pro velle suo ordinet et disponat, cujus
transactionis sive sententie instrumentum publicum recepit
Petrus de Albiaco notarius sub anno Domini m.cc.xlvii, xx
die mensis junii, cujus copiam collationatam et tabellionatam
ipsi procuratores asserebant et dictus vice correarius non
denegavit alias sibi traditam fuisse parte capituli, exortantes
tandem ipsi procuratores vice correarium et cum instantia
per maxima requirentes quatinus omnia et singula contra
dictum capitulum et jurisdictionem sic de facto attentata
revocaret et dictum Johannem Bernardi, hominem capituli
ipsi capitulo et suis officiariis plectendum remitteret, prout
ordo exposcit rationis, et cum protestationibus de quibus
alias asserunt fuisse protestati et aliis sibi opportunis. Qui
quidem vice correarius respondit et dixit dictum Johannem
Bernardi non fecisse componere, tamen non intelligebat
adhuc cessare donec aliud appareat sibi. Ceterum prefati dni
procuratores et castellanus capituli requisierunt prefatum

nobilem Janinum de Costis vice correarium Mauriane quatinus eisdem capitulo et officiariis suis reddat et remittat Guigonem Sibue de Jarriaco quem detinet in curia correariatus carceratum pro casu sibi non pertinente hominem dicti capituli maur. ut fidem sibi fecerunt de homagio per instrumentum publicum receptum manu Petri Comballis notarii publici sub anno Domini m.cccc.xxxii, die xxiv mensis decembris, alias et in eventum recusationis protestaverunt dicti procuratores et castellanus capituli contra dictum vice correarium de penis a jure et constitutione felicis recordationis dni nostri dni Felicis divina providentia pape quinti et provincialibus Vienne, ac sinodalibus Mauriane statutis contra turbantes jurisdictionem ecclesiasticam et in homines et bona ecclesiasticorum molestias inferentes promulgatis et inflictis et de faciendo declarari eumdem vice correarium ipsas penas incurrisse, ac de interesse et de injuria dicto capitulo illata. Qui vice correarius respondit quod habito advisamento super premissis faceret quod inde juris et rationis esset. De quibus omnibus petitum fuit parte capituli per me subscriptum notarium fieri publicum instrumentum. Acta fuerunt premissa ante bancham curie communis maur. ubi testes fuerunt nobilis Michael Trucheti et Petrus de Novellis, etc.

Subsequenter anno premisso die xv mensis decembris ven. viri dni Catherinus de Molario et Johannes Marescalci canonici maur. et procuratorio nomine ven. capituli requisierunt iterato secundo et tertio ac perhenni et precise cum instancia per maxima prefatum nobilem Janinum de Costis vice correarium maur. et summaverunt prout supra quathinus dicto capitulo et officiariis suis remitteret prefatos homines capituli, videlicet Johannem Bernardi et Guigonem Sibue quem detinet carceratum pro casu sibi non pertinente. Unde ad instantiam procuratoris dicti capituli dnus Johannes Marchiandi curatus et rector parrochialis ecclesie beate Marie civitatis maur. eumdem vice correarium citavit apud Bellicium coram dno archidiacono dicti loci conservatore privilegiorum per sanctam sedem apostolicam ven capitulo maur. concessorum ad diem sabbati xxii hujus mensis decemb. in domo sue habitationis visurum se ipsum vice correarium declarari incidisse in penas excommunicationis et alias in corpore juris clausas et mentionatas in bullis constitutionis felicis recordationis dni nostri dni Felicis pape quinti contra turbantes jurisdictionem ecclesiasticam et in homines et bona ecclesiasticorum molestias inferentes et alias prout in quadam citatione cujus copia eidem vice correario tradidit, continetur ad quam relatio habeatur, de quibus omnibus preceperunt parte dicti capituli fieri instrumentum. Acta fueruut premissa in bancha curie communis maur. ubi testes fuerunt nobilis Glaudius de Albiaco, Anth. de Columpnis, etc.

126

Par ordre du duc de Savoie, le vice-corrier de Maurienne casse et annulle tout ce qu'il avait fait au préjudice des droits du chapitre de St-Jean contre Jean Bernardi et Guigue Sibué.

(23 Mars 1454.)

In nomine Domini amen. Anno ejusdem Domini m.cccc.liv, die xxiii mensis martii, coram testibus infra scriptis per hoc instrumentum publicum universis fiat et sit manifestum quod cum nobilis predictus Janinus de Costis vice correarius Mauriane incarcerasset Johannem Bernardi de Villario et Guigonem Sibue de Jarriaco homines venerabilis capituli maur. ipsosque componere et per penas proclamari et mulctari fecisset. Hinc est quod ad instanciam procuratoris ven. capituli prefatus nobilis Janinus de Costis de mandato curie illustrissimi principis dni nostri Sabaudie ducis super hoc, in quantum ad eam pertinet, iteratorie a sibi facto et juxta illius tenorem et effectum incarcerationes compositionesque et cautiones atque proclamationes ab ipso factas remittit, cassat et annullat et prout si nunquam fuissent, ad statum pristinum suis propriis sumptibus et expensis reducit serie hujus instrumenti et tenore. De quibus idem procurator capituli et nobilis vice correarius preceperunt per nos notarios subscriptos fieri instrumentum publicum et tot quot inde fuerint petita. Acta fuerunt premissa ante bancham curie communis Mauriane ubi testes fuerunt dompnus Ludovicus de Camera, Petrus Giroleti, etc.

127

Paul Grassi, délégué par Mgr Aimon de Provana, évêque de Nice, vicaire et lieutenant de Mgr d'Estouteville, ordonne au châtelain et au mistral de Valloire de respecter la juridiction du chapitre de Maurienne et de restituer les gages qu'ils avaient exigés indûment.

(10 Janvier 1455.)

Paulus Grassi in decretis baccalarius, canonicus et infirmarius nyciensis, officialis maurianensis, locum tenens reverendi in Christo patris domini domini Aymonis de Provanis, miseratione divina episcopi nyciensis, vicarii et locum tenentis reverendissimi in Christo patris et patris domini domini Guillermi, eadem miseratione et Sancti Martini in montibus, sancte romane ecclesie presbyteri cardinalis de Estoutevilla, vulgariter nuncupati, archiepiscopi rothomagensis, et administratoris episcopatus maurianensis, dilectis nostris castellano, mistralibus, clerico curie ac ceteris officiariis Volovii quibus nostre presentes littere pervenerint seu presentate fuerint in domino salutem, parte venerabilium virorum dominorum capituli et canonicorum Maurianne querelanter fuit ostensum quod vos castellanus et alii officiarii predicti Volovii pro nonnullis assertis debitis seu impositionibus in dicta castellania Vollovii in homines prefati domini nostri domini cardinalis et administratoris impositis et aliis etiam oneribus, ac ternatis vicibus, certa et diversa pignora hominum et juridiciabilium prefatorum capituli et canonicorum de facto levastis, seu quidam ex officiariis dicti loci Vollovii levaverunt deinde ipsa pignora quo voluistis seu voluerunt deportastis et deportarunt, et alias juriditionem super ipsos homines dictorum capituli et canonicorum, licet de facto, exercuerunt, in grande dampnum dictorum capituli et canonicorum, lesionemque juridictionis eorumdem capituli et canonicorum super quibus a nobis remedium requisierunt et implorarunt dando et concedendo eisdem litteras opportunas et eadem pignora restituendo et ad debitum statum facta in prejudicium juriditionis dictorum capituli et canonicorum reducendo quibus requisitioni et implorationi rationi consone annuentes nolentesque jus neque juriditionem prefatorum capituli et canonicorum in aliquo ledere neque lesa seu lesam permittere per quemquam, ymo illum et illam pro posse conservare, vobis igitur et vestrum cuilibet insolidum quantum suo suberit officio harum serie precipiendo committimus atque mandamus sub pena decem marcharum argenti fini per vestrum quemcumque qui non paruerit committenda fisco episcopali irremissibiliter applicanda quatenus visis presentibus, omnibus exceptionibus frivolis cessantibus penitusque remotis ad loca propter hoc opportuna accedent eisdem capitulo canonicis et eorum predictis hominibus ipsa pignora sicut premittitur levata et disportata restituatis pariter et expediatis, aliaque vero in prejudicium juriditionis dictorum capituli et canonicorum et suorum hominum facta et attentata revocetis, et ad statum pristinum reducatis que per presentes revocamus et ad statum pristinum reducimus, has litteras in testimonium concedentes, datas in episcopali palatio maurianensi die decima januarii anno Domini millesimo quatercentesimo quinquagesimo quinto.

128

Sentence du chapitre de Maurienne par laquelle Pierre Giraud, d'Albanne, est exilé à perpétuité des terres dépendantes du chapitre.

(8 Janvier 1457.)

In nomine Domini amen. Nos Petrus Giroleti, Johannes Marchiandi, Katerinus de Molario, Johannes Tonduti, Johannes Veterisfabe, Johannes de Lamgniaco, Amedeus Gavit et Johannes Marescalci, canonici maurianenses, tenore presentium nostrarum litterarum notum facimus universis, quod anno Domini millesimo quatercentesimo quinquagesimo septimo, die octava mensis januarii assignata petitio Giraudi aliter Martini de Albana, hominis venerabilis capituli maurianensis ad audiendum jus et diffinitivam sententiam super quadam inquisitione contra eumdem Petrum per officiarios dicti capituli facta super eo quod, quovis diabolico spiritu imbutus, dictus Petrus Glaudium ejus patrem verberibus cedisset, et inde per prebendarios Montisricherii, nomine capituli maurianensis, exulatus fuisset ad certum tempus. iterum ad verbera in dictum patrem suum inculpatum dampnabiliter prosiliisse et adulterium commisisse, esseque male conversationis et fame, comparuerunt judicialiter coram nobis ante Sanctum Petrum a latere ecclesie cathedralis maurianensis, providus vir Petrus Oppinelli notarius de civitate maurianensi, procurator dicti capituli reproducens processum contra eumdem inquisitum in curia memorati capituli factum et depositiones testium contra eumdem Petrum examinatorum petens per nos dici jus et sententiam diffinitivam fieri ex una. Et dictus Petrus Giraudi alias Martinus inquisitus etiam petens per nos jus dici misericordiam sibi fieri, partibus, ex altera. Et nos Petrus Giroleti Johannes Marchiandi, Katerinus de Molario, Johannes Tonduti, Johannes Veterisfabe, Johannes de Lamgniaco, Amedeus Gavit et Johannes Marescalci, canonici maurianenses, nomine nostro et aliorum canonicorum maurianensium absentium et totius capituli maurianensis, viso processu contra Petrum Giraudi aliter Martini de Albana inquisitum predictum hominem nostrum formato ac depositionibus testium ex quibus constat ipsum Petrum iterum ad verbera in patrem suum verisimili conjectura dampnabiliter prosiliisse et ipsum Petrum inquisitum adulterium commisisse. Visis etiam et consideratis aliis de jure videndis, sedentes pro tribunali more majorum nos munientes venerabili signo sancte crucis † et prepositis coram testibus sanctis Dei evangeliis ut de vultu Dei prodeat judicium nostrum, servatisque solempnitatibus servari solitis, per hanc nostram diffinitivam sententiam quam in hiis scriptis ferimus, dictum Petrum Giraudi aliter Martini condempnamus et bannimus a tota terra episcopali maurianensi infra quam in homines nostros juriditionem habemus ipsum bannimentum sub pena carceris perpetui per tempus quadraginta annorum continuorum, quam terram episcopalem infra viginti quatuor horarum spatium totaliter habeat exuere, sub pena carceris perpetui, predicta. Data, lecta et promulgata fuit presens sententia nostra ante Sanctum Petrum a latere ecclesie cathedralis maurianensis, presentibus venerabilibus viris dompno Richardo Oudini curato Sancti Martini Hermelionis et dompno Anthonio Jacobi capellano, Petro de Costerguo, clerico parrochie Montisvernerii et Gabriellis Timelli de Albana, anno et die predictis, sub sigillo nostro quo in talibus utimur in testimonium premissorum.

129

Testament de noble Gabriel Vallin, de Fontcouverte.

(8 Mars 1463. — Par extrait.)

In nomine Domini, amen. Anno ejusdem Domini m.cccc.lxiii, die viii mensis marcii, reverendissimo in Christo patre et dno dno Guillelmo miseratione divina ostiensi episcopo, sancte romane ecclesie cardinali de Estoutevilla vulgariter nuncupato administratore ecclesie maur. coram testibus infrascriptis, per hoc publicum instrumentum universis fiat et sit manifestum, quoniam sicut evangelista testatur, si domino domus sciret qua hora fur venturus sit, vigilaret utique et non sineret domum suam perfodi, cum igitur omnis homo certus sit mori et nesciat quando, magis securum est sub spe mortis testari, quam sub spe vite decedere intestatum. Ea propter nobilis Gabriel Vallini de Fontecoperto maur. dyocesis, sanus mente, sensu et corpore, volens in sua prosperitate de bonis suis disponere, ne inter posteros questio oriatur, suum fecit testamentum nuncupativum per modum infrascriptum.

In primis animam suam altissimo commendavit, beate Marie virgini, beato Michaeli archangelo, beato Georgio, beate

Brigide et toti curie celesti. Item sepulturam corporis sui, si decedat infra limites parrochie Fontiscoperti, elegit fieri in capella per eum sub vocabulo beatorum Georgii et Brigide fundata prope cemeterium in quo sepulta est nobilis Aymoneta filia quondam nobilis Rondeti Rembaudi ejusdem testatoris prima uxor. In sua autem sepultura adesse voluit tredecim capellanos missas pro anima sua celebrantes et cuilibet dari tres grossos pro oblatione una cum prandio, ut est moris, et residuum funeralium suorum compleri secundum morem et usum dicti loci Fontiscoperti.

Item voluit manuteneri in confratria Sancti Spiritus Fontiscoperti per tres annos post ejus obitum.

Item voluit dici qualibet die dominica unum responsum pro defunctis supra tumulo suo per tres annos post ejus obitum, et inde solvi ut est moris. Item voluit perfici per heredes suos unum calicem argenti ad opus capelle sue cum patena sua tam de xiv flor. quos debet Petrus Chaberti ad opus premissum quam sumptibus ipsius testatoris si idem in vita sua non perficiat.

Item voluit solvi per heredes suos dicte capelle sue xxv flor. pp. semel pro redditu acquirendo quam primum fieri poterit post ipsius decessum si non solvantur eo vivente, pro complemento centum florenorum in quodam alio testamento pro augmentatione dotationis dicte capelle datorum, quoniam de aliis septuaginta quinque florenis per ipsum testatorem dicte capelle satisfactum est. Item per dictos heredes suos solvi ordinavit eidem capelle sue pro redditu acquirendo xx flor. pro semel, aut interim solvi unum flor. pp. pro remedio anime nobilis Aymonete ejusdem testatoris prime uxoris.

Item legavit ven. capitulo maur. omnia protocolla, receptos processus et inquisitiones et actus quoscumque facientes ad opus ipsius ven. capituli per ipsum testatorem, dum prefuit secretarii officio dicti capituli receptas receptaque precipit et jubet sine contradictione eidem ven. capitulo, eodem testatore vita functo, indifferenter expediri, et si de traductione timuerint, dat dominis canonicis et capitulo licentiam eadem supra narrata sibi pertinentia, presentibus tamen notario et testibus fide dignis, auctoritate propria intrare domum et domos ipsius testatoris et ea tantummodo sibi pertinentia supra memorata capi et ad capitulum portari, adeo tamen quod si idem testator in civitate maur. decedat, ipsum capitulum et domini canonici exequias et sumptus funerales impense et cum majori luminario et octo facibus usque ad novenam et processionem inclusive, supportare et propterea xx flor. pp. pro semel tantum ab heredibus infra unum annum post ejus decessum recipere, et ulterius unum anniversarium pro dicto testatore in pane facere teneantur, et ipsum in die sancti Blasii, aut in crastinum, si eis videatur, habeant situare. Et si aliquis dominus prebendarius vel partitarum rector adversus dictum testatorem vel ejus heredes quicquam querelaret de retentis annualium seu placitorum, capitulum super emolumentis papireorum hujusmodi teneatur satisfacere.

Item recognoscit et vult reddi nobili Peronete ejus uxori carissime unum ciphum argenti ad pedem deauratum ponderantem circa unam marcham unam unciam et unum quartum deauratum in pede et orlis cum armis nobilis Johannete sue matris quondam uxoris domini Petri Carterii, patris dicte Peronete, sibi per patrem suum datum.

Item testator reddit in solutum eidem nobili Peronete uxori sue, pro xl flor. de jocalibus in contractu matrimonii sibi datis, tres alios ciphos argenti fini ad pedem deauratos, in pede et orlis armatos armis ipsius Peronete uxoris dicti testatoris, ponderante quolibet unam marcham, unam unciam et unum quartum qui constiterunt testatori, inclusa deauratura et factura liii flor. pp. dando dicte ejus uxori prevalentiam eorumdem ciphorum ultra dictos xl flor. jocalium.

Item vult reddi Peronete uxori sue quatuor linteamina,

unum mantile de lino, quatuor tualias. duas servietas que apportavit tempore nuptiarum a domo sui patris.

Item legavit eidem Peronete victum et vestitum quandiu a secundis abstinebit nuptiis, et vitam duxerit vidualem in domo et bonis ipsius testatoris sitis in Boyssone cum liberis et heredibus suis quam diu poterunt concordare simul. Si autem non possent concordare, eo casu legavit eidem Peronete mansionem vidualem in domo ipsius ad vitam suam vidualem, videlicet usum coquine nove et omnium aliorum membrorum dicte domus qui sunt adscendendo per gradus ab hostio dicte coquine, et de mobilibus sicuti coqualis, ollis, pitalphis, cophis, scutellis, platellis pannisque lineis et laneis et aliis minutis mobilibus legat eidem quantum voluerit accipere, etiamsi voluerit ad medietatem omnium dictorum mobilium, tamen in memoriam teneatur ponere quoniam ususfructus legat ei tantum ad vitam.

Item legat eidem Peronete ususfructus totius prati ante dictam domum et grangie anterioris, quod pratum situm est juxta viam de Arva et pratum Joh. Domenjonis, et ususfructus terracie que est subtus crucem pro faciendo soturnum suum.

Item eo casu quo ut supra eadem Peroneta cum dictis liberis ipsius testatoris non possit commode manere, legat eidem ad vitam suam vidualem unum sestarium cum dimidio frumenti, unum sestarium cum dimidio siliginis, unum sestarium cum dimidio ordei, et unum sestarium cum dimidio avene pro dando gallinis suis et unum dimidium quintale casei et duas layatas feni ad boves, de pensione annuali, quas duas layatas tempore falcationum heredes sui dicte Peronete teneantur in grangia anteriori supra mencionata extraviare. Item ususfructus unius vache et trium ovium quas eligere voluerit intra vachas et oves ipsius testatoris. Item et quod possit tenere eadem Peroneta unum porchetum et gallinas suas ita quod dum incederent super residuo bonorum dicti testatoris prius eidem Peronete legatorum non plus quam de suis propriis heredes sui sint eidem propter infesti. Item sex sestaria vini sibi testatori in solutum, seu in asseptamentum dotis tradita per egregium virum Petrum Carterii socrum suum et tres fosseratas vinee sitas apud Hermelionem quas tenet Michael Equimi ad censam ad tempus quum soluto matrimonio in asseptamentum dotis reliquit dispositioni sue tenenda et gaudenda.

Item idem testator instituit sibi heredem suam particularem Jaquemetam filiam suam carissimam per eum procreatam a nobili Aymoneta filia quondam nobilis Rondeti Rembaudi, ejus prima uxore pro omnibus juribus, actionibus et rationibus sibi Jaquemete pertinentibus in dote, augmento et jocalibus dicte sue quondam matris, et pro omnibus juribus in bonis ipsius testatoris eidem spectantibus in ducentum et viginti quinque florenis auri, pp. sibi solvendos per heredes suos universales quando pervenerit ad matrimonium.

Item instituit sibi heredes suas particulares Amedeam et Margaritam filias suas carissimas per eum genitas a nobili Peroneta ejus moderna uxore, quamlibet earum in centum florenis pp. sibi solvendis quando venerint ad matrimonium, et pro tanto voluit et vult eas esse tacitas et exclusas a tota reliqua hereditate sua. In omnibus aliis bonis suis mobilibus et immobilibus, juribus et rationibus quibuscumque heredes suos universales sibi instituit, ore proprio nominavit filium seu filios per ipsum procreandos, videlicet si plures sint tempore sui decessus, equis portionibus, per quos voluit clamores suos ad cognitionem sancte matris ecclesie emendari, et si contingat filium suum decedere in pupillari etate sine liberis legitimis et naturalibus, substituit ei filias suas tunc superstites et premortue et premortuarum liberos in stirpes et non in capita vulgariter et pupillariter. Et si contingat eumdem testatorem prolem non habere masculinam sui decessus tempore instituit heredes suas universales filias suas tunc superstites et premortue vel premortuarum liberos in stirpes et non in capita. Si autem dominus voluerit dictum testatorem tempore sui decessus non habere prolem masculinam vel femellam, tunc idem testator instituit sibi heredem suum Johannem filium Vifredi de Verneto, nepotem suum in terris et censis que habet apud Sanctum Saturninum de Arva, et ven. capitulum maur. et dominos canonicos ejusdem in feudis. serviciis, placitis, laudibus, vendis et homagiis que habet in castellania Volovii et hominibus quos habet in Fontecoperto et alibi ubi tempore sui decessus essent, et in turri sua de Fontecoperto.

Tutores vero et administratores Jacquemete et aliarum filiarum et filiorum suorum impuberum tempore decessus ipsius testatoris existentium elegit prefatam Peronetam uxorem suam consilio tamen et directione ven. capituli maur. et dominorum canonicorum ejusdem quandiu vitam duxerit vidualem, et asseruit testator hanc esse suam ultimam voluntatem et suum ultimum testamentum, etc. Acta fuerunt premissa in capella S. Petri a latere ecclesie cathedralis maurianensis ubi testes fuerunt ven. et religiosus vir frater Nicoletus Jugis ordinis S. Augustini conventûs S. Petri de Albiniaco in sacra pagina magister, dnus Richardus Oudini, dnus P. de Mussello, dnus P. Faverii, dnus Jacobus Donzelli, dnus Germanus Marchiandi, dnus Guigo Testuti, nobilis Michael Trucheti, magister P. Fuserii, ad premissa vocati et rogati.

120

Les habitants de Modane choisissent sept arbitres pour rétablir les limites de leurs propriétés après une inondation.

(15 Octobre 1469.)

In nomine Domini amen. Anno ejusdem Domini millesimo quatercentesimo sexagesimo nono, inditione secunda, die vero quindecima mensis octobris, per hujus publici instrumenti seriem pariter et tenorem, omnibus et singulis modernis et posteris fiat manifestum quod cum tempore diluvii[1] nuper decursi, fuerint in parrochia Amondane et infra confines ejusdem parrochie quam plures possessiones et res immobiles hominum et incolarum ejusdem parrochie arruynate[2] in ruynam et gleriam[3] converse, boneque[4] fuerint extracte, submerse et deperdite, tam ratione ipsius diluvii quam pretextu mutationis fluvii Arcus et etiam aliorum rivulorum, unde inter eosdem homines et incolas communitatis et parrochie dicti loci Amondane in futurum commoveri et emergi possent crebre litium figure in dampnum et detrimentum ipsius communitatis Amondane, occasione premissorum. Hinc est quod hac die presenti, in mei notarii et testium subscriptorum presentia, personaliter constituti, convocati et congregati homines dicte parrochie Amondane post missarum sollempnia et dationem caritatis, ut moris est[5], ante domum Glaudii Longi, loco talia et consimilia fieri solito, crebris litium figuris que premissorum pretextu in futurum emergi possent, pro posse volentes et affectantes evitare unanimiter et concorditer, nemine ipsorum discrepante, suis animis deliberatis et voluntatibus spontaneis, deque licentia consensu et voluntate providi viri Ludovici Rebuffi mistralis mistralie dicti loci Amondane ex parte illustrissime ducalis dominationis ut unusquisque consortium dictarum gleriarum et rerum arruynatarum pro ejus virili sortiatur in solidum suo jure, statuerunt, ordinaverunt et elegerunt dictarum rerum omnium et singularum in quacumque parte finis et territorii dicti loci Amondane existentium arruynatarum divisores, partitores et limitatores, videlicet providos viros Johannem Taburdi, Glaudium Emperatoris, Petrum Fabri, alias Pare, Johannem Fabri seniorem, Petrum Roli, Dyonisium Miery et Jacobum Jordani seniorem, presentes et hujusmodi operis onus in se suscipientes, dantes insuper et concedentes tenore presentis publici instrumenti omnes et singuli predicti homines et incole dicte communitatis Amondane ut supra congregati, supra dictis electis et ordinatis divisoribus et limitatoribus plenam et liberam potestatem plenumque posse et auctoritatem dictas res arruynatas et in gleriam conversas dividendi, limitandi sive bonandi et partibus quibus tempore dicti diluvii spectabant et pertinebant, presentialiterque spectant et pertinent deliberandi, tradendi et expediendi sine contradictione quacumque et absque strepitu et figura judicii secundum quod eisdem et sub conscientic videbitur fiendum et ordinandum, turnas sive archas et alias deffensiones contra fluvium Arcus, in locis necessariis ordinandi et construendi seu construi et edificari faciendi per quos intererit ad dictum fluvium Arcus per locum per quem eisdem videbitur et minus dampnosum conducendi quidquid Johannes Taburdi, Glaudius imperatoris, Petrus Fabri alias Pare, Johannes Fabri senior, Petrus Roli, Dyonisius Miery et Jacobus Jordani, superius electi et ordinati ad requisitionem procuratorum hominum et incolarum communitatis et universitatis parrochie Amondane et ad eo quod omnia universa et singula per eosdem electos facta et fienda, dividenda, limitanda, ordinanda in premissis et circa premissa rata, firma et immutabilia permaneant, et ut res pocius valeat quam pereat, promiserunt et juraverunt per juramenta sua ad sancta Dei evangelia per ipsos et ipsorum quemlibet corporaliter tacta, et sub periculo animarum suarum sese in premissis et circa premissa bene, fideliter, probe et ydonee habere, neminem pretextu dicte electionis indebite opprimere, nec gravare jura ducalia ubi comperientur pro posse et ratione cujuslibet alterius persone servare et illesa tenere, volentes dicti homines et electi de premissis omnibus et singulis sibi fieri et confici per me notarium infrascriptum duo publica instrumenta que cunctis sint manifesta, unius et ejusdem substantie, ex debito mei tabellionatus officii. Acta fuerunt premissa ut supra, presentibus Bartholomeo et Petro Souderii de Fornellis pro testibus ad premissa vocatis et rogatis. Et me Georgio Verneti de Ancesio, publica auctoritate curie domini nostri Sabaudie ducis notario, qui hoc presens publicum instrumentum rogatus recepi et in hanc publicam formam de meis prothocollis manu mea propria levavi signisque meis solitis signavi fideliter et in eodem me subscripsi in testimonium premissorum.

¹ *Tempore diluvii.* — Il faut que cette inondation ait été très grave, car tous les titres qui en font mention l'appellent le déluge de Modane.
² *Possessiones arruynate*, propriétés dégradées par les eaux.
³ *Gleria* pour *glarea*, terrains rendus incultes par des dépôts de graviers.
⁴ *Bona, æ*, borne, limite; *bornare*, limiter.
⁵ *Post dationem charitatis*, après la distribution du pain bénit.

131

Les habitants de Modane, ruinés par une grande inondation, demandent au duc Amédée IX un délai pour payer leurs dettes.

(1470.)

Illustrissime et metuende princeps, exponunt humillime

fideles vestri pauperes et desolati homines communitatis Amondane, quod propter diluvium aquarum descendentium cum impetu de montibus fuit in abissum positus locus ipsius Amondane et possessiones ejus maxime que in plano existebant et transversalibus perierint et ultra, propter difformitatem et destructionem itinerum, disruptionem quoque pontium et turnarum, habent onera supportare infinita et eis incompatibilia et utique sunt mole creditorum infinitorum onusti et potissime notariorum et emptorum instrumentorum grossatorum et prothocollorum qui eosdem exponentes cogunt ad solvendum eis credita et per dictos exponentes debita, et ad redimendum instrumenta quorum taxa esse potest magni precii, et quia, princeps illustrissime, facultates dictorum pauperum exponentium supportare non possent, pro solutione uniqua et simultanee facienda tam dictorum debitorum quam pro redemptione et taxa prefatorum instrumentorum. Et si ad ipsam simultaneam et uniquam solutionem cogerentur necessario, opporteret ipsos locum ipsum Amondane inhabitare et patriam vestram absentare aut per illam mendicare, que si ponatur ad particulares solutiones et ipsa solutio uniqua dividatur et separetur, ex questu ipsorum et labore fiendo in sudore vultus sui poterunt creditoribus satisfacere et locum ipsum habitare. Quamobrem humillime supplicant et requirunt sibi sic et taliter provideri ex immensa liberalitate vestra et plenitudine potestatis quod non cogantur ad precisam et uniquam solutionem dictorum suorum debitorum sed dividatur solutio ipsa fienda in tres, ita quod una solutio sit in festo beati Michaelis proxime futuro, et alia in alio festo beati Michaelis anno prius revoluto et tertia que sit complementum omnium solutionum in alio tertio festo beati Michaelis, et sic subvenietur creditoribus suis predictis annuatim, et qui in modico dampnificabuntur cum mora modici temporis parvum afferat prejudicium, et hii pauperes subditi vestri homines et emphiteote non cogentur locum predictum Amondane absentare sed in ipso perseverabunt et feudum seu directum dominium vestrum, quod aliter vacaret, manu tenebunt et canonem solvent annuum vestre excelse dominationi quam altissimus conservet a qua sibi supplicant provideri prout eidem melius placuerit et videbitur fiendum.

132

Le duc Amédée IX accorde le délai demandé.

(5 Avril 1470.)

Amedeus dux Sabaudie dilectis consiliis nostris nobiscum Chamberii et ultramontes residentibus, judici Maurianne ac ceteris universis et singulis officiariis nostris mediatis et immediatis ad quos spectaverit et presentes pervenerint, seu ipsorum loca tenentibus mistralibus atque servientibus generalibus salutem. Visa supplicatione presentibus annexa, causis in eadem expressis ac aliis piis moti respectibus, dilectis hominibus et particularibus personis communitatis loci nostri Amondane, compatientes, eisdem propterea nobis tam mediate quam immediate submissis de solvendo quibuscumque eorum creditoribus debita quevis in quibus eis extant obnoxii vel astricti tam ad causam instrumentorum redimendorum de quibus ipsa supplicatio recitat quam alias inducias, dilationem et suffectam ad et per duos annos proximos continuos et integros hodie inchoandos duntaxat duraturam ex nostre potestatis plenitudine et de gratia speciali harum serie donamus et concedimus per presentes, ita tamen quod supplicantes ipsi de solvendo suis creditoribus debita, lapso predicto induciarum termino in alterius vestrum manibus cautionem prestare teneantur ydoneam, qua prestita vobis et vestrorum cuilibet quantum sua interest et suo suberit officio harum serie mandamus et sub pena centum librarum forcium per secus facturum dictis tamen consiliis inferiorem qui non paruerit committenda et nobis irrevocabiliter applicanda quatenus nostras hujusmodi suffecte et induciarum litteras dictis hominibus supplicantibus et cuilibet ipsorum juxta ipsorum formam et tenorem teneatis et inconcusse observetis, nec ipsos durante dicto induciarum termino ad cujusvis dictorum suorum creditorum instantiam in personis vel bonis molestetis, citetis, arrestetis, inquietetis, capiatis aut alias detineatis, molestari vel capi, detineri seu alias inquietari patiamini vel permittatis per quempiam et absque alterius expectatione mandati, in quantum dictam penam incurrere formidetis. Datum Chamberii die quinta aprilis, anno millesimo quatercentesimo septuagesimo.

133

Pierre, évêque élu de Calahorre en Espagne, vice-trésorier du pape, fait quittance au chapitre de St-Jean de Maurienne de la somme de 67 florins d'or payés à la chambre apostolique pour l'annate des églises de Notre-Dame de la Cité, de Saint-Etienne de Cuines, de St-Colomban des Villards et de Saint-Michel, qui avaient été unies à la mense capitulaire par le pape.

(15 Avril 1477.)

Universis presentes litteras inspecturis Petrus Dei et apostolice sedis gratia electus calagurritanus sanctissimi domini nostri pape vice thesaurarius generalis, universitati vestre notum facimus per presentes quod venerabile capitulum ecclesie maurianensis pro compositione solutionis integre annate[1] primi anni parrochialium ecclesiarum beate Marie maurianensis, Sancti Stephani de Cuyna, Sancti Collombani et Sancti Michaelis maurianensis diocesis, in quibus erat in camera apostolica sub certis sententiis, censuris et penis efficaciter obligatum, ratione unionis de dictis parochialibus ecclesiis mense capitulari auctoritate apostolica facte florenis auri de camera sexaginta septem ipsi camere reverendo in Christo patre domino B. episcopo civitatis castelli et spectabili viro domino Meliaduci Cicala pecuniarum camere prefate depositariis pro ipsa camera recipientibus, die date presentium tempore debito per manus Hugonis Jacobi solvi fecit realiter et cum effectu, de quibus quidem florenis sexaginta septem sicut premittitur solutis prefatum capitulum, ejusque heredes et successores ac eorum bona quecumque presentia et futura presentium tenore quictamus absolvimus et perpetuo liberamus. In quorum testimonium presentes litteras fieri sigillique nostri vice thesaurarii officii jussimus appensione muniri. Datum Rome in camera apostolica, anno nativitatis dominice millesimo quadringentesimo septuagesimo septimo, die tredecima mensis aprilis, pontificatus sanctissimi in Christo patris et domini nostri domini Sixti divina providentia pape quarti anno sexto.

[1] *Annata integra*, le revenu d'une année. On voit par cette quittance qu'en prononçant l'union de ces quatre églises à la mense capitulaire de St-Jean de Maurienne, le pape avait réservé à la chambre apostolique le revenu d'une année. Cependant les 67 florins d'or ne devaient valoir qu'environ 750 à 800 fr. Cette somme répondrait à une valeur actuelle de 1,100 à 1,200 fr. Le revenu des quatre bénéfices dont il s'agit devait s'élever un peu plus haut.

134

*Lettre du duc Charles I*ᵉʳ *à M. Gavit, vicaire général du diocèse de Maurienne.*

(1ᵉʳ Décembre 1482.)

Révérend très cher et bien aimé. Nous fumes contans et volons que nonobstant la main mise ès benefices de monseigneur le cardinal de Rouan prennes des fruys et émolument des évêchés de Maurianne et abbaye de Suse, pour les construction et perfection de claustre de Sainct Jehan, et deffenses faire à lencontre de la rivière passant auprès, aussi pour mander audit seigneur cardinal. Révérend très cher et bien aime notre seigneur vous ait en sa sainte garde. Escript à Morestel le premier jour de décembre mil quatre cent huitante deux[1].

LE DUC DE SAVOYE CHARLES.

Sur l'adresse :

A révérend notre tres cher et bien aimé conseiller messire Amé Gavit, vicaire épiscopal de Maurianne.

[1] Cette lettre est écrite en français sur un papier épais et grossier et non sur parchemin. Le cardinal d'Estouteville, qui était évêque de Maurienne depuis trente ans, n'avait jamais résidé ; il paraît que jusque-là le duc de Savoie ne lui avait pas permis d'emporter les revenus de l'évêché hors des Etats. Par cette lettre, il permet à M. Gavit, son grand-vicaire, d'employer une partie de ce revenu à achever la construction du cloître, une partie à continuer la digue de Villargondran, que l'on appelle encore aujourd'hui la digue du Cardinal. Il lui permet de lui en envoyer aussi une partie à Rome.

135

Extrait du testament de Mgr le cardinal d'Estouteville.

(14 Janvier 1485.)

In nomine individue trinitatis, anno a nativitate Domini nostri Jesus Christi millesimo quadringentesimo octogesimo tertio, pontificatus sanctissimi domini nostri domini Sixti divina providentia pape quarti, anno ejus duodecimo, inditione prima, mensis januarii die decima quarta, pateat omnibus hoc presens publicum instrumentum inspecturis ac lecturis, quatenus in conspectu reverendissimorum in Christo patrum domini Roderici portuensis episcopi et cardinalis sancte romane ecclesie vicecancellarii, ac domini Petri titulo sancte praxedis cardinalis novariensis vulgariter nuncupati et in mei publici notarii et testium infrascriptorum presentia ad hec specialiter vocatorum et rogatorum, reverendissimus in Christo pater et dominus dominus Guiliermus Destotyilla episcopus hostiensis, cardinalis rothomagensis vulgariter dictus sancte romane ecclesie camerlingus volens et intendens more sapientis prelati, dum sensus viget de rebus et bonis suis disponere sanus mente, licet corpore languens, cogitans future mortis eventum, virtute facultatis ac licentie tum a felici recordatione domini Nicolai pape quinti tum etiam a moderno pontifice domino nostro Sixto ante fato specialiter sibi concesse ac tribute de qua per litteras apostolicas quarum prima sub data apud Sanctum Petrum sub anno incarnationis dominice millesimo quadringentesimo quadragesimo nono, kalendis maii pontificatus ejusdem anno tertio, altera vero sub data apud eumdem locum anno dominice incarnationis predicte millesimo quadringentesimo septuagesimo primo, nono kalendas aprilis anno ejusdem primo, per supradictos reverendissimos dominos et me notarium publicum et testes infrascriptos et recognitos plene apparere dignoscitur per suum nuncupativum testamentum quod de more civili sine scriptis appellatur. Ante omnia sanctam trinitatem catholicamque fidem confitendo animamque suam altissimo Deo creatori nostro devotissime commendando, post electionem sepulture ac post multa varia diversáque legata ad pias causas sueque familie necnon et post diversas variasque ordinationes in eqdem suo testamento factas et facta de quibus latius in ipso testamento apparet ad quod in omnibus et per omnia me refero. Inter cetera legata que fecit commemorando immensos quos sua reverendissima paternitas fieri curavit pro reparatione constructione et fabrica cathedralis ecclesie maurianensis que divino favore completa ac perfecta fuit ubi ultra sexdecim millia florenorum monete Sabaudie exposuisse[1] et ultra hec nonnulla ecclesiastica paramenta sericea magni pretii donasse asseruit, propter que canonici et capitulum dicte ecclesie perpetua anniversaria annuatim cum sollemnitate missarum divinorumque officiorum facere et celebrare pro anima ipsius reverendissimi domini et suorum, promiserunt ac se per publicum instrumentum obligaverunt, volens et idem reverendissimus dominus ipsam ecclesiam episcopatum et canonicos majoribus adhuc muneribus prosequi, pro complemento et perfectione claustrorum que nunc in eadem ecclesia fiunt et in dies continuantur adhuc non perfectorum, necnon et pro continuatione et perfectione et complemento murorum inchoatorum et incepti operis pro reparatione inundationis et impetus fluvii seu torrentis Arcus, more patrio sic nuncupati, unde plurima ac maxima sepe provenerunt ac provenire consueverunt incommoda ecclesie ac episcopatui antedicto, et ut possint dicti muri et opus ineeptum continuari et perfici secundum pacta et conventiones per manus venerabilis viri domini Amedei Gavit ejusdem domini in dicto episcopatu vicarii desuper habite et facte, idem reverendissimus dominus legavit, cessit et concessit venerabili capitulo et canonicis ecclesie maurianensis antefate omnia et singula jura nomina et actiones eidem reverendissimo domino testatori competentes et competentia seu competitura usque ad ultimam diem exitus sui, contra omnes et singulos depositarios pecuniarum ad ipsum episcopatum, reverendissimumque prefatum dominum competentium ac debitarum seu debendarum ex fructibus et reditibus et proventibus episcopatus ejusdem necnon et contra quoscumque arrendatores ², colonos, emphyteotas, feudatarios, gestores, factores, receptores et officiales quoscumque, quos omnes et singulos fructus, reditus et proventus presentes, pendentes et futuros ac perceptos et percipiendos usque ad ultimam diem exitus sui idem reverendissimus dominus in continuatione dictorum claustrorum murorum et operum converti atque conferri jussit ac mandavit usque ad implementum integramque perfectionem omnium et singulorum operum predictorum et donec omnes pecunie predicte ex dictis fructibus et proventibus redigende consumpte extiterint ac totaliter et integraliter exposite ⁵. Declarans sue intentionis non esse quod dictum capitulum et canonici vel sui heredes ulterius obligentur quam pro currente quantitate fructuum et redituum predictorum, constituendo idem reverendissimus dominus testator eosdem capitulum et canonicos executores ut in rem propriam ipsorum et dicte cathedralis ecclesie, itaque pro dictis juribus legatis et cessis agant petant et exigant ex proprio jure dicte cathedralis ecclesie absque alia cessione ab heredibus fienda. Voluit tamen dictus reverendissimus dominus quod de hujusmodi debitis sic exigendis fructibus et reditibus antedictis primo et ante omnia exponantur mille floreni dicte monete Sabaudie pro maritandis ibidem quadraginta puellis pauperibus et honestis constituendo cuilibet ipsarum pro dote viginti quinque similes florenos eosdemque post matrimonium per verba de presenti contractum et non ante solvi mandavit[4]. Et hec omnia per dictum capitulum et canonicos, vel majorem ipsorum et capituli partem fieri et executioni mandari voluit, itaque successor in episcopatu predicto nichil de dictis fructibus et pecuniis restantibus seu pendentibus petere nec se quolibet intromittere possit nec debeat. Subsequenter autem dictus reverendissimus dominus testator quosdam particulares heredes quoad res et bona ultra montes et extra Italiam existentes et existentia et quosdam alios fideicommissarios universales heredes quoad omnia bona et res citra montes et maria existentes et existentia instituit exequutoresque constituit et alia fecit et ordinavit que in dicto instrumento plenius continentur insuper et clausulas codicillares et derogatorias aliorum testamentorum ultimarumque voluntatum adjecit que cum non interest dicti capituli et canonicorum habere, de mandato michi facto hanc solam particulam legatorum dictam cathedralem ecclesiam maurianensem et interesse dicti capituli et canonicorum concernentium relevavi.

Acta fuerunt hec omnia in urbe in domibus prefati reverendissimi domini cardinalis rothomagensis, presentibus dictis reverendissimis dominis vice cancellario et cardinali novariensi, in antecamera dicti reverendissimi domini testatoris apud Sanctum Appolinarem, ac presentibus reverendis in Christo patribus domino Xisto episcopo agrigentino, domino Carolo episcopo ortano, domino Carolo Borgia sedis apostolice prothonotario, domino Bartholomeo balistario, subdiacono apostolico, domino Bartholomeo Malincino de Fontana, canonico placentino, domino Johanne Philippo de Raimundis canonico laudensi, magistro Loisio Palicarpo, dicti reverendissimi domini vice cancellarii medico, testibus ad presentia omnia et singula una mecum adhibitis, notatis ac rogatis.

Et ego Camillus de Benembone romanus civis professor juris publicus, apostolica et imperiali auctoritate notarius, quia premissis omnibus et singulis dum sic ageretur interfui, rogatus scribere et in publicam formam redigere, propria manu scripsi, subscripsi et publicavi signumque meum apposui consuetum in fidem et testimonium omnium et singulorum premissorum.

¹ Seize mille florins faisaient environ 172,000 liv. et équivaudraient aujourd'hui à une somme de 236,000 fr.

² *Arrenda, œ,* rente, cens annuel ; *arrendatores,* débiteurs de rentes.

³ On voit par cet extrait que le cardinal d'Estouteville a légué au chapitre de St-Jean tout ce qui pouvait lui être dû en Maurienne a l'époque de son décès, à un titre quelconque, pour achever la construction du cloître et pour diguer la rivière, soit le torrent de l'Arc.

⁴ Mille florins pour doter quarante filles, à 25 florins chacune ; ces 25 florins faisaient à peu près 260 liv. et équivaudraient aujourd'hui à environ 570 fr.

136

Ratification par le pape Innocent VIII d'une convention passée par Etienne Morelli, évêque de Maurienne, avec les habitants de St-Jean, relativement à la dîme du vin.

(17 Novembre 1487.)

INNOCENTIUS EPISCOPUS SERVUS SERVORUM DEI AD PERPETUAM REI MEMORIAM.

Vices illius licet immeriti gerentes in terris qui supra firmam petram suam edificavit ecclesiam eaque in ecclesiarum presertim cathedralium et illis presidentium personarum pro sedandis litibus per concordiam facta sunt ut illibata persistant libenter cum a nobis petitur apostolico munimine roboramus. Sane pro parte venerabilis fratris nostri Stephani episcopi maurianensis referendarii nostri nobis nuper exhibita petitio continebat quod cum dudum inter eum et dilectos filios cives sindicos et alios particulares habitatores civitatis et territorii maurianensis lis seu controversia sive questionis materia orta esset super decimis vini annuatim crescentis ac collecti et colligendi in vineis dicti territorii Deo debitis, quas prefatus episcopus sibi per eosdem cives et habitatores pro ea quota quam de jure tenebantur solvere petebat, et pro quibus cives sindici et habitatores se a centum annis et ultra a tantoque tempore et per tantum tempus cujus in contrarium hominum memoria non erat in usu et consuetudine qui etiam de jure prescribi poterant esse unam duntaxat solvendi quotam pro singula domo seu familia pro suo arbitrio solvi solitam aliqui plus et aliqui minus secundum quod eorum predecessores consueverant, et quod territorium ipsum saxosum et montosum sive inter saxa et montes positum et per tres in ibi fluvios profluentes pro majori parte occupatum ruineque et naufragiis subjectum esse et propterea ad ulteriorem decimarum hujusmodi solutionem non teneri nec compelli debere asserebant, tandem episcopus cives sindici et habitatores prefati volentes litium anfractus evitare et viam amicabilem potius quam juris rigorem insequi, tractatu nonnullorum proborum virorum super premissis, salvo seu reservato sedis apostolice beneplacito convenerunt et concordarunt in hunc qui sequitur modum : videlicet, quod quelibet persona pro tempore habens et possidens vineas in dicto territorio teneretur et deberet de decima vini pro parte dicti episcopi solvi petita et debita anno quolibet solvere prefato et pro tempore existenti episcopo maurianensi seu recolligentibus decimas pro eisdem pro singula fossorata cujuslibet vinee[1] duas mensuras pointetos[2] nuncupatas vini excreti de eodem anno in dictis vineis quando vina extraherentur de tinis seu aliis vegetibus[3] ubi ad buliendum posita essent ad mensuram civitatis maurianensis dummodo talis vinea esset que non esset

astricta alteri solvere ipsam decimam quo casu solveret cui
deberetur secundum quod ipse solvens solitus solvere esset
aut ipse et ille cui decima deberetur inter se convenirent et
concordarent ita quod a ceteris personis quibus reperiretur
decima hujusmodi deberi non possent nec deberent ad ipsam
decimam sibi solvendam dictas vineas in dicto territorio possidentes cogi neque compelli sed solum et duntaxat ad id quod
soliti essent solvere et quod quelibet petia vinee [4] diceretur
et computaretur tot fossoratas duntaxat continere quod in
recognitionibus seu registris dicti episcopi et capituli maurin-
nensis ac nobilium illius patrie de quorum directo dominio
moverentur legeretur contineri, et quod qui haberet onus
exigendi decimam vini dicto episcopo debitam nullum aliud
onus exigendi decimam vini pro quovis alio decimam vini
habere debente haberet aut susciperet, quodque si retroactis
temporibus quitquam pro dictis decimis prefato et suis predecessoribus episcopis maurianensibus debitis minus eisdem
sufficientes solutum episcopus prefatus id totum de gratia
speciali pro dictorum civium et habitatorum conscientiarum
exoneratione et animarum salute eisdem remitteret quittaret
et donaret, prout ex tunc remisit donavit et eosdem cives et
habitatores de eisdem quittavit, et cum nonnulli ex eisdem
presentibus civibus et aliis habitatoribus parrochialium circumstantium habentes vineas in dicto territorio infertiles
asseruissent nimis inde se gravari solvendo duos pointetos pro
singula fossorata idem episcopus voluit et eisdem concessit
quod nolentes huic ordinationi et declarationi sive concordie
stare animum suum super hoc infra festum resurrectionis
Domini nostri Jhesu Christi tunc proxime futurum declarare
deberent et eo casu solvendo decimam octavam partem fructuum dictarum vinearum suarum a premissa declaratione
liberarentur, alioquin ad eamdem solutionem duorum poin-
tetorum vini pro singula fossorata tenerentur, prout hec et
nonnulla alia inter episcopum cives et habitatores prefatos

super eisdem premissis conventa et concordata cum nonnullis promissionibus obligationibus renuntiationibus et cautelis desuper adjectis prout in quodam instrumento publico desuper confecto dicuntur plenius contineri quare pro parte dicti Stephani episcopi asserentis concordiam et conventionem ac alia premissa omnia et singula sic facta in evidentem ipsius ecclesie utilitatem cedere et capitulum hujusmodi ad sonum campane capitulariter congregatos prout eos et ecclesiam ipsam concernebat tanquam rite et legitime ac pro utilitate ejusdem ecclesie gesta ratificasse et approbasse ac eisdem premissis omnibus et singulis consensisse nobis fuit humiliter supplicatum ut concordie et conventioni ac aliis premissis pro illorum subsistentia firmiori robur confirmationis apostolice adjicere aliasque in premissis opportune providere de benignitate apostolica dignaremur. Nos igitur concordie et conventionis ac hujusmodi instrumenti et in eo contentorum ac si de verbo ad verbum presentibus insererentur tenores et formas pro expressis habentes hujusmodi supplicationibus inclinati concordiam conventionem et alia premissa rata et grata habentes illa et prout ea concernunt omnia et singula in dicto instrumento contenta et inde secuta quecumque auctoritate apostolica ex certa scientia tenore presentium confirmamus et approbamus ac presentis scripti patrocinio communimus illaque volumus et mandamus perpetuis futuris temporibus inviolabiliter observari supplentes omnes et singulos defectus tam juris quam facti ac solemnitatum sustancialium si quis forsan intervenerint in eisdem, et nichilominus venerabili fratri nostro archiepiscopo tarentasiensi et dilectis filiis abbati monasterii de Secusia ac preposito ecclesie Aquebelle taurinensis et maurianensis diocesium per apostolica scripta mandamus quatinus ipsi vel duo aut unus eorum per se vel alium seu alios premissa omnia et singula ubi quando et quotiens expedierit et pro parte prefati seu pro tempore existentis episcopi maurianensis fuerint requisita solemniter publicantes et eis in premissis omnibus et singulis et eorum quolibet efficaces defensionis presidio assistentes faciant concordiam et conventionem necnon presentes litteras ac instrumentum hujusmodi omniaque et singula alia in eis contenta eadem auctoritate perpetuo inviolabiliter observari non permittentes prefatum et pro tempore existentem episcopum maurianensem contra premissos tenores atque formas impediri vel alias quomodolibet molestari seu perturbari contradictores quoslibet et rebelles cujuscumque dignitatis status gradus vel conditionis fuerint per excommunicationis suspensionis et interdicti ac alias formidabiliores de quibus eis videbitur sentencias censuras et penas eadem auctoritate appellatione post posita compescendo et etiam legitimis super hiis per eos habendis servatis processibus eos quotiens expedire videbitur aggravare et reaggravare procurent invocato ad hoc si opus fuerit auxilio brachii secularis nonobstantibus constitutionibus et ordinationibus apostolicis necnon statutis et consuetudinibus ejusdem ecclesie juramento confirmatione apostolica vel quavis firmitate alia roboratis contrariis quibuscumque aut si aliquibus communiter vel divisim ab eadem sit sede indultum vel in posterum indulgeri contingat quod interdici suspendi vel excommunicari non possint per litteras apostolicas non facientes plenam et expressam ac de verbo ad verbum de indulto hujusmodi mentionem, nulli ergo omnino hominum liceat hanc paginam nostre confirmationis approbationis communitionis constitutionis suppletionis mandati et voluntatis infringere vel ei ausu temerario contraire. Si quis autem hoc attemptare presumpserit indignationem omnipotentis Dei ac beatorum Petri et Pauli apostolorum ejus se noverit incursurum. Datum Rome apud Sanctum Petrum anno incarnationis Domini millesimo quadringentesimo octogesimo septimo quinto decimo kalendas decembris pontificatus nostri anno quarto.

¹ *Fossorata*, la quantité de vigne qu'un ouvrier peut piocher dans un jour.

² Jusqu'en 1768, sur le territoire de la ville de St-Jean, la dîme de l'évêque était fixée à deux pots par fossorée ; il est donc probable que la contenance du *pointetus*, dont il est parlé ici, était la même que celle du pot.

³ *Veges, vegetis*, mesure de vin dont on se sert en Italie ; *veggia*, tonneau ; *tina, œ*, cuve où l'on dépose la vendange.

⁴ *Petia vinee*, une pièce de vigne.

137

Supplique par laquelle les chanoines de St-Jean de Maurienne prient le duc Charles Ier d'obliger le juge commun à prêter serment de respecter la juridiction du chapitre, suivie de la réponse du duc.

(21 Février 1489.)

Illustrissime princeps, exponitur humiliter parte ven. capituli et humilium oratorum vestre celsitudinis insignis ecclesie cathedralis Sancti Johannis maurianensis super eo quod inobservantiam associationis dudum inite inter illustrissimos predecessores vestros et R. D. episcopum et ven. capitulum ecclesie Sancti Johannis maur. fuit mandatum per litteras patentes observari ipsam associationem et in observantiam mandatum quod correarius per illustrissimam dominationem vestram deputandus in dicto loco Sancti Johannis jurare teneretur et juraret jurisdictionem ecclesie et capituli fideliter custodire prout in dicta associatione cavetur, de quibus litteris et associatione fit prompta fides. Supplicat ea propter humillime illas eisdem inconcusse observari mandari litteras super hoc de remedio opportunas et illustrissimàm dominationem vestram in premissis humiliter implorando.

*Réponse du duc Charles I*er.

Carolus, dux Sabaudie, etc., dilectis consiliis nobiscum Chamberiaci residentibus judici et castellano maur. correario Sancti Johannis seu ipsorum loca tenentibus, salutem. Visis supplicatione litterisque bone memorie illustrisimi domini et avi nostri his annexis et consideratis in eis contentis vobis et vestrum cuilibet in solidum districte committimus et mandamus sub pena centum librarum fortium pro quolibet quatenus dictas litteras nostras supplicantibus teneatis, attendatis et observetis, tenerique et attendi et per quosvis faciatis inconcusse observari in nulloque contraveniatis quomodolibet vel opponatis, quoniam sic fieri volumus, quibuscumque litteris, mandatis, exceptionibus, excusationibus ac aliis in contrarium concessis et facientibus nonobstantibus. Datum Chamberiaci die xxi februarii m.cccc.lxxxix per dominum presentibus dominis Anthonio Championis episcopo Montisregalis, cancellario Sabaudie, Ludovico comite Camere, Ludovico comite Gruerie, Samuele barone de Aquis, Anthonio barone Viviaci et Paulo de Capris.

138

Extrait des minutes du notaire Boissonis.

(25 Août 1489.)

Requisitio facta per prelibatum dominum Sabaudiæ, et ducem prefato reverendo domino episcopo et dominis canonicis per habendum habitum ecclesiæ beati Johannis Baptistæ Maurianæ civitatis.

In nomine Domini Jesu Christi amen. Anno ejusdem Domini millesimo quatercentesimo octuagesimo nono, inditione septima et die dominica vigesima tertia mensis augusti.

Quia inter 'natos mulierum' non surrexit major Johanne Baptista, idcirco illustrissimus princeps dominus Carolus dux Sabaudie[1], et pia devotione in beatum Johannem Baptistam precursorem, et ecclesiam suam Maurianæ motus, intendens et summo opere affectans recipere habitum ipsius ecclesiæ, et effici canonicus quæ quidem voluntas ipsius sancte afflata prelibatis reverendo domino episcopo et canonicis grata extitit prout est deputatum, et præcipiunt fieri processionem, et iverunt sibi obviam usque ad magnam januam palatii cum cappis et toto clero et cum prelibatus illustrissimus dominus noster dux fuit ad magnam januam dictæ ecclesiæ beati Johannis genibus flexis requisiit prelibatum reverendum dominum episcopum, et dominos canonicos ipsius ecclesiæ ibidem presentes quatenus dignarentur sibi dare habitum ecclesiæ beati Johannis Baptistæ, et cum admitterent in canonicum ipsius ecclesiæ pro se et successoribus suis, se offerendo quod procuraret jam affectum sumptibus suis propriis quod sanctissimus dominus noster papa ipsam admissionem confirmaret, qua requisitione sicut supra facta prefatus reverendus dominus noster Maurianæ episcopus, et domini canonici dictam requisitionem gratam habuerunt, et cum benevolentia votis prefati illustrissimi principis advenire paratos se quantum in eis est sibi complacere obtulerunt nemine discrepante, salva tamen voluntate prelibati sanctissimi domini nostri papæ quam humiliter implorant, quo tunc prelibatus dominus episcopus induit sibi suppilicium et capam auream, et eum induxerunt processionaliter ante magnum altare beati Johannis ubi fecit devotionem suam, et inde reprocesserunt ad aliam processionem factam in ecclesia beatæ Mariæ in qua prefatus dominus dux interfuit habitum supra dictum defferendo, et semper prelibatus dominus episcopus tenuit dictum illustrissimum dominum ducem per manum crossa ante existente, deinde audivit missam et audita recesserunt ad pallatium de qua quidem requisitione et aliis premissis prelibatus reverendus dominus noster Maurianæ episcopus et domini canonici petierunt sibi fieri litteras testimoniales tam ad opus prelibati illustrissimi quam ipsorum, quas eisdem per presentes concessi acta fuerunt premissa in dicta ecclesia presentibus illustribus, nobilibus et potentibus dominis Ludovico comite Camere Humberto domino Boley Hugone de Lugriaco domino Velleriæ Anthonio Corbelli magistro hospitii Amedeo Malleti collaterali consilii Camberii Petro Jacquinionis pauperum advocato et pluribus aliis ibidem astantibus.

¹ Charles Ier dit le Guerrier.

(24 Août 1489.)

Sacramentum per prelibatum illustrissimum dominum nostrum Carolum Sabaudie ducem præstitum de observando jura statuta et libertates ecclesiæ beati Johannis Baptistæ.

In nomine Domini amen. Hujus publici instrumenti serie cunctis tam presentibus quam futuris fiat manifestum quod anno nativitatis ejusdem Domini sumpto currente millesimo quadringentesimo octuagesimo nono inditione septima pontificatus sanctissimi in Christo patris et domini Innocentii divina clementia papæ octavi anno sexto prelibatus illustrissimus dominus noster Carolus Sabaudiæ, et dux die lunæ sancti Bartholomei vigesima quarta augusti devotione pia suo more solito motus venit ad ecclesiam beati Johannis Baptistæ et reverendus in Christo pater et dominus dictæ Maurianæ episcopus cum tota comittiva cum eo qui quidem illustrissimus dominus dux voluit portare semper habitum dictæ ecclesiæ videlicet suppilitium indultum et aumussiam in brachio et ibidem in magno altari beati Johannis Baptistæ audivit missam, et audiendo in offertorio fuerunt apportatæ de sacrario in magna solemnitate beati Johannis Baptistæ reliquiæ quas cum magna humilitate et devotione nudas osculatus est, deinde voluit præstare sacramentum prout cœteri domini canonici faciunt in hac verborum forma genibus flexis ante magnum altare, ego Carolus dux Sabaudiæ canonicus hujus ecclesiæ ab hac hora in antea thesaurum et honorem quos habet ecclesia ista et in futurum adeptura est pro posse meo servabo eidem. Ita quod nec ego nec aliquis alius meo ingenio vel meo sensu de supradictis rebus quodcumque subtraham nec auferam sic me Deus adjuvet et sanctus iste cujus altare ambabus manibus tango, quo juramento sicut supra prestito prefatus reverendus dominus episcopus eumdem illustrissimum dominum Carolum Sabaudiæ ducem sicut supra volentem et requirentem posuit misit et induxit in possessionem realem actualem et corporalem canonicatus et prebendæ per ipsum illustrissimum ut asserit fondandæ per palpationem altaris predicti, et vestimentorum cum aliis solemnitatibus opportunis, de quibus premissis preceptum fuit per me notarium subsignatum fieri litteras testimoniales quas per presentes concessi. Acta fuerunt premissa in dicta cathedrali ecclesia presentibus ibidem illustrissimis nobilibus et potentibus viris dominis Ludovico comite Cameræ, Anthonio Corbelli magistro hospitii, venerabilibusque viris dominis Jacobo de Vigniaco Petro de Ponte Petro Morelli decretorum doctoribus Anthonio Gavit Francisco de Aquis Francisco Gavit Johanne Trollieti Nicolao Scubei et Johanne de Gerdilly canonicis Maurianæ, venerabilibus dominis Johanne Moyer, Petro de Furno capellanis prefati illustrissimi domini nostri ducis et nobili Amedeo de Gerdili testibus ad premissa vocatis et rogatis.

Die mensis vigesima quinta augusti prelibatus illustrissimus dominus noster dux postquam audivit missam per dominum Jacobum de Vigniaco in sacrario celebratam coram ipso confirmavit libertates dictæ ecclesiœ per predecessores suos confirmatas, et prœcepit fieri litteras patentes prout factæ fuerunt deinde recessit Thaurinum.

139

Lettres de grâce accordées par Mgr Etienne Morelli, évêque de Maurienne, en faveur des habitants de St-André, qui lui avaient manqué gravement à l'époque de sa visite pastorale.

(7 Juillet 1493.)

Nos Stephanus Dei et apostolice sedis gratia episcopus maurianensis, sanctissimi domini nostri pape referendarius, universis et singulis presentes litteras nostras inspecturis notum facimus et fieri volumus quod anno a nativitate Domini nostri Jhesu Christi sumpto currente millesimo quatercentesimo nonagesimo tertio, pontificatus sanctissimi in Christo patris et domini nostri domini Alexandri pape sexti anno primo, visitationem generalem per diocesim nostram maurianensem facientes de quibuscumque beneficiis ecclesiasticis in dicta nostra maurianensi diocesi existentibus ex debito suscepti pastoralis officii ad vitia extirpanda et virtutes, auctore Domino, plantandas et errores corrigendos, reperimus parrochianos et subditos nostros Sancti Andree nostre diocesis maurianensis rebelles et in adventu nostro, tempore nostre jam dicte visitationis debitum suum sicut facere tenebantur non facientes atque injunctiones per nos ipsis factas in visitatione precedenti minime adimplevisse, rebellionem et penas incurrisse et commisisse. Et ad ipsorum parrochianorum, vicarii et procuratoris nostrorum preces et requisitionem, facta prius obedientia condigna, se ad misericordiam nostram submittentes, ob reverentiam Domini nostri Jhesu Christi et sancti Andree apostoli patroni, in cujus honorem dicta ecclesia dedicata est, pro et mediantibus viginti florenis, per communitatem ipsius loci Sancti Andree, in manibus receptoris nostri generatis solvendis et supportatione expensarum nostrarum serotinarum, in loco Sancti Andree supportatarum, penas ipsas et rebellionem incursas et commissas remisimus, donavimus atque quittavimus, remittimus atque quittamus tenore presentium nostrarum litterarum, adjecta conditione quod dicti parrochiani teneantur et debeant injunctiones per nos ipsis factas, infra tempora ipsis statuta complere et adimplere, in cujus rei testimonium presentes litteras nostras per dilectum Amedeum de Gerdil notarium et juratum nostrum subsignatum fieri sigillique nostri jussimus et fecimus appensione muniri. Datas die septima mensis julii anno Domini millesimo quatercentesimo nonagesimo tertio, inditione undecima.

140

Election de Mgr Louis de Gorrevod faite par le chapitre de St-Jean de Maurienne après la mort de Mgr Morelli.

(29 Juillet 1499.)

In nomine Domini nostri Jhesu Christi, amen. Anno a nativitate ejusdem Domini sumpto millesimo quatercentesimo nonagesimo nono, inditione secunda, die vicesima nona mensis julii pontificatus sanctissimi in Christo patris et domini domini nostri Alexandri, divina providentia pape sexti, anno septimo universis et singulis personis hoc publicum instrumentum inspecturis sit notum atque manifestum quod cum presens ecclesia cathedralis Sancti Johannis de Mauriana pastoris solatio careret et vacaret atque destituta esset per obitum bone memorie reverendi in Christo patris et domini domini Stephani, dicte ecclesie dum viveret in humanis episcopi et pastoris, sicuti Deo placuit, extra tamen diocesim Mauriane vita functi, ejusque corpore ecclesiastice sepulture ut decet tradito exequiisque in dicta cathedrali ecclesia debite celebretis et factis ut moris est, et cum ex sacris canonibus tantum sit ut, ultra tres menses, ecclesia cathedralis pontifice proprio non careat. Ne pro deffectu pastoris dominicum gregem lupus rapax invadat et viduata ecclesia in suis facultatibus grave dispendium patiatur. Ea propter venerandi patres domini, Jacobus de Vigniaco, decretorum doctor, officialis curie maurianensis, Johannes Trollieti, Franciscus Gavit, Johannes de Gerdilli, Johannes de Mussiaco, Nycolaus de Ponte Vitrio, Henricus de Poldo decretorum doctor, Petrus de Mentone, Philippus Trollieti et Anthonius Gavit, omnes canonici dicte cathedralis ecclesie debite convenientes in unum, ad electionem sive postulationem futuri pontificis celebrandam, vocatis prius tunc omnibus presentibus qui electioni seu postulationi celebrande debuerunt, voluerunt et potuerunt comode interesse in claustro dicte cathedralis ecclesie et in capella Sancti Bartholomei capitulari solito et consueto. Qui supradicti domini canonici inceperunt de electione sive postulatione futuri pontificis tractare sane post diversos tractatus inter ipsos habitos et nominationes diversarum personarum, discussiones ac inquisitiones multiplices, tandem placuit universis et singulis per viam scrutinii procedere et dicte ecclesie viduate providere. Ideo elegerunt duos ex ipsis, videlicet supradictos venerabiles dominos Jacobum de Vigniaco et Henricum de Poldo decretorum doctores, de dicto collegio fide dignos dantes eisdem unanimiter plenariam potestatem ut secreto et sigillatim vota cunctorum diligenter inquirerent, et ea in scriptis redigerent et mox in communi publicarent, et tam numeri ad numerum quam zeli ad zelum et meriti ad meritum collatione per eosdem debita diligentiâ illum eligerent aut postularent in quem invenirent omnes, vel majorem et saniorem partem dicti capituli sive collegii concessisse, ita quod unus ipsorum de voluntate alterius scrutatoris, vice sua et ejus collegii et omnium aliorum electionem sive postulationem pronuntiaret in scriptis et solempniter publicaret. Qui duo supradicti scrutatores simul vota omnium aliorum, sicut postea retulerunt, secreto et sigillatim et in scriptis publicarunt in omnium supradictorum dominorum canonicorum presentia per eosdem secundum formam eis datam per organum dicti domini de Vigniaco conscrutatoris de voluntate et consensu alterius scrutatoris supra nominati. Qui retulerunt omnes unanimiter et concordes, nemine ipsorum discrepante, nomine predicti collegii sive capituli quorum subscriptiones inferius continentur, invocata prius Spiritus sancti gratia postulaverunt in episcopum et pastorem dicte cathedralis ecclesie reverendum patrem dominum Ludovicum de Gurevodo, qui in vicesimo sexto vel circa etatis sue anno existit, prout fideli relatione acceperunt, virum utique sufficientem et ydoneum, de matrimonio legitimo susceptum et in sacris ordinibus constitutum, nobilique prosapia ex utroque parente progenitum, morum vita et litterarum scientia merito commendatum, ac in temporalibus et spiritualibus circumspectum... jurium rectum deffensorem, natura prudentem docibilem, moribus temperatum, vita castum, sobrium, suis negotiis semper vacantem, humilem, affabilem, misericordem, litteratum, in lege Domini instructum et in scripturarum sensibus acutum, in dogmatibus ecclesiasticis exercitatum, doctum, gravidum, maturum, hospitalem, moribus ornatum, Deo et hominibus per omnia placentem et denique irreprehensibilem. Et hanc postulationem pronuntiavit in scriptis et publicavit dictus dominus Jacobus de Vigniaco conscrutator, prius nomine Domini nostri Jhesu

Christi invocato, Spiritus sancti gratia invocata et signo sancte crucis se muniendo. Quam quidem postulationem sic canonice et solempniter celebratam et publicatam in communi omnes unanimiter receperunt et approbaverunt corde jubilo, dicentes *Te Deum laudamus* supplicantes supradicti homines et devoti filii domini canonici post pedum oscula beatorum sanctissimo in Christo patri domino nostro pape ut hujusmodi postulationem canonice factam de supradicto domino prothonotario dignetur admittere et approbare. Deffectus si qui sint, emendare et supplere et quatenus opus erit super illis vel altero illorum dispensare. De qua quidem postulatione, sicut premittitur unanimiter facta, cum omnibus et singulis in eadem contentis et narratis tam renuntiative quam dispositive petierunt a me notario, apostolica et imperiali auctoritatibus, fieri litteras testimoniales et instrumentum publicum muniendas et muniendum sigilli ipsius venerabilis capituli appensione ad majorem roboris firmitatem. Quas quidem litteras et instrumentum concessi in presentia infrascriptorum testium ad hec specialiter adhibitorum et rogatorum. Acta fuerunt premissa infra claustrum dicte cathedralis ecclesie, in supradicta capella Sancti Bartholomei, presentibus spectabilibus viris nobilibus Jacobo de Castro et Bartholomeo de Ussillione et nobili Johanne de Molario cive civitatis maurianensis, testibus ad hec adhibitis et rogatis.

Jac. de Vigniaco, J. Trollieti, Gavit, Johannes de Gerdili, J. de Missiaco, Nicolaus de Ponte Vitico, Henricus de Poldo, P. de Mentone, Phi. Trollieti, A. Gavit.

Et me Johanne Oudini de civitate maurianensi clerico publico apostolica et imperiali ac domus episcopalis maurianensis auctoritatibus notario, qui premisse electioni, postulationi, publicationi omnibusque aliis et singulis premissis, dum, sicut premittitur, fierent et agerentur per prefatos dominos canonicos una cum prenominatis testibus presens fui, sicque fieri vidi et audivi. Ideo presens publicum instrumentum rogatus de premissis recepi manu discreti viri Johannis Fuseni notarii in hac parte coadjutoris mei ex tamen concessione generali per reverendum patrem dominum officialem maurianensem in litteris mihi attributa, levari feci in eodem que me subscripsi et signo tabellionatus michi solito signavi, una cum prefatorum dominorum canonicorum et cujuslibet eorum subscriptis subscriptionibus in fidem robur et testimonium omnium universorum et singulorum premissorum.

141

Pierre Descôtes cède au chapitre certains droits qu'il avait sur la ville de St-Jean.

(17 Novembre 1501.)

Ne posteros priorum latere queat intentio, prudentum docuit solertia stilo scripture publice memoranda commendari. Hujus publici instrumenti serie cunctis presentibus et futuris ipsum visuris ac lecturis notum fiat quod cum nuper inclite memorie dominus Amedeus de Sabaudia episcopus maur. perpetuo albergaverit Johanni Jordani quondam civi et appothecario maurianensi leydam sive exitum, pondus, usagium et borgeagium percipi solitum in civitate maurianensi indivisim cum ven. capitulo maur. prout constat publico instrumento per quondam Rondetum de Fago notario recepto sub anno Domini m.ccc.liiii die ix mensis febr. ipsaque leyda, pondus, usagium et borgeagium[1] fuerit recognitum, post modum domino Savino, et successive Amedeo de Montemaiori episcopis et maxime per nobilem Janinum de Costis sub anno Domini m.cccc.xxi die vii junii constante instrumento per Jac. Chapelli recepto, necnon per quondam nobilem Gabrie-

lem de Costis sub anno Domini m.cccc lxxiv, die v jan.
instrumento recepto per Petrum Oppinelli, ad que quidem
instrumenta semper habeatur relatio. Hinc igitur fuit et est
quod anno a nativitate Domini m.d.i, die xvii nov. reverendissimo domino domino Ludovico Dei et apostolice sedis gratia
episcopo maur. et principe existente, personaliter constitutis
ven. et circumspectis viris dominis Johanne Trollieti, Francisco Gavit, Johanne de Gerdilli, Anth. et Henrico de Poldo,
decretorum doctoribus, Petro de Menthone, Johanne Morelli,
Philippo Trollieti et Anthonio Gavit, canonicis ecclesie maur.
ad sonum campane in capella Sancti Bartholomei more solito
congregatis ex una, ac nobili Petro filio nobilis Gabrielis de
Costis ex altera, ipse nobilis Petrus de Costis nullo dolo malo
metuve ad infrascripta peragenda inductus, sed bene advisus
ac plene deliberatus et sua spontanea voluntate motus per se
et suos heredes vendidit tituloque irrevocabilis venditionis
dedit, et concessit ven. capitulo maur. ac superius nominatis
dominis canonicis supra descriptam leydam sive exitum,
pondus, usagium et borgeagium indivisim, ut supra dictum
est, cum eodem ven. capitulo ac omne jus sive quidquid juris,
actionis, proprietatis, portionis sive dreyture[2] que et quas
habebat habereque poterat, nihil jurisdictionis, rationis,
partis, sive dreyture aut proprietatis in eis, pretereaque inferius retenta et excepta sunt, retinendo, sed indictum ven.
capitulum totaliter transferendo ad habendum, fruendum et
possidendum per dictum capitulum et quidquid sibi deinceps
de predictis leyda, pondere, usagio et borgeagio placuerit
faciendum pro pretio et nomine pretii octies centum florenorum auri parvi ponderis, valente singulo corumdem duodecim
denariis grossis monete Sabaudie, tam in centum septuaginta
ducatis qui valent quinque centum sexaginta sex florenos
quam viginti scutis tam solis quam ducalis camere et decem
scutis regis qui valent nonaginta quatuor flor. et duos grossos,
per eumdem nobilem Petrum venditorem per duos canonicos

emptores numeratis ac traditis, quam in centum florenos pp. pro franchimento v flor. debitorum capelle Annuntiationis beate Marie virginis per R. de Bugella fundate et xl florenis pp. pro franchimento unius sestarii frumenti et unius floreni debiti in grosso capituli die presenti franchitorum. Et si forte dicta leyda, pondus, usagium et borgeagium valerent plus de presenti aut in futurum essent plus valitura precio supradicto licet duplo triplo seu etiam quadruplo, totam illam prevalentiam idem nobilis Petrus dedit, donavit et concessit devestiens se et suos de dictis leyda, pondere, usagio et borgeagio supra venditis et prefatum ven. capitulum unius calami ac certorum instrumentorum predicta concernentium traditione investiens, ut investiri moris est, retentavero et reservata per predictum venditorem de dominorum canonicorum consensu istaque sequuntur. Et primo retinuit et excepit et exceptavit et exemptos esse voluit se ipsum ac nobiles Glaudium et Johannem ejus fratres omnesque et singulos ab ipsis Glaudio et Johanne et Petro per masculum genus descendentes usque in infinitum tam natos quam nascituros nomen et cognomen ipsorum de Costis retinentes, ita et taliter quod ipsi in domibus ipsorum ac alibi pro suis tantum propriis negotiis ulnare et ponderare valeant[5] ad eorum ulnas et pondera libere et impune, et leyderius[4] qui pro tempore fuerit teneatur etiam et debeat quando requisitus fuerit ulnare et in loco solito, ponderare cuilibet ipsorum absque aliquali exactione et ad nullam leydam a modo in antea teneantur, quoniam ita fuit inter partes dictum et arrestatum. Quas quidem venditionem et dominii translationem promisit dictus nobilis Petrus de Costis, et sacris scripturis ab hoc manu tactis juravit eas ratas gratas firmas et irrevocabiles habere perpetuo et tenere. Acta fuerunt premissa in dicta capella Sancti Bartholomei presentibus ibidem nobilibus viris Glaudio de Costis frater ipsius venditoris Johanne Sybue, Johanne Charveti notario, Johanne Augusti clavigero dicti capituli venerabilibusque viris dompnis Johanne Oudini, Aymone Sambuy, Martino Morterii, Juvenali de Fresays capellanis dicte ecclesie testibus ad premissa vocatis.

¹ *Borgeagium* et *burgagium*, impôt que les habitants d'une ville devaient payer chaque année pour leur domicile ou pour ce qu'ils possédaient dans la ville.
² *Dreytura*, la droiture, l'équité, la justice, le droit naturel.
³ *Ulnare*, mesurer à l'aune, auner.
⁴ *Leyderius*, le leydier, gardien du poids et de l'aune, devait exiger les droits à payer par ceux qui venaient en faire usage.

142

Délibération du chapitre de St-Jean de Maurienne relative à l'augmentation du droit d'introge.

(25 Novembre 1520.)

In nomine Domini amen, anno ejusdem Domini m.d.xx, die xxiii mensis novembris pontificatus sanctissimi in Christo patris et domini domini Leonis divina providentia pape decimi anno octavo, coram testibus infrascriptis per hoc presens publicum instrumentum cunctis appareat manifestum, quod ven. capitulum ecclesie cathedralis Sancti Johannis maurianensis civitatis ad sonum campane grosse more solito congregatum in aula nova refectorii ubi capitula ejusdem ecclesie teneri solent, in quo quidem capitulo presentes erant venerabiles et circumspecti viri domini Anth. Gavit, Carolus de Arnone, Anth. Carterii, Johannes Lupi, Anth. Polliaci, Paulus de Bosco, Jofredus Boyssonis, Peronetus de Roverey, Hyeron. Fornerii, Aymarus Costherii et Jac. Vergereti, canonici ejusdem ecclesie maur. maiorem et saniorem partem capituli representanties, capitulantes et capitulum tenentes, considerantes necessitatem capparum et aliorum ornamentorum dicte ecclesie, habendo respectum et considerationem ad ven. capitulum ecclesie gebennensis necnon Lausanensis et aliarum circumvicinarum in quibus sunt preciosa multa ornamenta, quodque ab olim in ecclesia maurianensi in receptione cujuslibet canonici solum solvi consueverunt xx flor. pro singulo canonico, pro capellanis ipsius et curatis sub collatione et presentatione ipsius capituli x flor. monete Sabaudie quod parum videbatur eisdem dominis capitulantibus, habita super hiis matura deliberatione pro augmentatione dictarum capparum et reparatione ornamentorum, eorum spontanea voluntate, pro se et eorum successoribus, laudabilem consuetudinem perpetuis futuris temporibus duraturam introduxerunt et statuerunt quod de cetero domini canonici, antequam recipiantur ad possessionem eorum canonicatus et prebende solvant, et quilibet eorum solvere teneatur in numeratis dicto capitulo seu ejus clavigero vel operario pro una cappa sericea emenda ad opus servicii dicte ecclesie 1 flor. pp. pro semel. Item capellani in receptione capellaniarum xx flor. pp. similiter curati parrochialium ecclesiarum ad collationem et presentationem dicti ven. capituli spectantium solvere teneantur ante receptionem possessionis ipsius beneficii xx florenos pp. Item voluerunt et statuendo ordinaverunt quod ad nullos alios usus nisi pro dictis cappis et ornamentis emendis dicti floreni de cetero solvendi distribuantur nec convertantur. Item ordinaverunt et statuerunt quod claviger seu operarius ipsius ven. capituli pro tempore existens ipsas pecunias realiter recipere debeat et reponantur in archa trium clavium pro ipsis cappis emendis. Que omnia et singula supra statuta et ordinata promiserunt ipsi domini canonici et capitulum suis et quibus supra nominibus rata, grata, firma et valida habere, tenere et inviolabiliter observare, et nunquam contra facere, dicere vel venire per se vel alios, etc., etc. Et ego Michael

Rembaudi, apostolica et imperiali auctoritatibus notarius, etc.

(Cette délibération capitulaire a été approuvée et confirmée par Mgr Louis de Gorrevodo, évêque de Maurienne, par décret du 16 juillet 1521.)

143

Réponse du duc Charles III relative aux sergents, mestraux et mestrallons de la châtellenie de Maurienne.

(19 Avril 1528.)

Consilium illustrissimi principis domini nostri domini Caroli Sabaudie ducis, Chamberiaci ordinario residens, universis harum testimonio facimus manifestum, quod nos vidimus tenuimus ac palpavimus ac de verbo ad verbum inspeximus supplicationem et litteras dominicales ac testimoniales interinationis earumdem inferius insertas, non rasas, non cancellatas neque viciatas nec in aliqua sui parte suspectas sed debite sigillo impendenti sigillatas signatasque et omni prorsus suspicionis vitio carentes quarum tenor sequitur : *Primo tenor supplicationis.* — Très redoubté seigneur et prince expousent très humblement vos poures subjects sindiques et communauté de votre païs de Maurianne, et sire vray que estant molestés journellement et induemant par la multiplication des sergents mestraulx et mestrallons qui se disent subalternes desdits mestraulx ont heu recours plusieurs fois à votre excellence tant aux états tenus comme autrement et obtenu charte et privilége, et mesmement dernierement que avez pris ne dehust avoir que ung nombre d'officiers, c'est assavoir sergents et mestraulx à la forme de l'estatut qui ordonne tant seulement ung sergent en ladite Maurianne; oultre plus que leur franchise et liberté est dist et contenu en icelle que ung chastelain ne puysse demourer en l'office de chastellenie plus hault de trois ans et les mestraulx et mestrallons d'yceux substitués et subrogés d'ung an tant seulement et que ils ne puyssent retourner auxdits offices ny autres de dix ans, après être passé et fini ledit temps. Et pour ce que ladite franchise ne faict point de mention dudit sergent comme faict des aultres susdits officiers que avoir exercé leur dit office; c'est assavoir les chastellains par troys ans et les mestraulx et mestrallons ung an que il ny doeye retourner de dix ans après. A cette cause recourent très humblement à votre excellence luy suppliant son bon plaisir soit à la forme de vos estatuts leur pourvoir d'ung sergent général audit païs de Maurianne qui soit de bonne voix et de bonne renommée et conscience de troys ans en troys ans, et que ledit sergent ayant exercé son dit office de sergenterie durant ledit temps ne puysse en yceluy ni aultre office entrer de dix ans après. Et inhiber à tous aultres sergents generaux qu'ils n'ayent exercer leur office en votre païs de Maurianne. Et cecy par privilége especial leur octroyer, et ce faisant vos dicts subjects se trouveront plus prompts et prests et mieulx fournis de biens à vous servir. Et ils prieront Notre Seigneur pour vostre très haulte excellence laquelle Dieu veuille préserver et maintenir en bonne prospérité. — Tenor litterarum. Carolus dux Sabaudie, Chablasii et Auguste, sacri romani imperii princeps vicariusque perpetuus, marchio in Ytalia, princeps Pedemontii, comes gebenensis, Baugiaci et Rotundi Montis baro, Vaudi Gay et Foucigniaci Nycieque, Breyssie ac Vercellarum dominus, spectabilibus benedilectis fidelibus consiliariis nostris presidi et magistris camere computorum nostrorum salutem. Visa supplicatione subannexa necnon privilegiis et litteris nostris in ea mentio-

natis dilectis fidelibus nostris supplicantibus concessis, et
consideratis contentis in eis presertim forma decretorum nostrorum super hiis expresse disponentibus vobis ex nostra
certa scientia per has expresse precipimus et mandamus quatenus hiis visis de uno tantum servienti generali debitam
firmam annuam nobis spectantem persolventi de tribus annis
in tres annos seu de triennio in triennium in patria nostra
Mauriane juxta formam dictorum decretorum debite provideatis, ita tamen quod lapso tempore predicto sue constitutionis non debeat nec possit in dicto officio nostro ad aliud
reassumi seu admitti de decem annis immediate sequentibus,
juxta formam capituli mistrales et vice mistrales concernentis
alias ipsis concessi, quoniam sic fieri volumus, ceteris servientibus generalibus nostris hoc ideo inhibentes sub pena
privationis armorum nostrorum et centum librarum fortium
pro quolibet et vice qualibet, ne de dicto officio sergenterie
aut illius exercitio in dicta patria aliqualiter se impediant in
quantum dictam penam incurrere formident. Litteris eisdem
concessis et aliis in contrarium non obstantibus, quibus omnibus quoad hec ex dicta nostra certa scientia expresse deroga-
mus et derogatum esse volumus per presentes, irritum et
inane quidquid fieri continget, decernentes, hasque in privilegium dictis supplicantibus concedentes, datas Chamberiaci
die decima nona mensis aprilis, millesimo quingentesimo
vigesimo octavo. Per dominum presentibus dominis Renato
comite Challandi marescalco Sabaudie ex militibus ordinis,
Bartholomeo de Montebello comite Franczasthi magno magistro hospitii ex militibus ordinis, Claudio D. Balleymo barone
Sancti Germani, Aymone de publiciis collaterali consilii residentis, Oddineti magistro hospitii, Baptendique monachi.

144

Permission accordée par le roi de France Henri II aux habitants de St-Julien de chasser les jours de dimanche.

(15 Juillet 1557.)

Henry par la grace de Dieu roy de France à nos amés et féauls conseillers les gens tenans notre cour de parlement en Savoye, salut et dilection[1]. Les manans et habitans de St-Julien en Maurienne audit païs de Savoye nous ont fait exposer que de tous tems et ancienneté ils ont esté en liberté us et coustume de ès jours de festes par honneste et joieuse récréation chasser aux chamois, ours, cerveys[2], loups et autres bestes ravissantes par les montaignes et rochers estans dans leurs fins et limites pour des deniers provenans de la vente desdites bestes prises en maintenir le luminaire et ornemens nécessaires pour le divin service qui se faict en leur église parrochiale, lesquelles usance, coustume ou previllege ont esté confirmés par lettres patentes émanées du conseil ducal lors séant à Chambéry le troisiesme novembre mil cinq cent vingt neuf et en vertu d'icelles inhibitions faictes à toutes personnes de ne les troubler en leur dite coustume de chasser, et mesme aux estrangiers de ne chasser aucunement dedans leurs fins et limites, ensemble à toutes personnes soit habitantes dudit St-Julien ou autres de chasser avec hacquebuttes[5] et autres semblables bastons intimidant lesdites bestes; lesquelles lettres et inhibitions auraient esté approuvées et octorisées par autres lettres patentes du prince de Savoye lors estant du vingt ungiesme juillet 1535. Et parce que sur ce que contre vérité avoit esté donné à entendre à notre cher et amé cousin le comte de Clermont chevalier de notre ordre notre lieutenant et gouverneur en nos païs de Daulphiné et Savoye, en l'absence de notre très cher cousin le duc de Guise, il leur avait interdict ladite chasse. Notre cousin, sur la requeste à lui faicte par lesdits exposans et veus lesdits us et previlleges à eux donnés sur ladite chasse desdites bestes ravissantes leur aurait, le 26ᵉ jour de janvier dernier passé, consenti la jouissance desdits usance et previlleges jusqu'à ce que par nous en eût esté ordonné et à eux permis de chasser aux ours, chamois, loups et autres bestes ravissantes et furieuses qui se trouveront en ladite paroisse, terres et possessions. Mais d'autant que ladite permission n'est que provisoire, doubtans lesdits exposans que cy après on les voulût troubler en ladite jouissance, nous ont faict humblement supplier et requérir leur voulloir octroier nos lettres et provisions nécessaires. Nous à ces causes ne voulant auxdits exposans estre aucune chose diminuée des graces previlleges et concessions dont nosdits prédécesseurs ducs de Savoye ont usé en leur endroit, vous mandons que, notre procureur ouy pour notre intérêt, s'il vous appert de ce que dit est, mesmement desdites concessions et octrois donnés auxdits exposans par nosdits prédécesseurs ducs de Savoye de la jouissance qu'ils en ont eu et de la permission et jugement provisoire donnés par notre cousin le comte de Clermont et des choses susdites ou détant que doibve suffire, vous fassiez et laissiez jouir lesdits exposans desdits droits de chasse en et au dedans lesdits territoire fins et limites d'icelluy avec inhibitions et deffenses aux circonvoisins de n'y chasser ni semblablement par eux ni par lesdits exposans à la hacquebutte ou autres bastons semblables qui puissent estranger lesdites bestes et sur ce, circonstances et dépendances leur pourvoir comme verrez estre de raison et justice, de ce faire vous donnons pouvoir; car tel est notre plaisir. Nonobstant comme dessus quelconques lettres, restrictions ou deffences à ce contraires. Donné à Compiegne le xiiiᵉ jour de juillet l'an de grace mil cinq cent cinquante sept et de notre regne le unziesme.

Par le roy en son conseil Lorgnet.

[1] La Savoie a été occupée par les Français de 1556 à 1559, pendant vingt-trois ans, ainsi que de 1792 à 1815. — 1547, mort de François Ier. — 1556, retraite de Charles V. — 1557, victoire de St-Quentin remportée par Emmanuel-Philibert. — 1559, paix de Cateau-Cambrésis.

[2] *Cerveys,* loup cervier, lynx.

[3] *Hacquebutte.* — Ce mot parait le même que hachepit, achapit; *acheletus,* bâton, échalas. (Voy. DUCANGE, *supplément.*)

145

Supplique par laquelle le chapitre de St-Jean de Maurienne demande à S. A. R. Christine de France la confirmation de ses anciens priviléges.

(1642.)

Supplient humblement les chanoines et chapitre de vostre église catedrale de St-Jean de Maurienne très humbles et devots orateurs de V. A. R. comme jaçoit que leur dit chapitre soit fondé passé mil années avec toutes franchises et immunités tant à la forme du droit commun, canon et civil, que particulier et spéciaux priviléges dépendants des premières fondations d'yceluy, mesme par patentes expresses de feu heureuse memoire Charles Emmanuel du 12 octobre 1604, veriffiées en vostre souveraine chambre des comptes de Savoie, le 15 mai 1609, ici exhibées desquels priviléges ils ont tousiours jouy jusques à présent qu'ils se treuvent troublés par les scindiqs de St-Martin sur la Chambre et de St-Pancrace et autres pretendants que les biens par eux acquis dès l'érection de la tallie doivent être encatastrés et tirés en tallie, et sur ce ont obtenu lettres generales en chambre, fondées sur certains éditz et arretz nouveaux, et ont procedé à la levation des biens dudit chapitre; iceux fait subhaster, et par ce les ont contraints indument. Qu'est à correction V. A. R. contre toute disposition du droit tant divin qu'humain et priviléges à eux toujours concédés par les sérénissimes ducz de Savoie, mesme par Charles Emmanuel susnommé, eu égard que ledit chapitre est des plus anciens de vos Estatz, et que la plus grande partie de leur ancien patrimoine par l'injure du temps se treuvent aliénés, et les tenanciers d'iceux en paient les tallies, par ce ne serait équitable que les suppliants fussent molestés sur les biens qui tiennent place d'une petite partie de leur ancien patrimoine, estant dailleurs leurs A. R. premiers chanoines de cette si celebrée cathédrale, ainsy qu'il se conste par la bulle obtenue à cet effet par les sérénissimes ducz soubs Innocent VIII en l'année ici exhibée et duquel canonicat ils ont tousiours prins la possession, prenans la possession de leurs Estatz, mesme Charles Emmanuel en l'an 1581, et tous les antecesseurs et ont juré sur le grand autel et sur les reliques de saint Jean-Baptiste de conserver les priviléges et immunités de cette église, ce qu'ils ont tousiours fait.

A cette cause les suppliants se voyant molestés en leurs immunités et priviléges prient très humblement V. A. R. d'empecher que les scindiqs de St-Martin sur la Chambre, St-Pancrace et aultres quels qu'ils soient, ne molestent pour raison des tallies tant pour les biens par ledit chapitre possédés par le passé, que présents et advenir possédés et à posséder, eu égard qu'ils n'innovent rien et demandent seulement la continuation et confirmation de leurs priviléges, comme leur ont été conservés par le passé, et à ces fins déroger en tant que besoin à tous édictz quels qu'ils soient à ce contraires et à tous autres publiés et à publier en tant qu'ils pourraient préjudicier à leurs priviléges et immunités, et sur ce plaire pour voir, etc.

146

Confirmation des priviléges et immunités du chapitre de Maurienne.

(8 Septembre 1642.)

Chrestienne, sœur du roy tres chrestien, duchesse de Savoye, reyne de Chypre, mère et tutrice du sérénissime Charles Emmanuel, par la grâce de Dieu duc de Savoye, prince de Piémont, roy de Chypre et régente de ses Estatz, à nos très chers bien amés et féaux conseillers les gens tenans nostre chambre des comptes audit Savoye, nous ayant esté humblement représenté de la part de nos chers bien amés et devots orateurs les chanoines et chapitre de nostre église catedrale de St-Jean de Maurienne qu'ils se treuvent molestés pour le paiement d'aucunes tallies par quelques communautés de la province dudit Maurienne nonobstant les patentes et priviléges à eux concédés par feu d'heureuse mémoire Charles Emmanuel nostre beau-père, qui soit au ciel, en date du 12 octobre 1604, lequel déclaire n'avoir jamais entendu de préjudicier par aucuns éditz, instructions, mémoires et arrets sur iceux ensuivis, aux immunités et priviléges particuliers de tout temps concédés par nos sérénissimes prédécesseurs, lesquels auraient été vériffiés par votre arrêt du 15 may 1609, aiant paisiblement jouy du fruit et bénéfice d'icelles jusqu'à présent. Et desirant leur donner des mesmes marques de notre libéralité pour les inviter d'autant plus à élever leurs prières au ciel pour l'âme des sérénissimes prédécesseurs de cette royale couronne et pour la santé et prospérité de S. A. R. monsieur mon fils. A cette cause et pour autres dignes respects et considérations à ce nous mouvans, par ces présentes, de notre certaine science, pleine puissance, autorité, et par l'assistance de messieurs les princes Maurice et Thomas et par l'advis du conseil séant près notre personne, nous avons confirmé et confirmons les susdites patentes et priviléges de point en point selon leur forme et teneur, voulons, entendons et nous plaît qu'ils jouissent entièrement et paisiblement des priviléges et immunités contenus en icelles, comme ils ont fait jusqu'à présent, et qu'ils ne soient en aucune façon et manière que ce soit par aucuns commissaires, officiers ni scindiqs molestés et inquiétés pour le paiement d'aucunes tallies pour les biens qu'ils possèdent et possèderont ci après rière nos Estatz, en quels lieux qu'ils soient assis et situés sous peine de deux cents écus d'or contre qui et quante fois il y sera contrevenu, cassant, revoquant et aboulissant toutes procédures et formalités qui pourroient avoir été faites. Si donnons en mandementt à nos très chers bien amés et féaux conseillers les gens tenans notre chambre des comptes en Savoie, de passer et entériner ces présentes selon leur forme et teneur, car ainsi nous plaît.

Donné à Turin le 8 septembre 1642.

Signé : Chrestienne.

EXTRAIT

D'UN

ANCIEN OBITUAIRE

DU

CHAPITRE DE SAINT-JEAN DE MAURIENNE

On appelle obituaire un registre sur lequel on inscrit les prières et les services fondés pour les défunts. Le chapitre de la cathédrale de St-Jean de Maurienne en conserve deux : le premier comprend le XIIe et le XIIIe siècles, et le second le XIVe, le XVe et le XVIe siècles. Ils sont in-folio en parchemin et rédigés en forme de calendrier. Les jours de chaque mois sont annotés à quelque distance les uns des autres. On a conservé ces intervalles pour y inscrire les fondations à mesure qu'elles se faisaient.

Nous avons cru devoir faire de ces deux obituaires un extrait très étendu, parce qu'ils renferment des choses fort intéressantes. On y trouve la date de la mort de plusieurs princes de la Maison de Savoie, et notamment de celle d'Humbert II, d'Humbert III, du comte Aimon et du comte Edouard.

On y trouve la date de la mort d'un grand nombre des évêques de Maurienne, et entre autres celles des évêques Ayrald, de Guelis, Bernard, Amblard d'Entremont,

Amédée II, Amédée de Savoie, Amédée de Montmayeur, Aimon d'Hurtières, Lambert Ier, Anthelme de Clermont et du cardinal de Varembon.

Il y est fait mention d'une fondation faite par Béatrix de Savoie, fille du comte Thomas, femme de Raymond Bérenger, comte de Provence; d'une autre fondation faite par Agnès de Savoie, femme de Jean, seigneur de la Chambre, et d'une fondation faite par le comte Edouard, de quatre services célébrables chaque année tous les vendredis des quatre temps pour les comtes et les ducs de la Maison de Savoie.

Il y est parlé d'un grand nombre de familles nobles et spécialement de celles de la Chambre, de Miolans, d'Hurtières, de Mareschal de Luciane, à St-Martin de la Porte; d'Albiez, *de Albiaco*, de Tigny, hameau de la Chapelle, des Colonnes, *de Columpnis*, à St-Pancrace; des Costes, *de Costis*, aussi à St-Pancrace; du Pont, *de Ponte*, au Villaret, village du Châtel; de la Balme, *de Balma*, à Montvernier; de Cuine, Solière d'Arves, de Gerdil, *de Gerdilly*, du Mollard, *de Molario*, Baptendier, à Saint-Jean de Maurienne; Vallin, à Fontcouverte; du Col, *de Collo*, Berlion, *Salvatici*, Rambaud, *Rembaudi*.

On y trouve la preuve que du XIe au XVIe siècle le clergé de Maurienne avait un bréviaire particulier. On y faisait l'office double d'un grand nombre de saints qui ne sont pas dans le bréviaire romain et dont on ne fait pas l'office actuellement dans les diocèses de Savoie; tels sont : saint Bonnet, saint Ethelbert, saint Thibaud, saint Brice, saint Hugues de Lincoln, saint Colomban, saint Lazare, saint Yves, saint Martial, saint Philibert, saint Genix, saint Julien, saint Juste, saint Edmond et plusieurs autres.

EXTRAIT D'UN ANCIEN OBITUAIRE

DU

CHAPITRE DE SAINT-JEAN DE MAURIENNE

IIII nonas januarii. — Octaua sancti Stephani, obiit Ayraldus episcopus cui debetur processio sollempnis post horam primam et missa in altari sancti Petri iuxta sepulchrum ejusdem[1].

III non. — Nouerint uniuersi quod illustris domina B. comittissa Prouincie dedit Deo et ecclesie beati Joh. maur. quinquaginta libras vien. monete pro acquirendis possessionibus ad faciendam processionem annualem in ecclesia maur. et cibum in refectorio eiusdem ecclesie generalem et specialem et conuentualem. Et dum vixerit dicta domina comittissa fiat processio predicta pro domino Thoma comite patre suo die obitus ejusdem, et post mortem ipsius domine comittisse fiat processio et cibus pro ea in die obitus sui[2].

Clari abbatis festum dupl. institutum per P. de monte, barbitonsorem.

---

[1] Le bienheureux Airald, évêque de Maurienne, est mort le 2 janvier 1146.

[2] Béatrix de Savoie, fille du comte Thomas, femme de Raymond Bérenger, comte de Provence, mourut en 1266.

II non. — Octaua innocentium festum duplex institutum per dominum Hugonem Odin canonicum et sacristam maur. qui dedit Deo et seruitoribus ecclesie beati Johannis L libras vian. pro conuinio faciendo in refectorio annuali cum duabus carnibus et veruto [1].

VII id. — Obiit dominus de Miolano qui legauit ecclesie beati Johannis pro conuiuio in refectorio annuatim faciendo cum duabus carnibus et veru lx sol. vien. annuales.

VI id. — Obiit dnus Aymo Luciane miles qui dedit Deo et ecclesie beati Johannis et seruitoribus ejus l libr. vian. pro conuiuio in refectorio faciendo annuatim cum duabus carnibus et veruto pro anniuersario.

V id. — Obiit vir illustris dnus Eduardus comes Sabaudie cui debetur officium sollempne mortuorum et missa conuentualis pro anima ejus et antecessorum ejus [2].

II id. — Obiit Martinus de Camera canonicus cui debetur simplex processio post horam primam qui dedit Deo et beato Johanni feuda nobilia apud Vilarium Gondrant cum placitis eorum que in quodam libro ecclesie continentur.

XIX kal. — Obiit Johannes Lupi sacerdos decanus cui debetur sollempnis processio et missa in maiori altari cum prandio in refectorio.

Sancti Boneti episcopi et confess. festum duplex institutum per dnum Joh. Boneti capell.

XVIII kal. — Anno Domini m.cc.lxxiii obiit venerabilis dominus P. Guelis maur. episcopus, cui debetur libra xxxv sol. vien. in missa sollempni processionis ipsius, qui xxxv sol.

---

[1] L'ancien réfectoire des chanoines de Maurienne existe encore aujourd'hui dans le bâtiment des cloîtres contigu à l'église. — *Conuiuium cum duabus carnibus et veruto*, repas commun à deux plats de viande et le rôti.

[2] Cette annotation suppose que le comte Edouard est mort le 9 janvier ; cependant le second obituaire dit clairement qu'il est mort à Gentilly le 4 novembre 1229.

positi sunt et assignati super emptione facta ab Andrea de Costis de Vilario Gondrant[1].

XV kal. — Prisce virg. et mart. festum dupl. institutum per dnum Amblardum bone memorie episcopum maur.

Obiit Joh. de Albiaco qui dedit xx sol. tur. pro libra die obitus sui.

XIIII kal. — Obiit Amedeus episcopus maur. qui dedit ecclesie beati Johannis quatuor libr. for. annuales super bonis que acquisivit a dno Guidone de Miolano can. maur. in parochia Fontiscooperti.

IX kal. — Obiit Rostanus de Albiaco cui debetur processio simplex et missa post horam primam. It. eodem die obiit Stephanus Amalfredi clericus cui debetur processio et cibus in refectorio cum ii carnibus et veru et xii den. forc. pro oblatione.

VI kal. — Obiit Willelmus de Sancto Michaele cui debetur processio et missa post horam primam.

V kal. — Obiit dnus Ricardus de Monte Aymonis sacerdos qui dedit Deo et seruitoribus ecclesie beati Johannis lx sol. vian. pro suo anniuersario annuatim et conuiuio in refectorio faciendo cum duabus carnibus et veruto.

Octaua sancti Vincentii, festum dup. institutum per dom. P. de Platea, curatum Argentine.

IIII kal. — Obiit Amedeus clericus Marescalci qui dedit ecclesie x sol. super hominibus suis de Monte Lineto[2] qui decem solidi debent distribui in die obitus sui inter canonicos et ceteros clericos ecclesie.

II kal. — Obiit Humbertus de Molario Petroso cui debetur processio et cibus in refectorio cum ii carnibus et veru et pro oblatione ii sol. forc.

---

[1] Cet obituaire place la mort de Mgr de Guelis au 15 janvier, le second la place au 16.

[2] *De Monte Lineto*, de Mont-Denis.

Kal. februarii. — Festum Ignatii pape duplex institutum ad preces domini Aym. de Urteriis quond. maur. episcopi qui dedit pro conuiuio faciendo 1 sol. gross. tur. [1]

III non. — Blasii episcopi et mart. festum dupl. in crastino cuius festi debet fieri processio Willelmi de Vilario Remberti [2] ad tertiam, si comode fieri potest quod aliud festum non impediat, qui Willelmus dictum festum dupl. institui rogauit et xxxi sol. forc. capitulo legauit annuales, pro sex sol. quorum persoluit sex libr. capitulo et xx sol. annuales fuerunt assignati super possessiones et terras quas habet apud Vilarium Rembertum.

VII id. — Obiit Petrus de Volouio cui debetur processio [3].

IIII id. — Scolastice V. obiit Hugo de Rupecula [4] cui debetur processio, pro duobus sestar. ordeacei annuales.

Anniuersarium dni Aymonis de Miolano dicti de Urteriis quondam maur. episcopi.

II id. — Obiit Steph. de Ollis cui debetur simplex processio [5] et eodem die obiit Rodulphus de Urteriis cui debetur processio.

Idus. — Obiit P. Sinfredi cui debetur processio; it. eodem die obiit dnus Aymo de Seyssello canon. maur. cui debetur processio et cibus in refectorio cum duabus carnibus et veru.

XVI kal. — Sancti Valentini episcopi et martyris [6] obitus dni Anselmi de Colonnis sacerdotis qui dedit xx sol. vian. pro libra [7].

---

[1] On dit : *festum Ignatii*, *festum Blasii*, sans leur donner le titre de saint. C'est sans doute par erreur que dans les deux obituaires on donne à saint Ignace le titre de pape.

[2] *Vilarium Rembertum*, Villarembert.

[3] *Volouium*, Valloire.

[4] *De Rupecula*, de la Rochette.

[5] *Stephanus de Ollis*, Etienne des Oulles.

[6] *Sancti Valentini.* — On donne ici à saint Valentin le titre de saint.

[7] *Pro libra* : *libra*, distribution ; *librare*, distribuer.

XIII kal. — Obiit Humbertus de Morasco cui debetur processio et missa conuentualis et cibus in refectorio quod conuiuium debet facere capitulum, quia recepit l libr. a dno Amblardo episcopo maur. pro dicto Humberto.

XII kal. — Obiit domina Alaysia de Cuina que dedit beato Johanni v sol. super homines suos in Albaneta[1]. Obiit dnus Johannesde Bituneto[2] qui legauit Deo et seruitoribus ecclesie beati Johannis xxx sol. vian. pro libra cui debetur processio sollempnis et missa.

X kal — Obiit venerabilis vir dnus P. Eymarii can. maur. decanus et sacerdos qui pro suo anniuersario in ecclesia et refectorio faciendo dedit donatione inter viuos post decessum suum xxv libr. forc. quas posuit et assignauit super coruatam suam[3] apud Vilario sitam in parochia Fontiscooperti. Fecit instrumentum Aynardus de Croseto sub anno Dni m.cc.lxxi.xvi kal. junii.

VI kal. — Mathie apostoli festum duplex. Dominica in carniprivio veteri[4] festum dupl. institutum per dnum Stephanum curatum beate Marie de Cuina et canon. maur. qui dedit Deo et seruitoribus ecclesie beati Johannis lx lib. vian. pro conuiuio in refectorio faciendo annuatim.

V kal. — Anno Domini m.ccc.xlv die xxvi mensis febr. donauit dnus Petrus de Sayss. can. et officialis maur. geben. dioc. ecclesie Sancti Johannis maur. et seruitoribus ipsius l flor. boni auri et boni ponderis pro tribus sol. grossor. tur. die obitus sui dandis et diuidendis dictis seruitoribus singulis annis dicta die obitus sui in coro per capitulum maur. in perpetuum et dicti seruitores debent dicta die process. missam,

---

[1] *Albaneta,* Albanette, village de la paroisse d'Albanne.

[2] *De Bituneto,* du Betonnet.

[3] *Coruata, æ,* une terre, un champ, une propriété ; en d'autres endroits le mot *corvata* signifie fourniture, corvées.

[4] *Carniprivium vetus,* le premier dimanche du carême.

et totum officium defunctor. pro dicto dno Petro et antecessoribus suis facere, dicere et celebrare in perpetuum et soluit dictus dnus Petrus dictos I flor. dicto capitulo maur. et fuerunt positi in acquisimento per dictum capitulum a Martino de ultra Archum anno et die de quibus suprà.

III kal. — Obiit Jacobus de Arua capellanus cui debetur sollempnis processio et librantur x sol. in choro pro vinea de ultra bono riuo (sic) sita juxta alueum molendinorum de Ollis quam dedit capitulo. Inde est instrumentum.

II kal. — Ob. Aymo de Morestello cui debetur processio simplex.

Marcius. — Dominica in qua cantatur reminiscere festum dupl. institutum per Guigonem Bonidadi qui legauit Deo et beate Marie et beato Johanni Baptiste et seruitoribus ecclesie 1 libr. vian. semel pro conuiuio faciendo in refectorio annuatim cui debetur processio sollempnis et missa conuentualis.

IV non. — Anno ab incarnatione Domini m.c.lxxx.viiii obiit dognus Humbertus inclitus comes maur. et marchio Italie[1].

III non. — Obiit Antelmus episcopus maur. qui de communi consensu capituli maur. festum reliquiarum nouum et sollempne instituit in ecclesia maur. legando dicto capitulo pro conuiuiis dicti festi et sui anniuersarii in refectorio annuatim perpetuo faciendis xlv sest. ordei qui vocantur decime sescalcorum quas emerat à filiis olim dogni Aymonis de Camera que sunt in Albiaco juueni et veteri.

II non. — Obiit Humbertus de Alauart cui debetur processio et cibus in refectorio.

VIII id. — Obitus dni Eduardi comitis illustrissimi viri Sabaudie cui debetur sollempne officium mortuorum et missa conuentualis pro anima ejus et ejus antecessorum.

---

[1] On voit clairement ici qu'Humbert III est mort le 4 mars 1189.

VII id. — Obiit P. de Podio Arue domicellus qui dedit capitulo maur. xv sol. vien. annuales pro suo anniuersario et libra die sui obitus faciendis quos posuit et assignauit super quodam prato suo sito ultra Aruanum juxta viam publicam et pratum Jacobi de Turre.

IV id. — Gregorii pape festum dupl. institutum per dnum P. Eymarii can. et decani qui dedit xx sol. vien. pro libra facienda in dicto festo.

III id. — Obiit Willelmus Aymarii miles cui debetur processio, qui dedit ecclesie ii sol. seruitii annuales super feudis que tenent ab eo Aymo Rochi et Joh. Bo.

II id. — Obiit venerabilis vir dnus Humbertus Burdini doctor decretor. decanus maur. canon. lugdunensis atque vien. qui dedit seruitoribus ecclesie beati Johannis Baptiste xvi marcos argenti pro anniuersario faciendo quolibet anno. Anno Domini m.ccc.xxiiii.

Idus. — Obiit Lambertus episcopus maur. cui debetur officium et cibus in refectorio[1].

XVII kal. — Obiit Bernardus episcopus cui debetur officium.

XIIII kal. — Obiit Renauda cui debetur processio pro qua habemus membrum[2] et tres den. seruicii.

It. obiit Petrus de Morestello episcopus maur. cui debetur processio sollempnis et cibus in refectorio super bonis episcopatus.

XI kal. — Nouerint uniuersi presens scriptum inspecturi quod dnus Johannes de Arenis canon. maur. legauit sacerdotibus ecclesie Sancti Johannis xv den. de seruicio quos debet Martinus de sub ruppe et ejus nepotes, et sex den. et unum caponem seruicii que debent liberi Aymonis Guilbert et Hugonis fratris sui, tali modo quod ipsi sacerdotes prehabeant

---

[1] Lambert Ier, mort le 15 mars 1198.

[2] *Membrum*, un membre, une chambre, une pièce dans un appartement.

in perpetuum pro olla[1] cum fiet processio ipsius Johannis annuatim ii sol. forc.

VII kal. — Obiit Johannes Cimossa et Agata uxor ejus pro quibus debetur simplex processio.

Item obiit dnus Rodulphus de Belloforti canon. Sancti Johannis cui debetur processio annualis in maiori missa cum libra xxv sol. et ii sol. forc. pro oblatione.

VI kal. — Obiit Bernardus episcopus anno Domini m.c.lviii.

V kal. — Gondramni regis festum duplex institutum per dnum de Miolano episcopum maur. bone memorie.

Aprilis. — *II non*. — Ambrosii episcopi festum dupl. institutum ad preces amicorum dni Jacobi de Molario Sancti Christophori can. maur. qui rogauit fieri festum duplex.

Nonas. — Obiit domina Moranda cui debetur annualis processio. Dnus Willelmus Guiberti filius predicte mul. dimisit canonicis tale feudum cum omnibus suis usagiis quale tenet Thomas Allegros inter vineam Johannis Cimossa et vineam predicti Willelmi et sunt ibi vi den. seruicii et xii den. placiti.

VI id. — Obiit Johannes de Porta cui debetur processio, xii denarii de oblatione super grangiam suam. It. eod. die obiit P. de Arua can. cui debetur processio et cibus in refectorio cum duabus carnibus et veru.

V id. — Obiit Bernardus de Aprili cui debetur simplex processio.

Idus. — Obiit Rodulphus de Arua domicellus cui debetur processio ad primam.

XVI kal. — Obiit Johannes archiepiscopus vian. cui debetur processio et cibus in refectorio cum duabus carnibus et veru in secunda dominica post pascha et ille qui facit conuiuium debet soluere luminare.

---

[1] *Pro olla*, pour la marmite.

XV kal. — Memorandum est quod die Iouis septimane paschalis debet fieri anniuersarium dni Hugonis de Ceueriaco fratris dni Stephani de Ceueriaco et conuiuium in refectorio cum duabus carnibus et veruto.

X kal. — Memorandum quod tercia dominica post pascha institutum est per capitulum maur. festum duplex in honorem et memoriam illustris baronis dni Amedei quondam comitis Sabaudie qui dedit pro conuiuio dicti festi et luminari 1 libr. vien. que assignate ac posite fuerunt in emptione cartonum prioratus Camere, et postea dictum capitulum assignauit et posuit conuiuium dicti festi faciendum cum duabus carnibus et veru et luminari super certo viridario et curtili sitis in villa Sancti Johannis iuxta domum et viridarium Hemidonis, et in crastinum dicti festi debet fieri sollempnis processio cum missa conuentuali, et toto sollempni officio defunctorum pro remedio anime dni comitis supradicti.

IX kal. — Georgii martyris festum duplex.

VIII kal. — Anno Domini m.ccc. octauo obiit venerabilis pater dnus Amblardus episcopus maur. pro cuius anime remedio dnus Johannes de Herbesio can. maur. dedit seruitoribus ecclesie lx libr. viennensium pro uno conuiuio in refectorio cum duabus carnibus et veru annis singulis faciendo.

VII kal. — Marci evangeliste festum dupl.

V kal. — Obiit Willelmus de Sancto Pancratio clericus cui debetur processio et cibus in refectorio cum duabus carnibus et veru super domum ipsius Willelmi que quondam fuit dni Hugonis de Vilario Gondrant donec solute fuerint xxx libr. forc. capitulo.

Maius. — *Kalend.* — Apostolorum Philippi et Jacobi. Obiit magister Alexander de Tabula can. maur. cui debetur processio ad terciam cum missa sollempni pro festo hodierno apostolorum Philippi et Jacobi quod ipse celebrari precepit cum duplici sollempnitate.

VI non. — Obiit Anselmus de Eschallone[1] sacerdos can. maur. cui debetur sollempnis processio et cibus in refectorio.

V non. — Inuentio Sancte Crucis festum dupl. institutum per dnum Aymonem de Urteriis Dei gratia episcopum maur. qui dedit Deo et seruitoribus ecclesie lx libr. vien. pro cibo in refectorio.

II non. — Johannis ante portam latinam, festum dupl. institutum per dnum P. de Ponte militem qui dedit ecclesie 1 libr. vien. pro prandio in dicto festo in refectorio faciendo.

II id. — Obiit dna Richarda de Ulmo[2] cui debetur processio que dedit xii den. forc. pro oblatione.

XIIII kal. — Obiit Johannes de Arua clericus qui dedit Deo et seruitoribus ecclesie beati Johannis Baptiste xl libr. vien. pro una libra facienda. Fecit instrumentum Jo. de Costis not.

XIII kal. — Sancti Ethelberti regis Anglie et mart. festum dupl.

X kal. — Memorandum quod die lune et die martis ante ascensionem Domini, videlicet in rogationibus debent fieri processiones hora prima in remedium anime Symondi de Cuyna et antecessorum ejus.

IX kal. — Obiit Aym. archiepiscopus ebredanensis cui debetur soll. processio et cibus in refectorio.

VII kal. — Obiit Galianus matricularius[3] cui debetur processio annualis.

V kal. — Obiit dnus Ugo Amblardi miles pro cujus anima Amblardetus ejus filius dedit lx libr. vian. pro suo anniuersario faciendo annuatim.

---

[1] *De Eschallone*, de l'Echaillon.

[2] *Richarda de Ulmo*, Richarde de l'Orme.

[3] *Matricularius*, de *matricula*, catalogue. Le matriculaire était sous-sacristain, clerc, sonneur, portier ; il avait soin de l'horloge et tenait la note de tous les offices, de toutes les fonctions à faire chaque jour.

IIII kal. — Obitus illustrissimi viri dni Eduardi comitis Sabaudie cui debetur sollempne officium mortuor. et missa conuentualis pro anima ejus et antecessorum.

Junius. — *Kal.* — Sancti Theobaldi confess. et pontif. festum dupl. institutum per venerab. priorem dnum Ay. de Urteriis episcopum maur. qui dedit capitulo maur. pro conuiuio faciendo cum ii carnib. et veru lx libr. vien. Inde est instrumentum factum per manum P. de Tigniaco not. anno m.ccc.xii.

II non. — Die Iouis post festum Sancte Trinitatis fuit institutum festum Eucaristie duplex. Item octaua Eucaristie festum dupl. institutum per magistrum Aym. Bosonis fisicum.

Nonas. — Obiit Johannes de Capella notar. qui dedit pro uno conuiuio die sui obitus faciendo pro remedio anime sue l sol. tur. gross. Idem dedit pro una libra die sue nouene facienda xii sol. tur. gross. annuales seu xxiv flor. semel [1].

VI id. — Obiit Vifredus filius P. de Aruesio cui debetur processio et cibus in refectorio qui dedit Deo et ecclesie beati Johannis l libr. vien.

IV id. — Obiit Amedeus comes maur. cui debetur processio et cibus in refectorio cum duabus carnib. et veru.

III id. — Barnabe apostoli festum dupl.

XVII kal. — Obiit Vill. Sancti Remigii cui debetur processio annuatim pro cujus anima uxor eius et filie dederunt ecclesie iii sol. et vi den. seruicii et feudum.

XI kal. — Obiit Ugo Delachal de Arua qui dimisit xx sol. vien. pro libra et debetur ei processio.

X kal. — Albani mart. fest. dupl. institutum per dnum Antelmum militem dnum Urteriarum qui pro conuiuio dicti festi faciendo annuatim seruitoribus ecclesie beati Johannis

---

[1] *Pro una libra die sue nouene facienda*, pour une distribution à faire le jour de sa neuvaine, c'est-à-dire le jour du service religieux qui se fait le neuvième jour après la mort.

Baptiste cum ii carnib. et veru dedit lx libr. vian. cui debetur processio sollempnis. Item anno Domini m.ccc.xliii die xxii mensis junii obiit vir illustris dnus Aymo comes Sabaudie qui dedit capitulo et seruitoribus ecclesie maur. quinque sol. annuales super exitibus mistralie de Camera donec soluti essent centum sol. tur. pro uno anniuersario faciendo.

VII kal. — Tecle virginis festum dupl.

VI kal. — Johannis et Pauli festum dupl.

Julius. — *VI non.* — Processi et Martiniani mart. hic celebretur festum beati Martialis festum dupl.

Anno Domini m.ccc.xlvii, die ii julii obiit dnus Henricus Bertrandi can. maur. et rector hospitalis Sancti Anthonii qui dedit Deo et seruitoribus ecclesie beati Joh. Bapt. pro una libra xx sol. tur. semel seu duodecim den. tur. annuales. Inde fecit instrum. P. de Prato not.

IV non. — Translatio sancti Martini festum dupl. institutum per dom. P. de Seyssello can. maur. qui dedit 1 sol. gross. tur. pro conuiuio annis singulis in dicto festo faciendo cum duabus carnibus et veruto et helemosina consueta.

Nonas. — Festum reliquiarum festum dupl. institutum a dno Antelmo episcopo maur. qui legauit capitulo ut supra scriptum est iii non. marcii.

VII id. — Hic debet fieri processio Johannis Regis et antecessor. suor. ad terciam.

V id. — Obiit Petrus de Serraual cui debetur processio censualis pro uno sestar. ordei quod dedit apud Aruam super terram suam de Cruce.

XVI kal. — Obiit mgr P. de Solerio can. maur. cui debetur procesio et cibus in refectorio cum duabus carnib. et veru, a quo recepit vener. pater dnus Ay. maur. episcopus 1 libr. vien. et promisit facere conuiuium donec eas soluerit capitulo. Inde est littera.

XV kal. — Hic debet fieri obitus fratris Guigonis de Boteria ordinis hospital. Sancti Johannis Jerosolimitani.

XI kal. — Marie Magdalene. Obiit Petrus Dogos prior Camere can. maur. qui dedit ecclesie pro cibo in refectorio faciendo in suo anniuersario circa vii fossoratas vinee site in ruatis et ix den. seruicii et circa v secaturatas[1] prati siti ultra Aruanum juxta pratum dni Vifredi.

VII kal. — Obiit pater Petri Philippi. Ut processio fieret, ipse Petrus dedit tachiam del collet. et vi den. quos debent Rollandi in Vilario[2].

VI kal. — Transfiguratio Domini festum dupl. institutum a dogno Willelmo incurato vallis Maygnerii[3] et pro conuiuio dicti festi in refectorio annuatim faciendo cum duabus carnib. et veru soluit capitulo maur. 1 libr. vien.

II kal. — Obiit Johannes de Sancto Juliano can. maur. cui debetur processio et cibus in refectorio. Item obiit Hugo de Urteriis can. maur. cui debetur processio et fit libra xxx sol.

Kal. augusti. — *VII id.* — Obiit Varnerius de refectorio cui debetur processio. Aymo filius ejus can. dedit eminatam terre[4] juxta coruatam canonicor. et xii den. seruicii in bordeletis.

Idus. — Obitus Richardi Saluatici domicelli cui debetur processio ad primam, Jo. de Tinyaco fecit instrumentum.

XIX kal. — Obitus Petronille filie quondam Jac. Beliardi uxoris Gilberti notarii cui debetur processio ad primam super quoddam operatorium juxta portam liberor. dni Jac. de Alauar militum eod. die obiit Jac. Beliardi qui instituit heredem suum collegium istius ecclesie.

XVII kal. — Obiit Martinus de Cuyna domicellus anno

---

[1] *Fossorata*, ce qu'un ouvrier peut piocher dans un jour ; *secatura* ou *secaturata*, ce qu'un ouvrier peut faucher dans un jour.

[2] *Tachia, taschia, tasca,* redevance en grains dont un champ était grevé ; *præstatio agraria*, champart, *campi pars*.

[4] *Incuratus vallis Maygnerii*, curé de Valmeinier.

[2] *Eminata*, ce qu'on peut ensemencer avec une émine de blé.

Domini m.ccc.xxxiii, xvi die mensis augusti, qui dedit Deo et seruitoribus ecclesie beati Joh. Bapt. 1 sol. grossorum tur. pro uno conuiuio in refectorio cum duabus carnibus et veruto faciendo, fecit instrum. Aymo Daual.

XVI hal. — Obitus illustris viri dni Philippi quondam comitis Sabaudie et antecessor. discreti viri Aym. de Sancto Triuerio eiusdem comitis clerici quandiu vixit ipse Aymo et post decessum eius pro ipso et benefactorum ipsorum, qui Aymo dedit xl libr. vien. maur. capitulo que posite fuerunt in prato Frey. Aymo de Costa fecit instrum.

XIII kal. — Obiit Willelmus mistralis bituminis cui debetur processio.

IIII kal. — Decollatio sancti Johannis Bapt. Obiit Amedeus episcopus.

Kal. septembris. — *IV non.* — Obiit Hugo de Alauardo cui debetur processio. Item eod. die obiit Blanchia de Iarriaco cui debetur processio.

III non. — Obiit Grassa cui debetur processio.

Nonas. — Octaua decollationis Johannis Bapt. festum dupl. institutum per Antelmum dnum de Miolano qui dedit seruitoribus ecclesie beati Jo. lx lib. vian. pro conuiuio dicti festi cum ii carn. et veru. cui debetur sollemp. processio.

VIII id. — Processio archiepiscopi pa..., prandium in refectorio.

VI id. — Obiit Anricus de Sancto Damiano mercator habitator beati Mychaelis de Maurianna, qui pro auniuersario annuatim faciendo legauit capitulo maur. et oib. seruitoribus ecclesie beati Joh. xv lib. vian. semel pro libra.

III id. — Petri archiepiscopi tharentasiensis, festum dupl. institutum per dnum Johannem Diderii curatum ecclesie Vilarii Reymberti qui dedit pro dicto festo dupliciter festiuando et conuiuio in refectorio faciendo annuatim dicta die cum duabus carnibus et veruto et luminari et eleemosyna consueta lx libr. vian.

XVIII kal. — Exaltatio Sancte Crucis, festum dupl. et quatuor cantor. institutum per Johannem de Cygniaco notarium qui Johannes pro dicto festo sollempniter festiuando et pro conuiuio annuatim dicta die in refectorio faciendo cum duabus carnibus et veruto et eleemosyna consueta maur. capitulo dedit tradidit et concessit lx sol. annuales vian. quos eidem Johanni debebat Anselmus de Vilario Fontiscooperti, prout predicta ad plenum continentur in instrum. facto per manum Jac. Sambui de Bono Vilario publ. notario, sub anno Domini m.ccc.xiii, xii kal. marcii. Et debent dni canonici in maiori missa ostendere veram crucem oib. ecclesiam Sancti Johannis intrantibus ad hoc quod fortius dictum festum honoretur.

X kal. — Sancti Mauricii et socior. festum institutum per venerab. patrem Aym. de Miolano Dei gratia maur. episcopum cui debetur sollempnis processio cum missa in crastino eiusdem festi.

VI kal. — Obiit dogna Audisia cui debetur processio, que dedit iii gerlatas vindemie in plano vinearum[1].

October. — *III non.* — Obitus dni Dauidis de Volouio cappell. qui dedit capitulo maur. et soluit xxx lib. vien. pro suo anniuersario et cibo in refectorio annis singulis faciendis. Actum anno Domini m.cc.lxviii. Item obiit dnus Johannes de Herbesio can. maur. anno Domini m.ccc.xxiii qui dedit capitulo et seruitoribus ecclesie Sancti Johannis lx lib. vien. pro anniuersario suo faciendo.

IIII id. — Obiit Bernardus archiepiscopus tarentas. qui pius extitit episcopus hujus ecclesie.

II id. — Dedicatio ecclesie beati Johannis Bapt.

Idus. — Obiit Soffredus de Borellis clericus qui legauit ecclesie maur. pro libra in suo anniuersario annuatim faciendo xii sol. annuales, anno Domini m.cc.lxxiiii.

---

[1] *Gerlata,* une *gerlee.* une cuve de vendanges.

XVII kal. — Obiit P. Diderii de Chamosseto cui debetur processio et cibus in refectorio cum ii carnib. et veru.

Eodem die obiit dna Eynarda de Miolano cui debetur processio et cibus in refectorio.

XVI kal. — Obiit dnus Amedeus episcopus maur. natione gebenn. cui debetur processio et cibus in refectorio cum duabus carnib. et veru super quartonibus decimarum Camere.

Obiit Jo. de Ulmo qui dedit ecclesie S. Joan. xxx sol. tur. pro libra.

XIV kal. — Obiit Humbertus comes maur. cui debetur processio.

X kal. — Dedicatio ecclesie beate Marie.

IX kal. — Obiit nobilis vir P. dnus Camere cui debetur anniuersarium sollempne et cibus in refectorio et dedit pro eo capitulo l lib. vien.

VIII kal. — Obiit nobilis dna Ysabella dna Camere cui debetur anniuersarium sollempne et libr. x sol. vien. pro qua dedit capitulo x lib. vien.

November. — *Kal. nov.* — Festiuitas omnium sanctorum. Obitus antecessorum magistri Petri phisici de Albiaco qui legauit Deo et seruitor. eccl. beati Johannis xxx sol. vian. annuales pro cena facienda in festo supradicto.

IIII non. — Commendatio fidelium defunctorum. Pro animabus canonicorum debetur cibus in refectorio omnibus clericis.

II non. — Anno Domini m.ccc.xxix dicta die, videlicet die sabbati post festum omnium sanctorum, obiit apud Gentyllye vir illustris dnus Eduardus comes Sabaudie qui dedit maur. capitulo quindecim libr. gross. tur. et donec solute essent quindecim sol. gross. tur. annuatim solvendos ipsi capitulo super exitibus castellanie maur. in festo nativitatis beati Johannis per castellanum maur. pro quatuor officiis defunctorum quondam antecessorum suorum annuatim quatuor anni temporibus.

V id. — Obiit dnus Guillermus de Castro nouo can. maur. qui dedit seruitor. ecclesie xiiii lib. gross. tur. semel, quas ei debebat dnus Christophorus de Urteriis.

III id. — Martini episcopi et conf. quod festum beati Martini dupl. dedit dnus Humbertus Burdini doctor et dedit lx lib. vien. pro uno prandio in refectorio cum duabus carnibus et veruto et eleemosina consueta quam pecuniam recepit dnus Aymo quondam maur. episcopus et promisit assignare redditum pro dicto prandio in perpetuum soluendo.

Idus. — Brietii episcopi et conf. festum dupl. institutum per Vinifredum de Columpnis cui debetur officium et cibus in refectorio cum duabus carnib. et veruto.

XV kal. — Hugonis lincolniensis episcopi festum dupl. institutum per dnum Villelmum Rubei.

XI kal. — Colombani abbatis, festum dupl. institutum per dnum P. Balbi capellanum qui dedit Deo et seruitoribus ecclesie beati Johannis 1 libr. vian. pro conuiuio faciendo annuatim.

X kal. — Cecilie virg. et mart. festum dupl. per vener. patrem Aym. de Miolano Dei gratia maur. episcopum institutum cui debetur sollempnis processio cum missa.

VI kal. — Lini pape et mart. festum dupl. institutum per dnum Aym. de Urteriis quondam episcopum maur. qui dedit 1 sol. gross. tur.

Obitus vener. patris P. de Aquablanca herfordensis episcopi cui debetur processio et cibus in refectorio, qui dedit xl libr. vien.

December. — *VIII id.* — Nicholai episcopi et conf.

VI id. — Conceptio beate Marie virg. obiit P. Cimossa cui debetur processio, et in crastino debet fieri processio pro dna Philippina de Morestello que dedit Deo et ecclesie Sancti Johannis xx sol. vien. pro libra.

Idus. — Lucie virg. et mart. festum dupl. institutum per ven. patrem Aym. de Miolano Dei gratia maur. episcopum cui debetur sollempnis processio cum missa in crastino ejusdem festi.

XVI kal. — Sancti Lazari, festum dupl. institutum per Vifredum de Miolano qui dedit xl lib. vien. pro libra facienda.

II kal. — Siluestri pape et conf. festum dupl. institutum ad preces dni Hugonis de Ponte militis qui pro dicto festo et conuinio in refectorio faciendo cum duabus carnibus et veru dedit capitulo et omnibus seruitoribus ecclesie beati Johannis Baptiste lx lib. vian. semel, cui debetur processio et missa conuentualis.

Annotation des redevances payables au chapitre de St-Jean de Maurienne au XIVe et au XVe siècles.

Hec sunt seruicia capituli.

Primo in Albaneta [1] iiii sol. vi den. forc. in festo beati Andree et decimam et taschiam cabannarie.

Item in Albana ix sol. iiii den. in eodem festo, et i caponem, et eminatam fabarum in quadragesima iii sol. in fēsto Sancti Johannis. Item Milo de Albana xii den. de placito. Item P. de Foro i den. seruicii.

Item in Monte Rycherii [2].

Primo xv sol. iii sestaria auene, vi panes, vi pullos, iii cupas vini, iii gerlatores [3], iii vindemiatores, ad quadragesimam iii capones, duas partes decimarum bestiarum suarum, tres multones cum lana et pro lana, xxi den. et tres nouellares et iii eminatas fabarum. In omnibus essartis Montis Ry-

---

[1] *In Albaneta*, à Albanette, village d'Albanne.
[2] *In Monte Rycherii*, a Montricher.
[3] *Gerlatores*, ouvriers pour porter la vendange.

‑chelii, habet capitulum decimam. In unoquoque tricenario animalium omnium existentium in alpibus Montis Rychelii habet capitulum vi den. Illi qui tenent massum de Orsini debent xii den. de Vilario Abonel.

Ad Boschetum [1].

Primo xviii den. seruicii et ii sol. de menaydis [2] in natiuitate Domini. Et Brunus de Boscheto xii den. in vindemiis, ii panes, ii pullos, ii vindemiatores, i capon. ad festum Sancti Andree. In quadragesima dimidiam emin. liguminis, i capon. de seruicio, super domum Anselmi xii den. Item Oudricus et Laurentius xii den. et i capon. ad quadragesimam, et ii placentas [3] et iii pullos. Item Raymondus i capon. de essarto [4]. Aymo Menuellus vi den. de Gleria et Villelmus Domeni vi den. de campo de riua.

Summa xli sol. et iiii den.

Ad Vilarium Gondrant.

Primo Margarita ii sol. in natiuitate Domini de vinea Fornachi et decimam vinee Bertaldi, ii sol. seruicii et vii den. de placito de feudo Poncii de Camera, neque de isto feudo usquam possident quod non debeant decimam et taschiam, et ad medium de isto feudo habent, et cum afferunt seruicium debetur eis prandium.

Item Bernardus Torens debet vi den. seruicii de quadam vinea et de terra quam possidet ad Vilarium Gondrant et iii sol. de placito, que terra debet taschiam. Item terra Aym. presbyteri debet ii sol. seruicii et iii sol. placiti, et debetur eis prandium. Item feudum Willelmi Arembort xx den. serui‑

---

[1] *Ad Boschotum*, au Bochet, hameau de Montiicher.

[2] Selon Ducange, le mot *menaida* vient de *menare*, mener, conduire ; il signifie l'obligation des fermiers de faire des transports pour le maître, cependant ici il s'agit d'une redevance en argent

[3] *Placenta*. gâteau.

[4] *Essartum*. terrain nouvellement défriché.

cii et ii sol. vi den. de placito et debetur eis prandium. Item predictum feudum debet ii placentam et i pullum. Item Tizera xvi den. et ii sol. vi den. de placito, et i pullum et i placentam, et placenta est mistrali. Item Humbertus filius Guillelme debet xii den. de placito de uno sestario terre quam dedit ei Poncius de Camera.

Hec sunt ea que debentur capitulo et debentur recuperari per clauigerum. P. Bernardi de Vilario debet pro rebus dni Hugonis Burse in saliceto annuatim in carniprivio xx sol. forc. quos clauiger debet eidem domino Hugoni reddere.

Item Johannes de Nuce pro rebus ab eo emptis annuatim in festo sanctorum omnium x sol. forc. Item ipse Johannes debet pro morte episcopi et possessoris xv sol. forc. de placito.

Item Johannes de Platea debet pro vinea reverendis de Monte Garnerii annuatim in festo Pentecostes xx sol. forc.

Item liberi quondam Philiberti de Ulmo debent pro vinea quam tenent in ruatis annuatim in festo exaltationis sancte crucis xxv sol. forc.

Item homines quos dedit Chabertus apud Cochetam, debent certum seruicium cum decima bladi et animalium.

Item clauiger recuperare debet totam decimam ecclesie Sancti Michaelis que accessate[1] sunt annuatim x libr. forc. que debentur solui in Pentecoste.

It. capellanus de Vilario Gondrant debet pro decima annuatim i sest. frumenti et in natiuit. Domini i sest. boni vini, it. debet recuperare decimam Vallis Manerii[2] que accessata est annuatim xlv sol. forc.

It. Johannes de Vilario Reymbert debet pro domo que sita est iuxta curiam domini episcopi et iuxta claustrum x sol. forc.

[1] *Accessate* pour *acensate*, acensées.
[2] *Vallis Manerii*, Valmeinier.

It. debet recuperare decimas sescalcorum que consueuerunt accessari xxv sest. ordei. It. debent homines de Vileta Albiaci veteris xv sest. ordei. Item debet capellanus de Beuna[1] pro decimis ad mensuram Sancti Johannis xxi sest. bladi, tertiam partem siliginis, et tertiam partem auene, et tertiam partem ordei.

(Nous avons un peu abrégé l'énumération de ces redevances; ce qui précède suffit abondamment pour faire connaître en quoi elles consistaient.)

Extrait du second obituaire du chapitre de St-Jean de Maurienne.

Januarius. — Circumcisio Domini, duplex.

Obitus quintus reverendissimi dni cardin. de Warambone episcopi maur. qui obiit in die Sancti Mathei anni Domini m.cccc. quinquagesimi primi; ipse fundauit sex pueros innocentes[2] cum duobus eorum magistris et famulo. It. ipse fundauit xiii obitus pro quibus dedit duos calices deauratos maiori altari, et ornamenta rubra de cameloto et septuaginta volumina librorum et multa alia bona fecit huic ecclesie. Oremus Deum pro eo. Ipse insuper dedit ecclesie Sancti Johannis mitram valde preciosam cum conditione quod non debent extrahi ab ecclesia.

III non. — Octaua Sancti Johannis, dupl. institutum per dnum Aymonem curatum Albane qui dedit pro conuiuio 1 flor. seu valorem.

---

[1] Le curé de Beaune.

[2] *Fundauit sex pueros innocentes*, il fonda six places d'enfants de chœur.

Item dedit dna Alaysia uxor dni Petri de Heruesio militis pro conuiuio dicti festi 1 flor.

II non. — Obiit illustris vidua dna comitissa Prouincie que dedit conuiuium quod debet.

VIII id. — Secundus obitus dni Anthonii Chabordi canonici in quo librantur ut continetur in presenti libro sub die iii oct. v flor. et viii grossi.

VI id. — Obiit dnus Jo. Amandisci capellanus qui dedit xxx flor. pro libra distribuenda seruitoribus ecclesie annuatim die festi beati Thome. Fecit instrumentum Petrus Porterii not.

V id. — Obiit vir illustris dnus Eduardus comes Sabaudie qui dedit ecclesie xv libr. tur. gross. semel, seu xv sol. tur. annuales soluendos in festo nat. beati Joh. Baptiste pro iiii anniuersariis in quatuor temporibus annuatim faciendis.

Obiit nob. P. filius quondam Richardi Saluatici anno Domini m.cccc.xi qui dedit pro uno obitu xx flor. parui pond. semel, item legauit nob. Petrus ejus filius pro complemento dicti ejus obitus usque ad valorem sexaginta flor. pp. ut fiat libra more aliorum obituum.

III id. — Obiit Nycolaus Ducis qui dedit pro libra xxx libr. vien. obitus vener. dni Johannis Morelli can. maur. qui dedit pro suo obitu seu libra annualiter more solito fienda lxx flor. implicatos in redditibus et debent percipere magistri et innocentes ut in aliis, ut in suo testamento recepto per egregium Jac. Porterii not. sub anno Domini m.v.ii die ultima mensis novembris

Idus. — Obitus reverendi dni Henrici Bolleri can. maur. qui dedit pro suo obitu sex viginti flor. pro semel, ita quod librantur singulis annis quinque floreni ad instar libre simplicis[1] et dicatur missa in maiori altari, in quo percipiant innocentes et eorum magistri.

---

[1] *Libra, œ,* distribution; *libra simplex,* distribution simple, distribution ordinaire.

XVIII kal. — Obitus quartus rev. P. et dni dni Ogerii quondam maur. episcopi qui dedit iiii flor. pp. pro quibus obitibus libr. debet fieri in pane ut obitus dnorum A. de Monte maiori et A. Gerbesii olim episcopi maur.

XVII kal. — Obiit venerab. P. Guelis maur. episcopus qui dedit pro libra xxxv sol. vien. annuales.

XVI kal. — Primus obitus reverendissimi in Christo patris et dni dni Guill. miseratione diuina episcopi ostiensis sancte romane ecclesie cardinalis de Estouteuilla vulgariter nuncupati, archiep. rothom. administratoris quoque hujus eccl. maur. qui tam pro reparatione huj. ecclesie quam pro tredecim obitibus pro eod. dno, videlicet xii in medio cuiuslibet mensis et tredecimo die per suam reverendam paternitatem eligenda, dedit eidem ecclesie quinque millia florenor. monete Sabaudie, et dedit insuper unum pannum de auro cum capa, necnon infulam cum tunicella panni nigri de serico pro mortuis. Plura etiam alia bona fecit huic eccl. Deus conseruet eum.

XVI kal. — Anthonii ab. et conf. dupl.

Anniuersarium ven. viri dni Petri prepositi can. et offic. maur. in decretis licentiati qui dedit eccl. S. Joh. Bapt. quatuor viginti flor. semel, et debet librari in pane, et missa dici in maiori altari, instrum. recepit G. Vallini anno Domini m.cccc.lxiii mense febr.

XV kal. — Obitus egregii Michaelis Thoreñi not. qui dedit pro uno obitu lxx flor. et voluit quod magistri et innocentes percipiant, constante instrumento recepto per Mich. Boyssonis et dicatur missa in maiori altari.

XIIII kal. — Obiit Joh. de Albiaco qui dedit pro libra xx sol. vien. annuales.

XIII kal. — Fabiani et Sebastiani, dupl. institutum per dnum Aym. de Miolano episcopum maur. qui dedit pro dicto festo l sol. vien. annuales quod debet capitulum.

Sextus obitus rev. Petri de Lambert episc. maur.

XI kal. — Vincentii mris dupl. institutum per dom. Amedeum de Miribello episc. maur. qui dedit 1 flor. seu valorem.

X kal. — Obiit Stephanus Amalfredi qui dedit pro anniuersario 1 flor. obitus nobilis Ludouice uxoris nobilis Amedei de Albiaco que dedit capitulo, seu dictus Amedeus pro ea lx flor. seu tres flor. pp. annuales quos assignauit super bonis ipsius nob. Ludouice existentibus in Jarriaco, prout magis et plenius constat instrumento per me Michael Boyssonis not. recepto.

IX kal. — Obitus septimus reverendi dni Stephani quondam maur. episcopi.

VIII kal. — Rever. dnus Paulus de Bosco, jurium doctor ac hujus ecclesie canon. fundauit unum anniuersarium de sex flor. annualib. celebrandum annis singulis vita ejus durante die presenti, post verò decessum die sui obitus, et dicatur missa in maiori altari et libretur ad modum libre bastarde, et percipiant innocentes et eorum magistri[1], et durante missa maiore celebrentur sex parue misse, et cuilibet celebranti soluatur unus denarius grossus distribuendus per deputandum à dicto ven. capitulo, ut constat instrumento publico per me Joh. Cornuti recepto sub anno millº quingentesimo xxi. die xiv mens. aug.

VI kal. — Obiit dnus Guill. Aymarii canon. maur. anno Domini m.ccc.xvi qui dedit pro suo anniuersario 1 libr. vien.

Obitus magistri Benedicti charoni scriptoris forme qui fecit heredem suum capitulum et libratur in pane[2] more obituum dominor. canon. et missa dicitur in maiori altari.

V kal. — Obitus nobilis et egregii Michaelis Rembaudi not.

---

[1] *Ad modum libre bastarde.* — Aucun renseignement ne nous a appris en quoi consistait cette distribution bâtarde. Il n'en est point parlé dans l'ancien obituaire. — *Percipiant innocentes*, les enfants de chœur doivent y avoir part.

[2] *Et libratur in pane.* — La distribution se fait en pain.

qui dedit vi flor. annuales seu sex viginti flor. pro semel, et percipiant magistri innocentium sicut unus presbyterorum et innocentes quilibet sex den. fortes et cetera fiant juxta ritum ipsius ecclesie, prout constat instrumento codicillari sub anno m.v.xxxvii, die xxvi jan. recepto.

III kal. — Obitus ven. dni Ludouici Vareni presbyteri et rectoris capelle S. Andree qui dedit rev. dom. canon. presb. clericis, innocent. et aliis seruitoribus ecclesie cathedralis S. Joh. maur. pro dicto obitu suo unam petiam vinee et circa duas quartanas terre sue in parrochia Vilarii Gondran, pro quo obitu voluit librari singulis annis decem florenos Sabaud. prout sequitur. Primo quod dni presb. presentes in vigiliis mortuorum percipiant tres quartos, clerici et innocentes duos quartos, et totidem presentes in missa et processione mortuorum, et dicatur missa in maiori altari pro qua librari voluit tres solidos. Residuum verò diuidatur inter rev. dom. canon. presentes in dictis vigiliis, missa et processione mortuorum prout in instrum. recepto per dom. Joh. Bap. Bertrandi sub die ultima julii 1591.

Februarius. — *Kal.* — Obitus sextus reverendissimi dni cardinalis de Warambone episc. maur.

Obitus rev. dni Aymonis Gerbasii episc. maur. et debet librari in pane.

IIII non. — Octauus obitus rev. dni legati.

III non. — Anno Domini m.cccc.xxvii, et die xx mens. april. honorabilis dom. Jac. Bucherii presbyter et rector capelle Sancti Blasii hujus ecclesie fundauit obitum die presenti, si fieri possit; in quo perciperent innocentes et eorum magistri et libretur instar libre bastarde et dicatur missa in maiori altari pro quo dat v flor. cum dimidio annuales quos asseptat[1] super domo sua.

Nonas. — Sancte Agathe virg. et mart. dupl. institutum

---

[1] *Asseptare, assettare,* asseoir. hypothéquer.

per dom. Aym. de Miolano episc. maur. qui dedit pro dicto festo xl libr. vien. semel.

VII id. — Obitus rev. Guill. Rapini protonot. apostolici et can. maur. qui legauit centum et decem flor. pro semel seu v flor. cum dimidio annuales pro uno obitu et librari ad modum libre simplicis, et percipiant magistri et innocentes et dicatur missa in maiori altari.

Idus. — Obiit dnus Anselmus de Columpnis[1] sacerdos qui dedit pro libra xx sol. annuales vien.

Obitus dni Joh. de Platea can. maur. qui dedit pro suo obitu unum grossum breuiarium ut in instrum. recepto manu Aym. Daual.

Obitus magistri Petri Pistoris rectoris scholarum ciuitatis qui dedit pro suo obitu certos libros qui positi fuerunt in libraria anno Domini m.cccc.ii.

XVI kal. — Secundus obitus rev. in Christo patris domini card. rothomagensis administratoris huius ecclesie maur.[2]

XIIII kal. — Nobilis et egregius Ludov. Baptenderii ciuitatis maur. fundauit unum anniuersarium in quo perciperent magistri innocentium et ipsi innocentes et libretur ad instar libre bastarde et alia fiant more solito pro quo dedit sex viginti flor. pro semel ad rationem sex florenor. annualium constante instrumento per Joh. Cornuti not. die xiv mensis febr. m.v.xxxiii recepto.

XIII kal. — Obiit dnus Joh. de Bituneto[3] qui dedit pro libra xxx libr. vien.

XII kal. — Obiit nobilis Humbertus de Tygniaco[4].

---

[1] La famille de Columpnis avait un château à St-Pancrace, au village des Colonnes.

[2] Dans cet obituaire on ne donne jamais au cardinal de Rouen que le titre d'administrateur du diocèse de Maurienne.

[3] *Johannes de Bituneto*, Jean du Betonnet.

[4] *De Tygniaco.* — La famille de Tigny avait un château au village de Tigny, commune de la Chapelle.

X kal. — Obiit nobilis Joh. de Costis qui dedit pro suo anniuersario lx flor. semel aut iii flor. annuales.

VII kal. — Obiit reverendus in Christo pater dnus Antelmus de Claromonte quondam maur. episc. qui dedit pro suo anniuersario c flor. auri.

VI kal. — Mathie apost. dupl. institutum per dnum P. Aymarii militem qui dedit pro dicto festo 1 libr. vien. Item dedit dictus dnus Aymarii curatam suam terre[1] et decimas quas habebat in parochia Vilarii Ramberti que solebant acensari xl sestariis ordei ad hoc quod distribuerentur pauperibus x in mense aprili.

Octauus obitus rev. dni Stephani quondam maur. episc.

V kal. — Dominica in carnipriuio veteri dupl. institutum per dnum Stephanum curatum beate Marie de Cuyna et can. maur. qui dedit pro conuiuio dicti festi xl sol. tur. gross.

Die lune in crastinum carnipriuii veteris debet fieri processio hora tercie et missa in maiori altari pro nobili dna dna Aloysia consorte dni Francisci de Tygniaco militis pro quibus Joh. filius dictor. conjugum dedit 1 flor. cum dimidio aut xxx flor. semel. Fecit instrumentum P. Daual not. anno Domini m.ccc.lxxi, die penultima febr.

Die Iouis sequenti debet fieri processio et missa pro Francesia prima uxore dicti Joh. de Tygniaco pro quibus Joh. dedit unum flor. cum dimidio seu xxx flor. semel, et de istis fit una libra tamen ad modum libre bastarde.

III kal. — Obiit dnus Jac. de Arua capellanus qui dedit pro libra x sol. annuales super vinea sua sita ultra bonum riuum juxta alueum molendinor. de Ollis.

Marcivs. — *VI non.* — Septimus obitus dni cardinalis de Warambone episc. maur.

Obitus quintus dni Ogerii quondam episc. maur. qui dedit

---

[1] *Curatam suam terre.* — Il paraît que le mot *curata* est employé ici pour *coruata*, un champ, une pièce de terre.

iv centum flor. pro quibus obitibus fiendis ad modum obituum aliorum dnorum episcoporum.

IIII non. — Anno Domini m.cc.lxxxix obiit dnus Humbertus comes maur. et marchio Ytalie qui dedit conuiuium quod facit capitulum [1].

III non. — Obiit rev. dnus Antelmus episc. maur. qui dedit pro conuiuio sui anniuersarii et pro conuiuio festi reliquiarum certas decimas ut infra nonas julii continetur [2].

III non. — Obitus vener. dni Amedei Gauit can. qui dedit pro una libra in choro distribuenda lx flor. et pro augmento suorum obituum legauit xxv flor. ut in suo testamento quod recepit B. Oppinelli die v marcii m.iiii.lxxviiii et debet celebrari missa in maiori altari.

Nonas. — Perpetue et Felicitatis mart. dupl. institutum per dnum Aymonem de Urteriis episc. maur. qui dedit pro dicto festo l sol. tur. gross.

Obitus Jac. Donzelli Corderii qui fecit heredem suum ven. capitulum maur. pro medietate sue hereditatis et dedit centum flor. pro emendo quinque florenos cense perpetue pro suo obitu primo distribuendos ad instar unius libre bastarde.

VIII id. — Anniuersarium dni Eduardi comitis Sabaud. qui legauit ut supra.

VI id. — Obiit reverendus in Christo pater dnus Antelmus de Claromonte [5] quondam maur. episc. qui dedit pro uno anniuersario c sol. tur.

---

[1] La date de la mort d'Humbert III, qu'on trouve ici, est exacte, excepté qu'on a écrit par erreur deux c, au lieu d'un seul. On devait dire : m.c.lxxxix.

[2] C'est Anthelme Ier de Clermont qui a établi la fête des reliques et qui a donné pour cela au chapitre, et pour son anniversaire, 45 setiers d'orge, comme on le voit par son testament. Il est mort le vii des calendes de mars, soit le 23 février 1269. Il a fixé son anniversaire au 5 mars. Dans cette annotation, au lieu de dire : *obiit*, on aurait donc dû dire : *obitus reverendi dni*, etc.

[5] Anthelme II de Clermont.

V id. — Obiit dnus Joh. de Arenis can. maur. qui dedit pro libra xl sol. forc. annuales et xv den. pro oblatione.

IIII id. — Gregorii pape dupl. institutum per dom. Petr. Aymarii can. maur. qui dedit pro dicto festo xlv sol. vien. annuales.

III id. — Obiit dnus Joh. de Ponte can. maur. qui dedit pro tribus libris lx libras vien. semel et debentur fieri pro ipso tria anniuersaria.

Obiit dnus Lambertus episc. maur. qui dedit conuiuium quod fit de partitis[1].

XVII kal. — Tertius obitus rev. in Christo patris dni card. rothomag. administratoris hujus ecclesie maur.

XVI kal. — Obitus primus honesti viri Jac. de Clugniaco Sancti Saturnini de Arua hominis ligii ecclesie maur. qui dedit ven. capitulo maur. pro duobus obitibus in pane fiendis duobus diebus continuis et dici missa in maiori altari more aliorum obituum panis et processio in claustro, videlicet vii viginti flor. parui pond.

XIII kal. — Obitus nobilis dni Johannis de Costis juris periti qui debet semel lx flor. ut in testamento facto manu Joh. de Monte Aymonis anno Domini m.cccc.

Octauus obitus reverendi dni Petri de Lambert episc. maur.

IX kal. — Obitus dni Aymonis Gerbasii episcopi maur. et debet librari in pane et missa dici in maiori altari.

VIII kal. — Annuntiatio beate Marie, cum quatuor cantoribus, institutum per Jo. filium quondam dni Francisci de Tygniaco, militis, et quod ostendantur reliquie beati Johannis Baptiste, pro quibus et pro obitu suo faciendo dedit capitulo sexties xx flor. testamentum fecit Aymo Daual.

VII kal. — Obiit dnus Rodulphus de Belloforti can. maur. qui dedit xxxv sol. vien. annuales et duos sol. forc. annuales

---

[1] Lambert Ier, mort le 15 mars 1198, et non Pierre de Lambert, qui est mort le 6 mai 1591.

super quamdam domum sitam juxta viridarium beate Marie et domum capellanie processionum.

V kal. — Gondranni regis, quatuor cantorum, institutum per dnum Aymonem de Miolano episcopum maur. qui dedit pro dicto festo xl libr. vien.

III kal. — Obiit Bellona relicta Nycholai ducis que dedit capitulo xx flor. auri pro uno obitu et pro una libra, qui xx flor. soluti fuerunt per Joh. Amalfredi fratrem dicte Bellone.

Obitus spectabilis dni Francisci filii quondam nobilis Francisci de Ponte de Villareto parochie beate Marie castri Hermelionis, militis qui legauit in ejus ultimo testamento per nobilem Amedeum de Gerdili not. recepto die xi marcii anno Domini m.iiii.lxxxx primo, videlicet tria sestaria boni frumenti qui possint redimi seu franchiri pro et mediantibus centum flor. semel capitulo soluendis.

Aprilis. — *Kal.* — Octauus obitus dni cardinalis de Warambone.

III non. — Obiit dnus Steph. de Cerueriaco can. et cantor. maur. qui dedit pro libra xx sol. tur. gross.

Obitus nobilis Humberti filii quondam nobilis Humberti de Tygniaco qui dedit quatuor xx flor. pro uno anniuersario in pane librando ut in testamento suo recepto manu P. Oppinelli anno Domini m.cccc.lvi.

II non. — Ambrosii episcopi, dupl. obitus dni Aym. Sambuy qui dedit dnis can. capellanis clericis, sex innocentibus et duobus eor. magistris iv flor. annuales distribuendos anno quolibet die sui decessus.

VIII id. — Obitus Guill. Jordani qui dedit pro suo anniuersario c sol. tur. grossos semel.

VII id. — In die sancte Pasche et duobus diebus sequent. facit capitulum conuiuium et cenam duobus primis diebus.

V id. — Obitus primus vener. dni Joh. de Moussiaco can. hujus cathedr. ecclesie maur.

III id. — Die crastina octaue Pasche fit festum miraculor. Sancti Johannis Bapt. cum iiii cantoribus.

Obitus dni Jacobi Vouterii capell. qui dedit pro obitu suo xxx flor. vien. cense super quadam domo sua sita in charreria boni riui¹ ut in testamento recepto manu Petri Larderii de Camera.

II id. — Obiit dnus P. de Arua can. qui dedit pro suo obitu xlii flor. seu valorem.

XVII kal. — Domin. ii post Pascha, dupl. ad preces rev. in Christo patris dni Johannis archiepiscopi vien. qui dedit conuiuium quod positum est super domum que est juxta capellam Sancte Tygris.

XVI kal. — Dom. iii post Pascha dupl. ad preces dni Amedei comitis Sabaud. qui dedit pro conuiuio l libr. que posite sunt super domo que est retro thronum magni altaris.

Quartus obitus rev. dni cardinalis rothom. administ. hujus eccl. maur.

XV kal. — Obiit ven. pater dnus Amblardus quondam maur. episcopus qui dedit pro conuiuio sui anniuersarii xlii sol. et x den. tur. gross.²

Obitus dni Joh. Eymonerii secretarii capituli qui dedit ter centum flor. pro semel pro quo librentur annualiter... ad modum libre bastarde in quo percipiant magistri et innocentes et dicatur missa in maiori altari.

XIIII kal. — Obiit Martinus de Sayssello qui dedit pro conuiuio xliiii flor.

Obitus rev. dom. Francisci Derosa can. et cantor. eccl. cath. S. Joh. qui dedit pro uno obitu annualiter fiendo cc flor. ita quod librentur annualiter... ad modum libre bastarde in quo percipiant magistri et innocentes.

---

¹ *In charreria boni riui*, dans la rue de Bonrieux.

² D'après le premier obituaire, l'évêque Amblard est mort le 24 avril ; d'après le second, il serait mort le 17 avril (*15 kal. maii*).

XIII kal. — Obitus venerabilis viri dni Urbani Gerbasii decani aniciensis, can. maur. qui dedit eccl. tria sest. frumenti et debet celebrari missa in maiori altari et fieri processio super tumulo suo pro magno missali et calice remissis per heredes suos.

IX kal. — Georgii mart. dupl. cum iiii cantoribus ad preces dni Aymonis de Urteriis can. maur. qui dedit pro conuiuio dicti festi lx flor.

VII kal. — Marci evangel. dupl. iiii cantor.

V kal. — Obiit Jo. Fabri de molario Fabrorum qui dedit xx flor. regine pro libra semel.

Die xxvii mensis aprilis m.cccc.xxviii, obiit dnus Petrus Mugnerii can. maur. qui dedit capitulo pro duabus libris distribuendis in choro, videlicet pro prima tres flor auri de Florencia et tres den. gross. ad o rotundum cense perpetue, et debet librari ad modum libre bastarde; sic ordinatum per venerabile capitulum, pro secunda verò libra in pane distribuenda unum sestar. frumenti cense perpetue et tres flor. pp[1].

IV kal. — Obiit Guill. de S. Pancratio qui dedit conuiuium quod fit de partitis super certis rebus.

II kal. — Obitus nobilis Gabrielis Vallini not. et secretarii ven. capituli qui dedit libros et prothocolla per eum ad opus ipsius ven. capituli receptos pro uno obitu panis more aliorum obituum panis, qui decessit hac die m.cccc.lxiiii.

Maius. — *Kal.* — Apostolorum Philippi et Jacobi dupl.

Nonus obitus dni cardin. de Warambone, episc. maur.

VI non. — Trium Mariarum dupl. institutum per dnum Guill. curatum Vilarii Gondran qui dedit pro dicto festo xlvii libr. vien. semel.

Undecimus obitus rev. dni legat.

---

[1] Les distributions se faisaient tantôt en argent, tantôt en pain, et quelquefois partie en argent et partie en pain ; ce sont peut-être ces dernières distributions qui étaient appelées *libre bastarde*.

V non. — Inuentio Sancte Crucis, iiii cantor. eodem die fit conuiuium de partitis datis per dom. Petrum de Arbiaco super certis rebus.

Obiit Richardus filius quondam Vifredi de Columpnis qui dedit pro una libra xx sol. semel aut xii den. tur. annuales.

IIII non. — Sancti Sudarii iiii cantorum per dom. Aymonem de Urteriis episcopum maur. qui dedit pro conuiuio dicti festi l sol. tur. gross.

Obiit dnus Ancelmus de Scalhione [1] can. qui dedit conuiuium quod fit super rebus de partitis.

Obitus dni G. de Fabrica can. maur. qui dedit ecclesie iii sestar. frumenti annualiter in testamento recepto per A. de Riuo anno Domini m.cccc.xxxvii, die xvii maii.

III non. — Alexandri, dupl. obiit dnus P. Amblardi can. maur. et prepositus S. Catherine qui instituit heredem capitulum.

Obitus honeste mulieris Jane relicte commendabilis Lud. Bergereti que decessit hodie et voluit fieri, si fieri possit, die proximiore, pro quo legauit eccl. maur. centum et decem flor. pp. pro semel, seu quinque flor. annuales, fiat processio more solito et dicatur missa in maiori altari, et percipiant magistri innocentium et ipsi innocentes, quos quinque flor. asseptauit super unam petiam prati continentem unam secaturatam sitam in Clapeto ; item super unam petiam vinee continentem septem fossoratas sitas in Rochereto [2], instrumento recepto, per Guill. Mermet not. sub anno m.v.xxxvi, die xx mensis aprilis.

VII id. — Obitus honorabilis dni Michaelis Bruni capell. hujus eccl. pro quo obitu Petrus de Bellomanso, scriptor for-

---

[1] *De Scalhione*, de l'Echaillon, petit territoire sur la droite de l'Arc, où l'on arrivait autrefois par des escaliers taillés dans le roc.

[2] *In Clapeto*, au Clapey ; *in Rochereto*, au Rocherai.

me, dedit c flor. pro semel, et libra fienda in choro, instrumento recepto manu dom. Mich. Boyssonis anno Domini m.cccc nonagesimo primo die xiv januar.

VI id. — Obiit nobilis Gonterius de Cuyna miles qui dedit pro una libra 1 flor. semel.

V id. — Obiit dnus Guill. de Cheueluto custos. lugdunensis qui dedit c. flor. auri pro uno conuiuio.

II id. — Obiit illustris vir dnus Eduardus comes Sabaudie qui dedit pro quatuor anniuersariis in quatuor temporibus anni fiendis xv sol. tur. gross.

Obitus dni Guill. de Castillone can: maur. pro quo dedit reverendus dnus Amedeus de Montemaiori episcopus maur. quatuor viginti flor. pp. semel pro quibus capitulum debet facere distribui in pane tria sestaria frumenti ut in instrumento recepto manu A. de Riuo anno Domini m.cccc.xxi.

XVII kal. — Quintus obitus rev. dni cardinalis rothom. administratoris hujus ecclesie maur.

XV kal. — Obitus spectabilis dni Katherini Sallerie de Arua juris doctoris qui dedit lx flor. pro semel seu tres flor. annuales ut in testamento suo signato manu sua.

XIIII kal. — Sancti Yvonis de Britannia dupl. institutum per Jo. Jordani appothicarii qui dedit pro dicto festo xliii sol. gross.

XIII kal. — Ethelberti mart. regis Anglie, dupl. per dom. Ricardum Vinendi de Monte Garnerio can. maur. qui dedit conuiuium quod fit per rectorem capelle Sancti Petri et ii sol. fort. pro oblatione.

IX kal. — Obiit Aymarius archiepiscopus ebrudan. qui dedit conuiuium quod fit de partitis.

VII kal. — Obitus nobilis Urbani de Molario qui dedit capitulo pro suo obitu xx flor. semel.

II kal. — Obiit Ysabellone relicte Ugonis de Riuis que dedit pro una libra xviii den. tur. gross. annuales quos assectauit¹ supra unam domum que sita est iuxta viam per quam itur usque Ulmum² et iuxta quamdam turrim et fecit instrumentum Anth. de Costis anno Domini m.ccc.lxxvi.

Junius. — *III non.* Obitus nobilis Francisci de Ponte qui dedit pro suo anniuersario faciendo tria sestaria frumenti ut in testamento suo recepto manu Jacob. Chapelli anno Domini m.cccc.lxiiii.

II non. — Die Jouis post festum Trinitatis fit festum Eucharistie dupl. institutum per dom. Bosonem de Vilario Gondran, can. maur. qui dedit pro conuiuio dicti festi 1 flor. vien. annuales et pro libra die crastina facienda x sol. fort. annuales.

Die festi Eucharistie Domini debet fieri conuiuium in refectorio dnis can. capellanis, cleric. et aliis seruitoribus eccl. maur. epulantibus, institutum per nobilem P. Cabre qui propterea dedit et assectauit viii viginti flor. pp. ut in instrumento recepto per G. Vallini anno Domini m.cccc.li, die... mensis octobris, et est sciendum quod dictus P. Cabre remisit unum cyphum capitulo de una marcha pro x flor. pp. et de his fiunt due libre, videlicet una simplex et una bastarda³.

VIII id. — S. Claudii archiepiscopi bisuntini dupl. institutum per virum venerab. dnum P. de Sayssello, can. et offic. maur. qui dedit pro dicto festo et pro libra facienda dicta die x quatuor viginti flor.

Obitus antecessorum nobilis Claudie de Collo que dedit 150 flor. ita quod singulis annis die S. Claudii fiat dictus obitus et processio ad tumulum nobilium de Collo existentem in claustro.

VII id. — Tertius obitus dni Jac. Salse, can. maur. qui dedit ii flor. annuales quos assectauit super octo fossoratis vinee.

---

¹ *Asseptare, assectare, assettare,* asseoir, hypothéquer.
² *Usque Ulmum,* jusqu'à l'Orme, section de la ville de St-Jean.
³ Deux distributions, l'une en argent et l'autre en argent et en pain.

II id. — Obiit dnus reuerendus in Christo pater Amedeus de Sabaudia episcopus maur. anno Domini m.ccc.lxxvi die xi junii qui dedit pro suo anniuersario maiorem thurribulum una cum fenatheria coclearia simul et unum annulum vocatum saphir.

XVII kal. — Festum S. Bernardi confess. cum quatuor cantoribus institutum per vener. dom. Petrum de Menthone canonicum huius ecclesie et debent ostendi sacre reliquie S. Johannis ad instar decollationis ejusdem et dictus Petrus dedit eidem ecclesie et seruitoribus ejusd. c flor. pro semel seu quinque flor. annuales die ipso festi librandos dnis can. capell. et aliis seruitoribus.

XV kal. — Obitus Margarite uxoris quondam Vigerii de Boteria que dedit capitulo talem cameram qualem habebat in quadam domo in ciuitate maur. in platea mali consilii iuxta viam publicam.

XII kal. — Obitus nobilis Nycholete relicte nobilis Michaelis Trucheti que dedit pro suo obitu et libra distribuenda in choro lx flor. pp. aut tres florenos annuales.

XI kal. — Obitus nobilis Jacobi de Ponte qui dedit pro uno anniuersario in pane librando tria sestaria frumenti ad mensuram ciuitatis cense annualis et perpetue.

X kal. — Albani mart. duplex obiit dnus Aymo comes Sabaudie anno Domini m.ccc.xliii qui dedit v sol. tur. annuales seu centum sol. tur. gross. semel.

VII kal. — Tecle virgin. cum iiii cantoribus.

V kal. — Obitus quartus vener. dni Joh. de Moussiaco can. die presenti seu conuenientiori immediate post pro quo dedit v flor. asseptatos per vener. capitulum super leyda[1] ciuitatis ad eo quod dicantur die ipso vigilie et vespere mortuorum et fiat processio et quod librentur magistri et pueri

---

[1] *Leyda,* droit à payer pour les denrées et les marchandises exposées en vente dans une foire ou un marché.

innocentum et dicatur missa in maiori altari pro qua solui voluit xii fortes et vi fortes pro manutentione luminarii et leuentur sex grossi pro sex missis paruis instrumento recepto per dom. Joh. Oudini anno m° v° quinto die vi maii.

Julius. — *Kal.* — Obiit nobilis Cecilia filia nobilis Henrici Marescalci uxor Anthonii Aymarii que dedit pro uno anniuersario xx sol. tur. gross. semel anno Domini m.ccc octuagesimo nono.

Non. — Festum reliquiarum istius ecclesie cum iiii cantor. institutum per reuerendum patrem dnum Antelmum episc. maur. qui legauit pro conuiuio sui anniuersarii quod debet fieri die v marcii xlv sest. ordei super decimis que vocantur decime sescalcorum que fuit in Albiaco juueni veteri.

VI non. — Sancti Martialis dupl.

V id. — Obitus nobilis Johannis Saluatici qui dedit pro uno obitu xx flor. fecit instrumentum Joh. Daual not. anno Domini m.cccc.xii.

IIII id. — Obitus vener. viri dom. Barth. Malabalie capellani qui legauit ecclesie maur. duo sestaria frumenti annualiter debita per P. de Capella, et unum aliud sestarium debitum super quadam pecia terre versus Romazot; item ordinauit dici x missas per x capellanos die sui obitus incluso processionario, et dari cuilibet unum grossum et processionario ii grossos, et asseptauit super domuncula iuxta portam marenchiam[1] iuxta domum Sancti Jacobi et super sex fossoratis vinee ultra bonum riuum, ut in testamento suo recepto manu P. Oppinelli, anno Domini m.cccc.lii, et debet dictam pecuniam distribuere processionarius.

II id. — Visitatio beate Marie, duplex maius.

XVII kal. — Septimus obitus reuerend. dni card. rothom. administratoris hujus eccl. maur.

---

[1] *Porta marenchia*, la porte Marenche, entre l'évêché et l'ancien cloître.

XVI kal. — Obitus patris Guigonis de Boteria[1] curati Sancti Georgii lugdunensis qui dedit pro suo conuiuio lx sol. tur. gross. et debet fieri processio super tumulum quod est iuxta angulum ecclesie beate Marie.

XIV kal. — Obitus nobilis B. de Ponte matris reuerendi dni Guilleh Marescalci can. maur. et nobilis P. Marescalci ejus fratris pro quo obitu ipse dnus Marescalci dedit septem flor. annuales et librantur ad modum libre bastarde et percipiant magistri et innocentes et librantur pro missa duo denarii gross. Sabaudie et fiat processio super tumulo nobilium de Ponte die Sancti Johannis ante portam latinam.

XIII kal. — Obitus nobilis Anthonii de Albiaco et nobilis Marie ejus matris pro quo dedit ipse nob. Anth. lxx flor. ita quod librentur magistri et innocentes, instrumento Oudini anno Domini m^{mo} v^{mo} v^o die xi julii.

XI kal. — Maria Magdalene dupl. institutum conuiuium de partitis per magistrum Perrinum pro quo debet fieri anniuersarium.

Obitus dni Johannis prepositi capellani qui dedit iv viginti flor. qui implicati fuerunt in redditibus[2] in quo obitu percipiant magistri et innocentes, instrumento recepto p. Boyssonis die ii oct. anno Domini m.cccc.lxxxxv.

X kal. — Appollinaris episc. et mart. obitus nobilis Martini de Balma[3] qui dedit v flor. annuatim et dicatur missa in maiori altari et fiat processio in porta chori eccl. parochialis beate Marie ciuitatis et percipiant innocentes, it. ulterius dedit et legauit eccl. parochiali beate Marie ciuitatis x flor. pro semel soluendos infra duos annos.

VIII kal. — Primus obitus reuer. dni Stephani maur. ep.

---

[1] *Guigo de Boteria*, des Botières, village de St-Pancrace.

[2] *Qui implicati fuerunt in redditibus*, qui ont été employés à former un revenu, c'est-à-dire qui ont été capitalisés.

[3] La maison de la Balme avait un château à Montvernier.

qui dedit pro duodecim obitibus fiendis videlicet xxiiii cuiusque mensis mille cccc et xl flor pp. pro semel, seu sex flor. pro quolibet obitu, librandos in quolibet obitu dnis can. capell. cleric. magistris et innocentibus in officio mortuorum, processione et missa duntaxat interessentibus ad instar libre bastarde constante instrumento recepto per Michael Boyssonis not. anno Domini m.cccc.lxxxxvii die xi mensis julii.

V kal. — Christophori mart. dupl.

IIII kal. — Obitus Nycoleti de monte Jalafrey qui dedit xviii flor.

III kal. — Obiit dnus Hugo de Urteriis can. maur. qui dedit pro libra xxx libr. vien. semel.

Augustus. — *Kal.* — Vincula Sancti Petri, dupl.

IIII non. — Obitus Anth. de Camera et Antho nie eius uxoris et antecessor. suor. qui dedit sexties viginti flor. pro conuiuio et libra, et debet fieri processio die lune prima augusti.

III non. — Obitus nobilis Johannis Berodi qui dedit eccl. lx flor. pro semel seu tres flor. annuales.

VIII id. — Obitus antecessorum ven. dni Stephani Forandi capell. qui dedit eccl. Sancti Johannis sex viginti flor. semel seu sex flor. annuales et distribuantur in choro ad modum libre bastarde, et percipiant innocentes quilibet tres quartos, et eorum magistri quilibet unum gross. et dicatur missa in maiori altari pro qua librentur sex quarti ut constant instrumento per egreg. Joh. Moderati recepto anno Domini m.v.lvii, die vi aug.

VII id. — Obitus nobilis Petr. de Molario qui dedit xl flor. pro semel, anno Domini m.cccc.viii, die vi aug.

II id. — Obitus ven. viri dni Johannis de Costis can. et cantor maur. qui dedit pro suo anniuersario lx flor. semel.

Idus. — Obiit nobilis Beatrisia de Camera ux. Aym. Rochi que dedit pro libra xxv flor. auri semel.

Obiit Johannes de Columnis qui dedit pro conuiuio sui anniuersarii 1 sol. tur. gross.

XIX kal. — Obitus ven. viri Katerini de Molario can. et cantor. maur. qui dedit sex viginti flor. pp. semel seu sex flor. annuales asseptatos super prato et grangia de Tilliereto ut in testamento facto manu G. Vallini anno Dom. m.cccc.lviii, et debet fieri conuiuium in refectorio dnis can. capell. et seruitoribus ecclesie in die Assumptionis beate Marie, si carnium esus fuerit, sin autem die proxime sequenti carnali, et debet processionarius eligere septem capellanos de quibus ipse sit septimus qui celebrent pro anima ipsius Katerini et percipiant quisque unum grossum et processionarius duos grossos et diaconus unum gross. qui legat sermonem de Assumptione beate Marie durante prandio conuiuii ad modum libre bastarde.

Obitus dni Ay. Gerbasii episcopi maur. et debetur libra in pane.

XVII kal. — Sancti Rochi confess. dupl. ven. vir dnus Anthon. Gauit, can. hujus ecclesie fundauit predictum festum S. Rochi conf. una cum toto officio necnon legendis et responsoriis congruis ac missa conuentuali cum duobus cantoribus debitaque pulsatione ad morem festi duplicis et etiam unum anniuersarium cum totius officii mortuorum celebratione et solita processione super tumulo suorum predecessorum et pro premissis dedit ven. capitulo octo flor. annuales quos soluere promisit vita ejus durante et post ejus obitum ven. capitulum et canonici promiserunt dictos octo flor. librari facere, leuandos tamen super fructibus parochialis ecclesie S. Pancratii de consensu dicti Anthonii Gauit prefate ecclesie cathedrali perpetuo unite distribuendosque prout sequitur. Et primo quod librentur ad instar libre bastarde et percipiant innocentes, scilicet quilibet ii quartos et eorum magistri ut est moris, dnus sacrista pro suo luminari vi gross. duo marticularii quilibet tres gross. et dicantur vi parue misse durante missa dicti anniuersarii, et cuilibet celebranti detur i den. grossus, librandus per dictum fundatorem, post ipsius mortem libretur per processionarium ipsius ecclesie, ut moris est.

XVI kal. — Octauus obitus dni card. rothom. administrat. hujus eccl. maur.

XIIII kal. — Obiit dnus Ay. de S. Triuerio can. maur. qui dedit pro suo obitu xl flor.

XIII kal. — Sancti Philiberti dupl.

IX kal. — Obitus Bened. Charonis scriptoris, forme in pane et missa in maiori altari et fecit heredem suum ven. capitulum.

VIII kal. — Genesii mart. iiii cantorum.

VII kal. — Obiit Guido de Miolano can. maur. qui dedit conuiuium quod debet capitulum.

VI kal. — Obiit vir nobilis dnus Joh. Salerie[1] legis doctor, qui dedit capitulo xxx flor. auri semel pro uno obitu. Fecit instrumentum Vill. Fabri sub anno Domini m.cccc.viii.

Obitus nobilis Richardi de Costis et Johannete ejus uxoris, qui Richardus dedit seruitoribus ecclesie pro suo obitu lx flor. instrumento recepto manu Anth. de Riuo, anno Domini m.cccc.xxxix.

V kal. — Augustini episcopi et conf. dupl. dnus Joh. de Platea dedit pro una libra distribuenda seruitoribus ecclesie die festi decollationis S. Johannis Baptiste, hora qua cantabitur completorium singulis annis pro eo quod dicti seruitores teneantur alta voce cantare *Salue regina* diebus veneris, sabbati et dominico singulis hebdomad. post completorium tres flor. auri boni pond. Fecit instrumentum P. Daual anno Domini m.ccc septuagesimo primo.

IIII kal. — Decollatio S. Joh. Baptiste, iiii cantor.

---

[1] *Johannes Salerie*, noble Sallière d'Arve.

III kal. — Obiit mag. Aym. phisicus[1] qui dedit pro suo anniuersario xlv sol. vien. annuales.

Dnus Joh. Bonyerii can. maur. dedit ecclesie iii flor. de Florencia annuales et aliunde dedit eidem capitulo xx flor. qui implicati fuerunt[2] in emptione facta a Roberto Pace, et debet libra distribui hora qua cantabitur *Salue regina* semel in anno pro eo quod dicti seruitores tencantur alta voce cantare *Salue regina* diebus lune et martis. Fecit instrumentum Aymo Daual anno Domini m.ccc.

II kal. — Primus obitus reuerendi patris dni dni Ogerii quondam maur. episc. qui dedit capitulo pro v obitibus cccc flor. et debent fieri in pane sicut obitus dnorum de Monte maiori et dni Gerbasii episcoporum maur.

September. — IIII non. — Tertius obitus reuer. dni legati.

III non. — Anno Domini m.ccc.xxxiiii obiit reuerendus pater dnus Aymo de Urteriis qui instituit undecim festa duplicia et dedit pro vi annniuersariis xv libr. tur. gross.

II non. — Juliani mart. dupl. obiit dnus Petrus episcopus patracensis qui dedit conuiuium quod fit de partitis.

Non. — Octaua decollationis S. Johannis Baptiste, dupl. per dnum Ancelmum de Miolano militis[5] qui dedit pro conuiuio dicti festi lx lib. vien.

VIII id. — Obitus reuer. in Christo patris dom. Joh. Malaballya quondam maur. episcopi qui dedit ecclesie caput S. Blasii.

VII id. — Grati episcopi et conf. iiii cantorum, obiit dnus Petrus Berardi qui dedit conuiuium quod fit de partitis.

---

[1] *Phisicus,* médecin.

[2] *Qui implicati fuerunt,* qui ont été employés.

[3] *Miles, apud scriptores inferioris œtatis, is potissimum dicitur, qui militari cingulo accinctus est, quem vulgo* chevalier *appellamus.* (Du-Cange, au mot *miles.*)

Obitus dni Aym. Gerbasii episc. maur. et debet librari in pane et missa dici in maiori altari.

VI id. — Obiit Henricus de Sancto Damiano qui dedit pro libra xv libr. vien.

V id. — Obiit Guifredus de Miolano qui dedit pro libra xv libr. vien.

IIII id. — Obiit dom. Joh. de Columpnis can. maur. qui dedit pro una libra xxx flor. semel.

III id. — Petri archiepiscopi tharentas. dupl.

Idus. — Obitus nobilis Johannis Porterii qui legauit capitulo pro uno obitu lx flor. pp. constante instrumento per dom. Johannem Trollieti et Petr. de Claravallibus anno Domini m.cccc.lxxxxiii. Dies suos clausit extremos xiii sept.

XVIII kal. — Exaltatio Sancte Crucis cum iiii cantoribus institutum per Joh. de Tygniaco qui dedit pro dicto festo lx sol. vien. annuales et debetur ostendere dicta die veram crucem.

Obiit dnus Guill. Viberti can. qui dedit pro dicto festo xxv sol. forc. veter. super pratum quod tenent liberi dom. Ricardi de Albiaco.

XVII kal. — Obitus nobilium Petri et Clemencie Sibue pro quo obitu nobiles Johannes et Gaspardus Sibue de ultra Aruanum consignauerunt et recognouerunt tres flor. de censa annuali et perpetua constantibus instrumentis per nobiles et egregios viros Michaelem Rembaudi et Guil. Mermeti not. et secretarios ven. capituli receptis.

XVI kal. — Corone Domini dupl. Primus obitus reuerendi domini cardinalis rothom. administratoris hujus ecclesie maur.

Obiit Johannes filius Aymoneti Luciane[1] qui dedit pro suo obitu xl flor. semel pro una libra.

---

[1] La maison de Luciane avait un château à St-Martin de la Porte. On en voit encore les ruines.

XII kal. — Anniuersarium venerabilis viri domini Amedei Gauit can. maur. qui dedit ecclesie iv viginti flor. ut in instrumento recepto manu G. Vallini anno Domini m.cccc.lii mense septembris.

XI kal. — Primus obitus reuerendi in Christo patris dom. Ludouici de Palude cardinalis de Warambone vulgariter nuncupati qui obiit die S. Mathei anno Domini m.cccc.li qui fecit multa bona huic ecclesie, oremus Deum pro eo.

X kal. — Mauricii cum iiii cantoribus. Obitus ven. dni Jacobi de Buteto can. et offic. maur. qui dedit pro eodem obitu vi viginti flor. qui fuerunt implicati in redditibus et debet librari ad modum libre bastarde et debent percipere duo magistri et sex innocentes.

V kal. — Obitus nobilis Bartholomee de Gerdilly que dedit c flor. pro semel ven. capitulo maur. seu v flor. annuales pro uno obitu.

IV kal. — Obitus Jacquemeti de Glapiniaco et Josete ejus uxoris qui dederunt xxx flor. semel.

III kal. — Obitus reuer. in Christo patris et dni dni Sauini quondam maur. episcopi qui dedit suam mitram et crochiam et quædam alia ornamenta ut in testamento suo facto manu Fr. Vouterii not. anno Domini m.cccc.x.

II kal. — Obitus ven. dni Claudii de Moussiaco can. et offic. maur. qui dedit en. capitulo pro uno obitu c flor. pro semel seu quinque flor. annuales et voluit fieri ad instar obituum dni Joh. de Moussiaco ejus auunculi ut plenius constat instrumento per nobilem Michaelem Rembaudi not. recepto.

October. — *Kal.* — Remigii et Germani episc. et confess. dupl.

VI non. — Damiani martyris dupl. Anniuersarium ven. viri magistri Thome Chesueloti decani sanctorum apostolorum et Simphoriani Remensis, can. maur. qui dedit huic ecclesie quatuor viginti flor. instrumento G. Vallini, anno Domini m.cccc.lii, die ii octob.

III non. — Apollinaris episc. Valencie ix lect.

Obiit dnus Joh. de Herbesio can. qui dedit pro suo anniuersario xl sol. gross. tur.

VIII id. — Obiit reuerendus in Christo pater et dnus Amedeus de Montemaiori episc. maur. anno Domini m.cccc.xxii, qui dedit capitulo pro iv anniuersariis fiendis die mercurii quatuor temporum quatuor decem sestaria frumenti annualia distribuenda in pane, videlicet qualibet die mercurii iv tempor. tria sestaria frumenti ut in instrumento recepto manu magistri Petri Rosselli et est sciendum quod dictum capitulum recepit ab egregio milite dno Gaspardo de Montemaiori fratre et herede dicti dni Amedei cccc et xx flor. pp.

VII id. — Dyonisii, rustici, cum sociis suis mart. dupl. per dnum Joh. curatum Sancti Petri de Albinchiaco can. maur. qui dedit pro dicto festo xl sol. vien. annuales.

III id. — Obiit dnus Petrus de Saysello can. et offic. maur. qui dedit pro una libra 1 sol. tur. grossos anno Domini m.ccc.xliv.

Obitus secundus reuerendi patris et dni dni Ogerii episc. maur. in pane et debet fieri pulsatio in vigilia.

II id. — Dedicatio ecclesie beati Johannis Baptiste iiii cantorum.

Idus. — Obiit Soffredus de Bosellis clericus qui dedit pro libra xxi sol. vien. annuales.

Obiit dna Aynarda de Myolano que dedit pro uno anniuersario 1 libras.

XVI kal. — Obiit dnus Amedeus episcopus maur. natione gebben. qui dedit conuiuium quod debet capitulum.

XV kal. — Obitus nobilis Marie filie quondam nobilis Aymarii de Montemaiori uxoris vero nobilis B. Oppinelli que dedit pro dicto obitu lx flor. prout in suo testamento recepto per Joh. Crinelli not. anno Domini m° v° tertio die sexta maii.

XIIII kal. — Justi mart. dupl. per dnum Franciscum de Tygniaco militem qui dedit pro dicto festo 1 sol. tur. gross.

XIII kal. — Obiit dnus Boso de S. Andrea juris peritus anno Domini m.ccc.xxi, qui dedit pro anniuersario suo lxx libr. vien. in valore 1 sol. tur. Item dedit unam lampadem que debet lucere de nocte ante fores ecclesie beati Johannis Baptiste.

XII kal. — Undecim milia virg. cum iiii cantor. institutum per magistrum Benedictum Charonis scriptorem forme qui fecit heredem capitulum et dedit pro dicto festo v florenos annuales.

IX kal. — Obiit dnus Petrus dnus Camere qui dedit pro suo anniuersario lx sol. vien.

VIII kal. — Crispini et Crispiniani mart. dupl.

VII kal. — Obiit dnus Aymo de Miolano episcopus maur. qui dedit pro tribus anniuersariis vii libr. tur. gross.

II kal. — Obitus dni Yppoliti de Collo juris doctoris qui legauit sex flor. annuales pro isto obitu ita quod ostendantur reliquie beati Johannis Baptiste die festi omnium sanctorum.

Nouember. Kal. — Festiuitas omnium sanctorum cum iiii cantor. obiit magister Petrus Bartholomei fisicus qui dedit pro cena dicti festi xxvi flor.

IIII non. — Commemoratio animarum.

III non. — Obitus ven. dni Petri Giroleti can. maur. qui obiit hac die m.cccc.lxix qui dedit pro dicto obitu in pane librando quatuor viginti flor. qui fuerunt implicati in acquisitione mistralie.

II non. — Obiit vir illustris dnus Eduardus comes Sabaudie apud Gentilye qui dedit ut supra, anno Domini m.ccc.xxix[1].

V id. — Obitus honorabilis viri dni Ludouici de Camera capellani hujus ecclesie qui dedit venerabili capitulo maur. et seruitoribus eiusdem ecclesie pro una libra distribuenda anno quolibet, videlicet lx flor. aut iii flor. annuales, instru-

---

[1] Le comte Edouard est mort à Gentilly le 4 novembre 1529.

mento recepto manu P. Opinelli anno Domini m.cccc.lxxiii et die... mensis nouembris.

IIII id. — Obiit dnus Guill. de Castro nouo can. maur. qui dedit pro quinque anniuersariis seu conuiuis xiiii libr. gross. tur.

III id. — Martini episc. et conf. dupl. per-dnum Petrum decanum S. Michaelis qui dedit conuiuium quod fit de partitis.

Obitus nobilis Johannis Fornerii et Francesie coniugum qui dederunt venerabili capitulo pro libra iii flor. pp. annuales, et ulterius venerabilis dnus Hieronimus Fornerii can. hujus ecclesie dedit x flor. seu sex gross. annuales ut librentur in dicto obitu duo magistri innocentium et sex innocentes.

II id. — Debet hic fieri anniuersarium dni Petri de Marnay qui dedit pro conuiuio xl sol. tur. gross.

Id. — Bricii episcopi et conf. dupl.

XVIII kal. — Obiit Vinifredus de Belloforti doctor qui dedit pro conuiuio l sol. gross. tur.

XVI kal. — Edmundi episcopi duplex, per dom. Petrum de Camera can. maur. qui dedit pro dicto festo l sol. gross. tur.

XV kal. — Hugonis Lincolniensis episcopi duplex[1].

XIIII kal. — Obitus nobilis Peronete de Raueria[2] uxoris quondam nobilis Aym. de Molario que dedit pro suo obitu xx flor. pp. semel, testamentum recepit Michael Trucheti not. anno Domini m.cccc.liii.

VIII kal. — Maurini et Grisogoni mart. duplex per dom. Joh. de Ponte can. maur. qui dedit pro dicto festo xlii sol. tur.

VII kal. — Obitus hon. Catherine Arnaudi uxor dom. Joh.

---

[1] S. Hugues de Lincoln était né à Avalon, paroisse de St-Maximin, diocèse de Grenoble.

[2] *De Raueria*, de la Ravoire.

L. Collumbeti que dedit ven. capitulo maur. sex viginti flor. pro semel pro quibus voluit librari singulis annis quinque flor. ad instar libre simplicis.

VI kal. — Lini pape dupl. obiit dnus Petrus de Aquablanca erfodensis episcopus qui dedit xl sol. vien. annuales[1].

IIII kal. — Columbani abbatis dupl. obitus antecessorum dne Agnetis de Sabaudia olim relicte bone memorie dni Johannis dni Camere que dedit pro una libra die prius festum Sancte Catherine unum annulum aureum in quo est lapis saphirus et xxv flor. regie. instrumento Aym. Daual anno Domini m.ccc octuagesimo quarto.

December. — *Kal.* — Obiit Petrus Talut qui dedit pro libra distribuenda die lune prima aduentus xx den. tur. gross. de quibus ii debent cedere matriculario qui pulsat *Ave Maria*[2].

IIII non. — Obitus nobilis Jane filie quondam nobilis Francisci Trucheti uxoris nobilis Amedei Baptenderii que dedit vii flor. annuales.

II non. — Barbare virg. et mart. quatuor cantorum.

VIII id. — Nycholai episcopi et conf. dupl. per dominum Guillelmum priorem Dallion qui dedit pro libra cuilibet canonico et capellano ix den. vien. veter. maiori clerico iiii den. cum obolo, et minori clerico tres den. vien. super certis rebus.

IIII id. — Obitus nobilis Johannis de Molario qui dedit pro uno obitu tria sestaria frumenti annualia seu quatuor viginti flor. semel ut in suo testamento manu Johannis Capelli anno Domini m.cccc.lix.

Obiit nobilis Johanneta filia nobilis Hugoneti Berlionis pro qua nobilis Joh. de Molario dedit pro uno anniuersario in pane faciendo die x decembris tria sestaria frumenti annualia

---

[1] Pierre d'Aigueblanche, évêque d'Herford, mourut à Aiguebelle le 26 novembre 1269.

[2] Au marguiller qui sonne l'*Angelus*.

seu quatuor viginti flor. pro semel, instrumento recepto manu nobilis Chapelli not. die xv mensis marcii m.cccc.lix.

III id. — Obitus nobilis Anth. Marescalci Luciane patruelis dni Guill. Marescalci can. maur. qui dedit vii flor. annuales et librantur ad modum libre bastarde et percipiant magistri et innocentes et pro missa librantur duo den. gross. Sabaudie et fiat processio super tumulum canonicorum de Costis prope portam ecclesie cathedralis descendentem in claustro.

II id. — Obiit dnus Joh. de Rupecula miles qui dedit pro uno anniuersario xl sol. tur. gross. anno Domini m.ccc.lxviii.

XIX kal. — Quatuor obitus illustrissimorum dnorum comitum et ducum Sabaudie qui debent fieri quolibet die veneris quatuor tempor. ex ordinatione facta per capitulum constante instrumento Oudini anno m.v.ii die xxvii octobris et soluit anno quolibet castellanus xx flor. pro dictis quatuor obitibus ut supra faciendis.

XVII kal. — Duodecimus obitus reuerendi dni cardinalis rothom. administratoris hujus ecclesie maur.

XIIII kal. — Obiit Rodetus de Heruesio domicellus qui dedit pro una libra xxv flor.

XI kal. — Obitus nobilis Gaspardi Salerie qui dedit pro suo obitu xxx flor. pp. semel, anno Domini m.cccc.xxxiiii et ulterius nobilis Johannes ejusdem filius dedit pro complemento dicti obitus xxx flor. pro semel seu xviii gross. annuales.

X kal. — Obiit nobilis Margarita relicta Francisci de Maliis filia quondam Anthonii Bernardi.

II kal. — Siluestri pape et conf. dupl. per dnum Ricardum de Molario canon. qui dedit pro libra xx sol. vien. annuales.

Fondatio processionis reuer. in Christo patris et dni nostri dni Ludouici de Gorreuodo huius insignis ecclesie maurianensis antistitis et principis que fieri debet annis singulis vigilia Annunciationis beate Marie virginis de mense marcii in crepusculo circa horam septimam post meridiem in hunc qui sequitur modum, et primo incipienda erit dicta processio in cathedrali et a dicta eundo ad parrochialem beate Marie cantabitur : *Inuiolata*, etc., cum oratione *Deus qui de beate Marie*, etc., et redeundo ad cathedralem cantabitur responsorium : *Christi virgo;* finito dicto responsorio dicatur in choro dicte cathedralis : *De profundis*, cum orationibus *Deus indulgentiarum*, etc., ad ipsius reuerendi dni fondatoris vitam, et ipso defuncto, loco : *Deus indulgentiarum*, dicatur oratio : *Deus qui inter apostolicos*, etc.

Pensio distribuenda ascendit ad xxxxx flor. tur. gross.

Ordinauit et voluit dictus reuerendus dnus fondator ut quilibet dnorum canonicorum in dicta processione existentium habeat unam candelam cere albe ponderis unius oncie et unum denarium grossum.

Item voluit et ordinauit quod sacerdotes dicte ecclesie et vicarii parrochialium beate Marie et Sancti Christophori in dicta processione existentes quilibet ipsorum habeat siue percipiat unam candelam cere communis etiam pondere unius oncie et iiii denarios fortes excussatos ultra dictam candelam.

Item voluit et ordinauit idem reuer. dnus fondator quod clerici beneficiati in eadem ecclesia et innocentes ejusdem ecclesie habeant et percipiant unusquisque unam candelam cere communis et duos denarios fortes excussatos.

Item ordinauit quod si ipse reuerendus fondator in dicta processione aut eius successores personaliter intersint dictus reuer. dnus percipiat unam candelam cere albe eiusdem ponderis et duos denarios grossos ita et taliter quod nichil percipiat nisi presens intersit.

Item etiam ordinauit quod nullus dictorum dnorum canon. sacerdotum, vicariorum parochialium supradictorum, clericorum beneficiatorum in eadem ecclesia, et innocentium aliquid percipiat nisi presens intersit, vel graui infirmitate detentus fuerit.

Item voluit et ordinauit idem reuerendus fondator quod

pulsentur omnes campane tam maiores quam minores pro quibus percipiant marticularii[1] sex den. gross.

Item voluit et ordinauit quod incendantur omnes cerei et lampades ipsarum cathedralis et parrochialis beate Marie ecclesiarum pro quibus percipiat dnus sacrista sex den. gross.

Item voluit et ordinauit quod marticularius seu dyaconus debeat deferre omnes cereos ad parrochialem beate Marie et eos incendere tempore dicte processionis et pro eius pena percipiet unum grossum.

Item ordinauit quod si ipse reuerendus fondator et eius successores personaliter presens fuerit in dicta processione deferantur omnes cappe ipsius ecclesie et ipso reuerendo dno absente quatuor cappe deferantur et dari vult ministratori capparum unum den. grossum.

Sanctissimus in Christo pater et dnus noster Leo decimus ad preces prefati reuer. dni episcopi fondatoris concessit omnibus Christi fidelibus confessis qui predicte processioni intererunt ducentum annos et totidem quadragenas indulgentiarum, et potestatem dedit dnis canonicis dicte ecclesie ut possint eligere confessores ydoneos qui possint ab omnibus casibus sedi apostolice non reseruatis dictos qui in dicta processione intererunt absoluere, et predicta processionis fondatio constat instrumento publico per nobilem Michaelem Rembaudi not. et secretarium dicti capituli recepto sub anno Domini m°v° decimo quarto et die tercia mensis marcii.

---

[1] Les sonneurs, les marguillers.

RENTES DUES

AU

CHAPITRE DE SAINT-JEAN DE MAURIENNE

AUX XIe ET XIIe SIÈCLES

Les rentes que le chapitre de St-Jean de Maurienne avait à exiger aux xie et xiie siècles, sont annotées sur un rouleau de parchemin bien écrit et assez bien conservé. La bande de parchemin a 12 centimètres de largeur, 3 mètres et 70 centimètres de longueur. L'écriture, le style, les mots, tout concourt à prouver que ce manuscrit est du xie ou du xiie siècle. Nous allons en donner ici un extrait un peu étendu :

Habet capitulum in uinea Michaelis quatuor libras usque ad viiii annos cum conuentione ut si finitis nouem annis persoluerit xl sol. in uisitatione beate Marie, medietatem uinee accipiat, et si quatuor libras in eodem termiuo persoluerit, totam uineam habeat. Si autem in die illa non persoluerit, non postea habeat licentiam redimendi predictam uineam per totum illum annum. Et hec conuentio seruetur per ceteros sequentes annos, nec habeat licentiam redimendi predictam uineam aliena pecunia. Notum nobis quod uineam supradictam habebat Michael, uidelicet uineam et casamentum uendidit nobis omnino.

Notum sit omnibus hominibus quia ego Michael casamentum et medietatem cuiusdam parue uinee positam sub casamento et quoddam curtile positum iuxta casamentum uendo canonicis beati Johannis Baptiste precio xl solidorum [1] et transfundo, et me et meos heredes et omnes qui meo nomine predictam possessionem possunt querere, iure quod ibi habui et habeo per hunc lapidem, quem in manu teneo, penitus expolio[2], ut prefati canonici predictam possessionem perpetuo habeant et possideant. Huius uenditionis et expoliationis testes sunt Bruno clauiger, Armandus nepos Bosonis gebennensis, Guill. Saginandi, Arbertus secusiensis, Matheus Riferius.

Vlricus de Riuo debet canonicis duodecim numos pro casamento suo[3] in natiuitate Domini et vi numatas de carne cum nepote suo in uindemiis.

In ueteri Albiaco Brunaudus dedit Deo et ecclesie beati Johannis Baptiste unam sextariatam terre que datur ad medium fructum.

Johannes Robertus dedit Deo et ecclesie beati Johannis tres eminatas terre apud S. Pancratium, filio suo laudante.

Breuiarium de helemosina quam fecit dnus Giraldus Carbonellus beato Johanni pro anima sua, laudante uxore sua et filiis suis, in uilla Garriaci tres sextariatas terre, et in coroata que est iuxta illam terram duas partes decimarum, et in coroata Pomerii duas partes decimarum, et in buffa in prato

---

[1] Michel vendait la maison, la cour et la moitié de la vigne pour 40 sols; ce prix n'était pas très élevé.

[2] Michel met ici le chapitre en possession par la tradition d'une pierre ; plus souvent la mise en possession se faisait par la tradition d'une plume, ou par la tradition d'une paille, *stipula*, d'où est venu le mot stipuler.

[3] *Numus*, monnaie qui était à peu près de la valeur d'un denier.

de rubo xv secaturas. Cuius coniuge mortua prius multos annos filii sui dederunt pratum quod tenebat Leotaldus de Spina. Sequenti uero tempore filii eius dederunt et uendiderunt beato Johanni Baptiste et canonicis suis alia prata, unum de mollifalca et aliud iuxta eum positum; pro quibus susceperunt à canonicis iiii libras et xvii sol. Hec uero prata in primis pro feudo habebant a beato Johanne et canonicis suis, pro quo per singulos annos persoluebant receptum unius multonis carnes et vii panes triticeos et unum sextarium uini. Et pro hac uenditione et dimissione hoc receptum condonauerunt eis canonici. Hoc facto quidquid Johannes et omnes fratres sui uidebantur habere in predictis pratis per impositionem missalis super altare dimiserunt atque penitus finierunt beato Johanni et canonicis ejus[1], presentibus istis testibus Guill. Bursa, Oldemario filio Bernardi Visini, Brunone clauigero.

Hoc est servitium de terris beati Johannis maur. In Monte Richerio habemus tres mansos, et in unoquoque illorum trium flor. iii de toleta[2] et cabannariam unam, in qua ecclesia est sita. In unoquoque illorum mansorum sextarium unum auene et capones ii, et panes ii in uindemiis, et gerlatorem i et uindemiatorem i et circulos ii, et fabarum eminam i; intrante xl caponem i per singulos mansos, et ad colligenda ligna sex diebus hominem i per singulos mansos, et uinum uinee Uilaris Gundranni censualiter debent afferre, usque ad cellarium beati Johannis per singulos mansos, et uineam Uilaris Gundranni debent facere per singulos mansos tam in fossione quam in ceteris. In festo beati Johannis multonem

---

[1] Dans cet acte la mise en possession se fait en plaçant un missel sur l'autel.

[2] Le mot *toleta* ou *toletum* signifie impôt, contribution; il paraît qu'il indique ici le fermage principal, parce que trois florins formaient une somme assez élevée.

unum duorum annorum cum cauda per singulos mansos illorum trium, et decimas suarum ouium, et pascua eorum et tres cuppas uini in mense maio.

In Bocheto habemus toleta, in uindemiis capones ii, panes ii, et uindemiatores ii, intrante xl caponem i, eminam dimidiam liguminis, decimas suarum ouium, et pascua. Hec autem omnia sunt de ueteri feuodo.

In Monte Richerio habent canonici unum nouellarem censualem, quem debent Enardus et Guigo pro quadam parte pascue quam habent ad secandum.

De nouo feuodo Heldeberti debent panes ii, intrante xl caponem i, et duas partes decimarum illius terre, et ii placentas et pullos ii. Filii Guiniterii ii membra porci et panes ii, intrante xl caponem i et duas partes decimarum illius terre, et placentas ii et pullos iii, et insuper agnum i bonum. Iidem debent xii den. de terra Vilaris Gundranni in festo omnium sanctorum. Casamentum Pagani de Bocheto xii numos in calendis.

In festo beati Johannis nouellares ii, in messibus placentas ii, et pullos iii et tachiam et decimam; in uindemiis uindemiatores ii, et sectores ii, in natiuitate Domini trainas iiii. Iterum in ascensione Domini agnum i bonum, et carrucam unam in uere tribus diebus[1], et in autumno carrucam i tribus diebus, et post natiuitatem Domini boues ad adducendam maieriam[2]. De feodo Johannis de Piro agnum i bonum et pullos iiii, et carrucam i die uno. Albericus de Bossoz habet a beato Johanne sextariatam i terre ad medium fructum.

Iterum in Albiaco juueni ii sextariatas terre habemus quas dedit Paganus de Piro, pro patre suo Johanne quas tenebat Siluo Rufus.

In Albiaco ueteri Eurardus Guarcini et Durandus Bouet

---

[1] *Traina* ou *trana*, traîneau; *carruca*, charriot ou charrette.
[2] *Ad adducendam maieriam*, pour traîner du bois de construction.

panes ii, intrante xl caponem i ; in sancto die ueneris flor. ii,
in festo Pentecostes ii agnos bonos et panes iiii, in pratis sectores duos, in uindemiis uindemiatores ii ; in festo beati Martini den. xii et panes iiii ; in vere carrucam i tribus diebus ;
in autumno carrucam unam tribus diebus in natiuitate Domini trainas iiii. In Albiaco veteri Constantinus Farina den.
vi, Durandus Guinerii den. xii, dedit beato Johanni pro
anima sua, laudantibus filiis suis.

In Villari superiori Petrus et Rodbertus, intrante xl caponem i, et duas partes decimarum terre illius quam habent a
beato Johanne et agnorum suorum similiter, et sectorem
unum. In Rocheta duo membra porci[1], et panes ii, intrante
xl caponem i[2], in pascha agnum i bonum et duas partes decimarum ouium suarum; in festo beati Johannis multonem i,
in messibus placentas ii et pullos iii, et coroatam i tribus diebus in uere; in autumno autem similiter coroatam i tribus
diebus, in pratis sectores ii et fenatores ii ; in festo beati Andree de Vacatio flor. ii et den. iiii, in uindemiis uindemiatorem i, in natiuitate Domini trainas vi, super hec omnia
pascua ouium suarum et de unoquoque tricenario suorum
caseorum i caseum et fassinas percarum vi, ad opus uinearum
billones debent adducere.

In manso de Reorter, de Vacatio flor. ii et den. iiii, de
recepto flor. ii et panes xii et auene sextarios vi et capones
iii, in natiuitate Domini trainas vi et coruesium i optimum
hircinum[5], et menaidas et panes ii, intrante xl caponem i et
fabarum eminam i, et fassinas percarum vi, in pascha duas
partes decimarum suorum agnorum. In ascensione Domini
agnum i bonum ; in festo beati Johannis multonem i et pascua
suarum ouium, et de unoquoque tricenario suorum caseorum
caseum i.

[1] *Duo membra porci*, deux jambons.
[2] *Intrante xl*, au commencement du carême, à carême entrant.
[5] *Coruesium hircinum*, une peau de bouc.

In messibus receptum i quod faciunt in suis domibus, placentas ii et iii pullos, coroatam i in uere tribus diebus, in autumno similiter i coroatam tribus diebus, in pratis sectores ii, et fenatores ii, et boues ad fenum coadunandum. In uindemiis gerlatorem i per totam ebdomadam. ad opus uinearum boues ad billones adducendos [1].

Paganus de Columpnis pro terra quam habet in loco quod dicitur Rocheta panes ii, caponem i, agnum i, duas partes decimarum terre illius quam habet a beato Johanne, placentas ii et pullos iii, coroatam i die uno. In villa que dicitur Casalets, Engilbertus de Casalets membra porci ii, et panes ii, caponem i, placentas ii, et pullos iii, et duas partes decimarum terre illius quam habet a nobis et uince sue in Montefalcone Geroldus panes ii, intrante xl caponem i, in festo Pentecostes agnum i bonum, in festo beati Johannis den. viiii, pro multone i, in messibus placentas ii, et capones iii, in pratis sectorem i, coroatam i ad rebinandum tribus diebus et totidem ad somardum [2] et vi numos pro alio agno, et duos sol. in festo beati Andree pro toletta, et pro uno sextario frumenti quem seminabat in coroata suis bobus, et alium sectorem in pratis, et duo onera feni, et totum pasquerium, et totum alpagium et duas partes sue decime et billonorum carregium suis bobus [3].

Engelbertus Saginandi den. xviii in festo omnium sanctorum et duas partes decimarum illius terre quam habet a beato Johanne, et vi numos pro agno uno, quem dedit Paganus Pirus ecclesie beati Johannis.

In Villario Bruno clauiger panes ii, caponem i, placentas ii, et pullos iii, in pratis fenatorem i. Durandus de Villario membra porci ii, panes ii, caponem i, agnum i bonum, et

---

[1] *Ad billones adducendos*, pour transporter les échalas.

[2] *Somardus*, jachère, terre qu'on laisse reposer une ou plusieurs années.

[3] *Billonorum carregium*, un charriot d'échalas.

decimas illius terre quam habet a beato Johanne, tam duas quam tertiam.

Rodulphus de Villario panes ii, caponem i, agnum i bonum placentas ii pullos iii et decimas illius terre quam habet a beato Johanne tam duas quam tertiam, et insuper suarum bestiarum.

Rodbergi femina panes ii, caponem i, agnum i bonum, et duas partes decimarum illius terre quam habet a beato Johanne, et suarum bestiarum, et tachiam. In festo beati Johannis den. xii, in uindemiis uindemiatorem i. Inter Durandum et feminam que dicitur Rodbergi et Brunonem Rotbaldi debent numos xii pro recepto et tres cupas uini et placentas vi.

Clemens cognomine Rufus panes ii, caponem i, placentas ii, pullos iii, in pratis fenatorem i, in uindemiis uindemiatorem i, Johannes Cocus panem i, Johannes Rodbertus flor. iii, pro domo, Adabtrudis mulier denarios xii.

Bruno canonicus den. vi pro cellario beati Christophori, Villelmus de Ponte den. vi pro cellario beati Christophori, Bruno clauiger den. iii pro cellario beati Christophori, Aimo iterius den. iii pro eodem cellario, Aimo Guiniterius numos xviii pro uinea que est iuxta uineam Aimonis Capelli, et duas partes decimarum illius. Cono miles den. xii pro cellario beate Marie, Stephanus frater ejus den. xvi pro cellario sancte Marie.

Notum sit omnibus hominibus quia ego Michael uineam quam habebam ad feodum a canonicis beati Johannis Baptiste dedi eis in uadimonio pro iiii libris, postea incumbente necessitate compleuerunt mihi centum sol. et ego ex integro quidquid iuris in ea uidebar habere dedi eis et communitati eorum. Hujus donationis testes sunt Vill. Bursa, Paganus de Piro, Ricardus Merlo, Armandus clauiger.

Quia ecclesia lites excludere, concordiam uero semper debet includere, ideo nos canonici maur. ecclesie tradimus memorie conuentionem quam isti duo fratres Clarellus et Umbertus faciunt nobis de quodam casamento quod damus eis ad feodum, in uinea que est sita in territorio Cuine, quam ipsi et fratres eorum habent ad medium fructum. Hoc enim pacto damus predictis duobus fratribus prefatum casamentum in prescripta uinea ut per singulos annos censualiter reddant canonicis maur. ecclesie xii den. in festo beati Andree, et uas ubi reposuerint canonici uinum suum, custodiant ut suum in predicto casamento absque fraude, et quotiens prefati canonici ibi hospitari uoluerint, gratanter eos suscipiant ut dominos, nec aliquod aliud edificium circa domum faciant in uinea quam pro posse suo ad communem utilitatem augmentent. Dant nobis fideiussores Bernardum qui cognominatur Fossor, et Bernardum presbyterum qui cognominatur Cassolet, tali pacto ut si alter ex istis fideiussoribus mortuus fuerit, alterum fideiussorem loco defuncti canonicis ponant. Huius donationis atque conuentionis testes sunt Eldinus presbyter de Ponte, Guiletus miles de Ponte. Actum est hoc v idus octobris lxxviii.

In nomine Domini nostri Jesu Christi, ego Ugo Perea dono Deo et beato Johanni Baptiste et canonicis ibi seruientibus pro remedio anime mee et parentum meorum uineam que est sita iuxta domum meam et casamentum Aimonis cognominati Sacci, et casamentum Geroldi de Monte Falconis, et quemdam agrum qui positus est in eodem manso, quem in Domino possideo, et pratum quod situm est in colle iuxta uiam que ducit ad villaria et feodum quod Paganus Rotberti a me obtinet. Hec omnia predicta et eorum omnium reditus dono et concedo in perpetuum beato Johanni Baptiste et canonicis ibidem manentibus. Hujus donationis testes sunt Cono iuuenis, Ugo Bursa, Paganus Berardi, Johannes frater Falconis canonici, Anselmus et Villelmus frater ejus. Donneria comite dni Cononis.

Ego Paganus Ugo canonicus dono Deo et beato Johanni Baptiste et canonicis ibidem manentibus tres eminatas terre positas sub uinea Garnerii cognomine sine anima et iuxta terram Guill. Saginandi, laudante matre mea Arburde et duobus fratribus meis Villelmo scilicet et Bernardo.

In nomine Domini cum constet quod pia vota et preces iustorum fidelibus defunctis prosint, ego Bruno Bernerius hac spe animatus et de venia delictorum meorum non diffidens, dono beato Johanni et canonicis ejus pro remedio anime mee et Bernardi filii mei xii censuales numos quos debet mihi Agatha uxor Bosonis Ansierii pro feudo quod habet a me in Garriaco[1] ubi videlicet domus iam dicte dne sita est. Dono etiam illi sextariatam terre quam Petrus Belleroz excolit, ut medietatem fructus illius terre habeat. Si quis autem hoc donum infringere voluerit, excommunicetur. Predictos autem numos debet Agatha canonicis, et quatuor insuper de pratis Buffe que a canonicis habet.

In nomine Domini ego Vill. de Camera uice comes dono et concedo beate Marie et beato Johanni Baptiste atque canonicis illius ecclesie pro remedio anime mee et parentum meorum tertiam partem mansi Uberti Calerii, et in manso Arlaudi de Podio tertiam partem, et in cabannaria quam tenet Rodulphus duas partes pecorum et frugum, et in cabannaria de Albana quam tenet Desiderius et socii ejus, duas partes pecorum et frugum; in uinea de molendinis duas partes decime.

Ricardus de Camera dat unam cabannariam ad Villare Puteum[2] ecclesie beati Johannis Baptiste omnibus filiis suis laudantibus, que debet duos panes et i caponem et i agnum graierium, et i placentam et ii pullos et totam tachiam et decimam, et i secatorem in secatione et ii numos de boscagio et i uindemiatorem et duas partes decimarum suarum de dominicatura sita ad Villare Puteum.

---

[1] *In Garriaco*, à Jarrier.
[2] *Ad Villare Puteum*, Villard-Putier.

Bernardus de Camera dat ecclesie beati Johannis Baptiste pro anima sua, uxore sua et filiis suis laudantibus unam cabannariam ad S. Julianum quam tenet Villelmus Albus; que debet duo membra porci et ii panes, et ii placentas et iii pullos et i caponem in principio xl, et i vindemiatorem, et unam vineam ad S. Martinum quam solent tenere filii Berardi ad medium fructum et duas partes decime de dominicatura sua in parrochia S. Martini et in Montania.

Sinfredus de Eschilione dedit ecclesie beati Johannis et canonicis ibi Deo servientibus, et uxor sua Elmengarda et omnes filii sui medietatem decimarum suarum de tota sua terra ubicumque haberent, siue ultra Arcum siue citra Arcum tali pacto quod canonici S. Johannis pro predictis decimis condonauerunt Sinfredo et filiis ejus iii cupas de alosio quas debebant canonicis censuales et campum unum in quo sita est domus Petri capellani et xx sol. Sinfredo et filiis ejus pro predictis decimis, et preterea ipsum Sinfredum sepelierunt canonici pro iisdem decimis.

Villelmus de Escaliaco[1] filius Sinfredi dedit pro anima sua ecclesie beati Johannis et canonicis omnes decimas de tota sua terra ubicumque haberet siue ultra Arcum, siue citra Arcum. Maurinus de Escaliaco filius Sinfredi dedit ecclesie beati Johannis et canon. ibi Deo seruientibus omnes suas decimas de tota sua terra ubicumque haberet in presentia dni Airaldi episcopi et sociorum ejus, scilicet Villelmi canonici regularis et Austeroni.

Esmio de Camera dedit ecclesie beati Johannis et can. ibi Deo seruientibus pro anima sua xviii numos in cabannaria quam tenet Petrus de Albaneta.

Johannes Saluardus pro anima unius filii sui dedit ii numos

---

[1] *Eschilio, onis*, et *escaliacum, i*, l'Echaillon près de St-Jean de Maurienne. — Cette donation a été faite du temps de l'évêque Ayrald; il y a eu deux évêques Ayrald en Maurienne, l'un en 1132, l'autre en 1158.

quos habebat in Boscheto, et pro anima sua iiii numos et ii partes decime quam habebat in eodem feudo ecclesie beati Johannis et canonicis ecclesie servientibus. — Bruno miles de Vilari Gundrano debet iii numos canonicis pro vinea de Puteco. — Johannes de Porta dedit ecclesie beati Johannis et canonicis ii sextariatas terre pro anima sua in Albiaco iuueni.

Vgo Beroardus dedit ecclesie beati Johannis atque can. ii partes decime de coroata que est in Albiaco iuueni pro animabus filiorum et pro anima sua. — Filius Johannis Verneti debet iiii numos in festo S. Johannis pro prato de Buffa. Sigibodus de Reorter debet viii numos pro eodem prato. Item Sigibodus debet i bonum agnum quem dedit Ricardus Viniterius pro anima uxoris sue Mathilde et decimam de coroata de garigis de Roca.

Rodulphus Engaldricus dedit Deo et ecclesie beati Johannis pro anima sua viii numos censuales quos debet Ulricus suus gener, Audeberto et Petro filiis laudantibus. — Vill. Durelda debet canonicis iiii numos in principio xl de una sextariata terre que est in Clapedo.

Poncius Maceta dedit Deo et ecclesie beati Johannis pro anima filiorum suorum Ludovici et Petri et pro sua anima et uxoris sue unum molendinum quod erat de feudo canonicorum pro quo debebat unam libram censualem canonicis de pipere et quod canonici habebant in vadio[1] pro l solidis et unum campum sub campo prepositi. Huius donationis sunt testes Vill. Bursa, P. Sescalcius, Ismido sacerdos, Armannus Bernardus.

Paganus Rufus de Vilari debet xviii numos in natiuitate Domini pro feudo quod dederunt sibi canonici in fine sue coroate.

Petrus Bellerot debet vi numos pro una sextariata terre, et i caponem in principio xl et duos boues in una die.

---

[1] *In vadio*, en gage.

Umbertus Bertinus ii sol. de menaidis.

Johannes Bertodus filius Pagani de Columpnis debet ii sol. et unum agnum pro terra que est in Rocheta et pro prato de Buffa.

Johannes Bogacius debet duas placentas et iii pullos, et filius Ramberti i caponem in principio xl, et Malletius i placentam et ii pullos pro feudo de molendinis et totam decimam.

Lambertus Balteus debet xii numos pro isto casamento quod dedit Deo et ecclesie beati Johannis Johannes Surdus pro anima sua.

Saluardus debet xii numos et i panem in natiuitate Domini pro vinea de Perreria que est in Tillireto. Morardus de Canali debet i cupam de uino in augusto vel i eminam in uindemiis pro i modiata vinee quam dedit Johannes clericus pro anima sua.

Stephanus Faccus ii membra porci et ii panes et ii placentas et iii pullos, et vi numatas carnis in uindemiis et i caponem et uindemiatorem i, et fenatorem i, et opus unius diei ita ut pascatur a canonicis pro uinea de Tillireto. In valle Manerii ii panes et ii partes decime. Disderius sacerdos xii numos in uindemiis pro uinea de villa quam vocamus Pontem. In cabannaria ultra Arcum apud S. Michaelem quam dedit Arbertus pro anima sua et uxoris sue, filiis suis laudantibus, ii sol. de menaidis in illa quam tenet Johannes Ateo, et duas partes decime; in altera ii panes, in xl i caponem et ii placentas, et iii pullos et ii partes decime. Pro quota ecclesie S. Martini ultra Arcum xii numos de menaida et ii partes decime. Anselmus Caluetus de S. Juliano vi numos pro una uinea et ii panes pro suo casamento. Alteram uineam habet ad medium fructum a canonicis et partitur purum uinum et non purum. In manso de la Traversa i porcum de v sol. xii numos de uacatio xii numos de maieria ad opus uinearum[1],

---

[1] *Maieria ad opus vinearum*, de la boiserie pour les vignes, c'est-à-dire des échalas.

i hominem ad fodiendum uineas per septimanam, i pascentem se de suo proprio in opere illo si uinum datur ei, ii boues per septimanam et i multonem de ii solidis et i eminam leguminis, iii eminas de segilla et iii eminas de auena de meisone[1], et i sextarium de segilla ministro, et i uindemiatorem et toletam quociens placuerit canonicis. Mansus de Vilari Bernone debet tantumdem quantum supradictus mansus. Cabannaria de Escaliaco xvi den. de menaidis in natiuitate Domini, et xviii numos de porcello[2] et tachiam et decimam et i caponem in principio xl, et ministro accipienti tachiam i placentam et medietatem cupe uini et caseum.

Martinus filius Johannis Robodi ii membra porci, et ii panes et caponem i et i bonum agnum et iiii numos pro recepto[5] et i cupam uini, et ii partes sue decime.

Villelmus Vigerius vi numos pro exsarto quod est iuxta coroatam canonicorum. Bruno rex xii den. censuales in festo S. Andree, quos dedit paganus Perrerius pro sua anima ecclesie beati Johannis de casamento quod est in Tillireto. Giraudus Robertus ii faisanos pro uinea que est supra domum Villelmi Berengarii. Idem Giraudus habet quoddam feudum de prato in loco Bufe qui dicitur malum curtile, pro quo debet v sol. de placito canonicis.

---

[1] *Meison, meisonis*, moisson, droit à payer au temps de la moisson ; *iii eminas de avena de meisone*.

[2] *Unum porcum de v sol., i multonem de ii sol., xviii numos de porcello*. — En évaluant le sou à 5 liv. et le *numus* à 40 c., le prix du porc aurait été de 15 liv., celui du petit porc de 7 liv. et celui du mouton de 6 liv.

[5] *Receptum*, droit de gite, droit de loger chez le vassal dans certains cas ; ce droit se payait quelquefois en argent.

GLOSSAIRE

DES

MOTS DE LA BASSE LATINITÉ

plus ordinairement employés dans les chartes de la Savoie

PAR

Mgr BILLIET, Archevêque de Chambéry

A

Acensare, accessare, acenser, prendre ou donner à bail. *Decima Vallis Manerii accessata est xlv sol. fort.* (Obituaire ancien.)

Acerra, æ, navette pour l'encens. *Ecclesiæ S. Mariæ de Musterio lego calicem meum, et thuribulum et acerram.* (Test. de 1283.)

Achia, æ, hache. *Libravit carpentatori pro una magna achia ii flor. pp.* (1454.)

Acquisimentum, i, acquisition, achat.

Advisamentum, i, avis, réflexion, conseil. *Respondit Janinus quod, habito advisamento, faceret quod rationis esset.* (St-Jean de Maurienne, acte de 1453.)

Administratio, onis, une hostie consacrée. *In custodia corporis Christi fuerunt repertæ viginti administrationes integræ.* (Visite past. de l'évêque de Grenoble, 1399.) *Reperit corpus*

Christi sub sera et satis bene, sed plures habebat administrationes. Il y avait trop d'hosties consacrées. (Visite past. à Arbin, 1399.)

Affeytare, vanner, fouler, maltraiter. *Et hoc pro xii sextariis frumenti sicci, affeytati et receptibilis* (bail de 1287). En patois, *affeita*, frapper, maltraiter.

Aguerria, aiguière.

Aisiœ, ou *aysiœ*, *arum*, meubles ou constructions qui donnent de l'aisance. *Et poterit dictus Guigo ibi œdificare molendina vel alias aysias quas voluerit* (acte de 1287). En patois, les aises d'un artisan, les ustensiles dont il se sert pour exercer son état; les aises de la cuisine, c'est-à-dire la batterie de cuisine.

Albergamentum, i, albergement, bail emphytéotique.

Albergaria, œ, auberge. *Actum Chamberiaci, in albergaria crucis albœ,* 1454, à l'auberge de la Croix-Blanche.

Alega, œ, titre, quantité d'or ou d'argent qu'une monnaie doit avoir d'après les ordonnances. *Reducendo monetam ad alegam competentem.* (Règl. de l'évêque de Genève, de 1500.)

Allodium, ii, alodium, ii, alodis, is, alleu, franc-alleu, propriété libre de toute servitude féodale. *Quidquid ex alode parentum nostrorum mihi ibidem obvenit, ut habeas volo ac jubeo.* (Test. d'Abbon, 755.)

Alpagium, ii, droit de pâturage sur les Alpes, impôt à payer pour en jouir. *Dicti homines alpagium levent et percipiant de animalibus et bestiis prout nos levabamus.* (Acte de 1204.)

Annona, œ, blé, froment. *Episcopus eisdem contulit mediam decimam annonœ in cabannaria Cluniaci.* (Acte de 1200, Maurienne.)

Antitectum, i, avant-toit, auvent. *Et quia antitecta dictœ ecclesiœ impediunt fenestras, ordinavit quod ponantur magis bassa.* (Vis. past. à Grésy-sur-Aix, 1470.) *Ordinavit fieri unum antitectum ante magnam portam ecclesiœ pro pueris dùm baptizantur.* (Vis. past. à Arbin, 1488.)

Appenditiæ, *arum*, dépendances, accessoire. *Dicti homines habeant à nobis in feudum dictas Alpes et prata ibidem existentia cum eorum appenditiis et pertinentiis universis.* (Acte de 1556.)

Applanare, aplanir, rendre uni. *Ordinavit applanari terram et fieri planchiamentum* (1457).

Appodiare, appuyer. *Ordinavit tolli fontes et reponi in altero loco navis ecclesiæ et quod ponantur clavi erecti ne quis se appodiare possit.* (Vis. past. à Jacob, 1494.)

Aquagium, *ii*, canal, aqueduc, droit d'abreuvage.

Arbalista, *æ*, arbalète, espèce de baliste, de *arcus* et de *balista*.

Armariolum, *i*, petite armoire; de là est dérivé le nom d'Hermillon. (Donation de Boson, de 887.)

Armatrium, *ii*, armoire. *Ordinavit quod fieri faciant armatrium in muro crotæ ejusdem ecclesiæ.* (Vis. past. à Fréterive, 1458.)

Armycium, *armutium*, *almucium*, *ii*, aumusse, fourrure dont les chanoines se servaient autrefois à l'église en quelques diocèses.

Arnesium, *ii*, armes, armure, tout instrument propre à l'attaque et à la défense d'une place. *Item legamus omnes balistas nostras et arnesia domui episcopali.* (Test. d'Anthelme de Clermont, de 1269.)

Arrenda, *æ*, cens annuel, rente; *arrendatores*, débiteurs de rentes. (Acte de 1485.)

Asseptare, *assettare*, asseoir, hypothéquer. *Pro quo dat v flor. annuales quos asseptat super domo sua.* (Second obituaire.)

Assisiæ, *arum*, séance de juges assemblés pour rendre la justice, assises. *Ut valeant capitulum et canonici suas tenere assisias.* (Acte de 1549.)

Avans, osier jaune. *Exceptis avans et sarmentis.* (Bail de 1285.)

B

Bacinus et *bacinum, i*, bassin à laver les mains. *Item legamus ecclesiæ Sancti Johannis bacinos nostros argenteos.* (Test. de 1269.)

Baco, onis, porc gras, lard. *Pro qualibet confratria detur curato una pecia baconis quæ valeat xii den.* (Acte de 1552, les Allues.)

Bailivus, i, bailli, magistrat établi pour rendre la justice, gouverneur de province, de *bajulus, portator, pædagogus*; on dit en italien *balia*, puissance, autorité, et *balia*, nourrice. *Nullum volumus per aliquem bailivorum, judicum, castellanorum cogi ad componendum super aliquo crimine.* (Stat. Sab., 1529.)

Balistarius, ii, et *balisterius, ii*, arbalétrier. *Capitaneus balisteriorum.* (Charte de 1443, voy. Ducange.)

Balla, æ, balle, ballot de marchandises, mot d'origine germanique.

Balma, æ, rocher, grotte dans un rocher. *Chavanneria de Eschallyone à balneis de Eschallyone usque ad balmam de Villario Clementis.* (Acte de 1544.)

Bancha, banca, æ, banc, banquette. *Nullus in bancha ipsius consilii, dùm consilium tenebitur, sedere præsumat, exceptis personis insignitis, quibus presidens in dicta bancha sedere juberet.* (Stat. Sab.)

Bannum, i, édit, proclamation, défense du souverain, amende, délit, contravention. *Qui percusserit de pugno, tres sol. dabit pro banno, qui de palma quinque sol., qui de pede x sol.* (Franchises de 1524.) *Castellanus Mauriennæ penas recuperet seu banna, quoties committentur.*

Barrare, saisir, séquestrer, emprisonner. *Ipse seysivit et barravit, seysiri et barrari fecit res et bona Perreti Vuarrat, burgensis geben.* (Acte de 1573.)

Barratus, a, um, rayé. *Unam legavit casulam barratam de transverso.* (Test. de 1468.)

Bassus, a, um, bas, profond, mot d'origine celtique. *Actum est hoc in platea bassa palatii episcopalis maurianensis.* (Acte de 1452.)

Bastus, ou *bastum, i*, bât de mulet, du grec *bastazein*, porter. *Pro mulis et bestiis vacuis vel sine bastis, nichil capiemus.* (Règlement de 1252.)

Beguta. æ, bégude, auberge, hôtellerie, logement militaire. De Chambéry à Aiguebelle, la bégude de Montmélian entre deux; d'Aiguebelle à St-Jean, la bégude de la Chambre entre deux; de St-Jean à Modane, la bégude de St-Michel entre deux. (Etapes fixées par le duc de Guise en 1551.)

Biale, is, bialeria, æ, biez, canal, aqueduc; *bialagium, ii*, droit à payer pour profiter des eaux d'un canal. *Et inferius quadam bialeria per quam dividitur terra dicti venditoris.* (Vente de 1499.)

Billo, onis, billonus, i, échalas. *Ad opus vinearum billones debent adducere. — Item debent billonorum carregium suis bobus.* (Rentes du chapitre de St-Jean.)

Bladum, i, blé, mot d'origine germanique. *Item debet xx sextaria bladi, tertiam partem siliginis, tertiam partem avene, tertiam partem ordei.* (Obit. ancien.)

Bocha, æ, en patois bochard, bocharde; *vacca bocha*, une vache qui a le museau noir. (Acte de 1522.)

Bochetus, i, chenet. *Item in dicta coquina duas chambas epicotorii cum bochetis.* (Acte de 1509.)

Bocia, æ, tonneau, en patois boce. *Eis licebit cedere ligna ad faciendas bocias et tinas atque ad maysonnandum.* (Franchises de St-Julien.)

Bonetus, i, bonnet. *Amovit suum bonetum a capite suo pro reverentia Domini nostri* (1514).

Bonna, bouna, æ, borne, limite; *debonare*, limiter; *debonatum*, bornage. (Acte de 1559.)

Borda, æ, bâton. Le premier dimanche du carême, en certains endroits, les jeunes gens se livraient à des jeux pour lesquels ils se servaient de bâtons. De là ce dimanche était appelé le dimanche des bâtons, *dominica bordarum. Misisti ut venirem circa dominicam bordarum* (1455).

Borella, vacca borella, une vache dont le poil est rayé ou moiré. (Acte de 1322.)

Borgeagium, ii, burgagium, ii, impôt que les habitants d'une ville devaient payer chaque année pour leur domicile et leurs meubles, impôt des maisons, contribution mobilière.

Boscus, i, bois, forêt; *busca, æ,* bûche; *buscalia,* bois sec, menus bois.

Boscagium, ii, droit à payer pour couper du bois dans une forêt. *Ricardus debet ii numos de boscagio.* (Redevances du chapitre de St-Jean.)

Botagium, ii, droit sur les vins. *Debent duo sextaria vini de botagio in vindemiis.* (Acte de 1344.)

Brua, æ, lisière inculte, lisière de broussailles entre deux champs cultivés, en patois : broue, breu.

Buffetus, i, toupet. *Clerici deferentes rigotos et buffetos ad modum laicorum.*

Bustia, æ, boîte. *Corpus Christi custoditur in bustia nemorea.* (Vis. past. à Montagnole, 1399.) *Ordinavit quod fiat una bustia de nemore ad tenendum chrisma.* (La Ravoire, 1493.)

C

Cabannaria, æ, chavanneria, æ, maison rustique, ferme, domaine à la campagne. *Homines Hermelionis tenent à nobis certos mansos et chavannerias in dicta parochia.* (Quittance de 1392.)

Cacia, æ, une grande cuillère à pot pour puiser de l'eau ; en patois : une casse.

Cadrare, tailler, rendre carré ; *cadrus, i,* surface carrée, pan. *Ordinavit quod provideant de uno lapide pro fontibus baptismalibus cadrato ad octo cadros* (octogone), *provideant ecclesiæ suæ de uno lapide venis carente ad octo cadros quadrato.* (Vis. past. à St-Jean de la Porte et à St-Pierre d'Albigny, 1458.)

Camelinum, i, camelot.

Camparius, ii, garde champêtre.

Capellanus, chapelain, curé.

Capitaneus , ei, chef, capitaine. *Capitaneus balisteriorum* (1445).

Caramentranum, i, carême entrant, *intrante quadragesima,* en patois : caramentran, cametran.

Cargia, æ, charge.

Caritas, atis, le pain bénit. *Post dationem caritatis,* après la distribution du pain bénit; en patois : la cherté. (Acte de 1469.)

Carnacerius, ii , bourreau. *Libravit ad expensas magistri Johannodi. carnacerii, tres sol.* (1589.)

Carnetus, i , quarnetus, i, rituel. *Carnetus seu manuale ad baptizandum et sepeliendum est bonus.* (Vis. past. à Barberaz, 1458.) *Ordinavit religari quarnetum cum quo baptizantur pueri.* (Cognin, 1494.)

Carniprivium, ii, carnisprivium, ii, le premier jour du carême; *carniprivium vetus,* le premier dimanche du carême.

Carregium, ii, charroi, transport.

Carreria, æ, rue, grande rue. Le duc Emmanuel-Philibert a été reçu à St-Jean de Maurienne, *carreriis sabulatis.*

Carriare, charrier, conduire, transporter. *Nihil aliud debent domino nisi quod debent ipsum carriare per lacum usque ad Aquianum.* (Franchises d'Evian, 1266.)

Carro, onis, carreaux, briques pour carrelage. *Ordinavit quod prior fieri faciat pavimentum crotæ et chori bonis carronibus cum calce et arena.* (St-Baldoph, 1458.)

Carta, æ, quarta , æ, mesure de blé, la quatrième partie du veissel. *Item legavit unam cartam bladi hiemalis solvendam anno quolibet.* (Test. de 1549.)

Cartellata, æ, cartana, æ, ce qu'on peut ensemencer avec une carte de blé. La cartellée de St-Jean de Maurienne est de 120 toises de 6 pieds. *Obligavit tres cartellatas terræ sitæ in planis campis.* (Test. de 1511.)

Casale, is, casamentum, i, maison, maison rustique, maison du fermier. Le mot *casale* signifie aussi quelquefois un village. *De domibus et casalibus quæ venduntur, habere debemus a venditore xii den.* (Acte de 1524.)

Casana, æ, banque, maisons de banque tenues au xiii⁰ et au xiv⁰ siècles en Savoie et en Piémont par des étrangers appelés lombards ou par des juifs. Ils prêtaient à un intérêt fixé par des lettres patentes qu'ils faisaient renouveler tous les dix ans en payant un droit d'introge. *Receptum à B. Pelletta et Alerando Ruffineto, quibus dominus concessit casanas Chamberiaci, S. Yppoliti de Aquis, Aime, Salini et S. Mauricii in Tarentasia per x annos sub censa annuali lxix flor. viii den. et habuit dnus tam pro introgio quam pro solutione primi anni decennii septem viginti flor. boni ponderis.*

Cassia, æ, caisse, boîte. *Corpus Christi est in cassia plumbea.* (Barby, 1599.)

Castellanus, i, gardien du château, magistrat qui exerçait la justice au nom du seigneur. Le châtelain de Maurienne recevait les droits dus au comte. *Promiserunt dicta usagia dno comiti aut ejus castellano maurianensi solvere singulis annis.* (Reconnaiss. de 1544.) *Dantes dicto Andreveto plenam potestatem locum tenentis castellani maur. exercendi, pœnas et multas imponendi, delinquentes capiendi, arrestandi, detinendi, reditus, banna, emolumenta et alia nobis debita exigendi.* (Nomination du lieutenant châtelain, 1405.)

Cavalcata, æ, cavalcade, marche de cavaliers, service militaire en général, obligation où était le vassal de suivre son seigneur à la guerre à cheval ou à pied, selon sa position.

GLOSSAIRE

Burgenses, cum opus fuerit, ibunt in cavalcatis dni propriis expensis semel in anno per unum mensem; si verò ultra ducantur, debet eis providere in expensis. (Franchises d'Evian, 1524.)

Cavilla, æ, cheville. *Fontes non clauduntur nisi una cavilla.* (St-Sigismond, 1399.)

Censa, æ, cens, rente, redevance annuelle, fermage.

Chaffalus, i, échafaudage, échafaud. *Item in emptione quatuor pannarum et trium chivronorum pro uno chaffalo pro ponendo supra dictum proditorem ut videretur et audiretur, septem den.* (Supplice de Pierre de Comblou, 1386.)

Chamba, æ, gamba, æ, jambe, jambage, mot d'origine celtique.

Chapuisare, faire le charpentier. *Item duobus carpentatoribus qui vacaverunt una die ipsam columnam chapuisando, plantando et dreciando, septem den. gross.* (1386.)

Chapuisius, ii, charpentier. *Episcopus ordinavit quod tribuna existens inter chorum et navem honeste reparetur ad ordinationem chapuisiorum.* (Bassens, 1470.)

Charfurius, ii, cheminée de chambre. *Item quatuor epicotoria seu charfarios.* (Chambéry, acte de 1509.)

Chassicium, ii, treillis de fenêtre, grillage. *In ambabus fenestris fieri faciat verrerias et apponi barras ferri in muro necnon chassicia bona grosso filo ereo constituenda.* (Vis. past., à St-Pierre d'Albigny, 1458.)

Chivronus, i, chevron. *Item in emptione duorum chivronorum pro faciendo unam scalam, ii den.* (1386.)

Clama, æ, claim ou clain, droit que le créancier devait payer au seigneur pour obtenir la permission de poursuivre ses débiteurs en justice. *Confitentur debere unum sestarium de bologio in vindemiis, clamam et cavalcatam.* (Acte de 1544.)

Clamores, dettes criardes, injustices qu'un mourant peut avoir à réparer. *Item voluit clamores suos emendari ad cognitionem sanctæ matris ecclesiæ.* (Test. de 1328.)

Clochia, æ, cloche. *Humiliter requisivit ut sibi concedere vellent clochiam pro confratribus dicte confratrie convocandis.* (Supplique de 1526.)

Coffretus, petit coffre. *Episcopus reperit corpus Christi in quodam coffreto in uno armatrio existente in muro crotœ presbyterii; quare ordinavit fieri unam custodiam de lothono.* (Les Mollettes, 1495.)

Colpus, i, de *colaphus*, coup; *trahendo colpos*. (Acte de 1558.)

Comitiva, œ, compagnie. *Venit episcopus cum sua comitiva.*

Commandare, donner à emphytéose. *Commandavit in perpetuum et concessit ad medium Aynardo Paponi de Villariogondran viii fossoratas vineœ*. (Acte de 1285.)

Commissa et escheyta, commise et échute. Lorsque le vassal manquait de fidélité à son seigneur et lorsqu'il ne payait pas ses redevances au temps fixé, il y avait commise et échute. Le seigneur était en droit de reprendre son fief. *Quœ res dicebantur nobis esse commissœ et escheytœ, quia tenementarii possessionem intraverunt absque laude; omnem autem commissionem et escheytam eis remittimus.* (La duchesse Yolande, 1472.)

Confaronus, i, bannière. *Ecclesia non habet vexilla seu confaronos.* (Cognin, 1599.) *Episcopus ordinavit fieri unum confaronum de cirico* (sic) *in quo sit imago gloriosœ virginis Mariœ.* (Clarafond, 1494.)

Confratria, œ, confrérie, repas de confrérie. *Ipse curatus potest comedere cum clericis suis in qualibet confratria una die.* (Acte de 1352, les Allues.)

Contrapointa, œ, courte-pointe, couverture de lit.

Coquipendium, crémaillère.

Corda, œ, corde. *Item in emptione cordœ de qua fuit ligatus dictus Petrus de Comblou, i den. gr.* (1586.)

Corvata, œ, corvata, œ, corvesium, ii, une terre, un champ cultivé. *Dedit xxx libras quas posuit super corvatam suam sitam in parochia Fontiscooperti.* (Obit. anc.) *Dedit eminatam terrœ juxta corvatam canonicorum.* (Ib.)

Coroata, œ, corvata, œ, corvée, journée de manœuvre, prestation. Les feudataires étaient souvent obligés de fournir des journées pour labourer, pour battre le blé, pour transporter le vin du seigneur, pour réparer les routes et les fortifications. *Habet capitulum coroatam unam in vere tribus diebus, in autumno similiter coroatam unam tribus diebus.* (Anciennes rentes du chapitre.)

Correarius, ii; le corrier ou juge-corrier était le procureur fiscal de l'évêque de Maurienne. Il était chargé de veiller sur les crimes et les délits qui se commettaient dans ses terres, de faire arrêter les coupables et de faire exécuter les arrêts.

Crida, œ, cri public, criées, ban, proclamation ; en italien *grida;* du latin *quiritare,* crier au secours.

Crista, œ, crestus, i, crête, montagne.

Crochia, œ, croc, crochet. *Libravit pro crochiis ibidem implicatis dimidium den.* (1386.)

Crocia, œ, crocea, œ, crosse, bâton pastoral. *Item legamus ecclesiæ Sancti Johannis mitram nostram meliorem cum crocia.* (Test. de 1269.)

Crota, œ, maison, palais, chambre des comptes, archives de la Chambre des comptes de Chambéry. *Recognitiones factæ anno m°cc°, lxxxx descriptæ in quodam rotulo in crota nostra Chamberiaci recepto* (1406). *Secretarii instrumenta grossata tradant custodi crotæ nostræ Chamberiaci in archivos ipsius crotæ reponenda. (Stat. Sab.)*

Crota, œ, la partie du chœur où se trouve l'autel. *Prior fieri faciat pavimentum crotæ et chori.* (St-Baldoph, 1458.) — La voûte du chœur. *Episcopus ordinavit reparari dareysia quæ est inter crotam presbyterii et navem.* (Les Déserts, 1494.) *Ordinavit depingi majestatem in crota presbyterii.* (Francin, 1495.) — La voûte de l'église en général. *Crota chori ecclesiæ et totius navis minatur ruinam.* (Le Bourget, 1599.)

Culmagium, ii, impôt sur toutes les maisons ayant foyer et crémaillère. *De xl lib. receptis de culmagio personarum habitantium cum focho et catena.* (Comptes, 1527.)

Cumba, æ, comba, æ, vallée, enfoncement, mot d'origine celtique. *Obligavit peciam terræ quam habebat subtus grangiam juxta cumbam inferius.* (Test. de 1349.)

Cupa, æ, mesure de vin. *Canonici habent in Monte Richerii tres cupas vini.* (Obit. anc.)

Curtile, is, cour, jardin, verger. *Curtile Bernardi debet iiii den. et obolum servicii.* (Obit. anc.)

Curtina, æ, tenture pour voiler les autels en carême. *Non sunt curtinæ ante altare pro quadragesima.* (La Thuile, 1540.)

Curtis, is, jardin potager, en patois : courti. *Monachi habent omnia quæ ibidem fabricavimus cum curtibus seu hortis et grangia.* (Acte de 1292.)

D

Dapsilitas, atis, abondance, libéralité, générosité. *Supplicantes ampliori gratia nostræ munificentiæ dapsilitate tractare volentes.* (Franchises du chapitre de Maurienne, 1450.)

Daresiæ, dareysiæ, arum, grillage en bois ou en fer établi entre la nef et le chœur de l'église pour empêcher que les voleurs ne puissent s'y introduire ; en patois : daraises. *Episcopus ordinavit quod fiant daresiæ in introitu chori et claudantur bona sera pro conservatione bonorum ecclesiæ.* (Fréterive, 1458.) *Ordinavit fieri dareysias bonis mayeriis componendas cum porta barris ferreis et sera.* (Voglans, 1458.) *Ordinavit reparari dareysia quæ est intra crotam presbyterii et navem.* (Les Déserts, 1494.)

Debatum, i, débat, controverse. *Fecit prohibitionem de non faciendo debatum* (1514).

Deliberare, délivrer, mettre en liberté.

Denariata, æ, la valeur d'un denier. De là est dérivé le mot denrées, en italien *derrata.*

Dimius, a, um, abréviation de *dimidius. Obligavit dimiam eminatam terræ.* (Acte de 1549.)

Dognus, dominus.

Domicellus, i, domicella, æ, diminutif de *dominus* et de *domina,* noble, gentilhomme. On appelait *domicellus* le fils du seigneur tandis qu'il n'était pas encore *miles,* chevalier. La fille du seigneur s'appelait *domicella* avant d'être mariée, et *domina* après son mariage.

Dominicatura, æ, dominium, domaine. *Ego dominicaturam, episcopus verò feudatariam donamus.* (Donation d'Humbert et de Thibaud, de 1054.) Humbert donnait la propriété, et l'évêque les droits féodaux.

Dona, æ, aumône, distribution aux pauvres; en patois: une dône. *Item volumus quod omnibus pauperibus qui interfuerint, fiat dona cum pane et caseo.* (Test. de 1270, Moûtiers.)

Dreciare, driciare, élever, dresser. *Libravit pro quinque sociis qui carpentatores juvaverunt ad plantandum et dreciandum dictam columnam septem den.; item iis qui carpentatores juvaverunt ad ipsum chaffalum driciandum sex den. gr.* (1586.)

Drulia, æ, petits cadeaux que l'on fait dans un marché en sus du prix convenu; épingles. *Perpetuò prohibemus consiliarios nostros aliquam percipere druliam.* (Stat. Sab.)

EC

Effuserium, ii, effusarium, ii, du mot office, officier; livre de chant à l'usage de l'église. *Episcopus ordinavit quod prior et parrochiani provideant de effuserio completo et bene ordinato de omnibus officiis festivitatum solemnium totius anni.* (Arvillard, 1457.) *Parochus indiget uno libro vocato ufeser.* (Saint-Chaffre, diocèse de Grenoble, 1405.) *In dicta ecclesia deficit unum ufeser.* (St-Jean des Vallées, Grenoble, 1405.) *Ecclesia male munita est in libris, nam deficit ibi effusarium, liber evangeliorum et epistolarum.* (Festegnini, Grenoble, 1405.)

Emina, æ, émine, du latin *hemina,* mesure de grains et de liquides. En Maurienne, l'émine de vin est de 24 pots de

St-Jean; l'émine de grains est d'une carte et demie ou un peu plus. *Canonici habent in Albana i eminam fabarum.* (Obituaire ancien.)

Eminata, æ, éminée, ce qu'on peut ensemencer avec une émine de grains. En Maurienne, l'éminée est de 180 toises de 6 pieds.

Eminagium, ii, droit à payer pour faire mesurer le blé à l'émine de la halle. *Obventiones ponderis, ulnagii et eminagii bladorum.* (Acte de 1518.)

Epicotorium, ii, cheminée, du grec *epikaio.* — *Item in dicta coquina duas chambas epicotorii novas cum bochetis,* deux jambages de cheminée avec les chenets. (Acte de 1509.)

Eppinetum, i, pour *spinetum,* broussailles. *Dederunt ad censum dicto Guigoni eppinetum sub burgo Sancti Johannis.* (Acte de 1287.)

Escambium, ii, échange, du latin *cambio.* (Acte de 1535.)

Escheita, æ. (Voy. *commissa.*)

Essartum, i, terrain nouvellement défriché et mis en culture. *In omnibus essartis Montis Rychel habet capitulum decimam.* (Obituaire ancien.)

Exemplare, copier. *Illud testamentum exemplavi et exemplatum publicavi et in formam redegi publicam.* (Acte de 1285, Moûtiers.)

Extentæ, arum, reconnaissances notariées des droits féodaux et autres. On appelait commissaires des extentes les notaires établis pour recevoir ces reconnaissances. *Commissarii extentarum seu recognitionum nostrarum fiscalium, homagiorum, feudorum, talearum, censuum, serviciorum, tributorum et usagiorum.* (Stat. Sab.)

F

Fascina, æ, de *fascis,* faisceau, fascine, fagot.

Fassus, i, feynta, æ, une trousse de foin, un fardeau; en patois : un fey. (Acte de 1354.)

Fenestragium, ii, impôt sur les fenêtres. *De octo solidis receptis de fenestragio civitatis Augustæ.* (Compte de 1304.)

Ferma, æ, firma, æ, cens, loyer, fermage, bail. *Dedit ad fermam seu censam.* (Acte de 1276.)

Filo, filare, filer, aller l'un après l'autre, suivre une ligne. *Per nemus filando usque ad planum del Cruet et à dicto plano filando in nemus de lapide.* (St-Avre, 1393.)

Finus, a, um, fin, pur. *Item testator dedit eidem tres cyphos argenti fini ad pedem deauratos.* (Test. de 1465.)

Fisicus, i, fysicus, physicus, médecin. *Obitus magistri Petri de Albiaco, fisici.* (Obituaire ancien.)

Focagium, ii, impôt sur les maisons, droit dû au seigneur par chaque faisant feu.

Forisseta, æ, forain, étranger. *Cum jurisdictione forissetarum seu alienigenorum qui non sunt de Sabaudiæ comitatu.* (Chambéry, 1558.)

Forma, æ; on distinguait au moyen-âge l'écriture cursive, qui était l'écriture commune, et l'écriture de forme employée pour les manuscrits qui devaient durer longtemps. Cette écriture exigeait un apprentissage; c'était un art. La science du copiste constituait un état, une profession. *Obitus Benedicti charonis scriptoris formæ.* (Second obituaire.)

Forratus, a, um, fourré, doublé, garni. *Legamus matri Petri Berguil robam nostram forratam de vulpibus.* (Test. de 1269.)

Fossorata, æ, fosserata, fossyata, ce qu'un ouvrier peut piocher en un jour. *Item quædam pecia vineæ continens tria jornalia quæ sunt xxiv fossyatas et estimant valore quamlibet fossyatam xiii flor. pp.* (Acte de 1470.)

Franchesia, æ, franchise, exemption de certaines charges; *franchire*, affranchir; *franchimentum*, affranchissement.

Franchus, i, livre, franc. *Ordinavit quod tolli faciant dolium confratriæ in ecclesia existens sub pœna decem franchorum.* (Montmélian, 1458.)

Frangiœ, arum, franges. *Et fiat cooperta de corio cervi vel cerve cum frangiis convenientibus.* (Villard-Benoit, 1457.)

Fustaneum, ei, fustanium, futaine, espèce de velours rayé.

Fusta, œ, bois, boiserie.

Fusteus, a, um, ligneux, de bois; *custodia corporis Christi est fustea* (1556).

G

Gageria, œ, gage, hypothèque. (Vente de 1297.)

Gannivetum, i, chenevotte. *Per traditionem unius ganniveti investierunt* (Charte du 25 mars 1349.)

Garantia, œ, garantie, caution, protection; *garantire*, défendre, garantir.

Garçio, onis, garçon, domestique, mot d'origine germanique. *Item garcioni coquine do et lego lx sol. vien.* (Test. de 1285.)

Garnitus, a, um, garni, mot d'origine germanique. *Dedit unam crucem garnitam de argento.* (Acte de 1468.)

Gaudentia, œ, jouissance.

Gaytia, œ, exchargaytia, œ, gaytagium, ii, guet; *facere gaytias*, faire le guet, guetter, garder, mot d'origine germanique. *Omnes burgenses dicti loci* (Thonon) *teneantur ad tuitionem dictœ villœ facere gaytias et exchargaytias prout ordinatio successive occurrerit.*

Gerla, œ, hotte de bois pour porter la vendange; *gerlator*, hotteur, ouvrier qui porte la hotte; en italien, *gerla*; en patois : gerle, cuve pour la lessive. *Canonici habent in Monte Richerii tres gerlatores et tres vindemiatores.* (Obit. ancien.)

Gietum, i, jet, couloir pour le bois. (Voy. *receptum.*)

Gleria, œ, de *glarea*, gravier, terrain recouvert de sable et de gravier. *Aimo Manuellus debet vi den. de gleria.* (Obituaire ancien.)

Glossa, œ, glose, commentaire; *glossare*, expliquer, interpréter. *Item legamus ecclesiæ Sanctæ Mariæ bibliam nostram glossatam.* (Test. de 1270, Moûtiers.)

Graffio, onis, employé subalterne, officier inférieur, adjudant. *Gontramnus concessit ut leudes et graffiones qui cum comitibus marcam defendebant, episcopo maurianensi obedirent et in omnibus subditi essent.* (Légende de sainte Tècle.)

Granerium, ii, granarium, ii, grand coffre où l'on conserve le blé. *Episcopus ordinavit quod comes Montis Majoris vel ejus gentes faciant tolli granerium in ecclesia constitutum sub pœna excommunicationis et perditionis granerii.* (Epernex, 1457.) Le comte de Montmayeur, qui avait des fermes à Entremont, avait fait placer un grand coffre dans l'église pour y conserver son blé.

Grangeria, æ, un domaine à la campagne, une ferme. *Item damus et assignamus iv libras fort. annuales super grangeriam nostram apud naves.* (1270, Moûtiers.)

Grangia, æ, grange, de *granum,* lieu où l'on retire et où l'on bat le blé.

Grapharius, ii, greffier. *Inventarium penès grapharium officialatus nostri reponet debite signatum.* (Vis. past. à Barby, 1600.)

Grossa, æ. luculentior scriptura, écriture en caractères plus gros et plus soignés pour les actes publics. *Grossare,* écrire proprement, faire les expéditions des actes. *Secretarii litteras authenticas per eos receptas infra tres menses grossent, levent et in formam publicam redigant, grossatasque tradant custodi crotæ nostræ Chamberiaci.* (Stat. Sab.)

Grossus, a, um, grossior, gros, épais, grossier. *Unus caseus de grossioribus.* (Acte de 1544.)

Guerpire, céder, abandonner, mot d'origine germanique.

Guerra, æ, guerre, mot d'origine germanique. *Guerram fecit et offensiones intulit episcopo gebennensi.* (Acte de 1355.)

H

Hala, æ, halle, lieu couvert où se tient le marché, mot d'origine germanique. *Sedilia halæ ubi nundinæ tenebuntur.* (Acte de 1318.)

I

Imbochiare, crépir, recrépir. *Episcopus ordinavit quod parrochiani faciant imbochiari campanile intra et extra cum calce calida et arena.* (Arvillard, 1457.) *Item ordinavit quod murus existens inter crotam et navem imbochietur.* (Miribel, 1495.)

Imbreviamentum, i, titre, brevet, lettres de notaire. *Imbreviamentum dni Jacobi de Monte Lineto notarii.* (Acte de 1225.)

Imbreviare, rédiger un acte. *Hanc cartam imbreviatam levatamque signo meo signavi* (1365).

Imperium, ii, merum imperium, haute justice, droit de vie et de mort; *imperium mixtum*, moyenne justice; *merum et mixtum imperium*, haute et basse justice. *Confitentes merum et mixtum imperium et plenum dominium ad dnum episcopum pertinere in omnibus habitantibus infra terminos predictos.* (Le comte Philippe Ier, 1285.)

Implicare, employer. *Dedit capitulo xx flor. qui implicati fuerunt in emptione facta à Roberto Pace.* (Second obit.)

Includere, includere animalia, ensorceler les animaux, les arrêter, les empêcher de fuir. *Est una malabaucis quæ cum sortilegiis includit animalia verbis nefandis* (1403). *Coleta sanat de oculis et includit bestias.* (Lémenc, visite pastorale, 1599.)

Incuratus, i, curé. *Item voluit sepeliri cum tribus sacerdotibus, scilicet cum incurato suo Armelionis, et cum incurato beatæ Mariæ civitatis, et cum incurato Sancti Pancratii.* (Test. de 1311.)

Innocentes, les enfants de chœur. *Dnus cardinalis de Warambone fundavit sex pueros innocentes.* (Second obit.) *Fundavit obitum in quo perciperent innocentes et eorum magistri.* (Ibid.)

Instrumentum, i, acte notarié.

Introgium, ii, intragium, ii, introge, droit d'entrée, de bienvenue, de mise en possession. *Pro introgio xxv lib. fortes confitentur habuisse.* (Acte de 1308.)

Investitura, æ, mise en possession : *devestitura*, devétissement; *revestitura*, remise en possession. *Quæ res dicebant esse commissæ et escheitæ propter revestituras defunctorum sine liberis non solutas.* (Acte de 1406.)

J

Jornata, æ, journée de travail. *Libravit tam pro jornatis quam pro expensis xii den.* (1434.)

K

Karaxatura, litura, rature. *Si qua karaxatura in hanc paginam testamenti mei reperta fuerit, nos ea fieri rogavimus.* (Test. du patrice Abbon, 755.)

L

Laicus, a, um, lingua laica, le patois. *Populo congregato in ecclesia dicti loci, post offertorium missæ, et ante cantationem prefationis, lecto prius, lingua laica et intelligibili per me notarium, tenore instrumenti supra scripti.* (St-Avre, 1393.)

Laudare, consentir, approuver, ratifier. *Ego Guidfredus de castro quod dicitur camos dono ecclesiæ Sancti Johannis, laudante uxore et omnibus filiis meis*, etc. (Acte de 1019.)

Laus et venda, los et vents, droit qu'un vassal devait payer au seigneur pour être autorisé à vendre un fief. Quelquefois ce droit n'était payé que par le vendeur; en quelques endroits il devait être payé soit par le vendeur, soit par l'acquéreur. *De morantibus extra villam Montismeliani tam de emptore quam de venditore accipitur laus, et de morantibus in villa accipitur tantum de venditore, et quilibet de predictis dat pro dicta laude tertium decimum denarium.* (Acte de 1265.)

Laudimium, ii, droit à payer au seigneur dans le cas de vente ou d'achat d'un fief. *Que res dicebant esse commisse et escheite propter laudimia à sexaginta annis non obtenta.* (Acte de 1406.)

Leida, œ, leyda, œ, impôt sur les choses vendues dans les foires et les marchés. *Item dominus habebit leydam de blado secundum quod consueverit dari in foro de Thonon; de bove, de vacha habebit pro leyda i den.; de equo, mulo, jumento, iv den.; de asino, ii den.; de porcho, ove, mutone et capra i obolum.* (Franchises d'Evian, 1524.)

Leyderius, ii, leydier, employé chargé d'exiger la leyde.

Leudes, is, vassaux, feudataires.

Libra, œ, distribution; *librare*, distribuer. Au chapitre de St-Jean de Maurienne ces distributions se faisaient quelquefois en argent et quelquefois en pain. *Obiit Anselmus de Columpnis qui dedit pro una libra xx flor. annuales. — Obitus L. Vareni pro quo voluit librari singulis annis x flor. Sab. — Obitus quartus dni Ogerii episcopi maur. pro quibus obitibus libra debet fieri in pane.* (Second obituaire.) Les obituaires de Maurienne parlaient de trois sortes de distributions, *libra simplex, libra bastarda, libra de partitis*; nous n'avons pas bien pu découvrir en quoi elles différaient.

Ligius, a, um, de *ligare*. L'homme-lige était engagé par serment à aider et à défendre son seigneur envers et contre tous. De son côté, le seigneur jurait de défendre son vassal contre toute molestie.

Lira, æ, sillon. (Acte de 1576.)

Logia, æ, galerie extérieure soutenue par des piliers; en patois : lôge; en italien : *loggia. Item recognovit quod murus, super quem logia domus suæ jacebat, erat de ecclesia beati Johannis Baptiste.* (Acte de 1245.)

Lothonum, i, laiton, cuivre. *Corpus Christi erat in custodia lothoni rotunda.* (La Grotte, 1599.)

Lutorium, ii, pilon. (Acte de 1450.)

M

Maieria, æ, quælibet materia lignea (Ducange), toute sorte de boiseries, échalas, palissades, pièces de bois pour bâtir. *Si videretur syndicis Albanæ numerum maieriarum petitum esse excessivum.* (Acte de 1471.)

Majestas, atis, représentation du Sauveur venant juger les hommes avec puissance et majesté. *Item depingatur majestas uti est assuetum.* (St-Jean d'Arvey, 1495.) *Item episcopus ordinavit depingi majestatem cum quatuor evangelistis in crota presbyterii,* dans la voûte du chœur. (Les Déserts, 1494.) *Ordinavit quod curatus majestatem divinam cum quatuor evangelistis et duodecim discipulis depingi faciat.* (La Chapelle-Blanche, 1457.) *Ibi est majestas cum evangelistis et duodecim apostolis qui credo composuere inibi depictis.* (Triviers, 1457.)

Maisonnare, maysonnare, construire une maison, une ferme à la campagne.

Malabaucis, sorcière. *Est una malabaucis in parrochia vocata Catherina Mache quæ cum sortilegiis dicit se curare pueros et includit animalia verbis nephandis.* (St-Chaffre, 1403.)

Maladeria, æ, hospice de lépreux, léproserie. *Item legat cuilibet maladeriarum de quercu et de carrogio quinque florenos.* (Test. de l'évêque de Genève, 1443.)

Mansus, i, massus, i, une certaine étendue de terrain cultivé, une ferme, un domaine; en patois : un mas. *Homines Sancti Martini de Porta tenent de nostro feudo massum portæ, massum de campis, massum de curiis, massum berardorum cum pluribus aliis rebus.* (Acte de 1477.)

Marcha seu represalia. Quand un vassal avait été dépouillé par un ennemi, le seigneur lui permettait quelquefois de faire une excursion sur les terres du ravisseur pour se payer de ses mains. C'est ce qu'on appelait *marcha* ou *represalia* : *marcha* ou *marca*, marche, excursion; *represalia*, reprise, action de reprendre ce qu'on a perdu ou l'équivalent.

Massonatura, æ, maçonnerie, l'ensemble des murs d'un édifice. *Item estimaverunt massonaturam dicti castri.* (1509.)

Matricularius, ii, marticularius, de *matricula*, catalogue. Dans les cathédrales le matriculaire était sous-sacristain, clerc, sonneur, portier; il avait soin de l'horloge et tenait la note des offices à faire chaque jour. De là est dérivé le nom de marguillier.

Mazarinum, i, mazerinum, i, gobelet précieux avec pied ou sans pied, avec dorure ou sans dorure; on ne sait point si ces gobelets étaient de quelque bois étranger, ou de cristal, ou de porcelaine, ou d'agathe, ou de quelque autre substance analogue. (Voy. Ducange, au mot *mazer*.) *Item legamus dno Petro Galberto preciosius mazarinum quod habemus cum pede argenteo; item Emydoni clerico preciosius mazarinum sine pede; item Villelmo Bocy unum mazarinum cum pede; item domino Anselmo sacristæ unum mazarinum.* (Test. d'Anthelme de Clermont, évêque de Maurienne, du 26 février 1269.)

Macherinum, i. Pierre, archevêque de Tarentaise, a légué aussi de ces gobelets dans son testament du 27 juillet 1285. Besson, page 407, a lu *macherinum*; il aurait peut-être dû lire aussi *mazarinum*; on peut facilement se tromper en lisant une vieille charte. *Item de macherinis meis sic ordino, volens ut macherino cum pede et coopertorio utatur prior in camera sua ; quando verò archiepiscopus comedet in refectorio, tunc anteponetur eidem. Macherinum quod est inter cœtera maximum, do et lego ipsi conventui ad faciendam collationem. Item macherinum aliud quantitate majus post jam dicta, do ipsi priori. Item de parvis macherinis do unum dno Anselmo sacristœ, illud quod plus voluerit, et aliud do Aymoni Bruisson et aliud jam dicto priori.* (Voy. aussi *murra* dans les dictionnaires latins.)

Meiso, onis, moisson, impôt que le feudataire devait payer avant de moissonner. *Humbertus debet iii eminas avenœ de meisone.*

Membrum, i, une chambre, une pièce dans un appartement. *Item legavit eidem usum omnium aliorum membrorum dictæ domus.* (Test. de 1465.)

Menayda, œ, de *menare*, conduire, mener, droit du seigneur de faire faire des transports par ses vassaux ; quelquefois ce droit se convertissait en une redevance en argent ou en denrées. *Ad bochetum habent canonici xviii denarios servicii et duos sol. de menaydis.* (Obit. ancien, voy. Ducange, suppl., 2ᵉ vol.) Selon M. Cibrario, les menaydes étaient des redevances en pain, en viande ou en gâteaux. (*Econom. polit.*, tome 5, liv. 1, chap. 6.)

Menestra, œ, potage, soupe, en italien : *minestra*. (Acte de 1468.)

Merchandiæ, arum, marchandises.

Merendare, goûter, dîner. *Episcopus cum sua comitiva merendavit in quodam viridario dictæ ecclesiæ.* (St-Chaffre, 1403.)

Miles, itis. — *Apud scriptores inferioris ætatis miles is potissimum dicitur qui militari cingulo accinctus est, quem vulgò chevalier appellamus.* (*Ità* Ducange, au mot *miles*.) Le fils du seigneur s'appelait *domicellus* tandis qu'il n'était pas reçu chevalier, et *miles* quand il avait obtenu ce titre honorifique.

Mista, œ, misticula, œ, miette, fragments, parcelles. *Sub ipsum pannum repertæ sunt mistæ.* (Barby, 1599.) *Misticulæ quam plurimæ repertæ sunt.* (Corbel, 1599.)

Mistralis, is, ministerialis, is. Les mistraux étaient, dans chaque canton, chargés de la police, de veiller à la conservation des droits du seigneur, d'exiger les contributions, de faire renouveler les reconnaissances et les baux. Ils pouvaient condamner à des amendes et les faire payer. Le comte de Maurienne avait des mistraux à Modane, à St-Michel et à la Chambre; le seigneur de la Chambre en avait un à Pontamafrey; l'évêque en avait un à Valloire.

Modiata, æ, étendue de terrain qu'on pouvait ensemencer avec un boisseau de grains; *modius*.

Molarium, ii, du latin *moles*, terrain élevé, butte, colline.

Multo, onis, muto, onis, mouton, mot d'origine celtique. *In Monte Richerii habet capitulum tres multones.* (Obit. ancien.)

Mutagium, ii, changement, synonyme de *placitum*, impôt que les feudataires devaient payer à la mort du seigneur en faisant hommage à son successeur. *Confessus fuit se recepisse octo solidos pro placito seu mutagio debito ob mortem dni comitis* (1592).

N

Nantus, i, ruisseau; en patois, nant; mot d'origine celtique.

Neptar, is, espèce de grains, grains mélangés, méteil. *Domus Corberiæ debet unum sestarium neptaris in festo S. Johannis.* (Obit. ancien.)

Novellaris, agneau ou brebis d'une année. *Canonici habent in Monte Richerii tres novellares.* (Obit. ancien.)

Novena, æ, neuvaine, service pour un défunt le neuvième jour après sa mort. *Dedit pro una libra die suæ novenæ facienda xii solidos tur. gross.* (Obit. ancien.)

Numus, *i*, monnaie qui était à peu près de la valeur d'un denier. *Habet capitulum vi numos pro agno uno quem dedit paganus Pirus. — Item vi numos pro alio agno.* (Anciennes rentes du chapitre.) Puisque six *numus* formaient le prix d'un agneau, on peut porter la valeur du *numus* à 40 ou 50 cent. environ. Le *numus* n'avait donc pas de rapport avec ce que nous appelons aujourd'hui un écu. Il est souvent fait mention de ce *numus* au xiie et au xiiie siècle, au xive et au xve on n'en parle plus.

Numata, *æ*, la valeur d'un *numus*.

Obulata, *æ*, la valeur d'une obole.

Orator, *oris*, ambassadeur, député. (Acte de 1443.)

Orlum, *i*, bordure, ourlet. *Dedit in solutum tres cyphos argenti fini in pede et in orlis armatos armis suis.* (Acte de 1465.)

P

Palafredus, *i*, palefroi, cheval de parade.

Panna, *æ*, petite pièce de bois, poutre. *Item in emptione quatuor pannarum longitudinis trium theysiarum pro uno chaffalo, ii den.* (1586.)

Parerii, consorts, associés, codébiteurs. *Omnes alii parerii debent viii sol. fort. — Confessi sunt præsentes pro se et pluribus eorum parcriis abscntibus.* (Reconnaiss. de 1544.)

Pasquerium, *ii*, pré, pâturage.

Passonagium, *ii*, panage, droit à payer au propriétaire d'une forêt pour être autorisé à en ramasser les glands ou pour y conduire les pourceaux.

Pax, *cis*, instrument dont on se sert à l'église pour donner la paix. *Ordinavit quod provideant ecclesie sue de una pace pro servicio dicte ecclesie.* (Corbel, 1469.)

Petia, æ, pecia, æ, pièce de champ, de pré ou de vigne, mot d'origine celtique.

Pedagium, ii, péage, droit à payer pour le passage d'un pont ou pour l'usage d'une route.

Pelium, ii, poêle, appartement chauffé par un poele, chambre contiguë à la cuisine et chauffée au moyen d'une séparation en molasse ou d'une plaque en fonte; en patois : pilio ou pelio. *Acta sunt hæc in castro Bastitæ* (de la Bâthie) *in camera domini dicti loci sita prope pelium dicti castri.* (1494.) *Acta sunt hæc Aquis in domo Johannis Conchellii juxta pillum ejusdem domûs* (1428).

Pidancia, æ, pitancia, æ, pitance, un repas, un dîner. *Item legamus domui Montis Jovis x sol. vien. annuales pro una pitancia singulis annis facienda.* (Acte de 1270, Moûtiers.)

Perca, æ, pour *pertica,* perche.

Pharetrum, i, pour *feretrum, i,* cercueil, charpente qui figure le cercueil dans les messes des morts. *Appositis a principio missæ usque ad finem duabus fascibus super pharetro.* (Test. de 1527.)

Phisicus et *physicus,* médecin.

Placenta, æ, gâteau. *Humbertus debet vi den. de placito, et unum pullum, et i placentam, et placenta est mistrali.* (Obit. ancien.)

Placitum, i, plait ou plaid. A la mort du seigneur, le vassal allait faire hommage à son fils et lui payait un droit; à la mort du vassal, le fils allait faire hommage au seigneur, se faire reconnaître, et lui payait un droit; ces deux sortes de droit s'appelaient *placitum* ou *mutagium. Recognoscunt se recepisse ab omnibus tenementariis et parceriis massi Albiaci xii solidos fort. placiti* (1442). *Omnes alii parerii debent viii sol. fort. de placito ad mortem domini et tenementarii* (1344). *Confessus est nobilis P. de Revello se recepisse viii sol. fort. de placito seu mutagio debito ob mortem dni Amedei* (1592).

Planchiamentum, i, plancher, plafond. *Episcopus ordinavit quod parrochiani faciant applanari terram et faciant planchiamentum bonis postibus et mayeriis.* (Entremont, 1457.)

Ploctus, i, tronc de bois, billot; en patois : plôt. *Libravit carpentatori ad faciendum ploctum gibeti, v den. gr.* (1586.)

Pointetus, i, petite mesure de vin d'environ un ou deux litres. *Pro singula fossorata debent pro decima duas mensuras pointetos nuncupatas vini excreti in dictis vineis.* (1487.)

Pompa, æ, gâteau, gâteau qu'on fait à l'occasion d'un baptême en réjouissance de ce qu'un enfant a renoncé aux pompes de Satan; en patois ; pogne ou épogne. *Et quia in ipso loco nullus fit panis benedictus in ecclesia diebus dominicis ordinavit quod a modo fiat singulis sabbatis una pompa per singulos parrochianos de qua fiet panis benedictus die dominica et post offertorium fiant tria frusta, unum quod pertinebit curato, aliud pro propinquiori vicino et aliud pro illo qui fecit, et residuum detur parrochianis per frusta parva.* (La Thuile, 1494.)

Postis, is, planches. *Ordinavit navem reborsari bonis postibus.* (Thoiry, 1470.)

Potus, i, bouteille, flacon, ampoule pour conserver les saintes huiles. *Lego ecclesiæ Sancti Petri duos potos argenteos mediocres, unum pro chrismate et alium pro sancto oleo.* (Test. de 1285, Moûtiers.)

Presbyterata, æ, repas des parents réunis après une sépulture; en patois : sevellement. *Quando fiunt presbyteratæ pro defunctis, offerantur in fine prandii curato xii denarii; quando curatus non interfuerit presbyteratæ, facientes ipsam, mittant sibi pro scutellata sua bonam voluntatem eorum.* (Acte de 1352, les Allues.)

Prævalentia, æ, la plus-value. *Et si forte predicta plus essent valitura, totam illam prævalentiam dedit, donavit et concessit.* (Acte de 1501. St-Jean de Maurienne.)

Punimentum, i, punition, amende, composition pécuniaire pour certains crimes. *Ita ut archiepiscopus non habeat aliquod punimentum in dicta valle.* (Convention de 1518.)

Q

Quartana, æ, cartana, æ, ce qu'on peut ensemencer avec le quart d'un veissel. *Pro quo obitu dedit unam petiam vineæ et circa duas quartanas terre in parrochia Vilarii Gondran.* (Second obit.)

Quintale, is, quintal; on disait autrefois quatre vingt, cinq vingt, six vingt; de *quinta ventena* on a fait quintal. *Episcopus ordinavit fieri unum cymbalum* (une cloche) *trium quintalium.* (Aix, 1494.)

Quittare, de *quietus*, faire quittance, acquitter; *quittancia, quittacio*, acquittement. *De quo quidem placito nobilis Johannes de Balma, mistralis, quittavit et liberavit* (1442). *Quas quidem confessionem et quittacionem promisit ratas habere.* (Acte de 1392.)

R

Rancuna, æ, haine, aversion, rancune, du latin *rancor*. *De omnibus quæstionibus et rancunis predictis ad bonam et firmam pacem devenerant.* (Acte de 1306.)

Rebinare, biner, donner à la vigne une seconde façon, la piocher une seconde fois. *Geroldus debet coroatam unam ad rebinandum tribus diebus.* (Obit. ancien.)

Reborsamentum, i, plancher supérieur d'une église, plafond. *Episcopus ordinavit fieri tabulatum ligneum sive reborsamentum navis ecclesiæ.* (Servolay, 1551.) *Ordinavit fieri reborsamentum in modum veysselli in navi dictæ ecclesiæ et ibidem fieri fenestram unam.* (Voglans, 1494.) *In modum veysselli*, en manière de vaisseau, un plafond cintré. *Ordinavit fieri veyssellum bene et decenter reborsatum.* (Méry, 1494.) *Ordinavit fieri reborsamentum in navi ad modum veysselli, seu planchiamentum de postibus bene junctis.* (Miribel, 1493.)

Reborsare, refaire le plafond d'une église. *Ordinavit navem eorum reborsari bonis postibus.* (Vis. past., Thoiry, 1470.)

Receptum, i, gietum, i, receit, droit de gîte, droit que le seigneur du fief avait de loger chez ses vassaux dans certains cas avec ses chevaux et sa suite. Ce gîte dans les fermes, dans les châteaux, dans les monastères, à l'occasion d'une promenade ou d'une chasse, durait quelquefois plusieurs jours et devenait très onéreux. On se rédimait dans certains cas de cette obligation par une redevance en argent. *Durandus debet numos xii de recepto et placentas vi.* (Anc. rentes du chapitre de St-Jean.) *De centum solidis receptis de redemptione unius gieti per annum; est in voluntate domini capere dictum gietum vel redemptionem.* (Compte d'Yverdun, 1266; voy. CIBRARIO, *Econ. pol*, tom. 3, liv. 1, chap. 6.)

Recordium, ii, pour *recordatio*, mémoire, souvenir. *Privilegia indulta tam per nos quam per illustres felicum recordiorum nostros predecessores.* (Le duc Louis, 1450.)

Regichire, revichire, solvere, payer, acquitter, satisfaire. *Et protestatus fuit idem curatus Sancti Michaelis quod si plus vel minus deberet revichire, ea posset emendare quoad usque ad ejus noticiam pervenerit* (1547). *Et fuit protestatus idem dnus Jacobus* (le curé de St-Alban des Villards) *quod si regichiret plus, aut minus quam deberet, non noceat ei, cum sit paratus regichire et solvere ea quæ deberet* (1360).

Ressortum, i, ressort, étendue de la juridiction d'un magistrat. *Homines qui non sunt de terra vel ressorto dicti comitis.* (Acte de 1358.)

Rigotus, i, frisures, cheveux frisés, papillotes. *Clerici dictæ ecclesiæ capillos longos deferentes, rigotos et buffetos ad modum laicorum.* (L'évêque de Maurienne, 1357.)

Roba, œ, robe, tunique, mot d'origine germanique. *Item legamus matri P. Berguil robam nostram de camelino.* (Test. de 1269.)

Roncinus, i, petit cheval, bidet.

S

Sabulare, sabler, couvrir de sable. *Intravit civitatem carreriis sabulatis.* De là est dérivé le mot sabouler.

Sacramentare, administrer les derniers sacrements. *In dicto loco de Aquis, anno preterito, durante pestilentia, obiit quidam mercator honorifice confessus et sacramentatus quem curatus nolebat sepelire.* (Aix, 1428.)

Saffraneum, ei, champ de safran. *Ex occidente saffraneum Ludovici Sexterii.* (St-Michel, 1540.)

Saisire, saisina, œ, saisir, saisie, mot d'origine germanique. *Nolumus quod bona usurariorum in dicta villa saisiantur, prohibemus ne aliquis percipiat exactionem aliquam pro saisina vel dissaisina cujusvis rei saisitæ.* (Franchises d'Evian, 1524.)

Samycium, ii, samitium, ii, étoffe de soie.

Scalio, onis, escalier, endroit où il y a des escaliers taillés dans le roc. *Citra scalionem de Scalis.* (Franchises de Montmélian, 1235.) *Et a scalione de Cou.* (Franchises de Chambéry, 1252.)

Secatura, œ, secaturata, œ, la quantité de pré qu'un ouvrier peut faucher en un jour, journal.

Segilla, œ, pour *siligo,* seigle.

Sellietum, i, un seau, un bénitier. *Item ordinavit fieri unum sellietum ad portandum aquam benedictam.* (Tresserve, 1494.)

Seraceus, ei, séracé, fromage fait avec le petit lait. *Levantur in dictis montibus pro qualibet chavanna unus caseus et unus seraceus de grossioribus* (1344).

Serva, æ, réservoir, étang. *Monachi habeant omnia quæ ibidem dignoscimur habere, stagna, et servas, et molendinum.* (Acte de 1292.) De là est dérivé le nom de Tresserve, *tres servæ*.

Servicium, ii, service, servis. Ce mot désigne en général toutes sortes de services personnels et réels, il comprend toutes les redevances féodales en corvées, en denrées ou en argent; cependant l'usage avait quelquefois restreint sa signification à certaines redevances particulières. *Item terra Aymonis presbyteri debet duos sol. servicii et iii sol. placiti. Item feudum Villelmi xx den. servicii et duos sol. de placito.* (Obit. anc.) *Et cum afferunt servicium, debetur eis prandium.* (Ib.)

Servientes, sergents, huissiers.

Servieta, æ, serviette. (Test. de 1463.)

Sestarius, ii, sextarium, ii, setier, mesure de grains et de liquides. *Item capellanus de Vilario Gondrant debet pro decima unum sestarium frumenti et unum sestarium boni vini.* (Obit. ancien.)

Soga, æ, corde, cordon, mesure de longueur. *Unaquæque soga habet pedes centum.* (Guichenon, *Preuves*, page 4.)

Solidata, æ, la valeur d'un sou.

Solium, ii, solarium, ii, étage supérieur d'une maison, chambre, appartement. *Actum est hoc Aquebellæ in solio Villelmi de Saisel* (1210).

Somardus, i, jachère, terre qu'on laisse reposer une ou plusieurs années.

Somarius, ii, bête de somme, mulet ou cheval à bât.

Sommata, æ, une charge de bête de somme. *Percipiant de sommata vini duos denarios.* (Acte de 1311.)

Stagium, ii, droit de séjour, droit que payaient les juifs pour résider quelque part dans les Etats du comte de Savoie. *De duobus florenis auri receptis de Creysent judæo pro stagio suo castellarii per annum* (1297).

Strata, æ, via, route, chemin; en italien, *la strada.*

Summare, sommare, faire une sommation. *Ipsum Janinum summaverunt ut remitteret prefatos homines officiariis capituli.* (Acte de 1455.)

T

Tabernaculum, i, dais. *Episcopus ordinavit quod parrochiani provideant ecclesiæ suæ de uno tabernaculo ad portandum super corpus Christi in festo de eodem.* (Bissy, 1470.)

Tachia, æ, taschia, æ, poche, bourse, sacoche, gibecière; en italien, *tasca;* en patois, tâque; mot d'origine germanique, redevance en grains dont un champ était grevé. — *Campi pars,* champart. Ce droit n'était dû que pour les champs et non pour les prés et les vignes. *Canonici habent in Albaneta decimam et taschiam cabannariæ, neque de isto feudo usquam possident quod non debeant decimam et taschiam.* (Obit. anc.)

Tachia, æ, clou; en patois, tache. *Item in emptione decem octo crochiarum et duarum duodenarum grossarum tachiarum in dicto chaffalo et gradibus implicatarum, iv den.* (1586.)

Tallia, æ, tayllia, æ, taille, impôt, contributions. *Presentes pro se et pluribus eorum pareriis abscentibus confitentur se debere xxiv sol. de tayllia, unum sestarium siliginis pro taschia, et duo sestaria vini pro botagio, lauds et vends, clamam, escheitam et cavalcatum.* (Reconnaiss. de 1544.) En quelques endroits les vassaux étaient, dans certains cas, taillables et exploitables à miséricorde du seigneur. Cet impôt arbitraire s'appelait taille servile. (Voy. SALVAING, *De l'usage des fiefs,* 1re partie, chap. 49.)

Taravella, æ, tarière.

Tenallia, æ, tinailles, ium, tenailles; *tinailliare,* tenailler. *Item in emptione duorum parium tinaillium ferri quibus fuit tinailliatus dictus Petrus de Comblou* (1586).

Tenementum, i, un fief, un domaine, une ferme.

Tenementarius, ii, tenancier, fermier, feudataire, qui possède un fief ou une partie d'un fief à charge de payer les redevances. *Villelmus de Chignino debet terciam partem et omnes alii tenementarii secundum facultates feudi quod tenent.* (Acte de 1544.)

Terragium, ii, impôt payé en quelques endroits par chaque maison de paysans cultivant la terre. *Terragium levatur a quolibet hospitio excolente ad bovem vel roncinum, una cupa avenæ pro parte domini.* (Comptes du châtelain de Chillon, 1286.)

Terralliare, terrasser, remuer la terre pour aplanir le sol. *Item in locagio operariorum vacantium in terralliando pro ponendo dictum chaffalum et ad dictum chaffalum driciandum pro quolibet i den.* (1586.)

Tesa, æ, teysa, æ, toise, impôt sur les maisons à raison du nombre de toises de la façade où se trouvait l'entrée. On payait chaque année par toise à Montmélian 4 deniers forts, à Chambéry 7 deniers forts, à Aoste 12 deniers de Vienne. Le denier fort valait 2 deniers de Vienne. (Cibrario, *Econ. pol.*, tom. 5, liv. 1, chap. 6.) Cet impôt ne se payait pas en Piémont. *Item dnus habet teysas domorum et casalium in villa, videlicet pro qualibet teysa à parte anteriori domús vi den. gebenn. per annum.* (Franchises d'Evian, 1524.) *Volumus quod nulla levatio fiat tesarum de domibus vacantibus in quibus non fuerit ignis factus per annum integrum.* (Franchises de St-Maur. d'Agaun, 1524.)

Texta, æ, reliquaire, bourse brodée contenant des reliques. *Item textam argenteam reliquiarum S. Theoduli relinquo ecclesiæ Sancti Jacobi.* (Test. de 1285.)

Tina, æ, cuve où l'on dépose la vendange, en patois : tine.

Toleta, æ, toletum, i, impôt, taille, contribution foncière. *In Monte Richerio habemus tres mansos et in unoquoque illorum florenos iii de toleta.* (Anc. red. du chap.)

Tolta, æ, contribution forcée, avanie, maltôte. *Promittimus vobis quod nullam malam toltam imponemus* (1252).

Torchia. æ, torche, flambeau. *Libraverunt in emptione viginti torchiarum cere ponderantium xlii libr. qualibet lib ti den.* (Comptes des syndics de Chambéry, 1408.)

Torsellus, i, trousseau, ballot de marchandises.

Traina, æ, trenum, i, une journée de bœufs avec un traîneau. *Debent nobis in nativitate Domini trainas iiii.* (Anc. red. du chap.)

Trenga, æ, trève, mot d'origine germanique. *Volumus ut trengas, quæ pro tempore fuerint inter nos et delphinum, inviolabiliter observent* (1328).

Trezenum, i, la treizième partie du prix d'un bien vendu. *Item debent trezenum in casu venditionis* (1597).

Tribuna, æ, tribune. *Ordinavit quod fiat una tribuna in fine ecclesiæ pro hominibus.* (La Thuile, 1470.) — Амвон, *ordinavit quod tribuna existens inter chorum et navem ecclesiæ bene et honeste reparetur ad ordinationem chapuysiorum.* (Montailleur, 1470.)

Tricenarium, ii. le nombre de trente, la trentaine. *In unoquoque tricenario ovium existentium in alpibus Montis Rychelii habet capitulum vi den.* (Obit. anc.) Service pour un défunt le trentième jour après sa mort. *Item legamus universis capellanis nostræ diocesis unum tricenarium.* (Test. d'Anthelme de Clermont, 1269.)

Tricodonum, i, tricondonum, i, carillon, en patois : trekeudâ, carillonner. *Libraverunt hominibus pulsantibus tricondonum in campanili S. Leodegarii ii flor.* (1408.)

Tualia, æ, tobalea, nappe de table ; en italien, tovaglia. *Item vult reddi uxori suæ quatuor tualias et duas servietas quas apportavit tempore nuptiarum.* (Test. de 1463.)

Tupinus, i, cruche. *Est una caciola cupri ad tenendum aquam et unus tupinus terre* (Vis. past. à Grenoble, 1599.)

Turnæ, arum, digue, diguement. *Homines mistraliæ Cameræ humiliter supplicant quod molestantur ad faciendas turnas juxta pontem Villarii Clementis extra mistraliam Cameræ* (1405).

Tynellum, *i. tinellum, i*, salle à manger des gens de la cour; en italien, *tinello. Stanza dove nelle corti mangiano i cortigiani.* — *Actum in castro Burgeti in camera paramenti juxta tynellum.* (Amédée VIII, 1407.)

U

Ulnare, mesurer à l'aune, auner.

Usagium, ii, droit fondé sur un ancien usage et sur la coutume.

V

Vaccatium, ii, vaccagium, vaccaticum, droit de pâturage, droit de parcours, droit à payer pour faire paître les vaches sur un terrain déterminé. *Petrus debet in festo beati Andreæ de vaccatio flor. duos et den. iiii.* (Obit. anc.)

Vadium, ii, gage, cautionnement, garantie. *Vinea quam canonici habebant in vadio pro l solidis.* (Anc. red. du chap.)

Varcina, æ, varsina, æ, mesure de grains; *varcinata*, étendue de terrain qu'on peut ensemencer avec une varcine de blé, varcinée.

Vasum, i, place de famille dans une église ou dans un cimetière; en patois : vâ. *Sepeliri voluit in vaso Sancti Andreæ supra claustrum* (1349).

Veges, etis, vase vinaire dont on se sert en Italie, cuve, veggia. *Quando vina extrahuntur de tinis seu aliis vegetibus ubi ad bulliendum posita sunt.* (Confirm. d'Innocent VIII, 1487.)

Venda, æ, droit que le vassal devait payer pour obtenir du seigneur la permission de vendre un fief ou une partie d'un fief. — *Laus, dis*, droit que l'acquéreur devait payer pour faire approuver son acquisition. En quelques endroits on payait ces deux droits, en d'autres on n'en payait qu'un. (Voy. laus.) *Comites Sabaudiæ partem suam laudum et vendarum pro dicto masso debitarum habere debebant.* (Acte de 1406.)

Violetus, i, sentier.

Ventenum, i, vingtain ; ordinairement le seigneur exigeait des corvées pour l'entretien des murs du château, ceux de l'enclos et ceux qui servaient à la défense de la ville. Quelquefois il s'en chargeait lui seul pour le faire mieux ; mais alors, à la récolte, tous les feudataires devaient lui payer le vingtain, c'est-à-dire le vingtième de tout le blé et de tout le vin qu'ils avaient récolté. De là les paysans appelèrent *ventenum* les murs même d'enceinte et ceux du château qu'ils entretenaient par cette grave contribution. *Item unam aliam portam ad exeundum dicta aula pro eundo ad ventena.* (Inventaire fait en 1509.)

Verreria, æ, vitre. *Verrerie non sunt in fenestris ecclesiæ.* (Montmélian, vis. past., 1540.) — *In fenestra retrò altare non est verreria.* (Chignin, 1540.)

Vinageria, æ, et *vinagerie, arum*, burettes. *Item non sunt ayguerie neque vinagerie ad serviendum altari.* (Vis. past., 1540.)

Virtutes, um. — On appelait quelquefois *virtutes* les reliques des saints, à cause de l'efficacité qu'on leur attribuait. *Patres Augustini, dum processio fit die festo corporis Christi, virtutes seu reliquias ecclesiæ suæ portant sub tabernaculo in quo corpus Christi portatur, quod non debet fieri.* (St-Pierre d'Albigny, 1599.)

TABLE

Introduction 1

CHARTES DU DIOCÈSE DE MAURIENNE (DOCUMENTS).

1. — Donation de la Tour du Chatel à l'évêque de Maurienne par Boson, roi de Provence et de Bourgogne 5
2. — Carta de Mavrienna et de Sevsia 7
   Item alia carta... 8
3. — Vente d'une chaumière et d'une vigne, faite par Michel au chapitre de St-Jean de Maurienne...................... 10
4. — Geoffroi de Chamoux fait don aux chanoines de St-Jean de Maurienne des églises d'Aiton, de Bonvillaret et de Randens 11
5. — Le prieur de St-Michel de la Clusa cède aux chanoines de St-Jean de Maurienne l'église du Thyl en échange contre celle de St-Sulpice.. 12
6. — Donation de Thibaud, évêque de Maurienne, aux chanoines de Ste-Marie et de St-Jean-Baptiste...................... 13
7. — Donation d'Artaud, évêque de Maurienne, aux chanoines de sa cathédrale.. 15
8. — Donation de Conon, évêque de Maurienne, au chapitre de la cathédrale... 17
9. — Transaction entre Guillaume, abbé du monastère de St-Chaffre en Velay, et les chanoines de la cathédrale de Maurienne. 18
10. — Donation du comte Amédée III à l'église de Maurienne.... 20
11. — Le prévôt Artaud s'engage, au nom de son monastère, à donner chaque année au chapitre de la cathédrale de Maurienne du poisson pour la valeur de cinq sols.......... 21
12. — Berlion de Faverges cède aux chanoines de St-Jean de Maurienne le quart de l'église de St-Michel et des autres églises qu'il possédait dans le diocèse 22
13. — Donation d'Amédée, évêque de Maurienne, aux chanoines de sa cathédrale.. 23

14. — Le pape Calliste II déclare que la ville de Suse appartient à l'évêque de Maurienne et que le diocèse de Maurienne dépend de l'archevêque de Vienne.................... 24

15. — Transaction entre les chanoines de Maurienne et les moines de St-Chaffre en Velay............................... 26

16. — Le pape Alexandre III confirme la réunion de la prévôté du chapitre de la cathédrale à l'évêché de Maurienne...... 27

17. — Le pape Lucius III défend aux templiers de recevoir les dîmes de la paroisse de St-Michel, qui appartenaient aux chanoines de la cathédrale de St-Jean de Maurienne.... 28

18. — Le pape Lucius III confirme l'union de la prévôté du chapitre de la cathédrale à l'évêché de Maurienne........ 29

19. — Le pape Lucius III ratifie la transaction passée entre l'évêque Lambert et les chanoines de la cathédrale de Maurienne, relativement à la prévôté....................... 31

20. — Le pape Lucius III approuve les donations faites à l'évêque de Maurienne par le roi Gontran, et prend tous les biens et droits de l'évêché sous sa protection spéciale........ 32

21. — Seconde transaction passée entre Lambert, évêque de Maurienne, et les chanoines de sa cathédrale, relativement à la prévôté du chapitre.................................. 35

22. — Donation du mont Bérenger aux chanoines de Maurienne par le comte Thomas....................................... 38

23. — Le pape Clément III approuve la donation faite à l'évêque Felmase par le roi Gondran................................. 40

24. — Le comte Thomas confirme les donations faites aux chanoines de St-Jean par ses prédécesseurs................... 44

25. — Célestin III confirme les donations faites aux chanoines de la cathédrale de Maurienne par le comte Thomas et ses prédécesseurs.. 45

26. — Donation d'un champ par les frères Pirus aux chanoines de St-Jean de Maurienne.................................. 46

27. — Vente ou donation faite à Lambert, évêque de Maurienne, par Herluin, de Chignin.................................. 47

28. — Vente d'un champ au Verpil par Guillaume Morard à Hugues, curé de Villarembert.................................. 48

29. — Transaction entre Bernard, évêque de Maurienne, et le chapitre de sa cathédrale................................. 49

30. — Donation faite à l'église de St-Jean de Maurienne par Humbert de Arenis.. 50

31. — Transaction entre Bernard de Chignin, évêque de Maurienne, et le chapitre de la cathédrale.................... 51

52.	Donation faite a l'église de St-Jean de Maurienne par Pierre Bernardi...	52
53.	Donation faite par Pierre du Pont à l'église de N.-D. DE BREVERIIS...	53
54.	Donation faite à l'église de St-Jean de Maurienne par Pierre Meravilli..	ib.
55.	Ratification d'une donation d'affouage faite au chapitre de la cathédrale de Maurienne par Audemar Roux..........	55
56.	Aimon Sechal et Aimon, son neveu, engagent aux chanoines de St-Jean tout ce qu'ils possèdent à Montricher.......	56
57.	Donation de Martin Robont et de sa postérité aux chanoines de Maurienne par le comte Thomas....................	57
58.	Donation faite à l'église de St-Jean de Maurienne par Pierre de Béatrix..	58
39.	Donation au chapitre de la cathédrale de Maurienne par Pierre Philipi, chanoine....................................	59
40.	Guillaume du Pont et Jacques, son frère, se reconnaissent hommes liges du chapitre de la cathédrale de Maurienne	60
41.	Amédée de Miribel fait donation d'une rente annuelle de 40 sols à la maison de l'Aumône établie à St-Jean de Maurienne...	61
42.	Donation faite par Guillaume Lazarons au sacristain de la cathédrale de Maurienne.................................	62
43.	Jean Blanc vend une éminée de champ à Pierre Cimossa pour le prix de 44 sols.....................................	63
44.	Les enfants de Guillaume Flandine cèdent au chapitre de la cathédrale Pierre Dupont et ses enfants nés et à naître..	64
45.	Transaction entre l'évêque de Maurienne et le chapitre de la cathédrale relativement aux redevances et aux amendes.	65
46.	Richard et Hugues du Mollard font donation au chapitre de St-Jean de Maurienne de la dîme qu'ils avaient à la Losière	68
47.	Le comte Amédée IV confirme les donations faites aux chanoines de Maurienne par ses prédécesseurs..............	69
48.	Jean de Bournin, archevêque de Vienne, approuve la donation d'une vigne, faite par Aimon, évêque de Maurienne, aux chanoines de sa cathédrale........................	71
49.	Le chapitre de la cathédrale de Maurienne ratifie une inféodation faite par l'évêque....................................	72
50.	Pierre d'Albiez vend plusieurs fiefs au chapitre de la cathédrale de Maurienne.......................................	75
51.	Testament d'Aimon Silvatici, chanoine de la cathédrale de Maurienne..	76

52. — Sentence arbitrale sur plusieurs points contestés entre l'évêque de Maurienne et le chapitre de sa cathédrale. 78
53. — Le comte Amédée IV renonce à l'usage abusif de s'emparer des revenus de l'évêché de Maurienne pendant la vacance du siége 82
54. — Le pape Innocent IV confirme la cession faite par le comte Amédée IV des revenus de l'évêché de Maurienne pendant la vacance du siége. 84
55. — Amédée, évêque de Maurienne, cède à perpétuité au chapitre de sa cathédrale les églises paroissiales de Notre-Dame de la Cité, de St-Etienne de Cuines, de St-Colomban des Villards et de St-Michel 85
56. — Pierre de Morestel cède tous ses biens au chapitre, à la charge de payer ce qu'il doit à Pierre d'Aigueblanche évêque d'Herford. 86
57. — Le pape Innocent IV approuve la cession faite au chapitre de Maurienne par l'évêque Amédée des paroisses de la Cité, de St-Etienne de Cuines, de St-Colomban des Villards et de St-Michel 88
58. — Le pape Innocent IV donne commission à l'archevêque de Tarentaise de maintenir le chapitre de la cathédrale de Maurienne en possession des paroisses de Ste-Marie de la Cité, de St-Etienne de Cuines, de St-Michel et de St-Colomban des Villards. 89
59. — Pierre de Morestel publie la canonisation de saint Dominique et de saint Pierre, martyrs, et ordonne d'en faire l'office. 90
60. — Reconnaissance faite par le chapitre de la collégiale d'Aiton en faveur de celui de la cathédrale de Maurienne. 92
61. — Acte dressé à la requête d'Anselme, évêque de Maurienne, pour constater que son diocèse s'étendait jusqu'au pont de Volouia près de Suse. 94
62. — Testament d'Anthelme de Clermont, évêque de Maurienne. 95
63. — Pierre de Guelis, évêque de Maurienne, cède au chapitre de la cathédrale les dîmes sur plusieurs paroisses du canton de La Chambre pour les anniversaires d'Amédée de Savoie, d'Amédée de Genève et d'Amédée de Miribel, évêques de Maurienne. 105
64. — Testament de Pierre de Guelis, évêque de Maurienne. . . . 108
65. — Transaction entre le chapitre de la cathédrale de Maurienne et Jean de la Place, relativement à une succession. 110
66. — Aimon de Miolans accorde quarante jours d'indulgences à

tous les fidèles qui visiteraient processionnellement l'église cathédrale de Maurienne la veille de l'Ascension... 116

67. — Léone de Miolans et Anthelme, son mari, reconnaissent devoir au chapitre de Maurienne la redevance annuelle de dix livres fortes.................................. 117

68. — Le comte Philippe Ier reconnaît que la paroisse d'Argentine appartient exclusivement à l'évêque de Maurienne..... 121

69. — Reconnaissance d'une redevance annuelle faite par Guillaume de l'Echaillon en faveur de Richard du Mollard......... 123

70. — Albergement d'une vigne, fait par le chapitre de la cathédrale de Maurienne à un homme de Villargondran.......... 124

71. — Pierre Eymar, doyen de la cathédrale de Maurienne, fait donation au chapitre du cens annuel de 40 setiers d'orge pour être distribués aux pauvres chaque année au mois d'avril.. 127

72. — Le comte Amédée V reconnaît que si l'évêque et les chanoines de Maurienne lui ont accordé des secours contre le dauphin, ils l'ont fait sans y être obligés............. 130

73. — Acensement d'une pièce de bois et broussailles aux Moulins-des-Prés par le chapitre de la cathédrale de Maurienne. 131

74. — Acensement des moulins des Prés par le chapitre de la cathédrale de Maurienne.............................. 133

75. — Henri, prévôt du chapitre d'Aiguebelle, acense au curé de Mont-Denis les deux tiers des dîmes de sa paroisse qui faisaient partie de la prébende du doyen d'Herford, en Angleterre, chanoine de Maurienne................... 135

76. — Vente des chanoines de St-Augustin d'Hermillon à l'évêque de Maurienne....................................... 137

77. — Donations faites par l'évêque Aimon de Miolans au chapitre de la cathédrale de Maurienne...................... 146

78. — Donation d'un pré sous le bourg par l'évêque Aimon de Miolans à Guillaume de Montaimon................... 152

79. — Testament de Guiffrey des Colonnes.................. 155

80. — Transaction entre Amédée V, comte de Savoie, et Mgr Amblard d'Entremont, évêque de Maurienne, relative au chapitre de Ste-Catherine d'Aiguebelle.................. 160

81. — Donation de l'évêque Aimon de Miolans au chapitre de la cathédrale de St-Jean de Maurienne................... 165

82. — Le comte Amédée V ordonne au bailli de Savoie, ainsi qu'au juge et au châtelain de Maurienne, de respecter les franchises de la commune de St-Julien...................... 169

83. — Le comte Amédée V ordonne au juge de Tarentaise et de

Maurienne de faire observer les conventions existantes entre le chapitre de St-Jean et le seigneur de La Chambre ... 170

84. — Le comte Aimon ordonne au châtelain de Maurienne d'obliger le seigneur de La Chambre à observer les conventions faites par ses ancêtres avec les chanoines de Maurienne. 172

85. — Monitoire publié par les chanoines de Maurienne contre quelques individus qui avaient commis des vols au préjudice des hommes du chapitre.................. 173

86. — Supplique du chapitre de la cathédrale de Maurienne au comte Edouard, et réponse du comte................ 176

86 bis. — Fondation de quatre services annuels, aux quatre-temps, par le comte Edouard......................... 178

87. — Les confrères de la confrérie du St-Esprit demandent aux chanoines de Maurienne l'usage d'une cloche pour réunir les membres de ladite confrérie................... 179

88. — Le comte Edouard accorde aux habitants de la mistralie de Modane la propriété de tout ce qu'ils pourraient enlever à l'ennemi pendant la guerre...................... 180

89. — Ordonnance d'Anthelme de Clermont, évêque de Maurienne, relative au clergé de la cathédrale................. 182

90. — Le comte Aimon ordonne au châtelain de Maurienne de payer annuellement au chapitre de la cathédrale de St-Jean les quinze sols légués par le comte Edouard............. 187

91. — Le comte Amédée VI s'engage à faire payer annuellement au chapitre de la cathédrale de Maurienne cinq sols gros de Tours pour l'anniversaire du comte Aimon, son père... 188

92. — Amédée VI confirme l'ordre donné par le comte Aimon, son frère................................... 190

93. — Confirmation de la donation du Montbérenger faite aux chanoines de Maurienne par le comte Thomas en 1189, et de plusieurs autres donations faites aux mêmes chanoines par les prédécesseurs du comte Thomas............. ib.

94. — Reconnaissance passée en faveur du comte Amédée VI par plusieurs habitants d'Hermillon pour la chavannerie de l'Echaillon.................................... 195

95. — Convocation des chanoines de la cathédrale de Maurienne pour délibérer sur la malheureuse position dans laquelle le chapitre se trouvait alors...................... 197

96. — Jean Galliandi, curé de St-Michel, reconnaît devoir annuellement cent sols de Vienne au chapitre de la cathédrale de Maurienne.................................. 199

97. — Amédée de Savoie, évêque de Maurienne, ordonne à Gui-

TABLE 443

gues Eymar, chanoine et sacristain, de nommer un recteur à la paroisse de St-Colomban des Villards......... 201

98. — Reconnaissance en faveur du chapitre de la cathédrale de Maurienne par Jacques Favre, curé de St-Alban des Villards.. 202

99. — Le prieur du prieuré de La Chambre confesse devoir au chapitre de la cathédrale de Maurienne une livre d'encens annuellement... 203

100. — Testament de Pierre Dupont........................... 205

101. — Les habitants de St-André protestent au vice-châtelain que s'il ne recevait pas ce jour-là la dîme des agneaux, ils en disposeraient autrement 207

102. — Grégoire XI confirme les priviléges accordés aux chanoines de la cathédrale de Maurienne par le St-Siége, par les rois ou par toute autre personne....................... 209

103. — Jean de Malabaila, évêque de Maurienne, confirme et ratifie tous les priviléges que ses prédécesseurs avaient accordés au chapitre de St-Jean-Baptiste....................... 210

104. — Le comte Amédée VI ordonne qu'il soit dressé un état de tous les biens meubles et immeubles de la commune de St-Julien, pour servir de base à l'assiette des impôts... 213

105. — Le chapitre de St-Jean de Maurienne donne procuration à Pierre de la Palud pour administrer trois prébendes qui avaient été abandonnées, en recevoir les revenus et en rendre compte... 215

106. — L'évêque Henri de Severy confirme les accords faits le 1er juin 1247 par l'évêque Amédée III et le chapitre de St-Jean de Maurienne..................................... 217

107. — Le juge de Valloires décide que les impôts établis pour faire face aux frais de la consécration de l'évêque Henri de Severy, ne doivent être payés que par les feudataires de l'évêque et non par ceux du chapitre................. 219

108. — L'antipape Clément VII approuve un statut du chapitre de la cathédrale de Maurienne, portant qu'on ne recevrait plus à l'avenir de chanoines honoraires................. 222

109. — Compromis entre les chanoines de Maurienne et le prieur des Bénédictins de La Chambre........................... 225

110. — Franchises accordées à la paroisse de St-Julien par le comte Amédée VII... 228

111. — Ratification passée à Montvernier...................... 254

112. — Ratification passée à St-Avre.......................... 256

113. — Le duc Amédée VIII confirme les franchises et immunités

accordées par les évêques de Maurienne aux sujets dépendant de leur juridiction temporelle............ 238

114. — Testament de noble Martin d'Albiez, chanoine et chantre de l'église de Maurienne..................... 247

115. — Félix V donne commission à l'official de Tarentaise et au prieur du prieuré de Lémenc de faire restituer à l'église de St-Jean de Maurienne tous ceux de ses biens qui auraient été aliénés d'une manière illicite.............. 252

116. — Convocation du chapitre de la cathédrale de Saint-Jean de Maurienne.................................. 253

117. — Félix V accorde des indulgences à ceux qui s'aideraient à construire la digue de Bonrieux................... 254

118. — Tenor attestationis inundationis ecclesiæ et urbis, de anno Domini 1440................................ 258

119. — Le duc Louis, fils d'Amédée VIII, confirme les franchises accordées par son père en 1407, avec quelques additions 261

120. — Le pape Nicolas V annonce au clergé de Maurienne la nomination du cardinal Guillaume d'Estouteville à l'évêché de Maurienne.................................... 272

121. — Les chanoines de Maurienne prient le duc Louis d'obliger le juge corrier de St-Jean à promettre avec serment de respecter la juridiction de l'église et du chapitre de Maurienne.. 273

122. — Réponse du duc Louis à la requête précédente......... 274

123. — Le vicaire général de Maurienne enjoint au vice-corrier de remettre au chapitre deux hommes qu'il avait fait emprisonner....................................... 275

124. — Jean Marchiandi et Catherin du Mollard, chanoines et procureurs du chapitre, obligent le vice-corrier de Maurienne à remettre à la disposition du chapitre Odomar et Urbain de Clugny, qu'il avait fait emprisonner................ ib.

125. — Les procureurs du chapitre de St-Jean demandent que le vice-corrier, juge commun du duc et de l'évêque, remette à la disposition du chapitre Jean Bernardi et Guigue Sibué 277

126. — Par ordre du duc de Savoie, le vice-corrier de Maurienne casse et annulle tout ce qu'il avait fait au préjudice des droits du chapitre de St-Jean contre Jean Bernardi et Guigue Sibué................................... 280

127. — Paul Grassi, délégué par Mgr Aimon de Provana, évêque de Nice, vicaire et lieutenant de Mgr d'Estouteville, ordonne au châtelain et au mistral de Valloire de respecter la juridiction du chapitre de Maurienne et de restituer les

gages qu'ils avaient exigés indûment.................. 281
128. — Sentence du chapitre de Maurienne par laquelle Pierre Giraud, d'Albanne, est exilé à perpétuité des terres dépendantes du chapitre............................... 283
129. — Testament de noble Gabriel Vallin, de Fontcouverte...... 285
130. — Les habitants de Modane choisissent sept arbitres pour rétablir les limites de leurs propriétés après une inondation 294
131. — Les habitants de Modane, ruinés par une grande inondation, demandent au duc Amédée IX un délai pour payer leurs dettes.. 295
132. — Le duc Amédée IX accorde le délai demandé............ 295
133 — Pierre, évêque élu de Calahorre en Espagne, vice-trésorier du pape, fait quittance au chapitre de St-Jean de Maurienne de la somme de 67 florins d'or payés à la chambre apostolique pour l'annate des églises de Notre-Dame de la Cité, de St-Etienne de Cuines, de St-Colomban des Villards et de St-Michel, qui avaient été unies à la mense capitulaire par le pape............................... 296
134. — Lettre du duc Charles Ier à M. Gavit, vicaire général du diocèse de Maurienne..................................... 298
135. — Extrait du testament de Mgr le cardinal d'Estouteville.... 299
136. — Ratification par le pape Innocent VIII d'une convention passée par Etienne Morelli, évêque de Maurienne, avec les habitants de St-Jean, relativement à la dîme du vin. 303
137. — Supplique par laquelle les chanoines de St-Jean de Maurienne prient le duc Charles Ier d'obliger le juge commun à prêter serment de respecter la juridiction du chapitre, suivie de la réponse du duc............................. 308
138. — Extrait des minutes du notaire Boissonis............... 309
139. — Lettres de grâce accordées par Mgr Etienne Morelli, évêque de Maurienne, en faveur des habitants de St-André, qui lui avaient manqué gravement à l'époque de sa visite pastorale... 313
140. — Election de Mgr Louis de Gorrevod, faite par le chapitre de St-Jean de Maurienne après la mort de Mgr Morelli.... 314
141. — Pierre Descôtes cède au chapitre certains droits qu'il avait sur la ville de St-Jean..................................... 318
142. — Délibération du chapitre de St-Jean de Maurienne relative à l'augmentation du droit d'introge.... 321
143. — Réponse du duc Charles III relative aux sergents, mestraux et mestrallons de la châtellenie de Maurienne.......... 323
144. — Permission accordée par le roi de France Henri II aux ha-

bitants de St-Julien de chasser les jours de dimanche... 326
145. — Supplique par laquelle le chapitre de St-Jean de Maurienne demande à S. A. R. Christine de France la confirmation de ses anciens priviléges........................ 328
146. — Confirmation des priviléges et immunités du chapitre de Maurienne................................. 330
Extrait d'un ancien obituaire du chapitre de St-Jean de Maurienne 333
Extrait du second obituaire du chapitre de St-Jean de Maurienne.. 355
Rentes dues au chapitre de St-Jean de Maurienne aux xie et xiie siècles 387
Glossaire des mots de la basse latinité, plus ordinairement employés dans les chartes de la Savoie, par Mgr Billiet, archevêque de Chambéry.. 401

www.ingramcontent.com/pod-product-compliance
Lightning Source LLC
Chambersburg PA
CBHW051820230426
43671CB00008B/780